航空母舰设计概论 下册

吴晓光 ◎ 主编

国防工业出版社
·北京·

内 容 简 介

本书作为一本由舰船研究设计机构组织编写的培训教材，第一次全面、系统地介绍了航空母舰设计及相关各专业的基本概念、设计理念、基本方法与工程特点。编写组在介绍舰船设计基本知识的同时，尽力突出航空母舰设计特点；在涵盖世界各国航空母舰发展历史的同时，重点介绍航空母舰设计领域的新成果与新趋势；力求做到科普性与专业性相结合，综述性与专述性相结合，新兴技术与传统技术相结合，为读者构建一个关于航空母舰设计的完整的知识体系。

本书可作为舰船行业从业人员技术培训教材、舰船研究设计机构硕士和博士研究生选修课程教材及设计和管理人员的专业读本，也可作为高等院校船舶类、航空类、兵器类、电子类及特种材料等专业学生的入门教材，还可作为从事装备发展规划的军方人士及海军现役人员的专业知识参考书。

图书在版编目（CIP）数据

航空母舰设计概论．下/吴晓光主编．—北京：国防工业
出版社，2018.1
ISBN 978-7-118-11383-9

Ⅰ.①航⋯　Ⅱ.①吴⋯　Ⅲ.①航空母舰－设计－概论
Ⅳ.①U674.771

中国版本图书馆 CIP 数据核字（2017）第 259314 号

ISBN 978 – 7 – 118 – 11383 – 9　Ⅰ.①航⋯　Ⅱ.①吴⋯　Ⅲ.①
航空母舰－设计－概论　Ⅳ.①U674.771

※

*国防工业出版社*出版发行

（北京市海淀区紫竹院南路 23 号　邮政编码 100048）
北京京华虎彩印刷有限公司印刷
新华书店经售

*

开本　787×1092　1/16　印张 22　字数 563 千字
2018 年 1 月第 1 版第 1 次印刷　印数 1—2000 册　定价 298.00 元

（本书如有印装错误，我社负责调换）

国防书店：(010) 88540777　　　发行邮购：(010) 88540776
发行传真：(010) 88540755　　　发行业务：(010) 88540717

《航空母舰设计概论》
编写人员名单

主　　编　吴晓光

各章主编（按姓氏笔画为序）

方成跃	王　涛	王治国	阳　斌	吴晓光	何庆林	余志红
张　平	杨大鹏	周沙亚	郑　炜	姜治芳	奚秀娟	徐　斌
秦　克	高新华	黄卫刚	黄军申	曾　勇	程　剑	谢　伟
熊治国	滕树生	魏　强				

编写人员（按姓氏笔画为序）

丁　凡	丁　伟	万婷婷	方成跃	毛少华	马立卿	王　伟
王　奕	王　洋	王　健	王　浩	王　涛	王宇飞	王安存
王汝夯	王治国	王俊新	王剑波	王毓蓉	代丽红	卢　晶
叶　华	叶又东	石　励	刘　飞	刘元春	刘安涟	刘成洋
刘建军	刘喜元	孙玉环	朱　旭	朱　骏	朱伟锋	朱佳文
汤皓泉	祁宏伟	许国安	阮　航	阳　斌	何庆林	余志红
吴　松	吴　波	吴　盛	吴子瑕	吴凤辉	吴国凡	吴晓光
宋一淇	宋东安	宋连龙	张　平	张　轩	张　浩	张　雷
张大海	张玉梅	张栋栋	张益诚	张雪平	李　玮	李　俊
李　晶	李　鹏	李小辉	李世华	李亚军	李宏亮	李家志
李祥宁	杨　龙	杨大鹏	杨子晨	杨先勇	杨海燕	杨满江
汪　敏	汪　瞳	汪汉生	沈正湘	肖　亮	肖鹏安	苏　帅
邱辽原	陈　玲	陈永朝	陈汝刚	陈红召	陈志敏	陈捷捷
陈梅英	周　健	周　榕	周心桃	周沙亚	岳　林	林　锐
林信海	罗　威	郑　炜	姜治芳	宣孝英	祝　鸿	胡　啸
胡玉龙	胡晓芳	赵翠娜	郝　锐	项国富	唐伟方	奚秀娟
徐　峰	徐　斌	徐家哲	涂跃红	秦　克	陶国慧	高新华
曹红波	黄卫刚	黄军申	曾　勇	琚兴宝	程　华	程　剑
童　剑	董晓明	谢　伟	谢红胜	熊　雄	熊　巍	熊治国
蔡　杰	蔡伟明	谭先涛	滕树生	潘锦平	魏　强	

前 言

在占地球表面积70%的辽阔海洋中，蕴藏着丰富的生物资源和矿产资源。随着陆地战略资源经过长期开发而逐渐短缺，各濒海国家竞相加大对海洋资源的开发力度。同时，在全球经济一体化态势业已形成的今天，海洋作为世界贸易的主要通道，其战略地位早已得到世界公认。那些对外经贸依存度较高的濒海国家，通常将海上交通线视为其经济发展生命线。在传统海洋强国力图维护其对海洋空间管控权的同时，其他海洋国家也在海权意识觉醒的过程中极力增强维护自身海权的实力。不言而喻，21世纪是海洋的世纪，海洋日益成为人类谋求生存与持续发展的重要战略空间，各濒海国家围绕海洋空间和资源的争夺将进一步加剧。在未来相当长的一段时期内，海洋仍将是世界军事和经济竞争的主战场。

建设海洋强国需要强大的海军做支撑，航空母舰的诞生具有划时代的意义，开创了海军发展史上的新纪元。在航空母舰百年发展史中，各国对航空母舰的作用有着不同的认识，在航空母舰发展的各个阶段也采取了不同发展思路。如果说第二次世界大战中以珍珠港事件和中途岛海战等标志性事件确立了航空母舰的优势地位，那么在第二次世界大战结束以来发生的朝鲜战争、越南战争、马岛战争、伊拉克战争等局部战争中，航空母舰所展现的强大军事效能，不仅使得喧嚣一时的"航母过时论"偃旗息鼓，而且深刻地影响了海军战略战术的发展。进入21世纪，航空母舰的发展掀起了新一轮高潮。面对新世纪的世界格局和军事对峙态势，在各军事强国着力推动新军事变革背景下，各国海军更加重视高新技术在航空母舰上的应用、构建以航空母舰为核心的联合作战模式，持续提升航空母舰的综合作战能力。21世纪，航空母舰将在树立国家形象、保持战略威慑、快速建立战区控制权等方面继续发挥重要作用。

航空母舰研制工程是一项技术高度密集的巨系统工程，涉及的学科领域和专业门类非常宽广。研制航空母舰不仅需要雄厚的经济实力和工业基础，更需要强大的科研人才队伍。编写本书的起因是本中心在培训新入职员工和教授在读研究生时缺少一本适用的系统介绍航空母舰设计相关知识的教材。我中心的新员工是毕业于各类高等院校的佼佼者，但他们多数人在入职之前缺少舰船研究设计，特别是航空母舰研究设计的知识储备。我们的年轻设计师在职业成长过程中，也面临着不断拓宽专业面、提高技术协调水平和强化集成设计意识的需求。因此，我中心在2013年完成《舰船技术与设计概论》再版的基础上，组织编写了《航空母舰设计概论》，第一次全面、系统地介绍了航空母舰设计及相关各专业的基本概念、设计理念、基本方法与工程特点。编写组在介绍舰船设计基本知识的同时，尽力突出航空母舰设计特点；在涵盖世界各国航空母舰发展历史的同时，重点介绍航空母舰设计领域的新成果与新趋势；力求做到科普性与专业性相结合，综述性与专述性相结合，新兴技术与传统技术相结合，为读者构建一个关于航空母舰设计的完整的知识体系。

本书共23章。第1章绪论；第2章总体设计基本流程和方法；第3章总体布置；第4

章航行性能；第 5 章舰机适配性技术；第 6 章生命力技术；第 7 章安全性技术；第 8 章隐蔽性技术；第 9 章兼容性技术；第 10 章居住性技术；第 11 章防腐防漏技术；第 12 章信息化技术；第 13 章综合保障技术；第 14 章船体结构；第 15 章船舶装置；第 16 章动力系统；第 17 章电力系统；第 18 章船舶保障系统；第 19 章航空保障系统；第 20 章作战系统；第 21 章舰载机；第 22 章设计技术管理；第 23 章航空母舰技术发展。

本书特邀朱英富院士及段宏、孙光甦、张骏、周巍、马运义、陈裕师、陈仁深、尹业鑫、姚清荣、徐企林、董茂盛、戴秋花、项秀英等舰船研究设计专家对相关章节做了审阅，他们在全书策划、提纲形成、初稿审阅、专题研讨、审定书稿等阶段给出了具体的指导意见，在此深表感谢。

本书在编写过程中，得到了中国舰船研究设计中心领导及相关部门的高度关注和大力支持。两任人事处处长胡勇和薛冰先后接力为本书的策划、立题、组织、出版、发行倾注了大量心血。李世华、王欣、吴宇平、王栋梁、雷江等同志也为本书的编写和出版做了大量的具体工作。同时，还得到了兄弟科研院所的大力支持和热诚关切。在本书面世之际，我们对所有关心、支持本书编写和出版工作的领导和同仁们表示诚挚的感谢。

本书编写历经四年，虽经数轮整理修改，但由于编写人员众多、专业面广、工作量大，加之保密等原因，书中疏漏、错误之处在所难免，欢迎读者不吝赐教，提出宝贵意见，我们将认真听取，并在需要时进一步修订完善。

中国舰船研究设计中心《航空母舰设计概论》编写组

二〇一七年十二月

目录

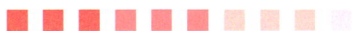

第**14**章

船 体 结 构

14.1 > 概述

　　船体结构是航母的平台和基础。现代航母船体结构一般包括主船体、舷台、岛式上层建筑、防护结构、附体以及设备基座等主要结构。从飞行甲板的角度看，主船体和舷台是一个整体，实际上舷台是主船体以外的悬伸结构，其目的是扩大飞行甲板面积，有利于舰载机作业。因此，从结构设计的角度可以认为飞行甲板是由主船体甲板和舷台甲板组合而成的。

　　航母船体结构与其他水面战斗舰艇的主要区别在于超大尺度，同时航母有宽大的舷台、贯通的机库、不对称岛式上层建筑，以及供舰载机起飞、降落、布列、调运的飞行甲板，布设有滑跃起飞舰首（或弹射起飞装置）、阻拦降落装置以及舷侧飞机升降机等航空特种装置。

　　现代航母通常是把飞行甲板作为强力甲板，两舷从艏至艉布置主纵舱壁，机库位于主船体内部，主纵舱壁以内，机库顶板一般为2甲板，也称为吊舱甲板。在机库区域由飞行甲板、2甲板以及这两层甲板间的纵、横向舱壁共同形成一个大跨度的双层板架（箱型）结构，承受飞行甲板上的飞机作业载荷以及2甲板上的设备载荷，在2甲板以下也就是机库内部不设置任何支撑结构，以保证机库内的使用空间。

　　舷台是依附于主船体外板的悬伸结构。通常主舷台内部各层甲板与主船体各层甲板位于同一水平面内，其结构形式与主船体基本一致；艏艉端的武器舷台通常布置各类设备，其（内部）各层甲板允许与主船体各层甲板有错层。

　　岛式上层建筑通常位于右侧舷台之上。根据上层建筑的长度，可判断其参与船体总纵强度的程度，确定上层建筑的结构形式。

　　防护结构是当航母遭受武器攻击时，为了保护舰上的重要舱室而进行特殊设计的结构部位。

　　附体主要包括球鼻艏声纳导流罩、舭龙骨、艉轴架、挂舵臂等。

　　典型的航母船体横剖面结构如图14-1所示。

　　船体结构最基本的要求是要保证自身的强度和刚度，同时要实现总体的设计意图，其主

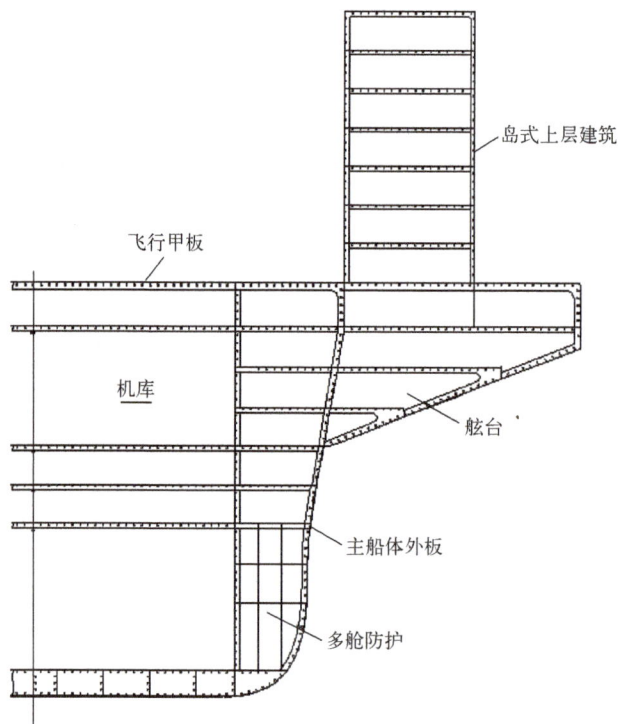

图 14-1 ┃ 典型的航母船体横剖面结构

要功能应包括：

（1）保证船体密性。

（2）保证船体总纵强度，确保本舰在规定的海况和气候条件下能安全航行。

（3）能承受各类载荷的作用，为舰员和设备提供满足强度和一定振动特性要求的生活和工作平台。

（4）满足舰载机、弹射器、阻拦装置、武器等特种装备的安装和使用要求。

（5）具有一定的抵抗各类武器攻击的能力。

14.2 > 船体结构设计

船体结构设计是一个反复迭代、逐步细化的过程。在设计初期，根据目标舰的总体尺寸、排水量等因素初步确定结构方案，包括船体材料选择、主要结构形式及构件尺寸等。在技术设计阶段待总体方案相对固化后，根据作用在船体结构上的实际载荷逐项校核结构力学性能是否能满足使用要求，并及时对结构方案进行调整，以保证结构性能在满足要求的前提下重量最轻。

在大多数情况下，船体结构设计采用母型船方法，即选择与目标舰船型、主尺度、排水量相似的舰船作为母型船，参考其结构形式和主要结构尺寸，确定目标舰的初步结构方案。在没有母型船的情况下，确定结构方案的过程就要相对复杂一些，一开始要从结构强度、刚度、稳定性以及结构重量占排水量比例测算等多方面考虑，确定材料强度等级、纵骨、横梁、底部骨架间距以及主要结构基本尺寸，形成初步方案，随着设计的深入，逐步调整并固化基本结构方案。

14.2.1 船体结构设计基本原则

在船体结构设计过程中，要考虑以下基本原则要求：

1. 骨架形式及结构连续性

航母在风浪中航行时，受波浪外载荷作用。为了保证船体结构的纵向强度及刚度，通常采用纵骨架式。

为了保证纵向构件能参与承受总纵弯曲，主要构件应尽可能纵向连续。必须间断时，应采取必要的局部加强措施。

2. 结构密性

结构密性包括水密和气密。水密是船体结构的基本功能之一，能保证舰艇在水中处于漂浮状态，实现总体不沉性指标要求；气密是为了防止气体在不同舱室间扩散。结构设计时必须严格遵循总体水密和气密区域划分方案，保证结构密性，并通过密性试验验证，保证总体设计目标的实现。

3. 开口及加强

航母上有众多的舱室、通道、电缆、管路、设备等，为了保证正常使用及其功能的发挥，结构开口是必不可少的。但是开口应该遵循一定的规则，并且按照相关规定采取相应的加强措施。例如，当飞行甲板、机库甲板、内底板、舷侧外板、主纵舱壁以及横梁、纵桁等重要结构上的开口超过一定尺寸时必须加强；飞机升降机大开口角隅高应力集中区不能开口等。对于梁上的开口，还必须遵循一定的规则，保证开口不能影响梁的强度。必要时，应对梁进行加强。

4. 总段及分段划分原则

船体结构是由一个个零部件焊接而成的，但零件的焊接及装配也遵循一定的顺序。为了提高建造效率，总装厂无论采用何种建造模式，其建造顺序一般为放样（生产设计）→零件加工→分段建造→小合拢→大合拢，这就需要在设计过程中将全船划分为便于船厂施工的总段及分段。但是总段及分段的划分并不是将船体结构简单地切割成多个部分，需要考虑多方面的因素，主要包括船体建造模式、总装厂吊运能力、分段装配顺序、分段或总段自身刚度、不同部位结构的连续性等，同时还要结合板材的订货规格，充分利用，尽量减少板缝。

5. 板材及型材类型选用原则

在结构设计中，板材规格及型材类型是必须要考虑的问题。根据冶金轧制工艺，不同的板厚可轧制的板材规格不同，同一板厚的板材也可以有不同的规格。需要充分考虑设计对象的尺度特点以及总段分段划分方案，确定合适的板材规格，提高板材的利用率。

在型材方面，横梁、纵桁、竖桁、肋骨等强构件通常采用焊接 T 型材；纵骨、扶强材通常采用轧制型材，轧制型材包括轧制 T 型材、对称球扁钢、不对称球扁钢（单头）、角钢等。在航母的船体结构设计中考虑到纵骨跨距较大，多数选用轧制 T 型材或者对称球扁钢，如美国航母采用轧制 T 型材，俄罗斯航母采用对称球扁钢；也有采用不对称球扁钢的，如英国航母。

14.2.2 主船体结构设计

主船体由飞行甲板、机库、下层甲板和平台、主横舱壁、主纵舱壁、舷部、底部等结构组成，是保证船体各项性能指标和支持发挥总体功能的重要组成部分。

1. 飞行甲板结构

飞行甲板结构由甲板板、甲板纵骨、横梁和纵桁组成。飞行甲板是供飞机起降、系留、转运的甲板，承受飞机作业载荷，同时又承受总纵弯矩，是船体梁的上纤维。因此，在确定飞行甲板结构方案时要综合考虑两方面因素的影响。

根据飞机作业类型，飞行甲板划分有不同的功能区域，即起飞区、着舰区、系留转运区。不同功能区域承受的飞机作业载荷不同，按照满足功能需求且重量最轻的原则，不同区域的甲板板厚、纵骨、横梁尺寸应有所区别。

现代航母通常采用两种起飞方式，即滑跃起飞和弹射起飞。对于采用滑跃起飞方式的航母，飞行甲板艏端上翘（也称滑跃段），在飞机起飞过程中产生的离心力通过机轮作用于滑跃段甲板上，在结构设计时必须要考虑，通常可将滑跃段甲板与着舰区设计成同等强度。

而对于采用弹射起飞方式的航母，在整个起飞过程中，飞机机轮对甲板的作用载荷在弹射初始段最大，然后逐步减小直至起飞。在这种情况下，起飞区的结构设计主要考虑弹射器设备安装要求以及飞机在固定位置多次重复作业而产生的疲劳问题。弹射器往复轨道长近百米，使飞行甲板产生长度近百米的纵向凹槽切口，在弹射器凹槽及其加强结构的设计中，一方面要考虑弹射装置的安装精度对船体结构的强度和刚度提出的要求；另一方面要考虑弹射器在以巨大的力量推动舰载机加速和在完成飞机弹射后的制动过程中，对船体结构产生的巨大冲击力。

飞机升降机大开口是飞行甲板结构的典型特征之一。根据舰载机调运的需要，机库通常设置有多个大门供舰载机进出，舷侧外板上有机库大门开口，在飞行甲板上就有对应的飞机升降机大开口，因此，飞机升降机所在区域是航母船体总强度最薄弱的剖面。为了弥补飞行甲板大开口剖面积的损失，在开口附近应采取必要的加强措施。例如，在一定范围内增加甲板厚度以及纵向构件的尺寸。同时，飞行甲板大开口角隅处将会有较高的应力集中，在设计时应充分考虑。通常在角隅处采用加厚板以及倒圆的方式减小应力集中程度。

舰载机在飞行甲板上作业时对甲板平面度有一定的要求，而不同区域甲板板厚又有所差别。因此，飞行甲板的理论面不能是甲板的下表面，首先要保证飞行甲板的上表面是平齐的，再考虑甲板与舷侧外板的对接情况，合理确定飞行甲板理论面的位置。

上层建筑端部与飞行甲板的连接处通常存在应力集中现象，因此该处的甲板板应适当加厚，并在甲板下方设置强构件。

2. 机库结构

机库是容纳舰载机的场所，机库结构包括机库甲板、机库顶板、端壁和侧壁。

1）机库甲板

机库甲板也就是机库的地板。机库甲板结构形式与其他甲板一致，采用纵骨架式，由甲板板、甲板纵骨、横梁和纵桁组成。机库甲板的作用载荷主要包括舰载机自重和摇摆惯性力，以及涉及总体不沉性的破损压头。在计算甲板板及甲板纵骨的强度时还应考虑舰载机轮印面积，以确定作用载荷在甲板板格和纵骨上的分布范围。

2）机库顶板

机库顶板一般由飞行甲板和2甲板组成的大跨度组合板架结构组成。由于机库内不可能设置支柱，又要满足强度、振动和稳定性要求，机库区上方的甲板间宜布置多道连续的纵向舱壁，并采用纵骨架式结构。

3）端壁

机库前后端壁一般为主横舱壁的一部分。

4）侧壁

机库左右侧壁一般为主纵舱壁的一部分。为保证机库容积，机库侧壁构件通常设置在机库外侧。

3. 舱壁结构

航母上舱室数量多达数千个，分隔舱壁众多。按照舱壁的功能，从结构的角度可以将舱壁划分为主横舱壁、主纵舱壁、次舱壁、轻围壁、围阱壁等；从总体密性设计角度可以将舱壁划分为水（气）密舱壁、非水（气）密舱壁。若舱壁有水密或气密要求，在设计时应考虑该舱壁能承受相应的水压或气压。

1）主横舱壁

沿船长方向将船体划分为多个水密舱段的横向舱壁称为主横舱壁。除了机库范围之外，通常，主横舱壁横向到两舷，垂向从飞行甲板至底部。主横舱壁的数量和设置位置主要考虑不沉性要求、舱室布置，同时要兼顾相邻两个主横舱壁之间板架结构的局部强度需求。

主横舱壁扶强材一般垂向布置，端部与甲板纵骨或纵向构件对应，便于力的传递。

主横舱壁板和扶强材应能承受船体破损压头载荷，以保证航母船体在破损时的不沉性。在舰艇坐坞时，在坞墩反力的作用下，舱壁板和扶强材不能丧失稳定性。

2）主纵舱壁

一般来说，纵向在一定船长范围内连续、垂向从强力甲板至底部连续的纵向舱壁称为主纵舱壁。设置主纵舱壁的目的主要是为了增加船体的纵向刚度，保证总纵强度。根据总体不沉性需求，主纵舱壁可以将船体沿横向划分为不同的水密区间。

主纵舱壁扶强材一般水平布置，在甲板横梁对应位置设置竖桁。舱壁结构尺寸的选择要充分考虑总纵强度、局部强度以及水密要求。典型的主纵舱壁结构如图 14-2 所示。

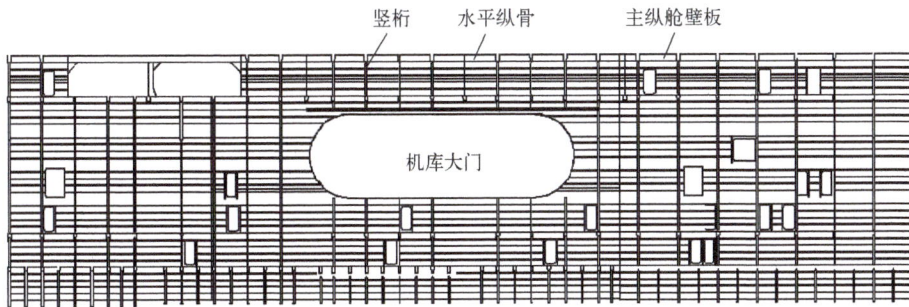

图 14-2 ▌典型的主纵舱壁结构

对于满足纵向连续条件的主纵舱壁，在总纵强度计算应予以考虑；对于有水密要求的主纵舱壁，应按相应的破损水线或者空气管高度进行强度校核。

3）次舱壁

结构强度与主横舱壁或主纵舱壁相当、局部布置并承受载荷的舱壁统称为次舱壁。次舱壁可以水密，也可以非水密，其结构形式和尺寸取决于该次舱壁所起的作用。舱壁扶强材若是水平布置，则其间距与主纵舱壁扶强材间距一致；若是垂向布置，其间距与主横舱壁扶强材间距一致。

液舱舱壁也属于次舱壁的一种。其结构强度根据该液舱需要承受的压头确定。液舱舱壁扶强材不能出现自由端。

4）轻围壁

仅作为舱室分隔、不需要承受载荷或者说承受极小载荷的舱壁统称为轻围壁，如住舱、盥洗室、淋浴室等非工作舱室围壁。这类舱壁只需要保证自身的刚度，防止变形过大，影响美观。

分隔潮湿舱室的轻围壁，宜采用钢质结构，并应考虑腐蚀因素，合理确定舱壁厚度。扶强材与舱壁之间应采用双面连续焊，防止缝隙腐蚀。

分隔干燥舱室的轻围壁，可以采用钢质结构，也可以采用铝合金或者非金属材料舱壁，以减轻结构重量。

为了控制船体重心，轻围壁结构可采用铝合金或者复合材料。在这种情况下，轻围壁的上下端应设置钢质围槛，与铝合金之间采用双金属过渡接头焊接或者钢铝之间采用铆接，与复合材料之间采用螺栓连接或黏结。

5）围阱壁

航母上围阱众多，包括空调、通风、动力部位及弹药舱进排气、升降机围阱等。大多数围阱垂向设置，从水线以上贯通至水线以下。由于围阱的布置特点，当船体水线以下发生破损时，海水可通过围阱直接穿过水密甲板。因此，围阱壁的结构设计除了要满足自身的进排气功能之外，还要考虑不沉性要求，其结构强度需承受一定的水压力。

4. 底部结构

底部结构通常采用纵骨架式结构，在船体中部采用双层底结构。内底尽可能地向艏艉方向及两舷舷侧延伸，并保持连续。典型的底部结构如图14-3所示。

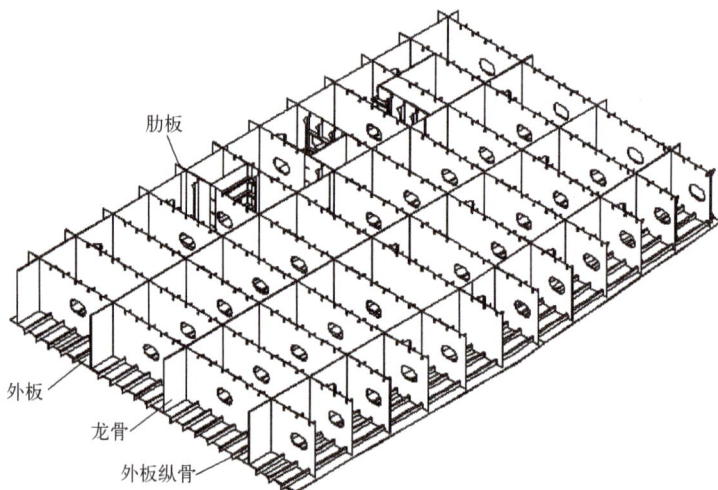

图14-3 典型的底部结构

双层底由外板、内底板、外板及内底纵骨、中内龙骨和旁内龙骨等构件组成。为了保证底部板架结构的强度和刚度，并保持一定的燃油装载量，双层底一般需保证一定的高度。

龙骨在整个长度范围内应保持连续，肋板在龙骨处间断。中内龙骨沿整个船长分布，旁内龙骨端部应终止在主横舱壁或其他支撑旁内龙骨的强力横向构件上，一般只允许一对对称布置的旁内龙骨在同一强力横向构件处终止。

龙骨腹板上应设置纵骨，纵骨间距应不大于船体甲板纵骨间距。龙骨腹板上的人孔通常为长圆孔，一般应布置在腹板高度的中部。

肋板应设置垂向扶强材，扶强材的上、下端一般应与内底及外板的纵骨连接。肋板上的人孔一般应布置在肋板高度的中部。

外底和内底纵骨应为纵向连续构件，穿过水密和非水密肋板。

非水密内龙骨应在每档肋距内的上、下端分别开设流水孔、透气孔，外底纵骨和内底纵骨应在每档肋距内分别开设流水孔、透气孔，非水密肋板的上、下端的流水孔、透气孔可由纵骨穿越孔替代。

海底阀箱及与海水相通的各种箱体结构壁板厚度，应不小于该区域底部外板的厚度，污水井壁板及底板厚度应比该区域内底板适当加厚。

5. 端部结构

航母端部线型复杂，特别是艏端，悬伸端较长，导致外板曲率变化较大。端部的结构设计跟选用的材料有关，端部的外形一定要保证板材的弯板工艺可以实现。

外板纵骨尽量延伸至艏艉端，当剖面收缩时，纵骨数量逐步减少，并终止在肋骨或横向加强筋上。在外板与甲板相交处，尽量保证外板纵骨与甲板纵骨形成一个封闭的框架。

由于航母首部承受较大的波浪砰击载荷，因此艏端的结构应根据强度计算要求适当加强。

艏柱一般采用铸钢艏柱，可分段铸造，也可整体铸造。分段铸造的艏柱应保证有效连接。铸钢艏柱上应有水平加强筋（板）。

14.2.3 舷台结构设计

舷台是依附于主船体舷侧外板上的悬伸结构，由舷台甲板结构、舷台底部结构、舷台舷部结构和舷台舱壁结构等组成。

舷台从结构的角度可分为两类，第一类舷台是扩大飞行甲板面积，保证舰载机起降作业。该类舷台沿船长的分布长度较长，与主船体一起共同承受总纵弯曲。从这个意义上来说，舷台与主船体实际上是一个整体。因此，一般来说，舷台结构形式与主船体一致，也采用纵骨架式，各层甲板、主横舱壁的位置与主船体一一对应，甲板纵骨、横梁、肋骨的布置也与主船体相同，如图14-4所示。

一般情况下，舷台各部位的结构尺寸与主船体内对应位置的结构尺寸一致。当航母在极端海况航行时，舷台首、尾部承受巨大的波浪砰击载荷作用。因此，舷台底部外板的横向斜升角尽可能大，以减小波浪砰击压力。

舷台内部的甲板、横舱壁结构设计要求与主船体一致。

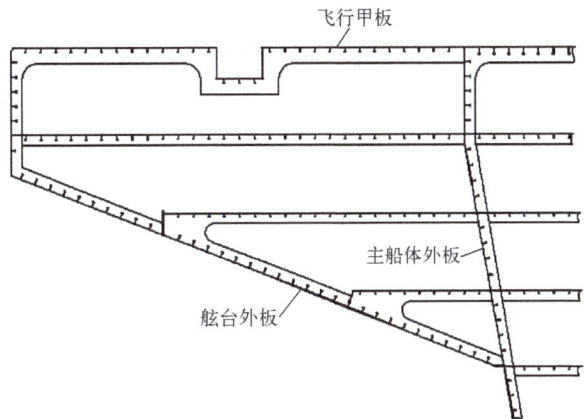

图14-4 典型的舷台横剖面结构

第二类舷台为武器舷台，通常布置在航母首、尾端，以安装各类设备，而不影响舰载机作业。这类舷台底部通常不低于正常舷台，上表面可低于飞行甲板，其设计要求与正常舷台一致，若安装的设备有特殊要求，则应单独考虑。

14.2.4 岛式上层建筑结构设计

岛式上层建筑通常位于飞行甲板右舷舷台上，其上主要布置驾驶室、航空塔台、各种探测雷达天线等。

岛式上层建筑为多层结构，其高度通常在 20m 以上，其长度则取决于布置需求，不同的航母上层建筑的长度差别较大。例如，常规动力航母，由于烟囱布置的需要，通常比核动力航母的上层建筑长度要长。同时，随着科技的发展，射频天线的集成化程度越来越高，为了增加飞行甲板的有效使用面积，岛式上层建筑越来越小型化。

长上层建筑近似于扁平状结构，短上层建筑近似于柱状结构，无论哪一种结构，由于其高度较高，必须保证上层建筑自身有足够的刚度。一般来说，上层建筑左右侧壁应分别对应于主船体外板和舷台外板，若由于布置的原因无法实现，例如，上层建筑宽度小于主船体外板和舷台外板之间的距离，则应在主船体外板和舷台外板之间设置纵向舱壁，以保证上层建筑侧壁能与飞行甲板下的强力纵向结构对应；前后端壁则应分别与飞行甲板下的强力横向结构对应，如主横舱壁、加强横梁等。

当上层建筑跨越主船体的主横舱壁时，上层建筑内也应从顶部到底部设置横舱壁，并与主船体的主横舱壁对应。上层建筑甲板横梁以及侧壁竖桁与主船体甲板横梁以及舷侧肋骨在同一平面内；上层建筑甲板纵骨与主船体甲板纵骨对齐。

岛式上层建筑侧壁与前后端壁的连接处应倒圆弧，以减小在飞行甲板上产生的应力集中。圆弧半径可通过计算确定，以保证应力集中程度在可接受的范围内。

为了尽量控制结构重量，降低船体重心，上层建筑内壁可部分采用铝合金或者复合材料，甚至将上层建筑上部若干层整体采用铝合金或者复合材料结构。内部轻围壁采用铝合金时，应设置钢质围檻板，采用双金属过渡接头焊接或者直接采用铆接。使用复合材料时，与钢质结构间应采用螺栓连接。

14.2.5 附体结构设计

1. 球鼻艏导流罩

球鼻艏导流罩是舰艇首端结构，其功能是改善流体性能，并为舰壳声纳提供安装空间。当舰艇不配置舰壳声纳时，球鼻艏导流罩可采用钢质焊接结构；反之，为了保证透声性能，一般采用钛钢混合结构，也称为钛合金导流罩，也可以采用复合材料作为透声材料。

钛合金导流罩结构主要由钛合金结构体、钢结构体和钛钢连接构件组成。

钛合金结构体是钛合金导流罩的重要组成部分，为声纳基阵提供透声导流罩，其主要功能是透射声纳发射和接收声波，保证结构水密实现罩内加压要求，保证结构强度。钛合金结构体由钛合金透声窗、基阵下基座底部结构和钛合金法兰盘组成。钛合金透声窗为采用桁架加强的双层板结构型式，由钛合金双层板、径向及水平加强筋、桁架式加强结构组成，通过理论计算、仿真分析和试验验证研究，可确定满足声纳基阵透声要求和结构性能要求的钛合金结构尺寸，包括钛合金板格大小、双层板板厚和间距、桁架宽度和杆件直径等。

钛合金法兰盘用于钛合金结构与钢结构的螺栓连接，根据螺栓布置和密封需要、法兰刚度要求确定法兰盘的厚度和宽度。

钛钢连接构件主要是将钛合金结构体与钢结构体连接到一起，并解决腐蚀及水密问题。根据钛钢结构形式和材料特点，采用法兰螺栓连接形式。连接构件主要由螺栓、密封橡胶板、绝缘塑料板、绝缘螺栓套筒等组成。螺栓的分布和规格根据螺栓的强度计算确定，橡胶板和塑料板的宽度尺寸根据螺栓的布置和法兰的强度确定。

钢结构体主要用于与主船体的连接，同时作为舰艇艏部底部分段的一部分，为舰艇首部提供必要的结构支撑。

钛合金导流罩一般有加压要求，压力为舰壳声纳工作压力。

2. 舭龙骨

舭龙骨是一种减小舰艇摇摆的舷外结构，沿船长方向布置，位于船体中部两舷的舭部。其宽度和长度由总体性能需要确定。

舭龙骨通常采用 V 形双层腹板空心结构，内部水密。双层腹板之间设置支撑肘板，肘板位置与主船体舷侧肋骨一一对应。双层腹板之间保持一定的的夹角。舭龙骨腹板自由边可共同终止在一根圆钢或钢管上，也可采用一宽一窄腹板结构，窄的腹板焊接在宽的腹板上，宽的腹板自由端采用方刚或圆形型钢加强。典型的舭龙骨剖面如图 14-5 所示。

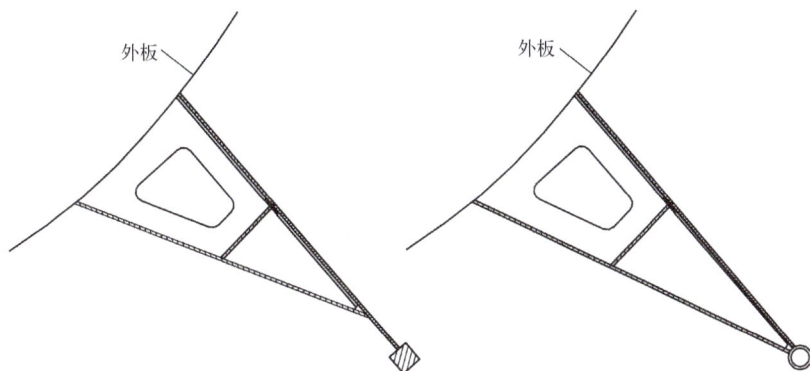

图 14-5 典型的舭龙骨剖面

舭龙骨的端部在一定长度范围内宽度逐渐减小，并终止在船体横向构件处。

3. 艉轴架

艉轴架是支撑艉轴和螺旋桨的支架，分为单臂和双臂两种形式，双臂支架又称为人字架。

艉轴架一般为铸钢件，由轴毂、支臂以及与船体的连接结构组成，可整体铸造、也可分段铸造后焊接而成。为了保证与船体的可靠连接，艉轴架与船体的连接结构应根据船体外形和船体内部结构设计，以保证艉轴架与船体外板、船体内部的纵、横向构件牢固焊接。

通常艉轴架沿轴线呈前后布置，前面为单臂，后面为双臂。单臂支架也可在轴包套之后，也就是轴的出口端，与轴包套形成一个整体；双臂支架紧靠螺旋桨布置。

艉轴架的强度应根据螺旋桨在断叶情况下产生的离心力和偏心推力进行计算。轴毂厚度一般需满足一定的要求。

4. 挂舵臂

挂舵臂是舵的支撑结构。

挂舵臂为铸钢结构，是舰艇上重量最大的铸件。由于其尺寸（厚度）较大，一般采用空心结构形式，封口部分采用钢板封焊。

挂舵臂不仅要与船体外板焊接，其上端应采用梳状结构与船体内部设置的纵横向构件焊接，以保证挂舵臂与船体的可靠连接。

14.2.6 防护结构设计

防护结构是指为提高舰船生命力，尽量降低反舰导弹、鱼雷和水雷等攻击武器对船体结构或重要舱室的毁伤，而在舰船结构的某些局部或整体采用的由特殊结构型式或特种材料组成的一种结构型式。

按防护对象分类，航母防护结构大致可分为水上防护结构和水下防护结构。

水上防护结构主要针对反舰导弹的攻击，对水线以上与生命力相关的、易爆易燃的以及指挥部位等重要舱室施行的局部防护措施。其主要防护对象是导弹的动能穿甲、爆炸产生的冲击波、爆破物质、弹壳碎片部分和舰船自身结构的碎片部分等。因此，对重要舱室的水上防护结构设计通常以隔离原则为基础，其所用的材料包括装甲、防弹复合材料等。

水下防护结构主要针对鱼雷、水雷的攻击，对水线以下的重要舱室施行的连续防护措施。水下防护结构首先是为了预防鱼雷或水雷在接触外板和贴近外板的水下接触爆炸造成的船体内部舱室破损进水，其次是预防爆炸物质和碎片进入被防护舱室。水下防护结构一般采用隔舱结构形式，由多层舱壁、多个功能舱室组成，占据船体一定的结构空间。

防护结构的设计一般从需要防御的威胁武器出发，分析典型威胁武器弹药性能、战斗部终点威力，其特征包括爆炸装药的质量、战斗部性能、弹片的质量和初始速度等。在此基础上，遵循相对防护的原则开展防护结构的设计。相对防护包括几层含义：一是不可能百分之百地防御所有攻击武器；二是针对某种攻击武器不可能防住其爆炸产生的所有生成物；三是考虑总体重量和空间资源，适当确定需要设置防护结构的舱室或区域。

防护结构的效能一般通过模型试验并结合数值仿真进行评估。

14.3 > 船体结构强度

14.3.1 总强度

1. 船体总强度基本要求

船体结构需满足在规定海域（一般为无限航区）和规定海况下安全航行时的船体总强度，保证在外载荷作用下船体结构主要承载构件应力在弹性变形范围之内，并保持构件受压时必要的稳定性，以保证船体梁能承受的极限载荷相对设计载荷具有一定的储备系数。船体结构设计中需对外载荷作用下的船体总强度应力和极限强度储备系数进行计算校核。

一般情况下，航母在波浪中航行时可能承受的总纵弯曲载荷远大于横向弯曲载荷和扭转载荷，因此船体结构总强度主要考虑总纵弯曲强度和剪切强度，但当船体结构出现剖面不对称或大开口时，还应对扭转强度进行计算校核。

同时船体梁应保持一定的刚度，设计中应对船体整体挠曲变形进行计算校核。

船体总纵强度的计算校核包括外载荷的计算、强度计算模型、强度衡准等，三者一般是一个密不可分的体系。不同国家、不同规范中船体总强度的具体计算方法各不相同，各成体系。本节主要介绍航母总纵强度计算校核的基本概念和特点。

2. 船体总纵强度外载荷计算

船体总强度外载荷一般包括静水弯矩和剪力、波浪附加弯矩和剪力、砰击弯矩和剪力等。

静水弯矩和剪力一般是根据船体型线和重量分布，通过积分获得沿船长各部位的静水弯矩和剪力值。根据经验，静水中船中弯矩基本与船的正常排水量 D 和设计水线长 L 成正比，因此在没有型线和重量分布的条件下，也可以根据母型船参数，采用静水弯矩系数法估算中剖面最大静水弯矩值 M_s。静水弯矩系数 k 按式（14-1）计算：

$$k = \frac{M_{s母}}{D_母 L_母} \tag{14-1}$$

波浪附加载荷计算方法一般根据其设计水线长 L、设计水线宽 B 等参数，考虑在谐振波长和一定波高条件下航行运动时产生的最大波浪附加弯矩和剪力，考虑航速、船型系数、流体动力系数等参数后，采用经验公式进行计算。如中拱或中垂状态时，船中剖面波浪附加弯矩 M_W 可采用经验公式（14-2）进行计算：

$$M_W = ChBL^2 \tag{14-2}$$

式中　h——计算波高，一般根据船长、航速等参数计算，有的直接融入系数 C 中；

C——考虑航速、船型、吃水等参数的系数。

波浪附加载荷沿船长则根据船中最大值按一定规律分布。一般船中区域最大，向艏艉两端逐步减小为零。

最大波浪附加剪力则根据波浪附加弯矩和设计水线长进行计算。其分布规律是艏、艉 1/4 船长区域最大，向船中和艏艉逐步减小到零。

砰击振动弯矩是航母在高海况和较高航速下航行时由于船体运动和首部外飘产生的迎浪砰击振动引起的附加载荷，在一定条件下也计入总纵强度校核。砰击振动弯矩一般与船型参数、首部线型、波浪参数以及航速等因素有关。对于航母，由于飞机甲板长度和宽度的需要，首部往往有向两舷和向前明显的外飘，砰击载荷比较严重，应重点关注。

3. 船体总纵强度校核

船体总强度一般根据标准规范，采用基于梁理论的船体等值梁方法，计算船体处于中拱、中垂状态时，主要纵向构件的总纵弯曲应力，并根据一定的许用应力或极限强度衡准进行总纵强度校核。

船体总纵强度应选取多个典型横剖面进行校核。如船中剖面一般总纵弯曲载荷最大，应对船中剖面进行总纵弯曲强度进行校核；前后飞机升降机区域由于多层甲板、舷侧外板和主纵舱壁的大开口，使船体横剖面惯性矩降低，承载能力下降，且往往处于艏、艉 1/4 船长剪力最大区域，因此一般也需要进行总纵强度校核；其他线型变化较大区域、横剖面惯性矩突变区域等，也应进行校核。

航母飞行甲板和底部结构一般为船体梁的上下翼板，均需进行总纵强度弯曲应力的校核。即根据被校核剖面处的计算弯矩，按照梁理论计算剖面要素以及上下翼板的总纵弯曲应力，校核其是否满足许用应力的要求。在进行剖面要素计算时，应对受压一边失稳的板构件进行减缩。对于底部结构，由于其处于舷外水压力的准静态作用，总纵强度校核时还需叠加底部板架结构在舷外水压力作用下的局部弯曲应力。

极限强度校核是对船体极限承载能力的一种考核，对于不同的规范体系，其计算方法和含义也各有不同。一般来说，极限强度是指在船体强力构件不屈服、不失稳条件下，船体剖面能够承受的最大弯矩，这个弯矩值与总纵强度外载荷计算弯矩的比值需大于一定的系数，作为极限强度储备，重点在于对船体结构稳定性的考核，是对总纵强度应力校核的重要补充。

航母由于具有舷台，其船体结构横剖面垂向弯曲中和轴一般靠近上甲板，底部剖面模数更低，因此总纵弯曲时底部结构总纵弯曲应力更高。同时由于航母机舱面积大，底部板架结构在舷外水压力作用下的局部弯曲应力较高，在进行总纵弯曲应力和底部局部弯曲应力叠加校核时，内底板的叠加应力可能大于外底板，因此需分别对内底板和外底板进行校核。

船体总纵强度应力校核的许用应力和极限强度储备系数等衡准，根据不同的规范体系和计算方法可能取不同的值，需按照选定的计算方法确定。

4. 总强度直接计算法

随着计算结构力学理论、波浪载荷理论、船舶运动理论的发展，特别是计算机软硬件条件的飞速发展，采用全船或舱段结构有限元进行船体总强度的直接计算条件也日渐成熟。船体结构总强度直接计算包括外载荷的直接计算和结构应力直接计算两部分。

相比而言外载荷直接计算方法还不是很成熟。目前，一般采用三维频域线性计算和三维时域非线性计算两种方法进行波浪载荷预报；可依据规范最大载荷值进行设计波法计算，以得到全船压力分布和运动状态，也可根据一定的超越概率获取波浪载荷预报值。

总强度直接计算可以根据关注部位的需要采用全船或舱段结构有限元模型。一般采用板单元模拟板构件，采用梁单元模拟加强筋，采用基于肋距或纵骨间距的粗网格单元，对整个船体梁结构在总纵弯曲状态下的应力水平和分布进行分析，并确定高应力区或应力集中区的部位，通过局部结构有限元模型网格加密，进行局部应力分析，以指导结构设计。

全船有限元模型一般采用两点约束法和惯性释放法两种边界条件，根据外载荷直接计算得到的船体湿表面压力和运动参数，施加重力、浮力、波动压力和惯性力，并调整力的平衡。

舱段结构有限元模型范围是在研究舱段的基础上向两端各延长一个舱段。边界条件一般是在模型端面处采用自由支持条件，而两端端面形成刚性域以近似模拟模型外的构件对模型端面结构的约束。

14.3.2　局部强度

1. 飞行甲板强度

航母飞行甲板一般为船体梁强力甲板，除需满足总纵强度外，还需满足飞机作业载荷作用下的甲板结构局部强度，飞机作业载荷通过飞机轮印作用在甲板结构上。

飞机作业载荷分为起飞载荷、降落载荷、转运或系留载荷，可按照规范取飞机作业重量的一定倍数，也可由飞机方提供各状态下的作用载荷及相应的轮印面积。对于弹射起飞航母，飞行甲板承受的起飞载荷相对较小，与转运载荷相当；飞机降落载荷一般最大，为瞬态移动载荷，其峰值可达飞机重量的数倍，可采用动荷系数法计算；飞机转运载荷与飞机重量相当，但当飞机在大风浪中驻留时，还需考虑摇摆惯性力的作用，根据位置和摇摆参数进行计算。

飞行甲板板一般按飞机轮印作用在板格中心考核其强度；甲板纵骨、辅助横梁、横梁需分别按轮印载荷作用在梁最危险位置进行弯曲应力和剪切应力的校核。

航母采用舰载机弹射起飞方式时，弹射装置安装槽的结构设计必须考虑船体总纵弯曲时的总纵强度问题，飞行甲板大开口角隅以及甲板纵向构件间断处的应力集中问题；同时，需考虑弹射飞机时，弹射装置对弹射安装槽侧壁和底板的作用载荷、弹射制动时弹射装置对制动端结构的冲击载荷以及飞机轮印对飞行甲板的压力载荷，校核这些载荷作用下相应结构的局部强度。

航母舰载机一般采用阻拦方式着舰。除飞行甲板需承受飞机降落时轮印载荷的作用外，同时阻拦装置在飞行甲板、2 甲板及舱壁等设备安装部位的船体结构，还需满足设备安装和阻拦载荷作用下的局部强度要求。

飞行甲板应保证足够的稳定性。极限弯矩下，飞行甲板纵骨、板架均不应失稳；机库上方的双层甲板以及甲板间的纵、横舱壁均应保证足够的稳定性。

2. 机库甲板强度

机库甲板主要承受舰载机系留时的载荷，一般按重力和摇摆惯性力进行强度校核，计算原理和方法与飞行甲板在系留状态时相同。

3. 下层甲板强度

下层甲板一般按承受一定水柱压头的均布载荷考虑局部强度，有固定装载重物时，载荷需加上重物重力和摇摆惯性力。

对于保证不沉性的甲板，需按破损载荷进行强度校核。破损载荷一般根据规范规定的方法计算，或按破损水线取值；对于作为液舱底板的甲板部分，需按高达舱顶的压头作为固定载荷进行强度校核，当液舱有空气管时，不论是底板还是顶板，还需按空气管高度压头作为偶然载荷进行强度校核。

下层甲板的板、纵骨、横梁均需按相应规范规定的方法进行强度校核。

下层甲板安装大型设备时，还需对安装部位进行必要的结构强度，并校核设备传递到甲板上的载荷作用下的结构局部强度。一般采用有限元方法进行应力分析。

4. 外板结构强度

无论是底部外板，还是舷侧外板，均需承受舷外水压力的作用。舷外水压力的计算方法各规范不尽相同。如俄罗斯规范的舷外水压力在高度上呈梯型分布，舷顶处为飞溅水压头，基线处为飞溅水与型深之和，如图 14-6 所示。

舷侧外板水线处还需考虑抗冰载荷，抗冰区域的板和纵骨均需满足冰载荷作用下的强度。

艏部一定船长范围内的底部或外板结构，需考虑迎浪冲击时水动压力作用下的局部强度。水动压力的大小与外板角度和船体入水速度有关，一般采用经验公式进行计算。

外板结构一般需分别对外板板、外板纵骨、

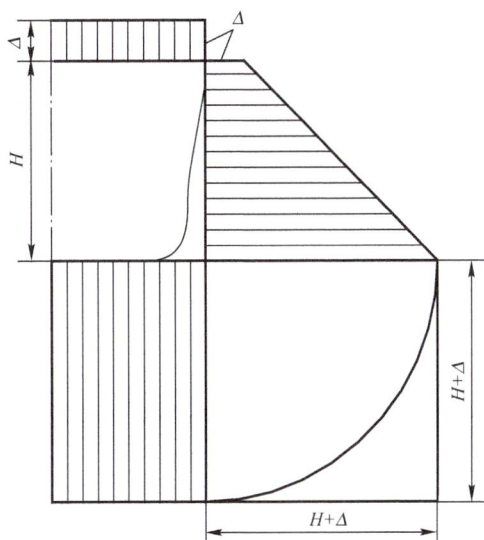

图 14-6 舷外水压力分布图

双层底板架、舷侧板架等进行强度校核。

5. 主横、主纵舱壁结构强度

主横、主纵舱壁结构一般按破损载荷进行强度校核；对于液舱舱壁，还需考虑高达舱顶或空气管高度的压头载荷；对于艏部的防撞主横舱壁，还需附加艏部破损后舰船低速航行时产生的水动压力。

舱壁结构一般需分别对舱壁板、纵骨或扶强材、竖桁或板架进行强度校核。对于主横舱壁，还需校核坐坞时的局部强度。

6. 大开口区域结构强度

航母舷侧飞机升降机导致飞行甲板及以下多层甲板的舷侧、舷侧外板以及主纵舱壁上舰载机出入处形成大开口，并使得主船体结构产生不对称。由于船体横剖面的剖面模数减小，剖面中和轴发生倾斜，在总纵弯曲作用下，剖面最大应力增大，并导致开口角隅区产生应力集中。

一般采用舱段有限元模型对大开口区结构强度进行分析，开口角隅区单元加密。舱段模型长度范围应在大开口范围外前后各延伸至少半个舱段。

7. 舷台结构强度

纵向连续分布的主舷台结构参与船体总纵弯曲，首先应满足总纵强度要求。

舷台1甲板作为飞行甲板的一部分，需满足飞机作业载荷作用下的局部强度，按飞行甲板局部强度计算方法进行校核。

舷台底部外板主要承受航母在波浪中航行时产生的砰击载荷，尤其艏艉部的砰击载荷较大，需要进行砰击载荷作用下的局部强度校核。舷台砰击载荷与主船体艏部砰击概念相同，根据底部外板的斜升角度、入水速度，采用经验公式进行计算；并分别对外板板、纵骨、肋骨或板架进行局部强度校核。

舷台横舱壁作为舷台外板的支撑，也需考虑砰击时由外板结构传递到横舱壁上的载荷，校核该载荷作用下的局部强度和稳定性。

舷台下层甲板强度要求与主船体基本相同。当舷台上装有武器设备时，还需满足武器安装部位的船体刚度要求以及武器发射载荷作用下的局部强度。由于这类武器设备安装部位结构复杂、载荷常常为瞬态冲击载荷，一般采用有限元方法进行刚度和强度的分析。

8. 岛式上层建筑结构强度

航母上层建筑一般为独立的岛式结构，虽然相对主船体长度较短，但由于其侧壁一般与主船体和舷台外板或纵壁相连，当主船体发生总纵弯曲时，岛式上层建筑总会在一定程度上发生被动弯曲，从而产生总纵弯曲应力。因此，需要对整个上层建筑结构在总纵弯曲时的应力进行校核，一般采用剖面有限元法，根据船体梁总纵弯曲时岛式上层建筑剖面节点位移，求出各构件应力。

岛式上层建筑随着主船体发生总纵弯曲时，前后端部会产生较大的应力集中，岛式上层建筑端壁、端部侧壁及与之相连的飞行甲板结构，均会处于较高的应力水平；当岛式上层建筑外壁需安装设备存在大开口时，也会在开口角隅产生应力集中，因此需要对这些部位进行必要的加强和强度校核。一般采用三维有限元方法进行应力分析。

岛式上层建筑内部甲板强度要求与主船体一致，一般考虑一定的水柱压头均布载荷的作用，有固定装载重物时，载荷需加上重物重力和摇摆惯性力。

14.4 > 船体结构振动

舰船在海中航行，由于受到主辅机械、轴系、螺旋桨以及海浪等周期性干扰力的作用，船体会产生振动现象。过大的船体振动会导致船体结构的损坏，如在振动应力过大处的疲劳破坏等，也会对舰船上各种仪表、设备的正常使用造成影响，还会使舰员出现疲劳、烦躁等生理反应，严重时会影响舰员的战斗力。因此，在船体结构设计时，对舰船结构振动特性的准确预报以及对过大船体振动的有效控制就显得尤为重要。

航母船体结构在干扰力的作用下产生的常见振动现象主要有：一是由船体梁产生的船体总振动、岛式上层建筑产生的整体振动以及船体艉部舱段产生的整体振动；二是位于船体尾部、机舱区、桅杆等区域的船体板、加强筋和板架等结构产生的局部振动。

14.4.1 总振动

航母船体的总振动是将船体视为一根两端完全自由的、质量沿船长不均匀分布的变截面梁在干扰力的作用下产生的振动现象。

船体总振动有四种不同的形式：

（1）垂向振动——船体在纵向垂直平面内的弯曲振动形态。

（2）水平振动——船体在水平面内的弯曲振动形态。

（3）扭转振动——船体绕其纵向轴线的扭转振动形态。

（4）纵向振动——船体沿其纵向轴线的往复振动形态。

1. 总振动频率估算方法

1）经验公式法

在方案设计阶段，船体结构的构件尺寸尚未确定，可使用船体排水量、船长、型宽和型深等基本参数，按照规范规定的简化公式估算船体的固有频率。

2）迁移矩阵法

当船体结构方案基本确定之后，航母的船体总振动固有频率可采用传统的迁移矩阵法来进行计算。采用迁移矩阵法计算船体垂向和水平弯扭耦合振动固有频率和振型时，可将船体梁离散为若干段（一般分为20段），计算船体梁各段内的剖面惯性矩、剖面剪切面积以及船体质量等参数。

船体梁的垂向弯曲振动需计算船体梁各段内的垂向剖面惯性矩、垂向剖面剪切面积以及船体质量分布；船体梁的水平弯扭耦合振动的计算与垂向弯曲振动计算相似，但相关质量分布、惯性矩、剪切面积等参数应是水平和扭转振动方向相应的量。

采用迁移矩阵法计算船体总振动固有频率时，可采用计算程序完成计算过程。在计算船舶振动特性时，需考虑附连水质量对船体振动频率的影响。

3）直接计算法

船体空间结构振动特性也可采用有限元方法进行计算。

采用有限元方法进行船体总振动固有频率计算时，可根据结构的特点，将船体结构离散为板元、梁元、杆元等单元，将船体质量和附连水质量作为质量单元，施加到相应的有限元节点处，通过模态识别，找出船体前几阶的垂向、水平和扭转固有频率。

采用三维有限元法计算船体总振动固有频率时，还可通过流固耦合的方法来进行分析。

2. 总振动计算结果的处理

计算出的船体总振动固有频率应与船体的激励频率进行比较。

为了避免船体共振，在巡航工况和最高转速工况下主机一阶和二阶激励、螺旋桨轴频和叶频干扰力频率与计算的船体总振动固有频率错开率应满足相关标准的要求。若计算的船体总振动固有频率与激励频率间无法满足频率储备要求，则应进行船体总振动响应计算，船体在干扰力作用下的总振动响应预报值也应满足相关标准的规定。

14.4.2 局部振动

船体局部振动是指船体某一部分结构，在干扰力作用下产生的振动现象。

航母的船体局部振动包括机库区双层板架结构局部振动、艉部结构局部振动、机舱结构局部振动、艉轴架结构振动、桅杆结构振动以及特殊设备安装部位结构振动等。

1. 机库区双层板架结构局部振动

航母机库区的顶板是由 1 甲板和 2 甲板以及 1、2 甲板间的纵横舱壁共同组成的大跨度双层组合板架。由于机库区双层板架结构的跨度很大，其长度一般占船长的 1/2 以上，因此其结构刚度较其他部位的板架结构相对较弱，在航母航行或舰载机降落过程中，易产生振动现象，在设计时必须对其结构振动特性进行核算，以保证机库区双层板架结构不产生过大的振动。

航母机库区的大跨度双层组合板架结构的振动固有频率可采用能量法（Reyleigh - Ritz 法）进行计算，也可采用有限元法进行分析。

2. 艉部结构局部振动

航母尾部结构局部振动区域一般为距艉端 1/4 船长范围内的区域，在这些区域内的船体底部和舱壁的板、板格（加强筋）和板架的固有频率需进行计算。

计算状态包括在空气中和液态介质（单面和双面接触水）中的固有频率。对于板和板格可采用经验公式进行计算，对于板架可采用能量法或者有限元法进行计算。

3. 机舱结构局部振动

机舱区底部外板、板格（加强筋）和板架的固有频率计算与艉部结构类似。

4. 艉轴架结构振动

艉轴架包括单臂和双臂艉轴架。单臂艉轴架需计算横向第一谐调固有频率；双臂艉轴架需按结构的主振动状态分别计算相应于支架平面内及垂直于支架平面的第一谐调固有频率。

艉轴架的振动可采用经验公式法，也可采用有限元法计算。在计算过程中应计及附连水质量的影响。

5. 桅杆结构振动

为防止桅杆结构的振动影响桅杆上的设备的正常使用，应进行桅杆的自由振动频率计算，计算其纵向、横向以及扭转振动的第一谐调固有频率。

可采用结构通用有限元程序计算桅杆的自由振动频率。

桅杆的纵向、横向以及扭转振动的第一谐调固有频率值应当满足设备提出的要求。

6. 船体结构局部振动计算结果的处理

计算出的船体结构局部振动固有频率应与船体的激励频率进行比较。

为了避免船体结构产生共振现象，船体各部分结构的局部振动固有频率一般须与干扰力频率错开30%～50%。若计算的船体局部振动固有频率与激励频率间无法满足频率储备要求，则应对局部结构进行调整，直至满足频率储备要求。

14.5 > 船体结构材料

14.5.1 船体结构材料的种类

追溯航母的历史，自世界上第一艘航母诞生开始，航母船体结构一直采用钢结构，这主要是因为航母排水量较大，结构复杂，而钢具有相对较好的建造工艺性和经济性。在船体结构局部，考虑各种因素，也使用少量的钛合金、铝合金和复合材料。

1. 船体结构钢

航母船体结构钢一般具有如下特点：

（1）高强度和高韧性。航母在服役期间将承载极其复杂的载荷，包括波浪载荷、冲击、振动、飞机的起飞与降落以及武器的反作用等，同时航母在冰区航行时受低温的影响，因此结构钢必须具有高屈服强度和低温冲击韧性。

（2）易焊接性。航母的主体是焊接而成的，而焊接接头是关键的部位，直接关系船体结构是否安全可靠。同时航母规模巨大，所以其焊接的工作量也很大，焊接的效率直接关系航母的建造周期和建造成本。据统计，一般民用船舶的船体建造中，焊接工作量占总量的30%～40%，成本是总建造成本的30%～50%。因此，航母用钢应具有较好的焊接性，既能保证焊接后的接头性能良好，又能提高焊接效率。

（3）良好的耐腐蚀性。航母长期运行在潮湿的海洋环境中，海水温差大、含盐且生物多，同时航母服役周期一般相对较长，因此航母用钢必须具有良好的耐海水腐蚀性能。当然，抗腐蚀是一个系统工程，除了钢材本身的耐腐蚀性能外，还要综合运用涂层防护、外加电流保护以及日常保养维护措施。

（4）局部装甲防弹性能。航母具有反潜、防空、制海、对陆攻击等多种作战功能，但同时也是敌方攻击的主要目标。因航母的目标大，受攻击的概率也较高，航母上的作战指挥中心、弹药库、机库、燃料舱等关键部分至关重要，需要考虑采取装甲保护。采用特种钢作为装甲是经常采用的技术方法，因此航母装甲用钢应有良好的防弹性能。

目前，世界上具有完备的舰艇结构用钢体系的国家主要是美国和俄罗斯。

美国从二战开始发展航母至今，其航母主船体建造所用的钢材经历了多个发展阶段。先后选用过HTS、A、B、D、E、HY80、HY100、HSLA80、HSLA100多个型号的钢种。20世纪90年代以后，为了发展未来型航母，美国海军关注的焦点放到了航母主船体重量越来越重，以及由此带来航母的机动性和有效载荷降低等问题。因此，美国海军又相继开发了HSLA65和HSLA115及10Ni钢。HSLA65强度等级为440MPa，用于代替HTS（DH36、EH36），目前已用于LSC濒海战斗舰和DDG-1000的建造；HSLA115强度等级为785MPa，目前已部分用于航母（"福特"号），代替690MPa的HSLA100；10Ni钢屈服强度高达1240MPa，目前尚未在实际中应用。目前，美国航母主船体结构用钢主要是HTS、HY80、HY100、HLSA80、HSLA100五种钢混用，并试用考核HSLA65和HSLA115。

俄罗斯舰艇船体用钢与苏联一脉相承，船体钢的强度等级也比较齐全，从235MPa到980MPa均有相应的钢种，主要是CXЛ和AK系列。苏联1954年开发出了潜艇壳体用的AK25钢及其改进型，1956年建造第一艘核潜艇，使用屈服强度约600MPa的AK25钢。这种钢材不仅强度高，而且焊接性能好。因此，苏联建造的航母也主要采用了这种材料。

我国舰艇结构钢的发展应用，经历了引进、仿制和国产化、自行研制以及改进提高和发展新型舰艇用钢等几个阶段。从一般碳素钢到无镍铬和低镍铬高强钢的开发研制，从无镍铬和低镍铬高强钢到含镍铬高强钢的研制生产，从模铸钢的研制生产到连铸钢的技术进步，从较高合金含量、较高资源成本钢的研制开发到低合金低资源成本钢的研制技术路线的转变，不断的改进、提高、完善、发展。目前我国的舰艇用钢的研制、生产、性能、使用等方面获得了很大的进步，有力地支持了我国水面舰船的研制。

2. 铝合金

铝合金具有质量轻、强度高、可加工性好以及无磁性等特点，能有效减轻全船重量、降低重心。但其缺点也显而易见，热传导系数高、熔点低，这种缺点很容易导致灾难性的后果。最典型的例子就是在马岛海战中，英国"谢菲尔德"号导弹驱逐舰在被导弹击中爆炸后产生大火，舰上的铝合金结构熔化，导致火势蔓延，最后舰艇沉没。此后，各国在舰艇结构设计对于铝合金材料的使用比较谨慎。

目前，航母船体结构中铝合金的使用部位主要是轻质分隔围壁，以及强度要求不高的部位。

3. 钛合金

钛合金最大的特点是强度等级高、耐腐蚀、透声性能好。但由于成本较高，且在使用较高强度材料设计结构时会使得刚度变差等因素，钛合金不适合作为主要材料设计船体结构。

在航母船体结构中，钛合金更适合的是作为一种功能材料使用，如利用其良好的透声性能，作为舰首声纳导流罩材料。

4. 复合材料

复合材料是将不同性质的两种或两种以上的材料结合为一体，达到预期使用特性而设计制造的新型材料。复合材料有以下优良性能：

（1）力学性能良好。使用不同的原材料和制作工艺，可以得到不同强度等级的复合材料，而同等强度的增强复合材料，其密度只有钢材的1/5左右甚至更低，可有效减轻结构重量，降低重心。

（2）低磁特性。该类材料具有低磁性，能够降低结构的磁性特征，减小遭到磁引信水雷的攻击概率。或者局部应用，可避免影响磁敏感设备的正常工作。

（3）良好的电波穿透性能、声学和红外特征。复合材料透电磁波性能好，适宜作舰艇武器雷达罩的结构材料，也很适合作声纳导流罩的结构材料。

上述性能使复合材料得到广泛的应用。但是复合材料也有其缺点，如玻璃钢的弹性模量不足；复合材料的层间剪切强度低，手工成型较多，自动化程度不高；采用GRP和碳纤维复合材料时，必须注入导电材料来保证舰载高级电子设备提供电磁屏蔽，从而提高了建造难度和工程成本。

从长远技术发展的角度看来，高性能增强纤维的发展可得到高强度、高模量的先进复合材料，三维编织技术的兴起和复合材料表界面科学的进步将不断地提高复合材料的界面性能。片状模塑料（SMC）、树脂传递成型（RTM）等复合材料成型新工艺和机械化铺层技术的发展将使复合材料成型向着机械化和自动化的方向迈步前进。可以预料随着这些技术的不断进步，复合材料在航母上的应用前景十分广阔。

14.5.2 船体结构材料的使用

航母船体材料选择与常规舰船类似，通常应遵照以下几项基本原则：

（1）所选材料必须符合相关标准，应经过定型鉴定并经海军订货部门或其委托验收单位的批准。

（2）所选材料的力学性能、物理性能以及规格应符合产品的战术、技术性能要求。对有特殊要求者，除常规力学性能外，所选材料尚应满足相应特定的性能要求，如阻尼性能、防弹性能、防磁性能、透声性能、吸波性能、抗辐照性能、耐光辐射性能、高温性能、低温性能等，并应使结构重量尽可能小。

（3）所选材料必须品种规格及焊接材料配套齐全。所使用船体材料必须可靠性、稳定性、安全性、工艺性、适修性、经济性好。

14.6 > 船体结构试验与评估

航母的设计、建造和试验验收是航母研制过程中的重要研制阶段，其中航母的试验验收是验证航母的设计指标是否达到研制要求的主要技术手段。通过实船试验，发现并充分暴露航母在设计、建造和试验过程中存在的主要问题，并提出整改方案，使完工状态下舰船的各项性能指标满足用户的要求。

航母船体结构的实船试验一般分为系泊试验和航行试验。通过实船试验，检验船体结构的建造质量，验证船体结构的性能指标是否达到设计要求。

14.6.1 系泊试验

系泊试验又称码头试验，系指舰船建造过程中，在码头或指定水域系泊状态下进行的实船试验。其目的是检查舰船的建造质量，系统和设备安装的正确性、完整性以及主要功能、性能指标等是否符合规定的使用要求。

1. 船体结构系泊试验主要项目

航母船体结构的系泊试验的目的主要是验证船体结构的振动特性是否满足设计要求，并验证主要设备安装基座处的结构振动频率特性及结构刚度特性是否满足设备的安装要求。系泊试验的主要项目有：

（1）船体总振动激振试验。

（2）岛式上层建筑总振动激振试验。

（3）艉轴架激振试验。

（4）主要设备基座激振或静刚度试验。

结构激振试验主要是对船体结构的固有振动频率、固有振形以及阻尼特性等结构振动特性进行测量；结构静刚度试验主要是对局部结构的静刚度（单位力作用下的结构变形量）进行测量。

2. 船体结构系泊试验条件

船体结构的系泊试验应在船体建造工作结束，系统及设备安装完整，船体密性试验合格后方可进行。

艉轴架激振试验、基座静刚度试验等需在船坞内进行。

船体总振动激振试验试验海区水深不小于 5 倍吃水，且离岸较远，舰船排水量接近正常排水量，水流平稳，舰船自由漂浮。

岛式上层建筑总振动激振试验、主要设备基座激振试验可在码头进行，舰船处于自由漂浮状态。

3. 船体结构系泊试验方法

1）船体总振动激振试验

（1）船体总振动激振试验用于测量船体梁的各向总振动频率和模态。

（2）船体总振动激振试验的测点一般布置在 1 甲板上，其中在艏艉中线面处、各主横舱壁与外板（或主纵舱壁）的交叉点处均应布置测点。

（3）可采用抛锚法等瞬态激励方法或激振机等稳态激励方法来测量航母船体总振动固有频率、固有振形以及阻尼特性，也可结合下述总振动航行试验中的激励来测量船体总振动固有特性。

（4）测试结束后，对测试数据进行分析，给出实船总振动的各阶固有频率、固有振形和阻尼特性，并与设计预报结果进行比较。

2）岛式上层建筑总振动激振试验

（1）岛式上层建筑总振动激振试验用于测量岛式上层建筑横向、纵向总振动频率和模态。

（2）岛式上层建筑总振动激振试验的测点一般布置岛式上层建筑垂直连续的横舱壁与各层甲板的交点处以及各层甲板与前后壁在上层建筑中心线的交点处。

（3）可采用激振机等稳态激励方法来测量岛式上层建筑船体总振动固有频率、固有振形以及阻尼特性。

（4）测试结束后，对测试数据进行分析，给出岛式上层建筑总振动的各阶固有频率、固有振形和阻尼特性，并与设计预报结果进行比较。

3）艉轴架及设备基座的激振试验

（1）艉轴架及设备基座的激振试验用于测量艉轴架及设备基座的振动频率和模态。

（2）艉轴架激振试验一般沿艉轴架支臂布置若干测点；设备基座的激振试验一般沿基座的主振形布置若干测点，其中基座主振形可通过仿真分析的模态识别得到。

（3）可采用力锤等瞬态激励方法来测量艉轴架及设备基座局部振动的固有频率、固有振形以及阻尼特性。

（4）测试结束后，对测试数据进行分析，给出艉轴架及设备基座局部振动的各阶固有频率、固有振形和阻尼特性，并与设计预报结果进行比较。

4）基座静刚度试验

（1）基座静刚度试验用于测量基座在静载荷作用下的刚度。

（2）可采用仪器测量基座在一定加载条件下的位移值，并换算为基座的静刚度值。

（3）测试结束后，对测试数据进行分析，给出主要设备基座的静刚度值，并与设计预报结果进行比较。

14.6.2 航行试验

航行试验系指舰船系泊试验之后进行的海上航行状态的实船试验。其目的是检查舰船、系统和设备工作的协调性、稳定性、安全性，以及主要功能及性能指标等是否符合规定的使用要求。

1. 船体结构航行试验主要项目

航母船体结构的航行试验的目的主要是验证船体结构的强度和振动特性是否满足设计要求，并验证船体结构的安全性。其航行试验的主要项目有：

（1）船体总振动航行试验。

（2）船体局部振动航行试验。

（3）螺旋桨脉动压力测量。

（4）高海情下船体结构总强度试验。

船体总振动和局部振动航行试验，主要是测量主船体和上层建筑在航行状态下的总振动响应以及所关心区域的局部结构在航行状态下的局部振动响应；高海情下船体结构的总强度试验，主要是测量船体结构在高海情下的结构应力情况，以判断船体结构的安全性。

2. 船体结构航行试验条件

船体结构的航行试验应系泊试验结束，试验中发现的问题整改消除后方可进行。

航行试验时的浪高、流速、风力、能见度等应满足试验大纲的要求。

3. 船体结构航行试验方法

1）船体总振动航行试验

（1）船体总振动航行试验的测点布置同系泊试验。

（2）在主机规定的各个转速工况下，测量主船体和岛式上层建筑总振动的频率、振幅、振动加速度等响应情况。

（3）测试结束后，对测试数据进行分析，给出实船主船体和岛式上层建筑总振动的响应值，并与标准中要求的限定值进行比较，判断其总振动响应水平。

2）船体局部振动航行试验

（1）船体局部振动航行试验的测点布置同系泊试验，并可在感兴趣的局部结构布置测点，以掌握这些部位在舰船航行时的局部振动响应水平。

（2）在主机规定的各个转速工况下，测量船体局部振动的频率、振幅、振动加速度等响应情况。

（3）测试结束后，对测试数据进行分析，给出实船局部振动的响应值，并与标准中要求的限定值进行比较，判断其局部振动响应水平。

3）螺旋桨脉动压力测量

（1）螺旋桨脉动压力测量的测点位置，一般在螺旋桨轴线与叶梢轨迹线的水平投影或交点及船体底部构架上布置若干压力传感器。同时，还可在螺旋桨脉动压力作用区的船底板、加强筋和板架上布置若干应变传感器，以测量艉部结构在螺旋桨脉动压力作用下的应力响应。

（2）在主机规定的各个转速工况下，测量船体结构在主机各工况下的螺旋桨脉动压力峰值及结构应变响应。

（3）测试结束后，对测试数据进行分析，掌握螺旋桨的脉动压力水平，并根据结构应变响应，判断艉部结构在螺旋桨脉动压力作用下的应力响应水平。

4）高海情下船体结构总强度试验

（1）选取船体中横剖面附近、飞机升降机大开口附近的横剖面，沿船宽方向在 1 甲板、外底板处布置若干结构应变测点，以测量结构纵向应力沿船宽及垂向的分布情况；选取各主横舱壁与船体外板及主纵舱壁在 1 甲板处的交点，沿船长方向布置若干结构应变测点，以测量结构纵向应力沿船长方向的分布情况。

（2）在各对应的浪高工况下，测量船体结构在波浪载荷作用下的应变。

（3）测试结束后，对测试数据进行分析，根据结构应变换算出对应海况下的结构应力，并采用外推法推算船体结构在极端海况下的结构总纵弯曲应力，以判断航母船体结构的安全性。

14.7 > 船体结构技术发展趋势

航母船体结构复杂，承受的载荷多种多样，因此对结构的设计提出了很高的要求。随着科学技术的进步，船体结构的设计手段和方法也在不断发展，主要包括以下几个方面：

1. 直接计算法的应用

传统的结构设计方法，基本上是采用经典的结构力学或规范规定的计算方法对船体结构性能进行计算。随着硬件和软件的发展，直接计算法越来越多的被应用到结构设计中，包括外载荷的直接计算，结构强度、振动以及防护能力的仿真评估等。直接计算法能模拟结构的实际情况，基本上能对所有的船体结构类型进行仿真分析，包括特殊结构，如开口、加强等。

2. 结构材料的多样化

在航母的排水量中，结构重量约占 1/2，合理地使用不同强度等级的材料，可以在满足性能要求的同时，优化船体结构，降低建造成本。在结构设计中，随着航母排水量的增加，高强度合金钢的使用成为未来的发展趋势。同时为了降低船体结构重量，复合材料也越来越多地应用到结构中。

3. 防护结构形式不断优化

被动防护能力是航母船体结构设计的重点之一，防护结构的设计也在不断优化。在防破片侵彻方面，使用的结构包括装甲钢板、复合夹芯防护等，使用的材料则包括凯夫拉、高强玻纤、聚乙烯等；在防冲击波方面，使用多舱吸能结构。但在具体的防破片侵彻和防冲击波结构设计时，则依据试验和仿真，优化材料组合、舱室布置，尽可能提高结构的防穿甲动能和爆炸冲击波当量。防护结构除了要保证防护能力之外，还要兼顾总体资源、施工工艺性等。

参 考 文 献

［1］邵开文，马运义. 舰船技术与设计概论［M］. 北京：国防工业出版社，2005.

［2］陆鑫森，金咸定，刘涌康. 船体振动学［M］. 北京：国防工业出版社，1980.

［3］翁长俭，张保玉. 船体振动学［M］. 北京：人民交通出版社，1985.

第15章

船舶装置

15.1 > 概述

航母的船舶装置由甲板机械及专用设备、海上补给接收及转运系统、船舶舾装组成，是实现航母安全航行、驻泊、人员救生，维持海上生命力，以及提高舰员的战斗力和安全性的重要系统。航母作为水面特种战斗舰船，其吨位和舰员数量远大于驱护舰船，且具有独特的主甲板外飘和不对称上层建筑的船型结构、干舷高等特点，这些对船舶装置所属的海上补给接收及转运系统、人员换乘及救生、码头系泊等技术提出了更高的设计要求。

15.1.1 定义及使命任务

船舶装置主要用于改变和维持航母航向，保证航母安全驻泊、小艇作业、舰员登换乘，紧急情况下舰员的疏散、撤离和救生；保障在停泊或者海上航行状态下补给接收各类物资，并将补给物资疏运到各自的存储地点；为舰员提供适宜的居住、生活和工作条件，为装舰系统和设备建立适宜的作业环境，保证舰员出入方便、有效防止航母腐蚀和延长使用寿命等。

15.1.2 功能及组成

船舶装置主要实现航母航行操纵、锚泊、系泊、拖曳、物资补给接收和储运、人员登换乘、救生救助等重要功能；确保舰员日常出入方便及通行安全；通过隔热、保温、抑制噪声和内部装饰等措施为舰员提供舒适的居住和生活环境；有效防止航母腐蚀和污损、延长维修间隔时间等。

船舶装置的主要组成如图 15-1 所示。

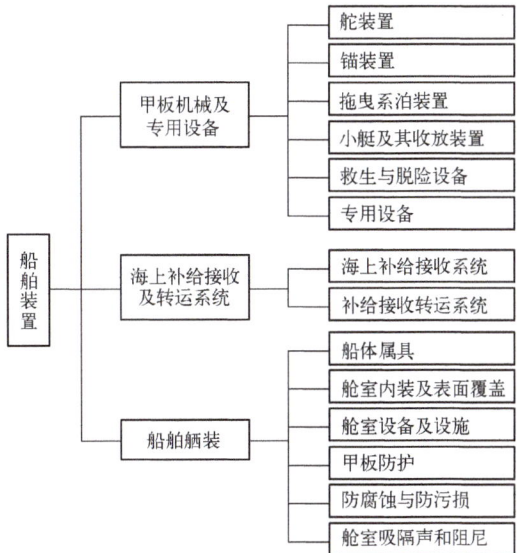

图 15-1 ▏船舶装置的主要组成

船舶装置的组成结构：

- 甲板机械及专用设备
  - 舵装置
  - 锚装置
  - 拖曳系泊装置
  - 小艇及其收放装置
  - 救生与脱险设备
  - 专用设备
- 海上补给接收及转运系统
  - 海上补给接收系统
  - 补给接收转运系统
- 船舶舾装
  - 船体属具
  - 舱室内装及表面覆盖
  - 舱室设备及设施
  - 甲板防护
  - 防腐蚀与防污损
  - 舱室吸隔声和阻尼

15.2 > 甲板机械及专用设备

甲板机械及专用设备主要由舵装置、锚装置、拖曳系泊装置、小艇及其收放装置、救生脱险设备和专用设备等组成。甲板机械及专用设备主要用于改变和维持航母航向，保证航母安全驻泊、收放小艇作业以及在紧急情况下能将人员迅速地撤离，实现舰员站位快速到达、方便伤病员转运，驱离飞行甲板周边的鸟群，进行船体应力监测，在保障航母安全航行、防台系泊、人员救生等方面起重要作用。

15.2.1 舵装置

1. 功能及组成

1）功能

舵装置的功能是按照驾驶的要求保持或改变航母的航行方向。

2）组成

舵装置通常由舵、舵机和自动操舵仪等组成。

（1）舵。舵的类型很多，按舵的支承方式分为悬挂舵（图15-2（a））、半悬挂舵（图15-2（b））、带有支承的普通型舵（图15-2（c）、（d）），而按舵杆轴线距舵叶导缘的距离分为平衡舵（图15-2（a）、（c））、半平衡舵（图15-2（b））和不平衡舵（图15-2（d）），按舵叶剖面的形状分为流线型舵和平板舵。航母一般采用半悬挂半平衡舵。舵主要由舵杆、舵叶、舵承及其他部件组成。

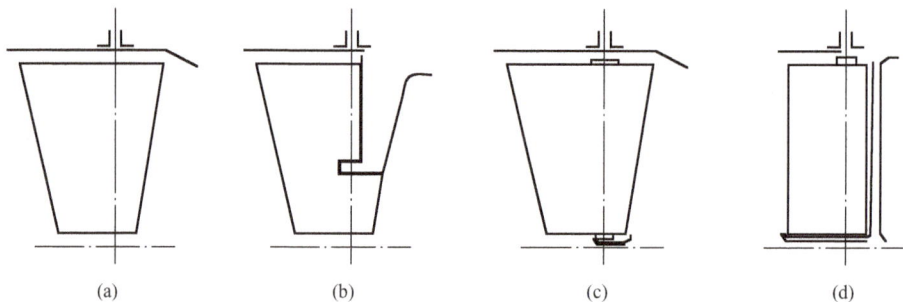

| (a) | (b) | (c) | (d) |

图15-2 ▌舵的基本类型

（2）舵机。舵机主要有往复拨叉式舵机、摆缸式舵机和转叶式舵机三种，如图15-3和图15-4所示。前两种属于往复式舵机，工作原理是用各自的活塞杆推动舵柄来达到转舵目的。转叶式液压舵机则是利用转子内孔与舵杆直接连接来传递扭矩使舵叶转动。航母通常采用往复拨叉式舵机和转叶式舵机。

根据液压系统的集成度，转叶式舵机一般有两种形式：集成一体式和标准型。集成一体式转叶舵机输出扭矩范围相对较小，不适用于航母。

往复式舵机由推舵机构、油泵机组和电控系统等组成，转叶式舵机由转舵机构、液压泵站、电气控制箱等组成。

转叶舵机具有舵角范围宽、结构紧凑、重量轻、占用空间小、安装方便、噪声小、输出扭矩不受转舵角的影响和控制性能好等优点。

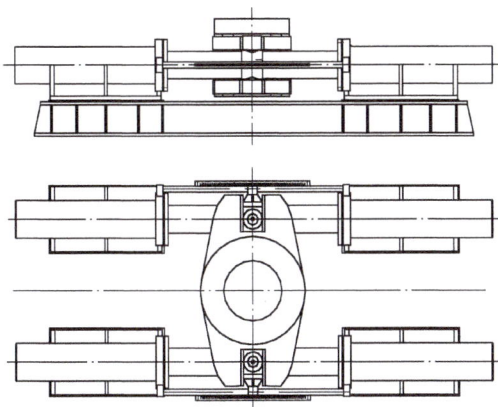

图 15-3 ▌往复拨叉式舵机　　　　　　　　图 15-4 ▌摆缸式舵机

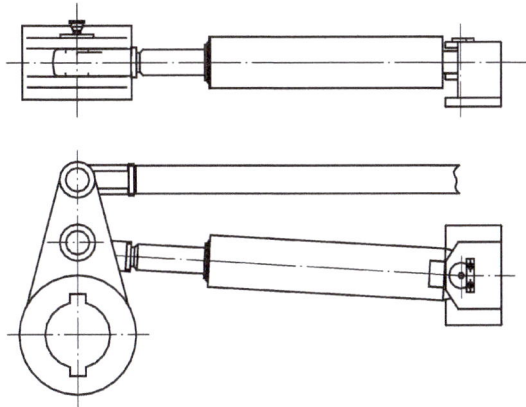

往复拨叉式、摆缸式以及转叶舵机的特点对比如表 15-1 所示。

表 15-1 　不同型式舵机的特点对比

	往复拨叉式	摆缸式	转叶式
结构、重量	尺寸、重量大，占用空间大，价格高	外形和重量比拨叉式大大减少，占用空间也相对减小，价格较高	体积小，重量轻，占用空间小，性价比高
安全可靠性	结构复杂，安全可靠性较低	结构较简单，安全可靠性较高	零件少，安全可靠
适装性	安装麻烦	安装较方便	整体圆盘式，安装方便
扭矩特性	良好	较差	较好
效率	较高	低	高
振动和噪声	冲击大、振动和噪声大	振动和噪声较大	冲击小，振动和噪声小
操控性	操舵速度随着舵角增大而增大，操控性较好	操舵速度随着舵角增大而降低，操控性不好	操控性较好，操舵速度较快，可实现舵减摇
密封、维修性	密封性较好，维修麻烦	密封性较好，维修较方便	密封性稍差，维修较麻烦

（3）自动操舵仪。自动操舵仪主要有模拟式航向自动操舵仪（双模拟通道）、模拟和数字混合式航迹自动操舵仪（模拟及数字双通道或双数字通道）、数字式航迹自动操舵仪（双数字通道），随着技术的发展和信息化、网络化需求的提高，模拟式航向自动操舵仪逐渐被数字式航迹自动操舵仪取代。自动操舵仪主要由主操纵台、副操纵台、自动舵控制箱等组成。

2. 舵装置的布置

舵的布置应遵循以下几个原则：

（1）舵应尽量布置在螺旋桨尾流内，以充分利用尾流提高舵效。

（2）舵通常垂直于基线设置在航母的尾端，并应尽可能远离舰的回转中心，以获得较大的转船力矩。

（3）当舵在设定转舵角范围内时，其任何突出部分都应在正常排水量时的水线宽度以内，并留有一定余量。

（4）舵的布置应不影响螺旋桨和轴系的拆卸。

3. 舵装置设计要求

1）舵叶主要参数的确定

舵叶剖面宜选用小厚度比的翼型、NACA 对称型剖面。

（1）舵面积计算。舵叶总面积按式（15-1）计算：

$$A_0 = \mu \cdot L \cdot d \tag{15-1}$$

式中　A_0、L、d、μ——舵叶面积、水线长度、设计吃水和舵面积系数。

单个舵叶舵面积 A 为 A_0 除以舵数，舵面积的最终数值可根据航母的模型试验结果加以修正。

（2）展弦比的估算。展弦比按式（15-2）计算：

$$\lambda = h_p^2 / A \tag{15-2}$$

式中　h_p——舵叶沿舵杆轴线的高度；

根据艉部舵布置允许条件尽可能选取较大的展弦比值。

（3）平衡系数的估算。平衡系数按式（15-3）计算：

$$R = A_\sigma / A \tag{15-3}$$

式中　A_σ——舵平衡部分的面积。

2）舵力及扭矩的计算方法

计算通常采用两种方法：水动力特性计算法和经验公式估算法。

（1）水动力特性计算法。通常舵的水动力特性计算是先确定单独舵的无因次水动力特性，然后考虑船体、螺旋桨尾流以及空泡对舵的影响计算修正值。

（2）经验公式估算法。经验公式计算法有劳氏规范法，乔赛尔法，藤井、津田法等。

3）舵机的配置要求

（1）舵机的选取。舵机的选择应根据航母正航或倒航时转舵力矩的最大需要值进行。当选取双舵舵机时，必须将每个舵杆上的最大转舵力矩值相加。

舵杆上转舵力矩值应根据式（15-4）确定：

$$M_S = M + M_{TP} \tag{15-4}$$

式中　M_S、M、M_{TP}——舵杆上的转舵力矩、水动力矩和舵支承座处的总摩擦力矩。

舵机最大转舵角应满足 ±35° 的要求。

（2）舵机应具有主泵电动机过载、主泵电动机断电、滤器压差高、油箱低液位、油箱高油温等故障报警功能，并可在故障时进行机组转换。

（3）舵机液压系统应进行安全性设计，防止系统因油管破裂或阀件泄漏而造成危害。

4）自动操舵仪的配置要求

（1）自动操舵仪用于控制航母的航向和航迹，应采用冗余设计设置多个操纵台。

（2）自动操舵仪应具有"随动""自动"等操纵控制功能。

5）舵装置其他组成部件的设计原则

应在强度计算的基础上确定舵装置其他组成部件的主要尺寸。

15.2.2　锚装置

1. 功能及组成

1）功能

锚装置的功能是在规定水深的港口或停泊地将航母与海床可靠地连接。

2）组成

锚装置由锚、锚链、锚链筒、锚机和掣链器等组成。

（1）锚。锚的种类很多，通常按其结构特征可分为转爪锚、固定爪锚和特种锚，其中转爪锚和固定锚又可分为无杆锚和有杆锚。

无杆转爪锚的形式最多，常用的有霍尔锚、斯贝克锚、AC－14 锚、波尔锚等。航母通常采用抓力系数比较大的无杆锚。

（2）锚链。锚链是锚装置的主要部件之一，锚的抓力须经过锚链传至航母。锚链的一端与锚连接，另一端紧固在航母上。

锚链按其型式可分为有挡锚链和无挡锚链。按链环的制造方法又可分为电焊锚链、铸造锚链和锻造锚链，航母所用的通常为电焊锚链。

电焊锚链分为有挡和无挡两种。锚链按材料的抗拉强度可分为三级，即 M1、M2 和 M3，其分别表示为一、二、三级锚链钢制成。近年来又出现了强度等级高于三级锚链的海洋系泊链。

（3）锚机。锚机是放出或收进锚链以及锚的机械，同时也是抛锚时系住船舶的装置。锚机按其主轴（安装链轮或滚筒的轴）的方向可分为立式锚机和卧式锚机，前者又称为起锚绞盘。卧式锚机通常指配置链轮的锚机，又可分为双链轮和单链轮锚机，后者又称为单侧式锚机。卧式锚机可配置系缆卷筒（又称绞缆筒或副卷筒）供系船索使用。将起锚机械同系泊绞车组合成一体的锚机称为起锚—系泊组合机，或称多用途锚机。锚机按驱动方式可分为：手动锚机、蒸汽锚机、机动锚机、电动锚机及液压锚机，目前最常用的是电动和液压锚机。目前，航母上一般采用液压锚机，立式和卧式锚机均有配置，由于卧式锚机所占空间少，配置简便，有逐步取代立式锚机的趋势。

（4）掣链器。掣链器是航母在航行或者抛锚时夹住锚链的装置。常用的掣链器有闸刀掣链器和滚轮闸刀掣链器等。

（5）锚链舱。锚链舱是存放锚链的舱室，锚链舱的容积应足以存放收入舱内的全部锚链，并依靠其自重自行堆放，不需要由人工整理锚链。

锚链舱的形式很多，基本上可分为圆形、矩形（包括正方形）、梯形和组合形。

2. 锚装置的设计方法

1）舾装数计算

航母的舾装数 N 按式（15-5）计算：

$$N = K\Delta^{2/3} + 2S_1 + 0.1S_2 \tag{15-5}$$

式中　K、Δ、S_1、S_2——系数、航母的正常排水量、正投影面积和侧投影面积。

2）锚和锚链的配置

锚和锚链的参数根据舾装数表进行选择。

3）锚机的配置

根据布置空间的特点，可选用立式或卧式锚机。

4）掣链器和掣锚器的配置

航母每根锚链均应配备掣链器和掣锚器。掣链器应在抛锚后能止住和夹住锚链，承受锚链拉力，并使锚机处于不受力状态。掣锚器用以在航母航行时夹住并拉紧已进入锚链筒的锚，使锚在航行时不致碰击船体。

5）锚链筒和锚链管

（1）锚链筒、锚唇的安装位置，应保证在航母不利横倾时，锚爪不会钩住艏柱、龙骨、碰撞球鼻艏，并能使锚和锚链顺利进出锚链筒，且不应损伤船体、属具或设备。

（2）锚链筒宜有足够长度，以使锚卸扣，并尽可能使锚链转环能留在锚链筒内；锚链筒及其凸缘的外形，应使锚链通过时只受拉力不受弯曲。锚链筒应装设足够数量冲洗锚和锚链的冲洗喷嘴。

6）锚链舱

锚链舱用于存放锚链，其容积应该可以存放全部锚链，要求满足锚链依靠自重自行堆放，不需要人工整理锚链。

锚链舱的形式有圆形、矩形、梯形和组合型等。

锚链舱应设置木护板。

锚链舱应设有水密盖或人孔盖供人员进出，锚链舱内应设有钢质踏步。

锚链舱底应设污水收集和排放设施。

7）弃锚器

每个锚链舱上部应设有一弃锚器，通过锚链的末端链环与锚链连接，弃锚器应能安全、便捷地解脱锚链。

15.2.3 拖曳系泊装置

1. 功能及组成

1）功能

系泊装置的功能是在航母停泊时能将航母与码头、其他舰船或浮筒可靠系结。拖曳装置用于应急情况下与其他舰船进行相互拖曳。

2）组成

拖曳系泊装置包括拖曳装置和系泊装置。拖曳装置一般由拖索、拖桩、导缆孔、连接眼板和速脱属具等组成。系泊装置主要由系泊属具和系泊机械组成，系泊属具主要包括系缆索、系缆索导向、固定设备（包括带缆桩、导缆孔、导缆器等）、系缆卷车、撇缆设备和收缆设备，系泊机械包括用来收绞缆索的系缆绞盘或绞车。

2. 系泊方式

常用的系泊形式有码头倒 T 型系泊、多点系泊、单点系泊和固定系泊等。而系泊方式是指航母与码头之间系泊缆索的几何布置形式。在码头，航母采用缆绳系泊，利用横缆、倒缆和艏艉缆来完成。横缆和倒缆的功能不同，横缆只在一个方向约束航母（离开码头），对着码头方向的约束是依靠碰垫和防撞箱；倒缆在两个方向约束航母（向前和向后）。在一个推离码头的外力作用下，所有横缆将受力。按外力的方向，向后或向前的倒缆仅单向受力。如果所有倒缆中都有预拉力，则只有前后倒缆所受力的差，用于约束航母的纵向运动。而艏艉缆抵抗纵向力的作用像倒缆，抵抗横向力的作用像横缆。航母的典型系泊方式如图 15-5 所示。

选择安全的防台措施对航母的安全性具有很重要的意义。航母通常的防台方法有码头系泊防台、锚泊系泊防台（包括系浮筒防台风）以及海上机动防台。航母在完成作战和训练任务后，一般停靠在军港的航母专用码头，在军港所特有的防风条件和系泊缆绳的协助下，

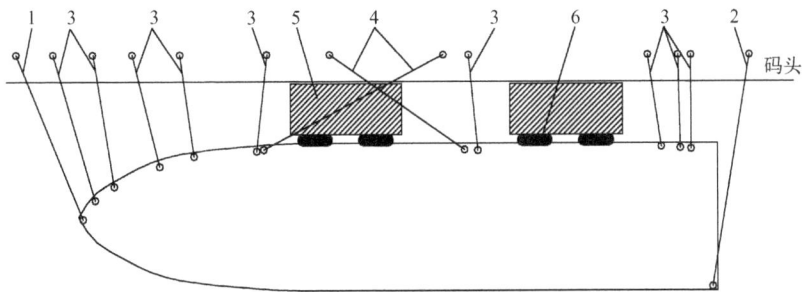

图 15-5 ┃ 航母的典型系泊方式

1—艏缆；2—艉缆；3—横缆；4—倒缆；5—防撞箱；6—碰垫。

可避免一定级别的风浪对航母产生的冲击。而在更大风浪条件下，为了避免航母与码头之间的撞击，需在锚地系结浮筒单点系泊防台或进行机动防台。

3. 拖曳系泊装置的设计方法

1）系泊装置的设计方法

（1）系缆索的配置。系缆索可为合成纤维索或钢索，随着高强度合成纤维索的出现，有逐渐取代钢索的趋势。系缆索应根据舾装数 N 选配。系缆索的最小破断负荷、数量和长度应不低于舾装数表的要求，采用合成纤维系缆索时应适当增加其最小破断负荷。与纤维缆索相配的系泊装置，设计时应尽量采取减少系缆索磨损的措施。在台风频发地区系泊时，可根据军方要求增配防台风的系缆索。

（2）带缆桩的配置。带缆桩应根据系缆索直径按标准规格选取或自行设计。甲板上安装带缆桩，其轴线应垂直于基准面；带缆桩应尽量安装在甲板强力骨架上，否则应在带缆桩所在处甲板下设置必要的加强结构。带缆桩应布置在系泊机械和向舷外导向的系缆索导向设备之间。

（3）系缆索导向设备的配置。为系泊时引导系缆索，航母上每个带缆桩前或后应设有导缆孔、导缆器或滚轮等系缆索导向设备，导缆设备的数量应不小于带缆桩的数量。导缆设备的型式和尺寸应根据系缆索直径及其最小破断负荷按标准选取或自行设计。导缆设备中心与舷边的距离应小于带缆桩中心到舷边的距离。航母应设置首导缆孔，供系泊和被拖时拖索导向用。

（4）系缆索卷车的配置。系缆索应存放在卷车上，应根据航母上系缆索的数量、直径、长度和存放状况按标准选取或自行设计系缆索卷车。系缆索卷车的卷筒必须能容纳航母配备的系缆索的全长。系缆索卷车的布置应利于收放系缆索，宜尽可能布置在系泊装置的同一层甲板上。

（5）系泊机械的配置。为了收绞系缆索，应安装系泊机械（系缆绞盘或绞车），也允许使用锚泊—系泊机械上的卷筒。应根据系泊要求配置的系缆索最小破断负荷和长度来选用系缆绞盘或系泊绞车。系泊机械一般应对称布置在航母的左右舷。

2）拖曳装置设计方法

（1）拖缆的配置要求。拖缆应根据舾装数 N 选配。拖缆尽量采用高强度合成纤维索，该纤维索在满足强度的情况下可以提供一定的缓冲伸长量，利于拖曳时的系缆操作；也可使用钢缆作为拖缆。合成纤维拖缆应配置减少缆索磨损的防护套。

（2）拖缆导向和固定设备的配置。为引导拖缆，应在航母艏端中线面处设置一个拖缆孔，艏部的拖曳设备应根据拖曳方式结合水鼓系泊设备一起设计。拖缆孔的孔径尺寸应能使拖缆端部（带索具套环）自由通过。在满足强度要求的条件下，可以使用艏艉端用于系泊的导缆孔。拖缆固定设备的安全工作负荷应超过拖缆（钢缆）的破断负荷要求。

（3）拖缆卷车及其他存放装置。拖缆及其引索必须存放在卷车上。拖缆卷车应按航母上拖缆的数量及直径、长度和存放状况按标准选用或自行设计，卷筒必须能容纳整根拖缆。

15.2.4 小艇及其收放装置

1. 功能及组成

1）功能

小艇用于运送人员及货物，训练舰员，为母舰进行系缆作业及舷部维护修理等，必要时可用于进行救助等。小艇收放装置用于快速安全地释放和回收小艇。

2）组成

小艇及其收放装置包括小艇和小艇收放装置等。

2. 小艇及其收放装置设计要求

1）小艇

航母配备的小艇指舰载工作艇和交通艇。小艇在载足全部额定乘员和属具后应具有充裕的稳性和足够的干舷，且当小艇在平静水面处于设计状态时，在水线以下任何一个部位破损，应能保持初稳心高为正值。小艇应配置导航设备、蓄电池、电台和接地装置，并具有干启动功能。工作艇应设置自扶正装置，当工作艇倾覆时，工作艇能自行扶正。航母配备小艇的静水航速一般不低于 20kn（1kn = 1.852km/h）。

2）小艇收放装置

小艇收放装置是将小艇从存放位置安全地转移到水面上的设施，其主要由吊艇架和起艇机组成。

（1）吊艇架。吊艇架的型式很多，主要可分为重力式吊艇架、储存机械动力吊艇架及人力操纵吊艇架等三大类。重力式吊艇架使用较多，其分类示意如图 15-6 所示。

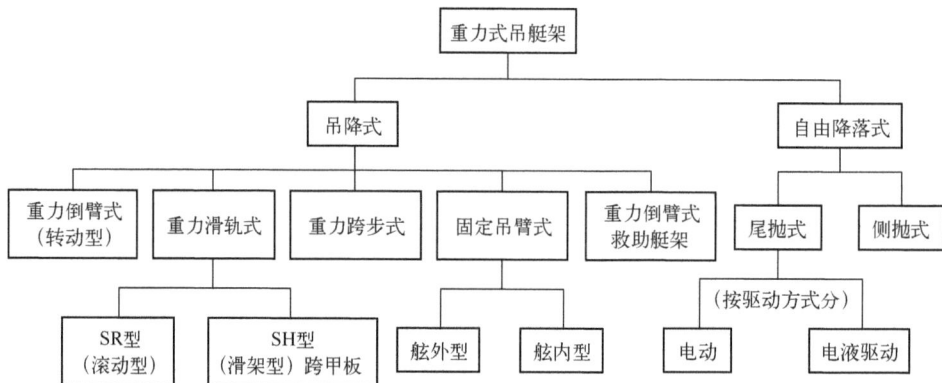

图 15-6 ┃ 重力式吊艇架分类示意

重力式吊艇架是依靠艇的重力作用放艇的吊艇架。即在船上没有任何动力与电源的情况下，或是用吊艇臂将艇移出舷外并降落入水，或是使艇自由降落入水。艇的起升回收则使用起艇机。重力式吊艇架放艇迅速且安全，是目前使用最普遍的吊艇架。

重力式吊艇架可分为吊架降落式（简称吊降式）及自由降落式两类。吊降式吊艇架采用钢丝绳放艇，它是除自由降落式小艇降落装置以外的所有重力式吊艇架的总称，一般布置在船舶两舷。自由降落式小艇降落装置大多布置在船尾，也有少数布置在舷侧。

根据吊点的不同，小艇收放装置分为单吊点型式和双吊点型式两种。与双吊点相比，单吊点型式结构简单，使用方便，设备重量较轻，收放时间较短，但是容易发生摇摆现象。航母大多采用双吊点型式吊艇架。

（2）起艇机。起艇机具有波浪补偿能力，能实现双吊点分别波浪补偿。在波浪补偿时，波浪补偿起艇机的速度能根据波浪速度自动调整。起艇机具有自动起艇和手动起艇模式，设有起艇操作模式双向选择按钮以进行自动/手动模式的切换。起艇机在小艇转进/转出以及起升/下降过程中能通过调整起艇绞车速度来自行调整小艇两处吊艇钩的高度，使小艇尽量保持水平状态，并具有手动调平功能。

15.2.5　救生与脱险设备

1. 功能及组成

1）功能

救生与脱险设备的功能是在应急情况下能将人员转移到安全地带或脱离险境。

2）组成

救生与脱险设备包括海上快速撤离系统、救生筏、救生衣、救生圈、人员撤离索和救生抛绳器等。

2. 救生与脱险设备设计要求

航母在航行时难免会遇到由于自然条件突然恶劣、意外事故、战损等不可预料因素而导致破损或处于危险状态，合理配置数量充足的救生设备，是保障航母上人员生命安全的重要环节。航母救生与脱险设备有以下种类：

1）海上快速撤离系统

自从20世纪80年代美国RFD公司推出海上快速撤离装置以来，海上快速撤离系统得到不断完善，该系统适用于大型客船和客滚船。随着海上快速撤离装置在民用船舶上逐渐普及，在国外包括航母在内的军船上也开始配置了海上快速撤离装置。海上快速撤离系统是一种将人员从船舶的登乘甲板迅速转移到漂浮的救生艇筏上的设备，它能为各种年龄、身材和体质，并穿着经认可的救生衣的人员提供从登乘地点到漂浮平台或救生艇筏的安全通道，其优点是能够充分地考虑到各种不同年龄人员以及不同体质状况的情况，达到快速、安全地撤离，且撤离过程保持乘员不沾湿的良好效果。

海上快速撤离系统通常有倾斜滑道式和垂直槽座式两种类型，各有单、双滑道或槽座之分，如图15-7所示。

海上快速撤离系统一般由贮存箱、撤离滑道（或撤离通道）、底部平台、牵引绳等组成。当发生灾难时，舰员打开贮存箱，操作一个手柄即可释放撤离系统，整个过程全部自动充胀成型，逃生人员便可通过快速逃生。

海上快速撤离系统的布置位置应便于人员到达，并满足SOLAS规范和国际救生设备规则（LSA）对海上撤离系统设计的具体要求。

(a) 倾斜滑道式

(b) 垂直槽座式

图 15-7 ▎海上快速撤离系统

2）救生筏

救生筏是能维持遇险人员生命的筏，其在遇难船舶救生方面起着重要作用。在某些突发情况下，如船舶突然沉没时，救生筏能快速自动充气，自动浮起。救生筏还具有重量轻、贮存体积小、维修保养简便、经济性好等优点。

（1）救生筏的类型。救生筏按结构型式分为气胀式和刚性；按下水方式分为抛投式和吊架降落式（即可吊式）；按用途分为高速船使用的开敞式两面可用气胀救生筏、客滚船用的自扶正救生筏等。目前使用较多的是气胀式救生筏，刚性救生筏基本不再使用。

（2）抛投式气胀救生筏。抛投式气胀救生筏平时存放在玻璃钢筒形容器内，并放置在救生筏架上。使用时只要拉动抛投开启装置，救生筏即利用其重力自由降落下水。入水后利用充气绳开启筏体内的二氧化碳气瓶，在60s内使筏自动充气膨胀成型，然后人员通过登筏梯或其他设施登入救生筏内。

救生筏配备维持人员生命的各种属具与用品，如海锚、划桨、哨笛、火箭降落伞火焰信号、雷达反射器或雷达应答器、口粮、饮用水、保温用具等。

应考虑航母人员编制数量来配置救生筏，并尽量将其对称布置于两舷。如果采用抛投式气胀式救生筏，其玻璃钢筒存放在甲板舷边筏架上，以便使用时救生筏能沿筏架顺利地抛滚到舷外。救生筏的系固装置应能用人力快速解脱，在系索上须装有救生筏脱钩器。

3）救生圈

航母上应配置一定数量的救生圈，除了不带任何属具的救生圈外还应有带自亮灯的救生圈、带自发烟雾信号和自亮灯的救生圈以及带可浮救生浮索的救生圈。救生圈应布置在人员易于到达的较高层甲板的舷侧栏杆或侧壁上，以便于取用。配有自亮浮灯和救生浮索的救生圈应整套存放在一起。

4）救生衣和救生服

（1）救生衣。救生衣为在水中能提供浮力以承托身体的特制背心，使落水者背部托出水面不低于120mm，身体向后倾斜与垂向夹角不小于20°，以待救援。

航母应按人员编制配置救生衣，保证每人一件，并考虑一定的余量。救生衣应存放在人员容易到达之处，其存放处要有明显标示。

（2）救生服。救生服又称浸水保温服，是防水连裤衣，可使穿着该服的人员在水中减少体热损失。通常为救助艇艇员和海上撤离系统工作人员使用，以便在水面扶正气胀式救生筏和协助遇难人员登乘。

救生服应存放在人员容易到达之处，其存放处要有明显标示。

5）登乘梯

航母干舷较高，需设置登乘梯，用于人员由甲板登上降落在水中的救生艇筏。登救生筏的有登筏梯，登乘小艇的有登艇平台和登艇斜梯。

6）人员撤离索

人员撤离索是一种人员降落的"限速装置"，主要是在舰员直接跳入海水中时作为保险装置栓在舰员身上，保证舰员在下落过程中的下降速度在人体可接受的范围内。

7）抛绳设备

抛绳设备是使遇险船与营救船（或岸上）建立直接联系的装置。抛射绳作为引缆，在两船间传送拖索，然后将遇险船舶拖离。

15.2.6　专用设备

1. 功能及组成

1）组成

专用设备包括人员电梯、驱鸟装置和船体应力监测设备等，其中人员电梯包括舰员电梯和医用电梯。

2）功能

舰员电梯用于运送人员，医用电梯用于运送伤员；驱鸟装置用于发现并驱离航母附近的鸟群，为舰载机起飞和着舰的近区航路安全提供一定保障；船体应力监测设备用于实时、连续地对航母航行过程中船体结构状态进行监测，能够实时显示、分析船体结构受力情况和运动情况，构建长期监测信息数据库，长期保存和管理实船监测数据。

2. 专用设备设计要求

1）人员电梯

电梯能够增强垂向人员的流动效率，航母通道复杂、甲板层较多，在人员流动密集区域设置舰员电梯，可方便站位、快速到达；在医疗区内布置医用电梯，可方便伤病员乘坐，同时可兼顾飞行甲板伤病员通过电梯转运。

航母人员电梯设计时除参考陆用、舰用电梯相关技术规范外，还需考虑航母的特点，如提升高度较一般的舰用电梯高，医用电梯需考虑设置紫外线消毒设备、系留担架等要求。

2）驱鸟装置

航母的飞行甲板类似于小型机场，为保障舰载机起降的安全，航母上需设置驱鸟装置，以保障航母舰载机着舰阶段艉向航迹区域的安全。

航母可采用的探鸟驱鸟手段有：

（1）航母探鸟手段。采用探鸟雷达实现对鸟撞防范区域内威胁鸟群的探测及告警。

（2）航母驱鸟手段。目前较为有效的驱鸟手段主要有定向强声装置、激光驱鸟装置及爆震弹。

（3）定向强声装置。通过运用声压原理控制声波方向，以瞄准一定角度发射目标难以承受的刺激性声波，达到对舰载机着舰航路鸟类的驱离作用。

（4）激光驱鸟装置。仅用于夜间，其目的是防止鸟类在机场跑道周边栖息。由于航行状态下航母艉部海面鸟类无法栖息，因此激光驱鸟装置作用有限。同时，为避免对飞行员造成影响，该装置不能对空中发射，只能驱离飞行甲板高度（约16m）以下的飞鸟。

3）船体应力监测设备

船体应力监测设备是监测船体应力状态的系统设备，该设备由应力传感器模块、加速度传感器模块、信号采集调理模块、船体应力状态监测柜及船体应力状态监测软件等组成。

15.3 ▶ 海上补给接收及转运系统

海上补给接收及转运系统是航母维持海上生命力和战斗力的重要系统，它能保证航母在海上停泊或者航行状态下接收补给船的各类物资补给和人员传送，并将接收的补给物资输送到各自的存储地点，从而提高航母的作战能力和远航能力。航母的食品、弹药、燃油、喷气燃料等物资需求量大，物资转运量大、转运路线长，对海补接收及转运系统提出了更高的设计要求。

15.3.1 海上补给接收系统

1. 系统组成

海上补给接收系统由横向干货补给接收装置、横向液货补给接收装置、垂直补给接收站、停泊补给接收装置、夜间补给接收灯光信号装置、补给接收通信设施等组成。

补给接收物资的主要种类：

（1）干货：食品、弹药、备品备件、供应品、桶装油料等。

（2）液货：燃油、喷气燃料、滑油、淡水等。

（3）此外，海上补给接收系统还可以进行一定数量的人员传送。

2. 海上补给接收方式

（1）横向补给接收，指航母与补给船平行航行，利用两舰之间连接的高架索具传送和接收物资的过程。

根据航母物资需求量大的特点，为缩短补给接收时间，航母的横向补给接收能力要大于驱护舰。干货站一般采用传送重量大的干货接收装置，在站位设置上，为便于物资转运，可将干货接收装置布置在机库内（图15-8）。液货站一般采用双受油头接收装置（图15-9），而非驱护舰采用的单受油头接收装置。

（2）垂直补给接收，指物资由直升机携载至航母，通常负载物悬挂在直升机下方进行快速传输（图15-10），也可携载在直升机内。垂直补给可进行食品、弹药、备品备件、

图 15-8 ▌干货补给接收

图 15-9 ▌双受油头液货补给接收

供应品、桶装油料等干货物资补给。垂直补给无须专用设备，但必须提供充足的卸货区。航母飞行甲板上需要有适于货物存放的下落区，也需要有将货物输转的无阻路径，武器升降机用于向机库甲板下分发货物和军械/弹药。垂直补给作业需要大量负责异物碎片清理的人员。

图 15-10 ▎垂直补给接收

（3）停泊补给指航母在停泊状态下，通过航母上的吊机接收其他舰船上货物的过程。吊机一般具有波浪补偿功能，可对舰船在涌浪作用而产生的垂直升降位移进行补偿，以保证吊装的货物及补给平台的安全。

3. 海上补给接收系统设计方法

海上补给接收系统的设计是根据航母使命任务要求来进行的，其具体步骤如下：

（1）根据吨位明确干、液货品种及其装载量。

（2）明确补给周期。航母编队的海上补给周期取决于航渡距离和战斗执勤的持续时间。

（3）明确补给接收方式和海况。

（4）明确并了解补给舰的干、液货补给站位及其接口的设置。

（5）明确舰艇干、液货存储的舱位设置。

（6）明确舰艇干、液货接收站位的设置。

（7）明确舰艇干货疏运路线和液货输送路线。

（8）明确横向干货、横向液货、垂向补给接收、停泊补给接收以及通讯和夜间补给接收等装置和设施的组成，并进行各干、液货接收装置的选型。

（9）根据干货补给接收的极限海况、输运装置的最大外形和补给站位的错位角，计算运送干货物资所需着舰场地。

（10）确定干、液货一次补给接收量及其所需时间，并对航母补给接收系统进行功能评估。

4. 海上补给接收系统在设计中应注意的事项

（1）统筹协调，合理布置。海补接收系统的设计实际上是一个比较完整的系统的工程，需要多专业大力配合、紧密协作、协调进行。

（2）由于航母和补给舰在进行补给作业时机动性和作战能力降低，因此原则上希望补给作业尽快进行。补给持续时间取决于物资补给量、补给设备先进性及作业人员训练水平。

（3）航母接收方式及接收装置的型式应与补给舰的补给方式和补给装置相匹配。在多站位同时补给时，各接收站的初始错位角应尽可能小，多站位同时补给如图 15–11 所示。

图 15–11 ▎多站位同时补给接收

（4）在规定的错位角和俯仰角范围内，补给高架索（主钢索）、货物或油管不应碰击船体结构及其他设备。

（5）海上补给接收系统需考虑安全保护措施，以确保人员、设备的安全。

15.3.2 补给物资转运系统

航母为维持其海上生命力和战斗力，需在海上航行中接收各种物资的补给，其补给物资品种多、数量大、存储地点分散。物资通常存储在相应的仓库中，多个仓库集中分布，形成数个仓库群。仓库群分区域设置在航母不同甲板层，不同仓库群之间可能存在较长的水平距离。补给物资转运属于复杂的物流过程，转运的起点在主甲板、机库甲板或露天平台的补给接收站，转运的终点为物资存储仓库，物资转运发生在露天部位、平台以及舱内，运送量大，运送路线长，是一个耗费时间长、占用人力多、劳动强度大的复杂过程。

航母进行海上补给接收时，飞行甲板和机库内通常堆满了各类物资，补给物资转运系统设计的优劣直接影响着补给作业的效率和航母作战损失时间。因此，对于航母来说，拥有一个快速、高效的物资转运系统十分重要。

航母一般在前后机库大门附近设有干货接收站，如果弹药升降机和货物电梯在机库内设有停层，在机库内进行弹药转运下舱作业，可极大地提高航母物资接收及转运效率。为方便武器弹药和货物转运，航母一般设有多部承载能力高的武器升降机，用于连接弹药库和机库甲板。航母一般还配备自动化程度高、性能优越的新型物资转运设备，如"全向武器输送车""先进武器升降机"等，可大大提高舰内物资转运效率、减少所需人力、提高战机出勤率。

1. 系统组成

航母物资转运系统通常由如下几部分组成：

（1）垂直转运设备，包括升降机、货物电梯等，用于完成补给物资在舰内不同甲板之间的垂直运输。

（2）水平转运设备，包括叉车、输送机、水平输送车等，用于完成补给物资在海补平台、飞机升降机、飞行甲板、舱内通道等处的物资水平运输。

（3）转运管理设备，包括数据采集识别处理设备、终端设备、管理软件等，用于管理装卸转运作业。

2. 补给物资转运系统设计方法

1）转运能力设计

航母的使命任务主要是海上作战及防御，其船体结构、舱室布置、通道设置、设备使用环境条件等均以作战及保障功能为主要出发点，限制了为实现最优的物资转运方案而对总布置和通道进行较大调整的可能性。因此，航母的物资转运设计与陆上的物资转运有很大区别，难以直接应用物流学的成熟理论和方法作为依据进行分析、计算和优化，需采用适合航母物流特点的计算分析方法。

在航母的这种特点下，可以将转运瓶颈分解为对转运路线每个分段参数的计算和优化，以需完成的总转运量为设计输入，以转运时间为优化目标，以通道要素和转运装置转运能力为约束条件，通过对每个分段的最大转运量及最少转运时间进行计算分析，找出转运瓶颈，根据流量均衡原理，对各分段转运能力进行调整，实现对舰船转运全路线能力的整体优化。对于航母物资转运这类离散随机事件，系统仿真法也是常用的计算方法。

2）舱内转运设计

在舱内进行的物资转运主要是将物资经过舱内通道送至各存储仓库。对于航母来说，物资转运往往在多条路线上同时发生，每条路线上的转运物资都可能经历如物资拆包、转驳等各种环节。由于舰船舱室及通道的密性要求，舱内水平转运通道上一般有多个高度不同的门槛，不同通道的宽度、高度以及通道内设施布置的情况也各不相同。物资在舱内转运时，由于需经过不同的通道和门槛且要避开通道内的其他设施，因此可能会更换不同转运装置，例如，在不同通道分别采用水平输送小车、输送机或滑道等设备进行转运。在舱内的垂直转运通常采用多层货物电梯。

3）存储仓库设计

储藏室/弹药库是物资最终的储存地点。可采用自动化物资出入库技术，提高物资出入库的效率和安全性。

15.4 > 船舶舾装

船舶舾装主要包括船体属具、舱室内装及表面覆盖、舱室设备及设施、甲板防护、防腐蚀与防污损、舱室吸隔声和阻尼等，其组成如图15-12所示。船体属具满足所处界面总体性能的要求和舰员出入方便和安全等要求；舱室内装及表面覆盖用于内部装饰美观、阻燃、隔热保温、防结露等，确保航母有较好的工作和生活环境；防腐蚀与防污损用来防止腐蚀、延长航母维修间隔时间、防止海生物附着及减少航母的阻力等作用；舱室家具及设施用来满足舰员基本的生活和工作需要，提高生活的舒适性；舱室吸隔声和阻尼运用不同的声学控制技术进行处理，以满足航母对舱室空气噪声的控制需求。

船舶舾装的设计任务在于最大限度地实现"人—机—环"一体化的系统工程要求和舰员的适居性要求。船舶舾装对保持航母有适宜的居住、工作条件，提高航母的安全性、舰员的战斗力和总体作战性能都非常重要。

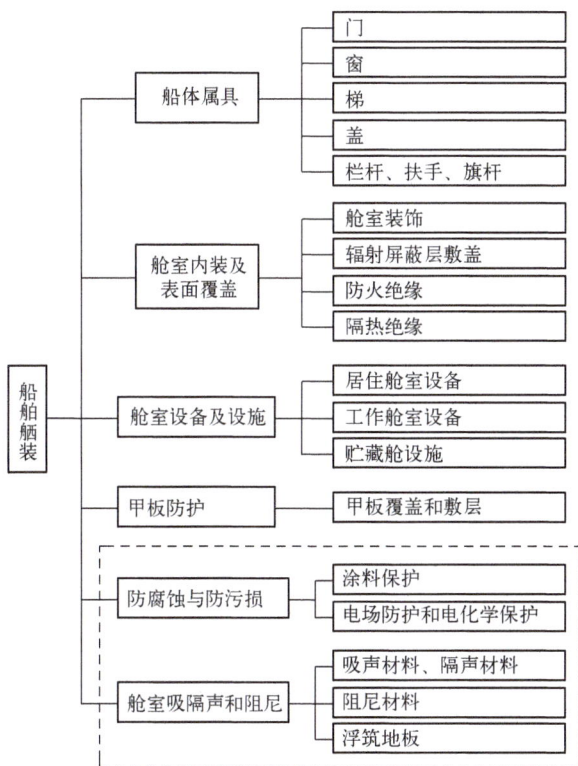

图15-12 ▎船舶舾装的组成

本节着重介绍船体属具、舱室内装及表面覆盖、舱室设备及设施、甲板防护等方面的相关内容，防腐蚀与防污损、舱室吸隔声和阻尼等相关描述详见第11章和第8章。

15.4.1　船体属具

船体属具系指舰船设备分类中的舱面属具，包括关闭设备、梯、栏杆/扶手等装置。航母因装卸物品、人员出入、通风采光、维修保养等要求，在其主船体、上层建筑、分舱舱壁、液舱等部位的开口上设置了具有不同密性要求的、能按需要启闭的关闭设备。关闭设备包括门、窗、盖等设备。

1. 门

航母舱室众多，门的品种也很繁多，主要包括水密门、风雨密门、气密门、隔声门、防火门、铝质空腹门或铝质舱室门、电磁屏蔽门、X射线屏蔽门和组合功能门等，门的配置主要需考虑以下因素。

1）水密舱壁

为了保证水密区域的完整性在水密舱壁上配置钢质水密门，水密门需要具有承受一定的水压的能力。

2）气密区域边界

在航母气密区域周界的舱壁上配置气密门，保证气密区域的完整性。气密门可使气密区域保持一定的压力差。气密门应向承受气体压力的方向开启。

3）防火区域边界

在有防火要求的舱壁上配置防火门，按照防火等级配置。A级防火门应配备随时可以关闭的闭门器；根据需要配备应急通孔或通风栅。防火门应向脱险通道开启。

4）有屏蔽要求区域

在有屏蔽要求的工作舱室配置电磁屏蔽门，按屏蔽等级要求配置。

Ⅰ级、Ⅱ级电磁屏蔽门不宜设置通风栅或应急通孔，必须设置时应使用能截止波导的通风栅。

5）外围壁

在主船体和上层建筑通向露天平台、甲板面等露天部位的舱壁设置具有防风雨的风雨密门，一般向外开启。

6）需要隔声处理的舱室

在需要进行隔声处理的舱室配置隔声门，降低舱室空气噪声。其中噪声源舱室（风机室、空调器室、电站、主辅机舱等）采用铝质隔声门。

7）居住舱室和工作舱室

居住舱室、工作舱室的门一般配置铝质空腹门，同时需按要求配置应急通孔或通风栅。修理间、厕所、盥洗室、淋浴室以及有人员长期活动的舱室的铝质空腹门一般带通风格栅；居住舱室一般选用有逃生格栅的门。其他需要带通风格栅的根据要求配备。居住舱室的门宜从通道向室内开启，有套间的舱室一般应向里间开启。

8）其他

多重要求边界有风雨密、水密、防火、气密、电磁屏蔽等特殊要求边界重合的地方则配置相应组合功能的门。

2. 盖

盖通常作为船体甲板或舱壁上通行开口的关闭设备，并具有维持所在开口位置上的密性和安全性等要求的功能，主要包括舱口盖和人孔盖。

舱口盖通常由围板、盖板、夹紧装置、制止器、锁扣、把手和密封装置等组成，较大的舱口盖为了减轻盖板的开启力，还设有平衡块或弹簧铰链等。在一些上下甲板间需要通行、或不设置固定值班人员的设备舱室所处的甲板、平台或舱壁设置舱口盖，部分应急脱险通道通常应设置相应的舱口盖。

人孔盖通常由盖板、围板、拉手、座圈、密封橡胶圈、锁紧螺栓组件等组成。航母上有一些液体舱（如燃油舱、淡水舱、压载水舱等），以及某些因船体结构或管系检修的需要而平时人员不需出入的舱室（如隔离舱、首尖舱等），通常在围绕这些舱室的甲板、平台、内底板和舱壁上开孔，并设置人孔盖。

1）盖的类型

（1）舱口盖。舱口盖根据功能要求主要有风雨密舱口盖、水密舱口盖、气密舱口盖、防火舱口盖等，航母上根据一些部位多功能要求，通常会设置有组合功能盖：防火水密舱口盖、防火风雨密舱口盖和特种舱口盖等。

按安装后是否高出开孔表面可分为突出式和埋入式舱口盖，通常采用突出式。

按盖板启闭的方式可分为单面启闭和双面启闭舱口盖。

（2）人孔盖。人孔盖按其密性要求通常分为水密、油密盖，两者的区别在于密封圈的材料，油密的采用耐油橡胶，水密的则采用耐海（淡水）橡胶。

2）盖的配置要求

（1）液舱、隔离舱或其他空舱。在油/水舱（柜）、隔离舱或其他空舱等处所应配置人孔盖。

① 甲板上人孔盖的通孔尺寸应不小于450mm×350mm，舱壁上人孔盖的通孔尺寸应不小于600mm×450mm，其长轴应竖向布置。

② 人孔盖盖板厚度一般应不小于安装处所甲板、舱壁或平台板的厚度。

③ 人孔盖围板高度应根据不同处所的需要确定。

④ 油舱人孔盖应采用耐油密封垫圈。

⑤ 处于潮湿或积水部位人孔盖的紧固件应选用不锈钢或黄铜制品。

⑥ 喷气燃料舱的人孔盖盖板应采用铜质材料，螺栓、螺母应采用硬度不同的不锈钢材料，密封垫圈应采用混炼胶胶料（航空橡胶板）。

⑦ 为便于人员出入和通风，在较大液舱和空舱，至少设置两个相互远离的人孔盖。

⑧ 在甲板、平台或舱壁上设置人孔盖，均应尽量不切断该处的船体构架。

（2）水密周界。

① 航母水密区域周界的舱壁和甲板上应配置水密舱口盖。

② 水密舱口盖应与安装部位的舱壁结构有相同的密性等级，一般应根据航母舱室总体要求按密性等级划分。

③ 经常进出处所的水密舱口盖应能从两面快速启闭；不经常进出处所的水密舱口盖可配置螺旋夹扣式紧固设施。

（3）气密周界。气密区域周界的舱壁和甲板上应配置气密舱口盖。

（4）防火周界。在有防火等级要求的甲板或舱壁上配置相应等级的防火舱口盖。

（5）电磁屏蔽周界。在有电磁屏蔽要求的甲板或舱壁上配置相应等级的电磁屏蔽舱口盖。

（6）露天部位。露天部位配置风雨密舱口盖，露天部位的舱口盖应设置一定高度的围板。

（7）防火、水密、气密、电磁屏蔽重叠部位。对同时具有水密、风雨密、气密、防火两种或以上要求的甲板或舱壁上，配具有相应组合功能的舱口盖。

（8）飞行甲板。飞行甲板区域的舱口盖应为埋入式舱口盖，同时应考虑对飞机轮胎的影响对舱口盖进行特殊考虑。

（9）其他部位。其他部位甲板和舱壁上配置风雨密舱口盖；人员经常通行与活动处所应设置埋入式风雨密舱口盖；处于主通道的风雨密舱口盖一般选用快速启闭装置，可根据需要配置弹簧或平衡装置。内部舱口盖应靠近舱壁，开启角度应大于90°，并有可靠的制止器。内部舱口盖围板高度一般为50～150mm。

3. 窗

1）窗的配置

（1）主船体外板。主船体外板如需要则配置舷窗，舷窗规格采用φ350mm，既能满足采光和观察，又不会对船体结构有影响。

（2）上层建筑。上层建筑如需配置窗，一般为矩形窗。上层建筑窗都需要风雨密，若窗户所在舱壁需要水密、气密、防火要求，则需要配置相应功能的矩形窗。

窗大致可分为舷窗、电磁屏蔽窗、组合功能窗等几种。

（3）进排气部位。在烟囱和其他需要排气或进气的空调机室等舱室、主机舱和辅机舱围井的上部应配置百叶窗。

露天固定式百叶窗的叶板应设计成防止雨水及浪花飞溅的结构型式。

可闭式百叶窗应充分考虑联动杆安装位置的操作方便性。联动杆应与结构扶强材协调，不致影响安装与使用。

百叶窗要求风雨密时应设盖板。

2）窗的一般要求

（1）有灯火管制要求的窗应设置遮光板或遮光窗帘，遮光板应存放在窗的附近，遮光窗帘应设有使用时贴近舱壁的措施。带有风暴盖的舷窗可不设遮光板。

（2）驾驶室前壁应设置具有雨雪清除设施的窗，同时配置电热丝玻璃或其他具有除冰设施的窗。

（3）主船体上的窗应与安装处船体具有相当的强度和刚度。

（4）布置在航母同一层外壁上各窗的中点距该层甲板的高度应相等，一般为 1500 ～ 1600mm。且矩形窗的底边线应水平。

4. 梯

梯包括斜梯、直梯、踏步和舷梯等。

1）斜梯

（1）露天部位一般配置钢质斜梯，舱内甲板间主要通道和机舱等通道处宜配置不锈钢斜梯。

（2）重要通道斜梯宽度一般为 800mm，其他通道斜梯宽度一般为 600mm，其斜度一般为 60°，最大斜度不大于 70°。

（3）斜梯踏步应有防滑措施。

（4）居住舱室和舱内主通道上的斜梯应设置防尘板。

2）直梯

露天部位的直梯均为钢质材料，喷气燃料舱配置不锈钢直梯，淡水舱、给水舱配置不锈钢直梯。其他液舱内部配置钢质直梯。

3）踏步

不宜设置斜梯或垂直间距较小和不规则的处所可配置踏步，踏步一般以花纹钢板或钢板网制作。

4）舷梯装置

（1）舷梯一般采用铝质材料，布置在舰船舯部两舷。

（2）舷梯应考虑防摇摆功能，其下平台应具有自动调节水平的功能。

（3）舷梯应具有电动绞车收放及手动收放两种操作方式。

（4）舷梯绞车宜配置在舷梯装置附近。

5. 栏杆、扶手

栏杆材料需选用经热浸锌或镀锌处理的钢管或不锈钢管，栏杆可拆卸部位的紧固件需采用经热浸锌或镀锌处理的钢质材料制作。

无舷墙的露天甲板边缘、梯道口周围、桅杆平台和其他有安全要求的部位，需配置固定式栏杆；码头跳板登舰部位及某些设备使用需要临时拆去栏杆的区域，宜配置活动栏杆。

外通道舱壁和内通道的舱壁上需设置通道扶手，内部主通道舱壁根据通道宽度设置双面或单面扶手。

15.4.2 舱室内装及表面覆盖

1. 舱室内装

舱室表面装饰力求美观，线条明快，结构简单，色调和谐。内装材料根据舱室的功能及环境需求选取。所有装饰材料产品首先应满足相关标准规范的安全性检测要求，还应能有不同的色彩及图案供选择，表面应易清洁、耐磨损等。

舱室表面装饰板分为舱室封面板和独立围壁两大类，封面板厚度一般为25mm，独立围壁板厚度一般为50mm。舱室表面装饰板尽量满足轻质、环保、阻燃、结构简单、方便安装等要求，内衬构件采用金属轻质构架。封面板除满足装饰作用和自身强度外，同时要求结构重量轻并且能承受一定的载荷，并具有一定的隔声作用，对于潮湿舱室及需要经常擦洗的部位需要方便清洗。装饰材料使用寿命达到一个大修期。封面板在满足其功能需求的同时，应使重量和占用空间尽可能小；另外，选材必须兼顾配套性、可靠性、稳定性、工艺性、适修性和经济性。

舱室封面板不得妨碍通道的顺畅，并保证舱室门的启闭以及设备的使用操作和维修保养。舱室封面板装饰不得破坏水密隔舱水密性和防火区划分隔，并应充分考虑到航母的损管要求。舱室封面板的设计应与航母上管路、电缆、通风管道等的布设相协调，并应保证耐火的完整性，且为舱室提供尽可能大的活动空间和美观环境。舱室封面板设计，应考虑到船厂施工和部队作战使用与维护保养的方便。避免内部凝露、积潮、腐蚀、虫蛀、细菌寄生、鼠类藏身、纤维和粉尘散落等问题发生。

独立围壁不参与主船体及上层建筑强度，用于局部舱室分隔的舱壁。隔断板主要用于卫生舱室隔断。

安装封面板舱室一般为高级住舱、公共舱室（医疗舱、会议室、图书馆、餐厅、活动室、网吧、广播室、新闻中心）、厨房、配膳、洗衣、公共浴室、更衣室、厕所、盥洗室等舱室。

舱室封面板材料主要有岩棉装饰复合板、铝蜂窝装饰复合板、防潮复合板、柔光不锈钢板、饰面不锈钢板、微孔吸声装饰板等。

岩棉装饰复合板具有较好的装饰效果和一定的隔声、隔热性能；铝蜂窝装饰复合板是目前船舶广泛使用的内装材料，其主要优点是重量轻；微孔吸声装饰板具有较好的吸声功能，主要安装在天花板；防潮隔断板、不锈钢装饰板具有较强的防潮性能，主要用在潮湿舱室。

2. 舱室绝缘

防火与绝缘敷盖具有满足舱室耐火界面的等级要求，并具有对舱室隔热、保温、防结露及抑制噪声等功能。在同时有防火和绝缘要求的部位，只敷设防火材料。水平界面处绝缘敷盖与甲板敷盖和覆层协调处理，一般可不同时敷设。

舱室绝缘材料主要采用无机纤维织物型和泡沫型两大类，无机纤维织物型绝缘材料不燃、对结构包覆的适应性好，泡沫型绝缘材料主要为有机物发泡，防潮性好、容重轻、切割方便，但对于复杂或不规则结构的包覆适应性较差。

1）防火绝缘

舱室防火分隔绝缘应能满足舱室防火界面的等级要求。防火界面的结构型式应符合表15-2的规定。

表 15-2 防火界面的结构型式

防火分隔等级	主 要 组 成
A－60	钢或等效材料＋（A－60级）耐火层
A－30	钢或等效材料＋（A－30级）耐火层
A－15	钢或等效材料＋（A－15级）耐火层
A－0	钢或等效材料
B－15	能满足B级分隔材料
B－0	能满足B级分隔材料

防火绝缘设计要求：

（1）防火材料可选用陶瓷棉（硅酸铝纤维）、复合硅酸盐类等防火材料，随着材料技术的发展也可采用其他满足防火要求的材料。材料性质（不燃/阻燃、导热系数、烟密度、无毒/低毒、吸水率、线收缩率等）必须满足上舰的要求，材料的厚度以及结构形式必须是经过有资质的检测中心检测合格，达到相应的防火等级。

（2）在有防火要求，同时又有隔热（或隔声）要求的界面（舱壁和甲板），只敷设防火材料，材料的敷设厚度在满足防火要求前提下兼顾隔热（或隔声）要求，厚度取两者中的大值。

（3）对有防火要求的舱壁，若有一面为露天、海水或液舱，则防火材料须敷设在另一面；对有防火要求的甲板，防火材料应敷设在甲板的反面（即下一层舱室的顶板），若甲板的反面为露天或液舱，则应采用能达到防火等级要求的地板覆盖来实现。

（4）敷设防火材料时，对于船体的结构构架（球扁钢或T型材），采用相应防火等级的绝缘套块包覆，对于平板结构，采用一定规格的绝缘板材。所有的套块及板材均需采用焊接的碰钉固定，材料与钢结构接触面须满涂胶水黏结。

（5）与防火界面相连的其他非防火部位须延伸不小于450mm宽的同等防火等级的绝缘带。

2）隔热绝缘

舱室隔热绝缘材料要求容重尽量小导热系数小、吸水率低、结构紧密、耐振动，要求表面有一定的抗压强度，满足规定的相关安全性检测要求，具有一定隔声能力和便于安装，并且密度轻，导热系数低，吸湿率不大于2.5%，具有一定的压缩强度，施工工艺性好，切割时粉尘少。

隔热绝缘设计要求：

（1）隔热绝缘可选用矿物棉、岩棉、玻璃棉、陶瓷棉、无机固态气体绝缘材料以及发泡型的阻燃或不燃材料（如聚双马来酰胺、酚醛等），随着材料技术的发展也可采用其他满足隔热要求的材料。材料性质（不燃/阻燃、导热系数、烟密度、无毒/低毒、吸水率、线收缩率等）必须满足上舰的要求，在此基础上优先选用导热系数低、容重小的材料。

（2）隔热绝缘敷层的厚度一般须经计算确定。在有隔热要求，同时又有防火要求的界面，采用防火材料，材料的敷设厚度在满足防火要求前提下兼顾隔热要求，厚度取两者中的大值；在有隔热要求，同时又有隔声要求的界面，材料的容重以及厚度要兼顾隔热及隔声要求，由装置专业与隐身专业协调一致。

（3）舱壁的一面为露天或液体时，隔热绝缘敷设在另一面；舱室甲板反面为露天或液体时，甲板上应采用有保温功能的地板覆盖。

（4）船体结构构架处的绝缘敷盖层的厚度可适当减薄。对于船体的结构构架（球扁钢或高度小于300mm的T型材），采用绝缘套块包覆，若T型材高度超过300mm，仅须在腹板两侧敷设宽300mm的绝缘带，面板上可不再敷设绝缘层；对于平板结构，敷设一定规格的绝缘板材，板材一般需采用碰钉固定，套块及板材与钢结构接触面须满涂绝缘胶水粘接。

（5）与隔热界面相连的其他非隔热部位须延伸300mm宽的绝缘带。

15.4.3　舱室设备及设施

1. 功能

船舶舱室设备的配置同船舶的类型、用途、船员数量和舱室布置情况都有密切的关系。对于航母这样一般人数较多的特殊舰船，舱室设备的配置不仅应满足舰员生活的基本需要，还应考虑居住生活的舒适性、美观性，以及各种文化娱乐的需要。

航母的舱室设备及设施主要供舰员学习、工作和生活使用，为各级舰员创造环境良好的生活条件，提供舒适的住舱设施，保障舰员居住、休息、工作、会议等使用的需要，以及保障其他生活用品和工作工具或物品等的贮藏和使用需求。

航母的舱室设备及设施主要指居住舱室、工作舱室、公共活动舱室的家具设备和贮藏舱设施。其他的生活保障舱室设备，如卫生舱室设备、膳务舱室设备、餐厅设备、医疗舱室设备、洗衣舱室设备、娱乐及活动舱室设备等归属相应的生活保障系统，在此不再描述。

2. 组成和种类

1）舱室设备

舱室设备按家具的使用功能可分为坐卧类家具（如凳、椅、沙发、床等）、储存类家具（如柜、架等）；按构造方式分为框架式家具、板式家具和可拆装式家具等。现一般按舱室家具设备的功能和结构形式分为床、柜、桌、椅、架等舱室家具。

床通常由柜床、沙发软床、吊床和框架式床。柜床为在床铺和地板之间装有柜子或抽屉的床；沙发软床有单层和双层的；吊床一般用铰链连接，一边悬吊或全部悬吊；框架式床是直接安装在立式支撑结构上，其框架一般为刚性承载结构。目前，舰船普遍应用柜床、沙发软床和框架式床。

柜主要有衣物柜、床头柜、书柜、组合柜、电视机柜、救生衣柜和餐具柜等。

桌主要有海图桌、报务桌、广播桌、记录桌、办公桌、书写桌和会议桌等。

椅主要有沙发椅、靠背椅、转椅、折叠椅、单人沙发和沙发组等。

架主要有书架、杯架、水瓶架、救生架和备件架等。

2）舱室设施

舱室设施主要指贮藏处所的放置架、家具、柜台、箱等。

航母的贮藏处所主要包括工作上的帆缆贮藏舱、油漆贮藏舱、清洁工具贮藏舱等贮藏舱，和生活上的劳保用品贮藏舱、卫生设备贮藏舱、桌椅储藏舱、日常用品贮藏舱等。

舱室设施的放置架主要有不锈钢可调放置架、固定放置架，以及搁架、搁板、围板等。

舱室设施的家具主要由工作桌、生活用品的物品柜等。

舱室设施的柜台一般指贮藏舱内的金属记录柜台等。

舱室设施的箱主要有旗箱、保险箱、钥匙箱、各种工具箱和备件箱、露天的贮存箱柜等。

3. 舱室设备及设施选材要求

舱室设备应采用无毒无味、表面具有低播焰性的阻燃或不燃材料。

（1）舱室设备的材质一般为金属材料、阻燃处理的木质材料等。

（2）舱室设备中所使用的涂料、粘结剂、塑料贴面、合成革、皮革等非金属材料，在常温下应对人体应无毒、无害，燃烧或高温下不应散发危害舰员健康的有害气体。

（3）舱室设备中的沙发、软椅用的芯材和面料应为阻燃材料。

（4）舱室设备配件材料一般应采用铜质、不锈钢和工程塑料。

（5）舱室设备家具表面一般采用覆塑型和涂料型两种表面覆盖材料，内表面一般应进行防腐处理。

近年来还采用新型的耐火复合板的家具板材，由耐火装饰板、铝板、胶合板组成，其外表面围耐火装饰板，具有耐磨、耐水、耐冲击、易清洁和表面无瑕疵等优点，且强度提高；同时该材质表面色彩和纹理丰富、立体感强、层次分明，具有独特的木质家具质感效果，给舰员一种温暖的家居感觉。该材料工艺好，可现场拼装，但制作的家具设备重量比铝质的和覆塑的重。

随着船舶防火要求的不断提高，采用不燃材料制作的船用家具已经得到越来越多的应用，可根据航母上的需求适当选择。

4. 配置原则和要求

舱室设备及设施配置应遵循"规格统一、安全可靠、坚固耐用、简朴适用"和"空间环境适宜、设施配置合理、使用方便顺畅、物质精神兼顾"的原则，符合系列化、通用化和组合化的要求，主要配置原则和要求有：

（1）应选用现行舰船标准家具，亦可根据舱室的特定条件按要求进行非标准家具的设计、制造。

（2）对于外形尺寸大于门、盖通孔尺寸的舱室设备，一般采用可拆卸的形式，并考虑进舱路线中的弯道、室顶高度等对家具进舱可能造成的阻挡。

（3）舱室设备上的部件及配附件不应产生二次振动，不得发出额外的噪声。对于有尖锐边角的舱室设备、五金件等应有安全防护措施和合理布置，防止人员伤害。

（4）舱室家具在满足强度和刚度前提下，应结构轻巧、坚固耐用。

（5）舱室设备一般应为明脚式，其脚高度应能调节；对可移动的椅、凳一般应装有防风暴环钩环，其中转椅防风暴钩环应在钩固状态时仍能转动；家具门及抽屉应安装防止脱出的限制器。

（6）除特殊要求外，舱室家具设备一般采用固定形式。所有舱室设备均应采取有效固定措施，能在航母剧烈摇摆时防止舱室设备移动、倒下及物品滑落等，以免伤及人员，如舱室设备应焊接或螺栓固定在与甲板预先焊固的钢质预埋件上，必要时桌、柜、床等的背部应与舱壁进行有效连接。

（7）舱室设备应占用舱室面积少，空间利用率高，尽可能配置多用途家具且功能转换使用时状态稳固，其式样或色彩要与所在舱室布局协调，以整齐、美观为度。

（8）舱室设备的布置应充分考虑环境条件，不应影响人员通行、空气流通及损管作业等，安装在损管作业区的舷边及人孔盖上方等的家具，应采用可迅速翻转式或可拆卸式或可移动式的结构。

（9）舱室一般面积不大，高度较低，舱室家具设备配置时应注意尺寸的选择，其尺寸主要取决于人体尺度以及人在使用家具时的动作域及其舒适度，以及舰船舱室空间的大小和舱室的功能，因此舱室家具设备在满足使用功能的同时，还应与舱室空间组成协调统一的整体。

使家具设备配置与整体空间一致。

（10）居住舱室设备的安全性及防护应符合航母的"安全性设计要求"的相关规定。

15.4.4　甲板防护

1. 甲板防护的功能

航母上一般应根据不同舱室（或部位）的功能和所处的环境，针对甲板的防滑、防潮、隔热、防火等要求，以及为满足人员行走安全、踏踩舒适，在一些区域的甲板或舱内平台，敷设适当的甲板防护材料，如铺材或甲板敷料等；或敷设满足飞机起降要求的覆盖材料，如飞行甲板防滑涂料。

甲板防护设计通过铺设甲板防护材料，以起到防滑和装饰地面的效果，并具有一定的隔热、防火和隔声的作用，同时可保护甲板减少磨损和碰撞，修正建造时甲板的不平等。

2. 甲板防护材料的基本要求

甲板防护材料作为内装材料，在选配时应满足以下要求：

（1）航母上应选择重量轻、透水性低、耐腐蚀、耐油、防滑、易清洁、降噪，以及良粘结力好的甲板防护材料。

（2）甲板防护材料应具有无毒、低烟、耐老化等性能。

（3）甲板防护材料应具有抗压、耐冲击振动、抗折和良好抗温度变化能力，且不腐蚀钢板。

（4）甲板防护材料应具有耐海水浸蚀能力且不降低黏着力。

（5）甲板防护材料通常应具有防潮、不渗水、隔热、不燃或阻燃等性能。

（6）甲板铺材如塑料地板、地毯等造型应美观，布局应合理。

（7）根据舱室类型和功能需求，对应的甲板防护材料的选配还应满足舱室界面的耐火或防静电、保温隔热、隔声等功能要求。

3. 甲板防护材料的分类

甲板防护材料按用途一般分为甲板铺材、甲板敷料、甲板铺材黏结剂和其他甲板防护材料等。

1）甲板铺材

甲板铺材是指可直接铺在甲板上或甲板敷料上，作为表面防护和装饰得天然或合成材料制成的板材或卷材，主要有木铺板、塑料地板、橡胶地板、地毯、陶瓷地砖等。

（1）木铺板。本身不防火且密度大，使用受限制。因其具有耐腐蚀、耐冲击等特点，多用于锚链藏、粮食舱等。

（2）塑料地板。塑料地板作为甲板防护材料在当代船舶上使用广泛，除具有价格低、施工方便、易于保养、质轻、耐磨、耐水、防滑、品种多、色彩丰富等优点外，还具有较好的装饰功效。从其材料类别上可分为聚氯乙烯地板、聚丙乙烯地板和聚乙烯地板等。

（3）橡胶地板。橡胶地板除了具有塑料地板所具有的价廉物美、施工方便、易于保养、质轻、耐磨、耐水、防滑等性能外，还具有抗静电、耐老化、无毒等优点，是甲板防护较理想的材料。

（4）地毯。舰船上的地毯按其原料可分为纯羊毛地毯、混纺地毯（羊毛与化纤）、化纤地毯、剑麻地毯及橡胶地毯。除橡胶地毯多用于抗静电舱室外，其他种类的地毯多用于高等级住室和会议室等。地毯的选用时应考虑防火、防静电性能、防污、防霉和装饰性能等要求。

（5）陶瓷地砖。陶瓷地砖作为甲板防护材料，具有低吸水率、高耐磨、高强度、耐酸碱、防滑等特性，以及持久耐用和良好的装饰性等优点。陶瓷地砖除了传统的马赛克、红缸砖、拼花棉砖外，采用较多的还有大块彩色釉面地砖和防滑型磨光地砖，其中防滑型磨光地砖因其品种多、良好的防滑性的特点在舰船上使用较广。

此外，现代舰船还广泛使用高聚物无接缝地板、弹性无接缝地板、高聚物石英砂无接缝地板或环氧石英砂地坪等。

2）甲板敷料

甲板敷料指涂敷式敷层或含有填料和粒料的复合结构层，根据施工工艺通常包括为基层辅料和面层材料。基层辅料直接敷设在钢质甲板上，面层材料敷设在基层敷料面上作装饰层。甲板敷料常用的材料有水泥敷料、轻质甲板敷料等。

（1）水泥敷料。水泥敷料是最基本的传统甲板基层敷料，价廉、耐用、耐磨、耐水、化学性能稳定、易于清洗，但密度大、热阻较小，且在振动下容易松碎和龟裂。现代舰船使用的是改进的水泥，即超轻质水泥敷料，主要用于厨房、洗碗间、厕所、盥洗室、洗衣间等舱室的甲板，作为陶瓷地砖的粘固底层。

（2）轻质甲板敷料。轻质甲板敷料又称乳胶水泥，通过在水泥中加入一定比例的乳胶以改善其技术性能，其耐压、耐水、抗折、耐磨、抗冲击振动性能都比水泥有极大的提高，特别是和甲板的黏结力，可直接涂覆，简化了施工工序，降低了覆盖厚度从而减轻了单位面积的敷料重量。轻质甲板敷料中乳胶的含量高通常弹性、抗折、抗冲击、耐水性能高，但相应的耐磨性降低，收缩变形增加，因此在使用时应根据需要提出相应的要求，通常乳胶含量控制在 10%～20%。此外，轻质甲板敷料渗入阻燃剂，则可制成阻燃型的甲板敷料。

（3）流平甲板敷料。流平甲板敷料是各类甲板基层敷料表面的工艺平整材料，用来提高舱室地板的平整度，改善甲板铺材施工后的整体装饰效果。

（4）耐火甲板敷料。耐火甲板敷料针对有防火要求的舱室甲板，通常分为 A60、A30、A15 三个等级，通常应具有良好的耐火和抗振性能，且能有效地隔热和隔声。耐火甲板敷料按结构型式可分为混合型、芯材复合型和浮动板等。

甲板敷料的组成材料和结构形式不同，性能也有所差异，应按不同环境场所的特点选用甲板敷料。轻质甲板敷料质地较软，接触感较舒适，但耐油、耐酸碱、耐光、隔热隔声等性能一般，通常用于除盥洗室以外的起居处所；耐火甲板敷料除耐火性能外，其耐水性较好，可用于潮湿类舱室；水泥敷料则主要用于瓷砖的粘固。

3）甲板铺材黏结剂

甲板铺材黏结剂是指甲板铺材与甲板或甲板敷料之间黏结的胶粘剂，舰船使用的主要有 EP 水性胶粘剂、环氧型地板胶粘剂、氯丁酚醛型胶粘剂和普通型陶瓷面砖胶粘剂等。

（1）水性胶粘剂。水性胶粘剂即水溶性环氧地板胶粘剂，是由环氧树脂改性而成得水乳状双组分胶粘剂，其活性期长、黏结性好、耐水、耐油、耐各种介质，使用方便，主要用于各种地板、地毯的粘结。

（2）环氧型地板胶粘剂。环氧型地板胶粘剂主要由水性环氧树脂、丙烯酸脂共聚乳液等高分子合成树脂和相关改性助剂组成的水乳状单组分胶粘剂，具有固含量适中、有效期长、耐水、耐油、黏结性好、使用方便等特点。

（3）氯丁酚醛型胶粘剂。氯丁酚醛型胶粘剂是氯丁酚醛单组份胶粘剂，耐老化和阻燃性较好，通常用于塑料地板、橡胶地板与水泥或乳胶水泥间的黏结。

（4）普通型陶瓷面砖胶粘剂。普通型陶瓷面砖胶粘剂具有无毒、耐水、防火、黏结快（0.5h 后不脱落）等特点，通常用于厨房、厕所、盥洗室、淋浴室、洗衣间等处所的陶瓷面砖的黏结。

4）其他特殊甲板防护材料

（1）防静电活动地板。防静电活动地板主要由防静电地板、镀锌支座横梁等组成，由支座、横梁搭建安装框架，地板铺在横梁上。该地板主要用于舰船上控制类的舱室，以有效释放室内静电，同时也便于室内线路隐蔽布置和维护。

（2）浮动地板。浮动地板为一组合的多层地板防护材料，通常由底层棉板、防水薄膜、加固钢筋网和甲板敷料组成，浮动地板敷设后，根据舱室要求再铺设其他的甲板铺材。但浮动地板的耐水性能差、施工复杂，通常须配合周边的绝缘安装，还应注意固定件及连接件的安装，其价格也较高，因此一般用于有严格要求的舱室。

（3）飞行甲板防滑涂料。飞行甲板防滑涂料是为满足甲板上大型设备牵引等作业需要、人员行走安全等需要而喷涂的一种高防滑性甲板敷料，除满足一般舰船甲板涂料的所有要求外，通常根据需要对摩擦系数、耐高温和耐磨损等都有更高的要求。

15.5 > 船舶装置试验与验证

船舶装置设计过程中所需开展的试验主要包括操舵系统陆上联调试验、船舶装置所属主要设备的系泊试验和航行试验等。

15.5.1 操舵系统陆上联调试验

该试验的目的：通过陆上联调试验全面验证和考核操舵系统功能及性能指标是否达到规格书要求；检验系统各种物理接口和性能接口是否正确、匹配，检验各设备在陆上连接的各种工况下工作是否协调、稳定、可靠；及早发现操舵系统中存在的设计制造缺陷和早期故障，并将设计中难以预料的其他问题在陆上充分暴露，有利于降低设备上舰的技术风险，减少系统舰上调试时间，缩短系泊、航行试验的周期。试验的内容主要包括：

（1）舵机单机恢复试验。

（2）自动操舵仪单机恢复试验。

（3）操舵系统空载对接、简易、随动功能试验。

（4）操舵系统负载对接、简易、随动功能试验。

15.5.2 系泊试验

系泊试验的目的是检验船舶装置主要设备安装的完整性、正确性以及验证其主要技术性能指标是否满足设计要求，并为航行试验打下基础。试验内容主要包括锚装置、系泊装置、操舵系统、海上补给接收系统、小艇及其收放装置、电梯、波浪补偿吊机、救生设备、舱面属具检查等。

1. 锚装置试验

试验目的是检查锚装置安装的完整性、正确性和工作可靠性，验证其主要功能是否满足设计要求。

锚装置试验的主要项目：掣链器和掣锚器试验，弃锚器动作试验，锚机的刹车装置和离合器试验，锚链冲水试验，空载运转试验，起抛锚试验等。

2. 系泊装置试验

试验目的是检查系泊装置安装的完整性、正确性和工作可靠性，验证其主要功能是否满足设计要求。

系泊装置试验的主要项目：系泊装置安装质量和缆绳存放检查，系缆绞盘运转试验，系缆卷车效用试验，链索夹持器动作试验等。

3. 操舵系统试验

试验目的是检查检查操舵系统的安装完整性、正确性，验证系统主要性能指标是否符合设计要求。

操舵系统试验的主要项目：舵机和自动操舵仪单机性能试验，报警及信息显示功能检查试验，转舵时间检查、简易操舵、随动操舵、自动操舵、隔离旁通等系统性能指标试验等。

4. 小艇及其收放装置试验

试验目的是检查小艇及其收放装置安装的完整性、正确性和工作可靠性，验证其主要功能是否满足设计要求。

小艇及其收放装置试验的主要项目：收放装置静态负荷试验，轻载起降试验，满载起降试验，收放装置波浪补偿效能试验，小艇脱钩和挂钩试验，小艇静水航行效用试验等。

5. 救生设备试验

试验目的是检查救生设备安装正确性、完整性以及主要功能。

救生设备试验的主要项目：气胀式救生筏检查试验、救生圈检查试验、快速撤离装置检查试验等。

6. 海上补给接收系统试验

试验目的是检查海上补给接收系统各设备安装的完整性、正确性和工作可靠性，验证其主要功能是否满足设计要求。

海上补给接收系统试验的主要项目：横向干货接收装置、横向液货接收、索道牵引绞车、夜间补给接收用灯光信号设备功能性检查，波浪补偿吊机、补给接收物资转运系列装置试验等。

7. 电梯试验

试验目的是检查货物电梯和人员电梯安装的完整性、正确性和工作可靠性，验证其主要功能是否满足设计要求。

货物电梯和人员电梯试验的主要项目：静力试验、安全装置试验、检修运行试验、空载运行试验、满载运行试验、超满载运行试验等。

8. 舱面属具检查试验

试验目的是检查检查门、窗、盖梯子、栏杆、扶手等安装的完整性、正确性。

舱面属具检查试验的主要项目：门、窗、盖的安装检查，门、窗、盖的密闭性试验，梯子安装牢固性检查，栏杆、扶手等安装情况检查等。

15.5.3 航行试验

航行试验的目的是全面检验船舶装置所属主要设备的工作性能，确认其技术性能指标是否满足研制任务书的要求，是系统交验的重要基础。试验内容主要包括锚装置、拖曳装置、操舵系统、海上补给接收系统、小艇及其收放装置、电梯、波浪补偿吊机等。

航行试验应在系泊试验结束并排除了故障和确认其安全可靠后方可进行进行，试验海区水文条件和海况应满足相应试验的规定。航行试验前，应准备好试验大纲、试验册、试验记录表格等有关文件资料，以及试验所用的各种测试仪器和设备等。

1. 锚装置试验

试验目的是检验锚装置工作的协调性、稳定性、安全性，验证其主要功能是否满足设计要求。

航行试验的主要内容：进行额定水深起抛锚功能试验，测定起锚平均速度，测量起锚各阶段时间和全部时间。作额定水深起抛锚试验时，海况不大于四级。

2. 拖曳试验

试验目的是检验拖曳装置工作的可靠性。

航行试验的主要内容：进行拖曳试验。被拖带时，舰的排水量应接近正常排水量，其偏差应不大于 3% 正常排水量，舰的螺旋桨取自由旋转状态；试验海区海况不大于二级，能见度良好，潮流平缓。

3. 操舵系统试验

试验目的是检验操舵系统工作的协调性、稳定性、安全性以及主要功能、性能指标等是否符合规定的使用要求。

航行试验的主要内容：预备性试验，报警、信息显示功能检查，全速随动操舵试验。全速简易操舵试验，自动操舵试验，倒航操舵试验，备用操舵试验等。要求试验时海况不大于三级。

4. 小艇及其收放装置试验

试验目的是检验小艇及其收放装置工作的协调性、稳定性、安全性，验证其主要功能是否满足设计要求。

航行试验的主要内容：在海况不大于四级的情况下进行小艇装载全负荷时的起降试验，小艇脱钩和挂钩试验，在海况不大于三级的情况下进行海上航行效用试验，在母舰附近航行

15～30min，检查小艇动力装置及系统的工作可靠性。

5. 电梯试验

试验目的是检查货物电梯和人员电梯工作的协调性、稳定性、安全性以及主要功能、性能指标等是否符合规定的使用要求。

航行试验的主要内容：空载运行试验、额定载荷运行试验。试验时要求航母横摇不大于10°，纵摇不大于5°。

6. 海上补给接收系统试验

试验目的是检查海上补给接收系统工作的协调性、稳定性、安全性以及系统主要功能、是否满足设计要求。

航行试验的主要内容：横向干货补给接收试验、横向液货接补给接收试验、补给接收物资转运系列装置试验等。试验海况通常不大于四级。

15.6 船舶装置技术发展趋势

船舶装置的未来发展与航母的发展密切相关，随着航母的吨位增大以及使命任务的变化，船舶装置中与之相关联的高效海上物资补给及转运技术、集成化自动化程度高的操舵系统以及安全、可靠的船舶操控综合监控技术都将得到快速发展。

15.6.1 海上补给接收系统发展趋势

纵观国外海军海上补给系统的发展，为了满足减少作业时间和节约人力的要求，补给接收将向着操作简便、功能完善、自动化和信息化的方向发展。美国目前正在致力于新一代的航行补给系统研究，将提高设备自动化程度、加大每次的货物传输量以及提高货物的输送速率等结合起来。

不仅如此，针对当前航母等大型舰船物资补给的技术不足及瓶颈，各国海军非常注重研究海补装备中舱内物资的快速传输技术，提出了船舱内部补给综合集成的概念，同时大力发展新颖的、技术先进的舰内货物运输装备。结合美军航母的设计发展规划来看，未来航母补给物资转运的发展趋势有如下几点：

（1）先进的物流设计技术，进行仓库及通道的合理布置。

（2）采用先进转运设备，降低劳动强度。

（3）自动化信息化技术解决方案。

（4）战斗无阻碍补给。

（5）转运调度管理及辅助决策。

（6）自动化仓储及出入库管理（AS/RS）。

美国海军自 2000 年就开始进行一项名为"未来海军能力（FNC）"的研究计划，该计划重点发展的海上补给新装备之一就是储存舱—甲板/甲板—储存舱货物运输设备，研制适于舰内和舰船间的物资传输系统使用的先进的自动化物资传输设备，如万向车、先进的武器升降机、通用装载托盘等，可以实现人力削减的目标。

未来的发展趋势是利用射频识别技术建立全舰的物资信息化管理系统，借助物联网技术达到全舰物资"可视化"管理，实现物资补给、转运、储藏、消耗情况的实时跟踪，并可与补给船和保障基地信息交互，辅助各级指挥员更便捷的掌握物资库存情况，建立顺畅的物资保障模式。

15.6.2　操舵系统发展趋势

现代舰船的舵装置已逐步向电动—液压驱动式、自动化、遥控化方向发展，具有快速、稳定、节能、体积小、重量轻、便于操作与维护等诸多优点，其发展趋势是：

（1）集成度更高，模块化技术得到充分应用。航母操舵系统今后在某些方面将会逐步采用民用操舵装置技术，民船操舵装置已经把舵机液压控制阀件、电气控制单元、油箱、仪器仪表等都和推舵机构集成在一起，并且尽可能进行了模块化设计，方便设备维修。

（2）自动化程度更高。自动化操舵是目前在民用船舶上面已实现的"一人船桥"技术的一部分，操舵装置转换可自动完成，自动操舵仪的操舵模块具备按指定航路、航向航行等自动操舵功能。

15.6.3　船舶操控综合监控技术

目前，舰船的船舶装置大多处于各分系统单独监测或无监测状态，缺少量化监测数据。例如，操舵系统没有与航行状态相匹配的负荷监测信息，锚装置仅有锚机的运行指示及预警显示功能，缺乏锚泊受力状态监测，系泊状态缺乏系缆张力、舰船靠泊速度等信息的监测，也缺乏海补及离靠码头的安全距离监测。针对提高船舶操控安全以及减少操作人员的需求，通过对操舵、锚泊、系泊信息及海补和码头船舶状态信息的在线实时监测，在舰船操控信息量化和可视化基础上，实现舰船操控综合监控已成为必然趋势。

参 考 文 献

［1］邵开文，马运义. 舰船技术与设计概论［M］. 北京：国防工业出版社，2005.

［2］中国船舶工业总公司. 船舶设计实用手册（舾装分册）［M］. 北京：国防工业出版社，2006.

［3］刘奇龙. 单舵销半悬挂舵载荷计算［J］. 造船技术，2006，01：31.

［4］黄雪梅. 转叶式舵机的特点和价值分析［J］. 广船科技，2001，04：20.

［5］朱英富. 水面舰艇设计新技术［M］. 哈尔滨：哈尔滨工程大学出版社，2004.

［6］金迎村，宗砚，王皎. 大型舰船物资转运瓶颈解析计算及分段优化方法［J］. 中国舰船研究，2016，01：122.

第16章 动力系统

16.1 > 概述

　　航母蒸汽动力系统有着悠久的发展历史，在世界各海军强国的发展历程中均曾发挥过或正在发挥着重要的"心脏"作用。

　　蒸汽动力系统是以水蒸气作为工作介质的动力设备，它将舰艇所携带燃油的化学能转变为推动舰艇运动的机械能或电能，同时保证舰上各类电气设备工作的电能以及为满足舰员生活和其他用途所需的热能。

　　航母蒸汽动力系统的基本组成如图16-1所示，包括主锅炉、主汽轮机、主冷凝器和主给水泵4个主要设备，同时还包括保证这4个主要设备工作所需的辅助系统，如为锅炉燃烧提供燃油和空气的系统等。

　　燃气轮机动力系统是以燃气（燃油和空气混合、燃烧后所产生的炽热气体）作为工作介质的动力设备，它将燃气轮机的热能转变为推动舰艇运动的机械能或电能。

　　燃气轮机具有功率密度大、机动性好、自动化程度高、吊装维修方便等优点，在轻型航母上得到了应用。例如，英国研制的"无敌"号轻型航母为全燃推进，采用4台TM3B燃气轮机。

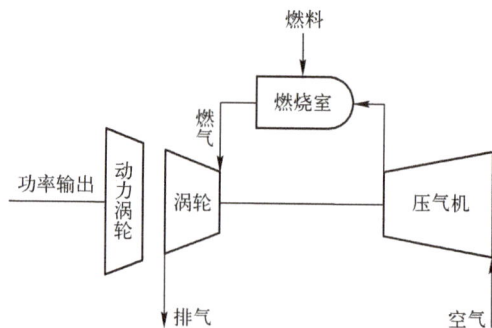

　　航母燃气轮机动力系统的原理如图16-2所示，一般包括压气机、燃烧室、动力涡轮及燃油、滑油、压缩空气、进排气等辅助设备。

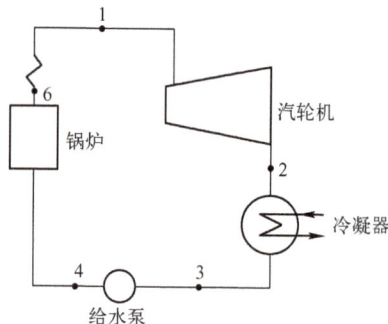

图 16-1 ▎航母蒸汽动力系统的基本组成　　　　图 16-2 ▎航母燃气轮机动力系统的原理

采用燃气轮机动力系统不能像蒸汽动力系统提供舰用蒸汽源，一般需要另外配置大容量的锅炉装置；燃气轮机进排气道尺寸大，布置困难，占用的甲板面积大，且对上层建筑、飞机起降等有不利影响，因此燃气轮机动力系统不适用于大、中型航母。

2009年5月12日，美国"小鹰"号常规动力航母结束长达48年的服役期，正式退出现役，给美国海军常规动力航母时代画上了句号。至此美国海军现役航母全部为核动力航母，开始步入全核动力航母时代。

航母核动力系统的原理如图16-3所示，现役的核动力航母，如美国的"尼米兹"级"福特"级和法国的"戴高乐"号使用的都是压水型反应堆。核动力系统由反应堆及一回路系统、二回路系统、综合控制系统、专设安全与辐射防护系统和推进系统等几部分组成，包括反应堆、蒸汽发生器、稳压器、主冷却剂泵、主汽轮齿轮机组、推进轴系等主要设备，以及为提供核动力系统正常运行、保证对人员健康和安全不会造成特别危害所需的结构、系统和部件。

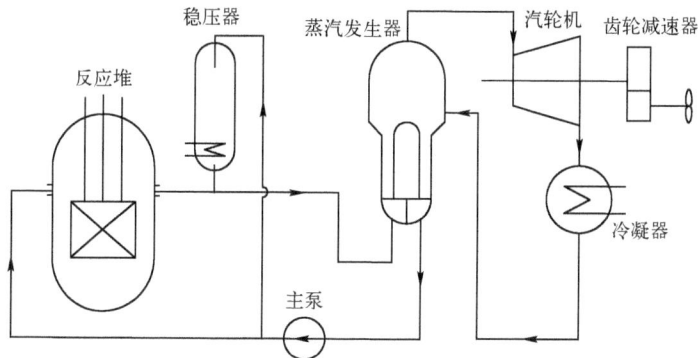

图16-3 ▌航母核动力系统的原理

16.1.1 系统特点

1. 航母蒸汽动力系统的特点

航母蒸汽动力系统与其他类型的舰艇动力装置比较主要有如下特点：

（1）蒸汽动力系统的单机功率大，其他类型的动力装置难以达到。

（2）各工况运行及工况转换比较平稳、噪声较小。

（3）工作可靠性高，受部分运行参数波动影响小，寿命长。

（4）对燃油品质要求低。

然而，较其他形式的动力装置相比，蒸汽动力装置具有如下不足：

（1）系统复杂，系统与系统、系统与设备、设备与设备运行工况下耦合关系复杂。

（2）从冷态到正常发出功率所需的时间较长，机动性不高。

（3）发出一定量的功率时所需的燃油量也较大，经济性不高。

2. 航母核动力系统的特点

航母核动力系统将核裂变能转换为推进航母的动力，与常规蒸汽动力系统相比，具有以下几个显著特点：

（1）核燃料具有极高的能量密度，燃料重量占全舰载重量的比例较小。核燃料的能量密度是常规燃料的几百万倍,核动力航母不需要携带大量燃料,也不需要频繁补给燃料,提高了自持力和战斗力。

(2) 可为航母提供较大的续航力和推进功率。航母反应堆一次装载的核燃料,可以保证航母连续全速航行300天以上,美国三代核动力航母的推进功率都达到28万马力(1马力≈735.5W),航行速度30kn以上。

(3) 核裂变反应不需要氧气,有利于提高航母的隐蔽性。核动力航母不需要像常规动力航母那样设置庞大的进气、排气系统,简化了船体结构设计,降低了航母的红外特征。

(4) 核动力系统较为稳定易于控制。与常规蒸汽动力系统相比,压水堆核动力系统具有自稳自调特性,负荷跟踪特性比较好。

(5) 核裂变反应会产生放射性,增加了核动力系统的复杂性。由于必须考虑核裂变放射性屏蔽、反应堆停堆后的衰变热导出及高温高压的冷却剂管道破裂的防护,核动力系统与常规动力系统相比,系统更为复杂,运行和管理的要求更高。

16.1.2 系统功能

1. 航母蒸汽动力系统的主要功能

(1) 按照全舰的能源使用需求,将动力燃料油的化学能转变为热能和机械能,为全舰能源设备提供动力及所需热量。

(2) 用于向推进装置及其他汽轮设备提供蒸汽驱动能源,实现动力系统按照各设计工况稳定运行。

(3) 向全舰汽轮机电站的汽轮发电机组及冷气站汽轮制冷机组提供蒸汽驱动能源,实现电力系统及船舶保障系统的稳定、持续工作。

(4) 向全舰装备的闪蒸式海水淡化装置、全舰燃油舱(重油)及滑油舱的加热系统、全舰日用蒸汽系统、蒸汽灭火系统等用户提供工作蒸汽。

(5) 实现全舰动力油水的补给及调拨。

2. 航母核动力系统的主要功能

(1) 以舰用大功率核反应堆为能源,产生的饱和蒸汽为本舰的推进主机、发电机等提供热能。

(2) 通过蒸汽热能推动主汽轮机组、轴系带动螺旋桨为本舰提供推进功率,通过汽轮发电机组为本舰提供电能。

(3) 向海水淡化装置、液舱加热系统和日用蒸汽系统等全舰相关用户提供工作蒸汽。

(4) 设置核安全设施用以保证反应堆安全停堆、堆芯充分冷却,限制事故的进展并减轻事故后果。

(5) 设置辐射防护系统使核动力航母舰员辐射剂量符合相关标准规定并保持在合理可行尽量低的水平,使公众和环境免受放射性危害。

16.1.3 系统组成

航母蒸汽动力系统由主锅炉、鼓风机组及其辅助系统、推进机组(汽轮机组和减速齿轮装置)及其辅助系统、轴系和螺旋桨及其辅助系统、动力装置监控系统等组成。

航母核动力系统由反应堆、一回路系统、二回路系统、主汽轮齿轮机组、综合控制系统、专设安全系统、辐射防护系统、桨轴系统等组成。

16.2 > 动力系统设计技术与方法

16.2.1 设计原则

1. 与相关一级系统及二级系统的匹配关系

1）与舰总体的匹配关系

与舰总体的匹配关系主要包括：功率，转速，重量及重量重心的控制，动力系统所属舱室及设备的布置位置，船—机—桨匹配性能，与舰体操纵性能，舰总体快速性，续航力，自持力，轴系首尾基准点，油水装载与使用方式等的设计。

2）与电力系统的匹配关系

与电力系统的匹配关系主要包括：作战及正常运行工况动力系统所需电力负荷，动力系统与供电系统控制系统匹配，电站舱室内主辅设备布置与安装方式，向汽轮发电机组辅助汽轮机供汽的能力及供汽品质，对电力系统所属动力设备的供气、供水、供油、进排气等系统的设计。

3）与船舶保障系统的匹配关系

主要指向船舶保障系统供汽、供水（炉水）、凝水回收等的系统设计。

4）与船舶装置系统的匹配关系

主要指动力系统所需油、汽、水海上补给及岸上补给；动力舱室所需家具及破损器材、生活供汽、动力油水舱室及设备表面油漆的要求、品种、颜色、数量；各种非金属材料、木质材料的要求及数量；小艇及焚烧炉供给燃料油等设计。

5）与船体结构的匹配关系

动力系统主辅设备安装基座定位及主要结构形式、动力舱室部位大开口结构形式、动力管系与船体外板开口结构形式、动力舱室通风与进排气围井结构形式、动力舱室应急逃生口结构形式等设计。

6）与航保系统的匹配关系

主要指向与航保系统供给柴油等设计。

2. 动力系统布置原则

动力系统主要设备一般均应布置在机炉舱内，机炉舱设置的数量既要考虑舰总体对推进总功率需求，又要考虑动力系统能够实现的单机功率需求。机炉舱的布置既要符合舰总体要求的生命力保证需求，又要考虑动力系统安装及工艺许用能力。

对于航母这种类型的战斗舰船，动力系统从可靠性和生命力等设计需求上考虑，一般应采取四机四轴四桨推进设计。

1）机舱的布置

一般情况下，动力系统沿舰首至舰尾布置前、后两个机舱（可按实际需求实行混舱布置，也可以在满足舰总体不沉性要求的前提下实现分舱布置）。前、后舱一般独立布置两套相同的设备，所连接的管路能保证他们既相互独立，又相互联系，从而构成一个有机的整体。前、后舱布置的设备和管系尽可能对称，以保证最合理的重量重心。

2）遥控室的布置

为便于对前、后两个机炉舱内主要动力设备的控制，一般对应设置前、后遥控室。前后遥控室一般布置的机炉舱的上层部位。

3）集控室布置

动力系统的控制部位可以设计为三级控制，也可以设计为两级控制。不同的控制要求需要配置规格不同的控制室及控制关系。按照航母的指挥操纵体系，动力系统一般设置有集中控制室。

4）辅助性舱室布置

与动力系统操作使用和维护保障的舱室，如炉水化验室、油料化验室、机械修理间、备件室等，一般都布置在动力舱的附近。

5）轴系的布置

动力系统的轴系和螺旋桨一般在考虑了螺旋桨的直径、船体的尾部型线以及主机的安装等关系后，按最佳的纵倾角和外张角布置，以保证主机具有最佳的推进效率。

6）蒸汽弹射汽源布置

对于配置了蒸汽弹射装置的航母，动力系统可设置专门的蒸汽弹射供汽保障系统作为供汽单元向蒸汽弹射装置供汽，也可以利用已有的蒸汽源联合供汽。如果联合供汽的能力不能满足舰载机批次弹射时间的要求，可将其作为应急供汽使用。

7）冗余性考虑

动力系统的主要设备一般应按一用一备配置，如给水机组、滑油泵、燃油泵，并考虑不同的动力驱动源，如汽动和电动。一般以汽动设备作为常用，电动作为备用，这种设计方法对主机和汽源设备等设备运行的安全性有利。

16.2.2 热力系统设计技术与方法

热力系统的设计主要包括热力线图编制及热平衡计算。

通过热力线图可明确热力系统的组成、主要工质（汽和水）的运行路线和次序，能量与质量的平衡关系和分布情况，热力线图不仅是设备选型的依据，也是评估整个核动力系统的经济性和其他技术指标的顶层依据。热力线图包括原则性热力线图和全面性热力线图，在核动力系统热力分析过程中一般使用原则性热线图。

热平衡计算是在核动力系统设计初期与热力线图同步开展的工作，应分别进行全速工况、巡航工况和停泊工况等工况的计算。

热平衡计算的输入一般包括：

（1）动力装置的型式及设计特点。

（2）主机的型式及主机的功率。

（3）热力线图的方案，主要及辅助设备的组成和其相互联系。

（4）在热平衡估算过程中所需要的某些设备的技术参考资料或母型，国家设计标准，有关的科研及试验成果等。

热平衡计算的结果是确定装置的能量指标，即确定装置效率、反应堆热功率、蒸汽发生器的蒸汽产量、主汽轮机组功率、二回路各辅机的耗汽量和电站的功率，同时得出各主要设备的特性参数，为以后的设计提供依据。

航母是全球航行的，热平衡计算一般应按冬季和夏季典型气候条件下的空气温度和海水温度进行计算。

按前、后舱以及四机四轴四桨布置的航母动力系统，应根据航母航行模式和停泊模式均长期使用的特点，构建蒸汽和凝水系统环形管网。

环形管网的设计也带来了可靠性和生命力设计上的优点。在管网设计中，对于要求快速实现运行转换和距离远不方便操作的阀门，一般应采用控制阀，以实现快速遥控操作。

16.2.3 装舰技术

动力系统的装舰技术为动力系统上舰提供保障，主要包括动力系统布置技术、动力系统安装技术、动力系统保障技术、核动力核燃料更换总体技术等。

1. 动力系统布置技术

动力系统布置技术综合权衡核动力系统的布置需求、舰总体的资源条件及总体性能限制，提出合理、可行的动力系统舱室布置原则，形成与舰总体相匹配的反应堆舱、机舱、电站舱、轴系、控制室的布置方案。动力系统庞大、重量重，一般以船中为界分前、后舱布置；重大设备靠下布置，前、后舱设备尽量对称布置，以保证最合理的重量重心；带自由液面的设备尽量靠中线面布置，以避免船摇摆时产生大的附加不平衡力矩；发热量小的设备和管系靠下布置，大的靠上布置，以符合热气的自然流动并减小热气的传播面；卧式旋转设备应沿船的纵向布置，以减小船的弯曲应力对设备的影响；各设备间留有合理的通道和维修空间；同一系统中设备的高低关系尺寸应能保证各设备均能正常工作。

2. 动力系统安装技术

动力系统安装技术根据动力系统主要设备的安装要素与安装要求，结合舰总体及船体结构的设计，提出合理、可行的安装原则及基座结构设计要求，实现动力系统合理、正确的安装状态。

3. 动力系统保障技术

动力系统保障技术根据核动力系统的运行、维护等过程中对油、水、气、电、空间等各类资源的需求，实现动力上舰运行及维修的有效保障。

4. 核动力核燃料更换总体技术

核动力核燃料更换总体技术以实现高效、安全的燃料更换为目的，并最大限度降低舰总体保障代价，提出核燃料更换总体要求合理、明确，形成合理、可行的核燃料更换总体技术方案及更换保障方案。

16.2.4 仿真技术

随着仿真技术在动力技术领域的发展，仿真技术不再局限于动力系统的舰员培训，逐步开始应用于航母动力系统设计以及事故分析，为研究航母核动力系统的控制、保护策略和方案提供方便，并为防止事故发生和扩大提供决策依据，为正常运行操作规程和事故处理规程的编制提供依据。

系统仿真设计一般流程如下：

（1）系统设计研究阶段：系统初始设计阶段是进行系统及设备的初步设计，进而开展系统运行方式、控制策略的分析研究，确定仿真初始输入数据。

（2）仿真初步设计：确定系统仿真范围及仿真程度，即根据研究目的，确定哪些系统需要仿真，哪些需要简化；在进行简化时，系统仿真边界如何划分和处理。

（3）系统仿真建模：结合系统仿真需求，搭建各分系统、设备以及控制系统的仿真模型。对于不能满足仿真精度的模型，需要进行二次开发，采用手工建模对原有模型进行修正。

（4）系统集成调试：各分系统仿真建模工作完成后，对系统仿真模型集成调试，建立全系统仿真研究平台。在进行系统集成调试时，必须校验仿真模型正确性、系统初始设计参数的合理性，从而进一步优化仿真模型以及系统设计。

（5）系统仿真试验：根据系统研究目的和内容制定相应的仿真试验项目，对仿真结果分析研究，进而校验系统初始设计方案，以支撑系统设计。

16.3 > 主锅炉及辅助系统

16.3.1　系统概述

航母主锅炉及辅助系统是蒸汽动力系统的能源发生部分，主要将燃料的化学能转变为热能，使水变成具有一定压力和温度的高热值蒸汽，向推进主汽轮机组、电站汽轮机、汽轮辅机及全舰日用蒸汽用户提供蒸汽能源。

主锅炉及辅助系统由主锅炉、鼓风机组及为其配套服务的燃油系统、进气系统、排气系统和设备等组成。燃油系统将一定压力和黏度合适的燃料油送入锅炉喷油器，由喷油器喷入锅炉炉膛，在炉膛内与由进气系统送来的一定比例的新鲜空气进行燃烧，释放大量的热能，将锅筒中的炉水加热升温、升压，提供不同品质的蒸汽，实现从燃油的化学能转化为蒸汽热能的能量转化，并排出主锅炉燃烧后的烟气。

16.3.2　主锅炉

1. 功能与组成

主锅炉是航母蒸汽动力系统的主要设备之一，采用增压锅炉，具有产量大、燃烧效率高、过热蒸汽压力适中、过热蒸汽温度高、能量回收利用率较高、烟气较洁净等特点。主锅炉主要用于将燃油的化学能迅速且高效地转变为热能，将热能传给锅炉中的水和蒸汽，产生规定数量的具有一定压力和温度的蒸汽。主锅炉由锅炉、鼓风机组组成。

主锅炉由锅炉本体、蒸汽过热器、经济器及其他附件组成。锅炉本体主要由汽筒、水筒、蒸发管束和下降管组成，在锅炉本体内，水蒸发产生饱和蒸汽。饱和蒸汽经蒸汽过热器进一步吸热，达到过热蒸汽状态。经济器主要利用锅炉较低温度的烟气预热进入锅炉期汽筒的给水。

鼓风机组用于向锅炉提供燃料燃烧时所需的一定温度和压力的空气，航母采用鼓风机组主要由压气机、烟气涡轮、辅助汽轮机等组成。

2. 运行原理

燃油和空气在锅炉炉膛中混合燃烧释放出热量后，锅炉中的水吸收热量产生饱和蒸汽，蒸汽集中在锅炉汽筒，绝大部分饱和蒸汽通过管束导入蒸汽过热器，经再次加热后变为过热蒸汽。锅炉产生的饱和蒸汽和过热蒸汽通过蒸汽管路分别送至所需的设备处。

锅炉燃烧产生的高温烟气送至鼓风机组烟气涡轮中膨胀做功，带动涡轮压气机转子旋转，空气吸入至压气机，经压缩后产生一定温度和压力的空气送入锅炉炉膛。

3. 设计技术与方法

锅炉的基本性能主要指其热力性能，在设计中必须进行各主要工况下的性能计算，在最大负荷或紧急起动时，过热器应能安全运行，在任何工况下，经济器出口水温均应低于锅筒饱和温度40℃以上。锅炉燃烧设备应能满足锅炉在各种工况下所需的燃油消耗量，应保证锅炉从最小负荷到最大负荷范围内燃油量平稳调节。锅炉本体和过热器受热面应考虑堵管裕量约2%，当堵管量在设计范围内时，锅炉应能达到额定的蒸汽产量，并应保证过热器可靠工作。

锅炉设计中，必须进行强度计算或校核，各受压部件应有足够的强度，主要受压部件应按规定进行强度计算或强度校核，受压零部件结构的形式、开孔和焊缝的布置应尽量避免或减少复合应力和应力集中，受压部件的焊接质量应符合相关要求。锅炉外壳体应具有足够的强度、刚度，可承受舰船条件下规定的冲击和振动负荷。

16.3.3 日用燃油系统

1. 功能与组成

日用燃油系统用于抽吸日用燃油舱内燃油，经加热、过滤后向主锅炉提供满足压力、流量、温度需要的燃油。紧急情况下，可以抽吸相邻日用燃油舱、备用燃油舱内的燃油。每个动力单元的日用燃油系统相互独立。

日用燃油系统主要由汽轮燃油泵、电动燃油泵、燃油蒸汽加热器、燃油过滤器等设备及仪表管路组成。部分主锅炉前设置电加热器，用于冷态起动时预热燃油。

2. 运行原理

锅炉正常运行时，汽轮燃油泵或电动燃油泵通过吸入管路从日用燃油舱内抽取燃油，经燃油冷油滤器粗滤、蒸汽加热器加热、燃油热油滤器精滤后，经燃油流量计、燃油速关阀、压差调节阀、燃油流量调节阀等向主锅炉供油。在燃油冷油滤器之前引出燃油到燃油压力调节阀，自动根据负荷需要调控燃油回油，保持总管相应压力。燃油的回油和溢油引入燃油舱。

3. 设计技术与方法

日用燃油系统设计工作中主要涉及燃油泵选型、燃油加热器及燃油滤器设计。

1）燃油泵选型

燃油泵是系统内的核心设备，多选用螺杆泵。对航母蒸汽动力系统，燃油泵的原动机应具有不同的能源，如蒸汽和电源。燃油泵的配置应从可靠性设计原则，采用冗余设计来确定。其中任一台燃油泵停止使用时，其余泵的能量应足够供给所有锅炉最大负荷的需要。

2）燃油加热器设计

航母蒸汽动力主锅炉，一般采用重油或柴油作为燃料油，日用燃油系统必须设计燃油加热器，热源采用蒸汽，其加热温度应保证符合锅炉喷油器对燃油黏度的需求，加热量应满足供给所有锅炉最大符合的需要，应能承受锅炉最大负荷时的工作压力。

此外，燃油加热系统需设计燃油电加热器，以满足单台锅炉冷态点火时需要。燃油电加热器加热温度应保证符合锅炉喷油器对燃油黏度的需求，加热量满足单台锅炉点火燃油量的需求。

3）燃油滤器设计

燃油滤器的设计，一般采用双联形式，其过滤精度必须满足锅炉喷油器对燃油精度的要求，流量必须满足所有锅炉最大负荷的要求。针对燃油的特点，燃油滤器多采用刮片式，便于清洁。航母蒸汽动力主锅炉对燃油需求量大，为减小滤器尺寸以便于舱内布置，一般在蒸汽加热器前设置粗滤器，蒸汽加热器之后设置精滤器。

16.3.4 进气系统

1. 功能与组成

进气系统用于向主锅炉提供提供经过加热、除湿、除盐的符合主锅炉燃烧需要的空气，还具有从机舱内吸气的功能，以便在寒冷海域航行或机舱内温度高需要临时抽出热气时，从机舱吸气供主锅炉燃烧。

进气系统主要由进气格栅、进气装置、外部进气门、舱内进气门、挠性管、进气道及其消声设施等组成。进气系统还配置有电动通风机，以进行全舰无汽状态下的冷态点火。

2. 运行原理

进气流经过进气格栅、进气装置和进气盖板进入进气道，通过鼓风机组的压气机向主锅炉供应燃烧空气。

3. 设计技术与方法

航母动力系统主锅炉的进气系统一般从设置在位置较高、不易上浪的甲板处的进气室吸取外部空气，以最短的路径或系统流动阻力最小进行设计，向主锅炉供应燃烧空气。进气室吸气口的方向可前向、后向或侧向，一般应避免前向进气。进气室内设有地漏排水措施。为了阻挡浪花进入，在进气室的进气口设置有进气格栅。进气格栅的结构需考虑屏蔽雷达波的空腔反射。为了避免过低的进气温度和过高的进气含盐量对主锅炉的负面影响，进气室内需设置具有加热和除盐功能的进气装置。

16.3.5 排气系统

1. 功能与组成

排气系统用于将主锅炉燃烧后的烟气通过烟囱排出，并尽可能冷却烟气温度达到红外隐身，主要由烟囱及其进气格栅、排气喷管、金属波纹管、烟囱盖、管路支（吊）架、钢板卷焊而成的排气管道等组成。

2. 运行原理

主锅炉燃烧后的烟气流经过烟气净化装置进入鼓风机组，然后经过排气道和排气喷管，从烟囱排出。

3. 设计技术与方法

主锅炉的排气系统以最短的路径或系统流动阻力最小进行设计。主锅炉的排气粗大且热，应靠舱壁布置，不使其占用"好"的位置。航母的上层建筑和烟囱一般靠右舷设置，并且距离前后机舱较远，为此，需设置专用的排气通道。排气通道有几十米长，排气管在排气通道中的布置应充分注意施工和检修人员的通行方便。

主锅炉停止工作后，为了锅炉的下次使用，锅炉需处于良好的保温状态，故排气口设置烟囱盖与外部隔离。

排气管的出口及其烟囱一般要采取红外抑制措施。通常采用加速排气流引射外部空气与高温排气掺混的方法降低排气温度，同时，在烟囱外壁上设置空气夹层冷却烟囱的金属表面，夹层的进风向上走，靠近烟囱顶部排出，夹层的排风对主排气热流形成包围，能有效遮挡和再次掺混主排气热流，从而降低整个系统的温度。

16.4 > 反应堆及核辅助系统

16.4.1 系统概述

反应堆与主冷却剂系统的主要功能：通过冷却剂带出反应堆堆芯核燃料自持核裂变链式反应产生的热量并传递给蒸汽发生器的二回路给水，使之产生蒸汽。

核辅助系统用于维持反应堆和反应堆冷却剂系统的正常运行。核辅助系统主要由压力安全系统、净化系统、补水系统、设备冷却水系统、化学物添加系统、一次屏蔽水系统、取样系统、去污系统、换料充排水和冷却水系统等组成。

16.4.2 反应堆

1. 功能组成

反应堆的主要功能是通过核燃料自持核裂变链式反应，提供持续可控的核动力能源。常见的用于提供动力的反应堆类型有压水堆、沸水堆、中水堆、液态金属冷却堆、高温气冷堆，迄今为止，应用于航母核动力的仅有压水堆。压水堆以轻水作为中子慢化剂和冷却剂。反应堆运行压力总是高于反应堆出口冷却剂温度所对应的饱和水压力，以防止冷却剂在堆芯出现汽化而导致流动不稳定和传热恶化。

反应堆主要由压力容器、堆内构件、堆芯组件、控制棒驱动机构等组成，典型压水堆结构如图 16-4 所示。

2. 运行原理

反应堆冷却剂从入口管嘴进入反应堆，沿吊篮与压力容器之间形成的环形空腔流到压力容器下腔室，然后折返向上通过堆芯，在堆芯内吸收裂变热，再经由上栅格板、上腔室，经由出口管嘴流出。

3. 设计技术与方法

反应堆堆芯和有关的冷却剂系统、控制和保护系统的设计必须留有适当的裕量，以确保在所有运行工况下不超过规定的设计限值；反应堆堆芯部件及堆内构件的设计必须使其能在必要的程度内承受运行工况和事故工况下预计的静、动载荷，以保证反应堆的安全停堆和堆芯冷却。

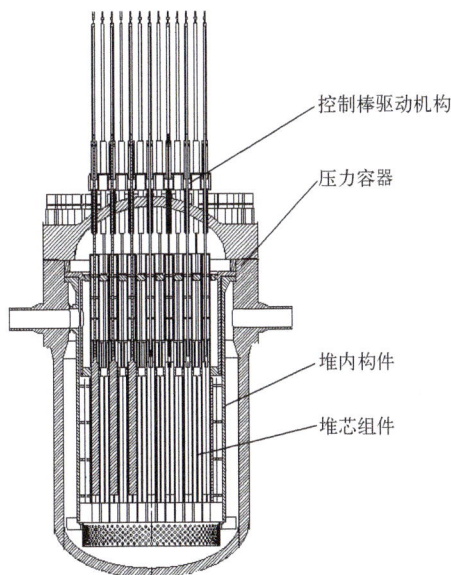

控制棒驱动机构

压力容器

堆内构件

堆芯组件

图 16-4 ▍典型压水堆结构

燃料元件的设计必须使其在可能发生的各种劣化过程中仍能执行其预计的功能；燃料元件的设计必须考虑如下劣化因素：反应堆冷却剂的外压、燃料棒内裂变气体造成的附加内压、燃料和燃料组件中其他材料的辐射效应、功率变化造成的压力和温度的变化、各种化学效应、静、动载荷以及可能由变形和化学效应引起的传热性能的变化等；设计必须为原始数据、计算和制造等方面的不确定因素留有裕量，设计必须确保在正常运行中，燃料元件的设计规定限值不得被超过；在预计运行事件中，各种瞬态影响不能造成燃料元件有明显的附加劣化，必须将裂变产物的泄漏量保持在实际可行的最低值；在事故工况下，燃料元件必须能保持原位，其变形的程度不致使事故后堆芯得不到足够有效的冷却。燃料元件在事故工况下的规定限值不得被超过。

堆芯设计应尽量少依赖控制系统来达到使所有运行工况下的通量分布和通量水平保持在规定限值以内的目的。必须设置必要的手段，以便即使在堆芯具有最大反应性时，仍能确保在所有事故工况和运行工况下安全停堆，并保持停堆状态。停堆手段的有效性、动作的速度和停堆深度必须在规定的限值以内。停堆手段必须包括两种不同的系统。每种系统在假定一个单一故障发生时必须能执行其功能。即使在堆芯具有最大反应性的状态下，两种系统中至少有一种系统能单独使反应堆从运行工况和事故工况快速进入次临界，并能以足够的停堆深度使反应堆保持次临界状态。

16.4.3　主冷却剂系统

1. 功能组成

主冷却剂系统的主要功能是把堆芯产生的热量导出反应堆，通过蒸汽发生器传递给二回路系统。同时，主冷却剂系统构成反应堆冷却剂压力边界，作为防护堆芯裂变产物释放至环境中的第二道实体屏障，能在燃料包壳损坏时阻止放射性物质向环境泄漏。

主冷却剂系统是由多条与反应堆压力容器并联连接的环路组成的，每条环路包括反应堆冷却剂泵、蒸汽发生器和主闸阀。连接反应堆压力容器和蒸汽发生器的管段称为反应堆冷却剂管道（主管道）热段，连接蒸汽发生器和主泵的管段称为过渡段，连接主泵和反应堆压力容器的管段称冷段。

2. 运行原理

运行时，反应堆冷却剂泵驱动水在反应堆压力容器和冷却剂环路中循环。用作冷却剂、慢化剂的介质水通过堆芯被加热。经过加热的冷却剂流经蒸汽发生器，将热量传至蒸汽发生器二次侧后返回到反应堆重复循环。

3. 设计技术与方法

反应堆冷却剂系统应按照向二回路传递反应堆额定热功率进行设计；系统应具有足够的自然循环能力，以便为非能动余热排出提供条件；系统应能满足规定的升、降温速率的要求；统应对压力边界部件所允许的泄漏设置探测装置和采取限制措施，不应使放射性污染的范围扩大；反应堆冷却剂泵具有适当的转动惯量，以便在其丧失电源时延长通过堆芯惰转流量的时间；与低压辅助系统连接的管道属压力边界的延伸，必须用两道阀门隔离，以保证压力边界的可靠性；各环路应设置隔离阀门，以便在必要时隔离一条环路而其他环路还可继续运行，提高舰的生命力。

主冷却剂系统有分散式布置、紧凑式布置和一体化布置三种形式。分散式布置的主冷却剂系统中各主要设备在堆舱内呈分散状态，依靠较长的主管道连接，占用空间较多，自然循环能力低，主管道破损的概率较大，维修方便；紧凑式布置的主冷却剂系统中，蒸汽发生器、主泵、稳压器紧靠反应堆周围布置，主管道很短，较分散布置方式更为紧凑，有利于提高自然循环能力，也增加了检修的困难；蒸汽发生器、主泵、稳压器与反应堆成为一体，无主管道，布置紧凑，有利于提高自然循环能力，不存在因主管道破裂而引起的大失水事故，维修困难。目前，主要发展方向是从分散式布置向紧凑式布置和一体化布置发展，能够更好地满足船舶核动力装置对重量、尺寸的要求。

16.4.4 压力安全系统

1. 功能与组成

压力安全系统的功能：在正常运行工况下，将反应堆冷却剂系统压力维持在允许的波动范围内，可除去溶解在反应堆冷却剂中的有害气体；在事故工况下，防止反应堆冷却剂压力边界发生超压；在启动时，稳压器的电加热器参与反应堆冷却剂系统升温升压。

压力安全系统由稳压器、波动管、卸压箱、喷雾阀、蒸汽释放阀、安全阀、其他阀门、相连管道和测量仪表等组成。

2. 运行原理

稳压器是一个立式圆柱形容器。稳压器容积可以容纳因功率瞬变引起的体积波动，并能适应船体的摇摆和倾斜状态。稳压器内下部为饱和水，上部为饱和蒸汽，在外负荷变化引起压力波动时，靠喷水凝汽或投入电加热器产生蒸汽来控制反应堆冷却剂系统的压力。喷雾水来自主冷却剂系统冷段或净化系统。典型压力安全系统的原理如图16-5所示。

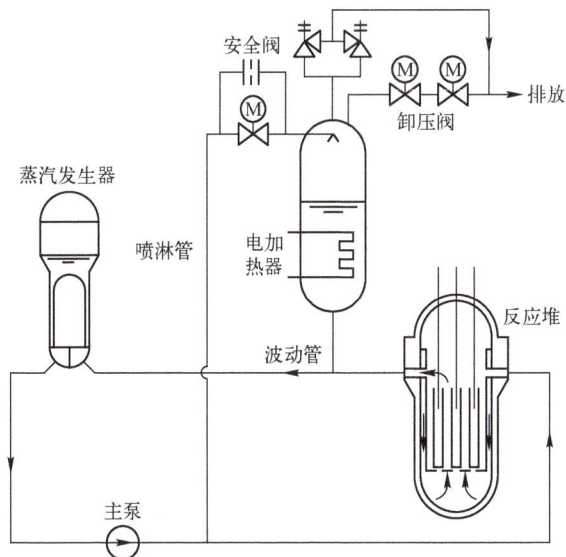

图16-5 | 典型压力安全系统的原理

稳态运行时，用电加热控制稳压器中蒸汽和水的饱和参数，实现对反应堆冷却剂系统的压力调节；瞬时功率变化时，用蒸汽的可压缩性和喷雾冷凝或用电加热器加热，使压力波动的幅值限制在允许范围内。事故工况下，为防止反应堆冷却剂系统超压，系统设置了一个蒸汽释放阀和两个先导式安全阀。利用稳压器在饱和状态下工作的特性，可以除掉溶解于冷却剂中的氩、氪、氙等放射性气体，以降低放射性剂量水平。

3. 设计技术与方法

稳压器是压力安全系统中的主要设备，在其本体上设置了压力、温度、液位传感器以及电加热功率、流量喷淋的调节装置。压力传感器提供的压力信号是进行压力控制和压力保护的主要依据。

稳压器上封头装有安全阀和卸压阀（也称蒸汽释放阀）等附属装置，当稳压器内压力过高，达到相应的整定值时，卸压阀和安全阀先后自动开启，将稳压器上部汽腔的蒸汽排放到卸压箱中，实现超压保护。

16.4.5　净化系统

净化系统的主要功能：当反应堆冷却剂系统处于启动和联合加热阶段，将启动和加热过程中膨胀的反应堆冷却剂排放至废物处理系统；当反应堆冷却剂系统正常运行时，净化系统连续运行，连续地除去反应堆冷却剂中可溶性和悬浮的杂质，使冷却剂中的杂质浓度低于允许值，以降低反应堆舱中的放射性剂量水平；根据稳压器喷雾要求提供所需的喷雾流量。

净化系统是一个与反应堆冷却剂系统连通的独立高压净化回路，包括净化泵、再生式热交换器、非再生式热交换器、离子交换器、过滤器及相应的管道、阀门和仪表等。

净化系统可采用高压净化或低压净化两种方式，原理分别如图 16-6 和图 16-7 所示。

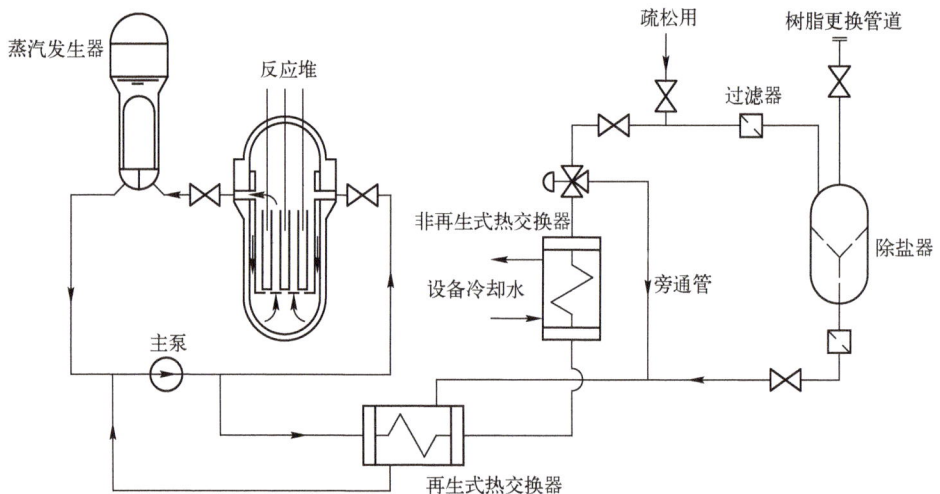

图 16-6 ▎高压净化系统的原理

高压净化系统流程简单，设备少，布置紧凑；但是系统压力与反应堆冷却剂系统相近，造价昂贵。高压净化系统还可承担稳压器喷雾功能，当稳压器有喷雾要求时，喷雾信号驱动喷雾联锁阀关闭，并开启喷雾电磁阀，将冷却剂送往稳压器进行喷雾。

低压净化系统将冷却剂降温、减压后净化，运行压力低于反应堆冷却剂系统压力，与容积控制系统、化学物添加系统结合在一起，系统较为复杂。

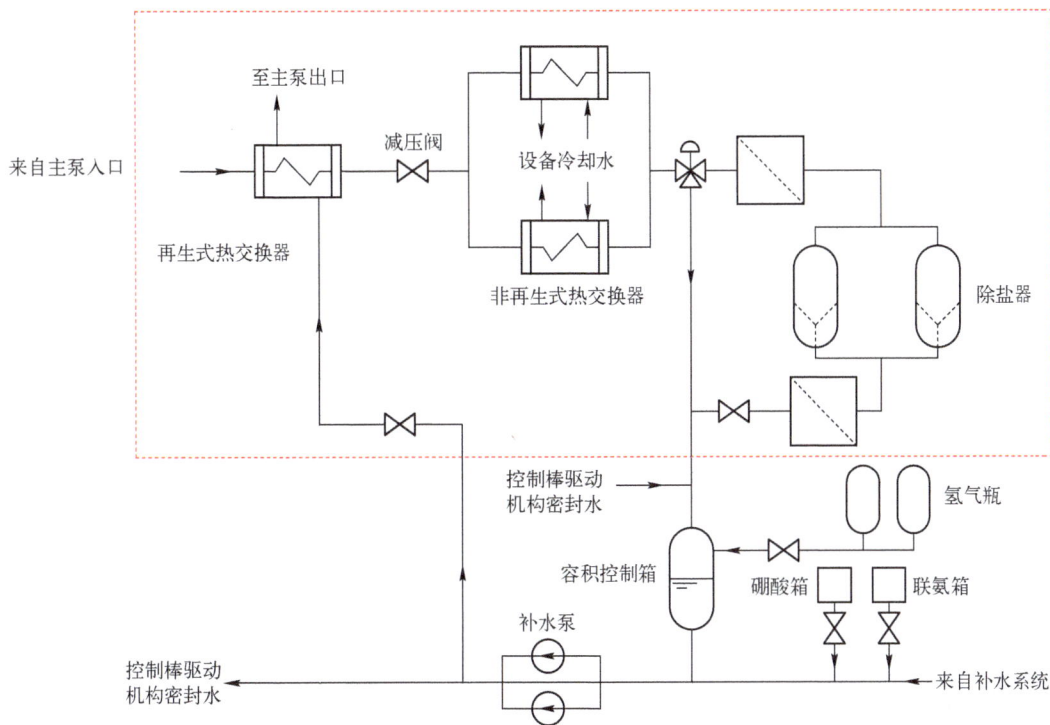

图 16-7 ┃ 低压净化系统的原理

16.4.6 补水系统

补水系统的主要功能：反应堆冷却剂系统的初始充水；反应堆冷却剂系统升压和水压试验；正常运行工况下的冷却剂系统补水，补偿反应堆冷却剂的泄漏，维持稳压器水位；停堆过程提供补水，补偿反应堆冷却剂体积收缩；向设备冷却水系统补水；小破口失水事故时向反应堆冷却剂系统补水；为化学物添加和化学停堆系统提供动力。

补水系统由除盐离子交换器、除氧离子交换器、补水驳运泵、补水泵、化学物添加箱、硼酸添加箱以及相应的管道、阀门、仪表等组成。

典型补水系统的原理如图 16-8 所示。

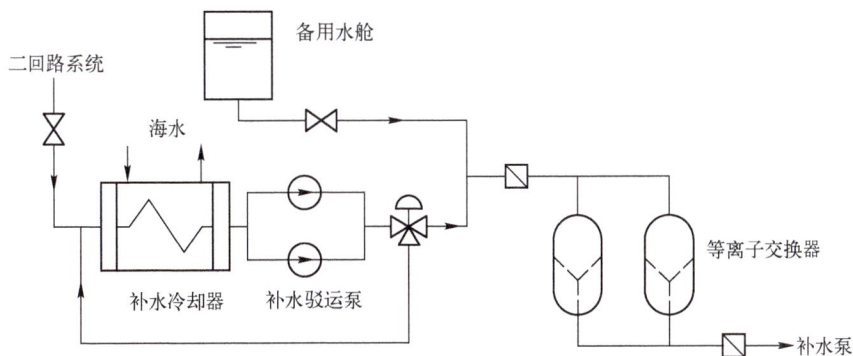

图 16-8 ┃ 典型补水系统的原理

正常运行时，由二回路凝水系统或备用水舱供水，补水驳运泵从备用水舱抽水，经补水离子交换器除盐、除氧后成为符合水质要求的补水，通过补水泵向一回路补水。正常补水经净化系统再生式热交换器预热后补入反应堆冷却剂系统；净化系统隔离时，通过备用管路，经余热排出系统向反应堆冷却剂系统补水。

16.4.7 设备冷却水系统

设备冷却水系统的主要功能：冷却反应堆冷却剂泵轴承和电机绕组；冷却反应堆控制棒驱动机构电机绕组；冷却非再生式热交换器的净化水；冷却反应堆一次屏蔽水箱；冷却安全注射泵电机绕组及传动机构；冷却堆舱负压压缩机气缸；冷却余热排出泵电机绕组；冷却净化泵电机绕组；向一次屏蔽水系统供水。

系统由设备冷却水泵、热交换器、设冷水波动箱以及阀箱、阀门、仪表、管道及附件等组成。

典型设备冷却水系统的原理如图16-9所示。

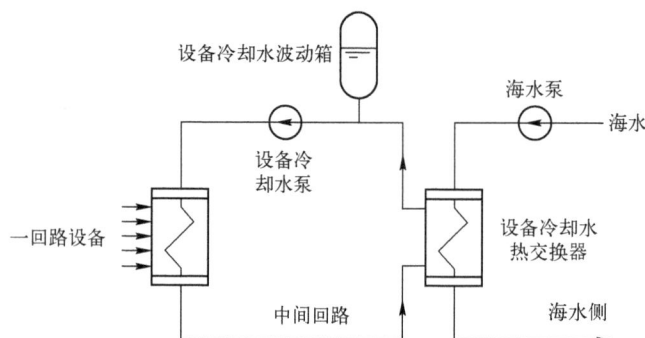

图 16-9 典型设备冷却水系统的原理

设备冷却水由设备冷却水泵输送到设备冷却水热交换器被海水冷却后，流经设备冷却水排出阀箱分别送至各被冷却设备，经设备冷却水吸入阀箱汇集到设备冷却水泵吸入总管，再由设备冷却水泵输送到设备冷却水热交换器，构成闭式循环。不同运行工况下，一回路系统需要冷却的设备不一样，需要开关相应的阀门。设备冷却水泵入口总管上设置设备冷却水波动箱，用来补偿设备冷却水系统水体积的膨胀和收缩。为减少设备冷却水对本系统设备、管路、阀门和被冷却设备的腐蚀，在设备冷却水中加入铬酸钾作为缓蚀剂。

16.4.8 化学物添加系统

化学物添加系统用于向主冷却剂系统中添加联氨等化学物，以除去和减少冷却剂中的溶解氧和水电离辐照分解产生的氧，抑制设备、管材的腐蚀。

化学物添加系统由化学物添加箱及相应的阀门、管道等部分组成。化学物添加系统通常借助补水系统来实现。典型化学物添加系统的原理如图16-10所示。

反应堆冷启动及运行过程中，根据取样结果，向化学物添加箱加入适量联氨等化学添加物，隔离净化系统离子交换器后，借助补水泵将联氨液体等化学添加物充至反应堆冷却剂系统。

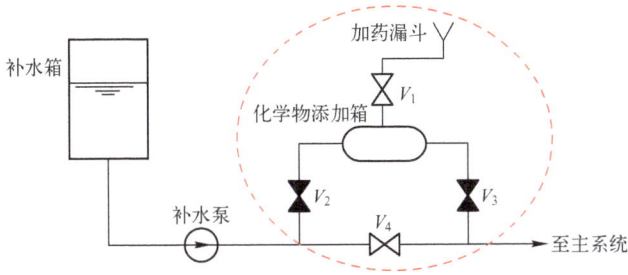

图 16-10 ▎典型化学物添加系统的原理

16.4.9 一次屏蔽水系统

一次屏蔽水系统的功能是使反应堆一次屏蔽水箱在反应堆运行的全部过程中始终充满符合要求的水，为反应堆产生的放射性提供屏蔽。

一次屏蔽水系统由一次屏蔽水箱、一次屏蔽小水箱、管路阀门等组成。典型一次屏蔽水系统的原理如图 16-11 所示。

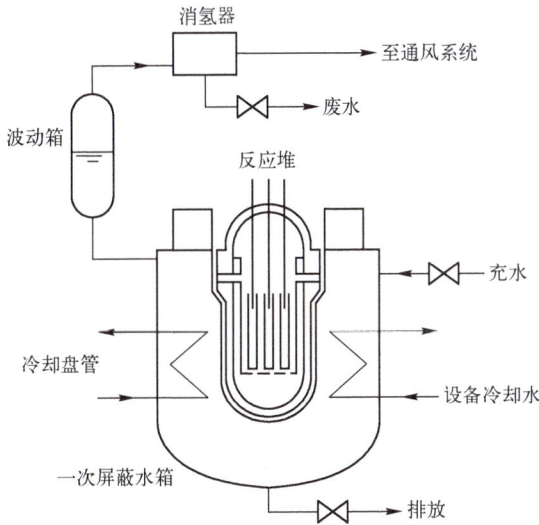

图 16-11 ▎典型一次屏蔽水系统的原理

系统的充水、补水和添加缓释剂均借用设备冷却水系统的设备和管道，排水利用安全注射泵进行。为减少屏蔽水对钢质屏蔽水箱、波动箱及管路阀门的腐蚀，在屏蔽水中加入铬酸钾作为缓释剂。屏蔽水使用一定时间后，由于水质变坏，要进行排换，这一过程在反应堆停堆后进行。

16.4.10 取样系统

取样系统的主要功能是在运行期间，监测反应堆冷却剂和卸压箱的水质，采集反应堆冷却剂水样和卸压箱的水样，供分析室进行水样的化学分析和放化分析，分析结果用于指导反应堆冷却剂的水质管理，判断离子交换器内树脂的失效以及进行高压电导仪的校核。

取样系统由电导仪、测氧表、测氢表、pH 计、硼表、在线离子色谱仪、取样瓶、取样槽、缓冲罐、回流泵以及相连的管道、阀门和仪表等组成。取样点主要设在净化系统离子交换器的进、出口管道上。进、出口侧的监测仪表有电导仪。此外，对水质有要求的辅助系统可定时手动取样监测。

16.4.11 去污系统

去污系统功能是用化学去污的方法去除反应堆冷却剂浸润表面的放射性积垢，使设备和管道的放射性剂量水平降低至允许值以下，保障维修人员对设备和管道的可接近性和安全性。

去污系统为码头配套系统，一回路系统留有与去污系统连接的接口。在一回路系统需要进行去污操作时，通过临时连接软管与去污系统连接，按照相应的化学去污步骤对一回路系统进行去污。

16.4.12 换料冲排水系统和冷却系统

换料充排水和冷却系统的主要功能是在反应堆更换燃料期间维持反应堆冷却剂循环冷却，使其温度不超过要求的限值，为换料操作提供必要的条件。

换料充排水和冷却系统为码头配套系统，包括装用的换料充排水热交换器、临时安装的软管及相应的泵阀等设备。当核动力系统需要换料时，启用该系统向反应堆冷却剂系统充水，完成充水后，启动换料充排水泵，维持反应堆冷却剂循环，热量通过换料冲排水热交换器传给最终热阱，排出堆芯衰变热。

16.5 > 主汽轮机组及辅助系统

16.5.1 系统概述

主汽轮机组及辅助系统是蒸汽动力系统的重要组成部分，其主要功能是将锅炉或核蒸汽发生系统产生的蒸汽热能转化为航母航行所需要的机械能，并生产动力系统及全舰所需的电能、淡水及生活日用蒸汽。由于空间尺寸重量限制和机动性要求，主汽轮机组及辅助系统通常采用一级回热的朗肯循环，主要由主汽轮机组、汽轮发电机组、造水机组、凝水泵、给水泵、滑油泵、除氧器、滑油冷却器、滤器等主要设备以及连接这些设备的汽水管道构成热力循环，实现能量的传递和转换。

锅炉或核蒸汽发生系统产生的高温高压蒸汽，通过蒸汽管道输送到主汽轮机组、汽轮发电机组及其他耗汽设备，主汽轮机和发电汽轮机做功后的乏汽排入由舷外海水进行循环冷却的冷凝器，其他耗汽设备的冷凝水也最终汇集到该冷凝器，冷凝后的凝水再经由凝水泵加压输送至除氧器加热除氧，加热后给水再由给水泵增压后送至蒸汽发生系统，同时来自造水机组的除盐水向冷凝器补充泄漏或散失的工质，进而构成完整的汽水循环。根据工质形态和特性不同，可将上述汽水循环细分为蒸汽系统、凝给水系统、自流循环冷却系统、造水系统等。主汽轮机组和汽轮发电机组转轴正常运行还需要润滑，故设置有专门的滑油系统。上述各辅助系统和主汽轮机组共同配合，才能顺利实现热功转换及战技目标。

16.5.2　设计技术与方法

主汽轮机组及辅助系统属于典型的热功转换机械系统，与火电、核电、化工工艺过程较为相似，主要涉及热工水力设计和结构力学设计。热工水力设计通过热平衡估算和流动传热计算，确定热力设备技术参数，保证热力循环可实现性并提高热经济性；结构力学设计通过详细的三维建模及有限元力学分析，保证承压边界完整性并优化结构尺寸重量。由于舰用环境条件和功能需求不同，航母动力主汽轮机组及辅助系统除了借鉴上述标准规范，还应遵循船舶和国军标相关标准规范。

16.5.3　主汽轮机组

1. 功能与组成

主汽轮机组作为航母动力系统的主推进装置，具有单机功率大、连续回转工作平稳以及可靠性好等优点。主汽轮机组主要用于将锅炉或核蒸汽发生系统产生蒸汽的热能转换为机械能，通过主减速齿轮装置、轴系将机械能传递给螺旋桨，驱动航母的前进或后退。主汽轮机组由主汽轮机（包含倒车汽轮机）、主冷凝器及抽气器辅机、主减速器和机组调节控制保护系统等组成。

主汽轮机通常由高压汽轮机和低压汽轮机组成。在低压汽轮机部分都装设有倒车汽轮机，发出的倒车功率专门担负使汽轮机转轴和螺旋桨倒转，满足航母操纵的需要。主汽轮机通常采用上下分缸结构，上汽缸装有调节汽轮机功率的配汽机构及把蒸汽引入汽缸的蒸汽接管，下汽缸设置有滑油进出管、抽汽管、疏水管、轴承箱及用来固定汽轮机位置的机脚。

低压汽轮机下方设有大面积方形法兰与冷凝器的喉部相连接。

主冷凝器是主汽轮机组的重要组成部分，接受来自低压汽轮机做完功乏汽和耗汽设备产生的凝水，回收蒸汽管路疏水，建立并保持汽轮机运行所需的真空。冷凝器由冷却水管、管板、端盖、壳体、弹簧支座和一些附件组成。目前舰船主冷凝器多采用单流程双通道结构，可使冷凝器管束得到充分冷却，且循环水阻力很小，但循环水量很大，一般为凝水量的50～80倍。

主抽气器的任务是将主冷凝器内的不凝结气体抽出，以维持冷凝器的真空度。在舰船凝汽设备中，普遍采用以蒸汽为工质的抽气器，其结构简单，工作可靠，布置紧凑，使用和维护方便。射汽抽气器由缩放式工作喷嘴、混合室和扩压管等三个基本部件组成。

齿轮减速器可分为单级减速器和双级减速器，目前舰船主汽轮机组多采用两级减速，而单级齿轮减速器多用在较小功率的辅汽轮机上。舰船主汽轮机组使用的齿轮减速器具有结构简单、工作可靠、尺寸重量较小等特点，传动效率高达97%～98.5%，减速比可达到80左右，能适应多缸汽轮机传递功率的要求。主汽轮机组的大功率齿轮减速器都是采用渐开线人字形斜齿轮，具有传动平稳、可自动平衡齿轮上的轴向力以及加工技术成熟的优点。

对汽轮齿轮机组进行启动、保持转速、改变转速和转向以及停机的系统，称为机组调节控制保护系统。机组调节控制保护系统由检测元件、调节器、执行机构和配汽机构等部分组成。

2. 运行原理

由蒸汽发生器产生的饱和蒸汽进入主汽轮机内，推动汽轮机转子转动，将蒸汽的热能变成机械能，通过主减速齿轮装置和轴系传递给螺旋桨，使航母获得所需的航速和机动能力。做功后的乏汽排入主冷凝器内，冷凝成水。

主汽轮机组组成简图如图 16-12 所示。

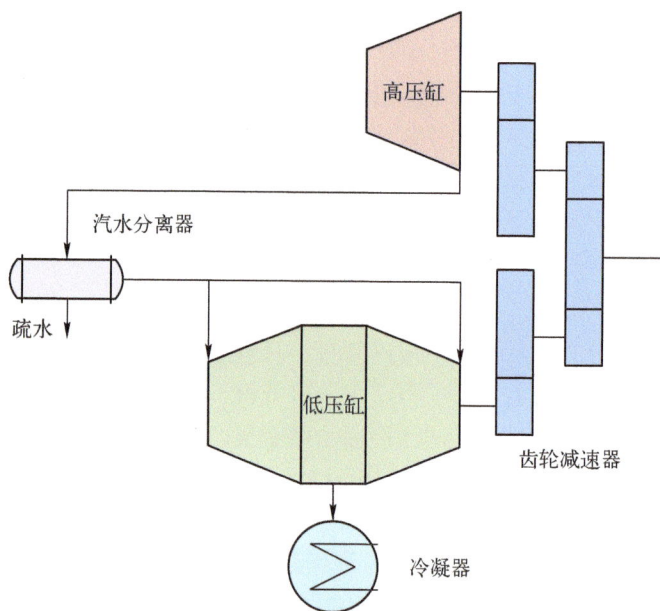

图 16-12 ▍主汽轮机组组成简图

3. 设计技术与方法

主汽轮机组主汽轮机组主汽轮机组的设计技术发展迅速，主要体现在以下几个方面：

（1）利用 CFD 技术对汽轮机通流部分进行设计，改变叶片型线，提高叶栅气动性能，提高汽轮机的通流级效率和设计质量，缩短产品开发周期，降低开发成本。

（2）利用 iSight、参数化建模与 CFD 耦合优化技术对汽轮机汽缸进行全三维黏性气动优化设计。

（3）利用大型通用有限元软件 MSC、NASTRAN/PATRAN 等对主冷凝器进行模块化设计。

（4）在 UG 平台上对主汽轮机组进行三维模型设计，在 AutoCAD 中完成二维工程图的绘制，利用跨平台二次开发技术将两种软件的优势结合起来，实现二、三维的协同联动。

（5）利用虚拟样机技术，在特征造型工具 Pro/E、机械动力学仿真软件 ADAMS 和有限元分析软件 ANSYS 集成系统基础上，对主齿轮减速器进行设计。

16.5.4 蒸汽系统

1. 功能与组成

蒸汽系统主要功能是将锅炉或核蒸汽发生系统产生的高参数蒸汽汇集并输送给主汽轮机、发电汽轮机和其他辅助汽轮机、换热器等耗汽设备，并收集辅助汽轮机出口低参数乏汽输送给除氧器等耗汽设备。对于核动力反应堆的特殊要求，核动力蒸汽系统还应将工况突变过程中蒸汽发生器产生的多余蒸汽经由减温减压装置排入主冷凝器中，或通过大气释放阀、安全阀排入最终热阱，防止蒸汽系统超压。

蒸汽系统按照功能不同可细分为主辅蒸汽系统、乏汽系统以及蒸汽排放系统。主辅蒸汽系统一般由蒸汽管道、主蒸汽隔离阀、蒸汽母管、辅助阀门及管道附件等组成，乏汽系统一般由乏汽管道、乏汽母管、压力调节阀、辅助阀门及管道附件等组成，蒸汽排放系统一般由汽轮机旁路排放控制阀、减温减压装置、大气释放阀、辅助阀门及管道附件等组成。

2. 运行原理

主蒸汽系统将蒸汽发生器产生的新蒸汽输送到主汽轮机组。

辅蒸汽系统将蒸汽发生器产生的新蒸汽输送到汽轮发电机组、汽轮凝水泵、汽轮给水泵、汽轮滑油泵、汽轮循环水泵等用户。

乏汽系统收集背压式汽轮辅机排出的乏汽，用于除氧或海水淡化装置的加热蒸汽。

蒸汽系统的原理如图 16-13 所示。

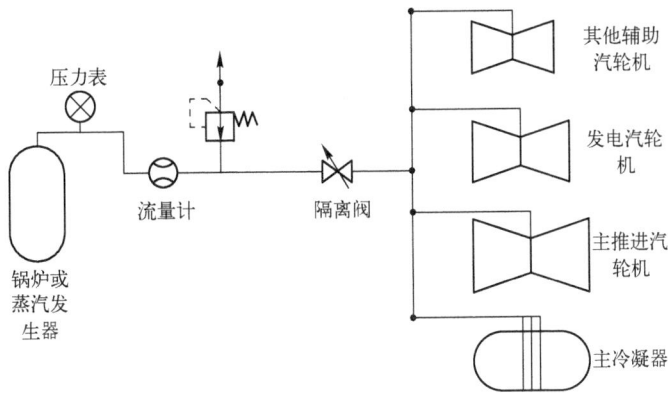

图 16-13 ┃ 蒸汽系统的原理

3. 设计技术与方法

蒸汽系统设计按照技术方案，开展热工水力设计和选型，主要包括设备技术参数确定、关键阀门选型、系统管路布置及支吊架、保温层设计、应力分析评定等方面。下面结合现代先进设计理念和设计手段，分别简要介绍蒸汽系统设计技术。

1）技术参数选取

主蒸汽参数对主汽轮机推进系统热经济性有重大影响，不仅影响循环热效率，而且与动力系统的重量、尺寸、机动性及材料的选择等有关。国外核动力舰船（如"萨瓦娜"号、"陆奥"号）二回路额定工况饱和蒸汽压力一般选取为 3.0~4.0MPa。

2）管路布置及支吊架

主蒸汽管道尽可能短而直，弯头和阀门数目尽可能少，并设置必要的 L、Z、π 形弯，以吸收热膨胀应力，减少管道弯曲变形。舰船动力舱室振动环境恶劣，且抗冲击荷载比较高，应合理设置支吊架协调管道刚性与柔性，以减少蒸汽管道对设备结构的机械作用。

此外，核动力主蒸汽管道还应开展管道断裂甩管分析，必要时设置防甩限位器，满足核安全审评要求。

3）保温层设计选型

二氧化硅气凝胶是当前保温性能较好的材料，可替代传统的硅酸铝棉隔热材料。传统的固定保温具有施工工艺简单、保温效果可靠等优点，但保护层不便于检修，存在粉尘大、周期长、材料不能回收利用等缺点，新型可拆装式节能保温结构易拆卸、方便维修、可重复使用、寿命长。相比于传统固定式保温层，可拆装式保温结构检修时间大大缩短，有利于提高核动力系统的使用率和可靠性，可考虑应用于阀门等经常检修部位。

4）应力评定

管道应力分析的目的是保证管道自身和与其相连的机器、设备、支吊架、舱壁结构的安全，使管道布置满足相应的安全评定条件。核动力蒸汽管道直径较大，运行压力温度较高，承受的热胀载荷较大，为核安全Ⅱ级管道，应考虑采取 ASME 16PVC－Ⅲ NC 分卷核安全Ⅱ级规范的评定方法进行应力评定。在核级管道应力分析领域，瑞士 DST 公司开发的 PepS 软件被广泛应用，其优势在于强大的分析能力和严格的 QA 技术，可包含多达 500 多个自定义载荷和组合工况。

16.5.5 凝给水系统

1. 功能与组成

凝给水系统是将主冷凝器中的凝水抽出，经过净化、加热、除氧后，送至锅炉或核蒸汽发生器，同时通过必要的调节手段，维持冷凝器、除氧器、锅炉汽包或蒸汽发生器的水位在规定范围内。蒸汽在经过各个主机、汽轮辅机以及其他蒸汽用户做完功后，都会汇集到冷凝器中，冷凝成水后加热除氧送回到给水系统，完成汽水循环。凝给水系统主要包括凝水系统和给水系统。凝水系统将冷凝器中的水抽出净化后送到除氧器中，主要设备包括主冷凝器、凝水泵、阀门、主抽气器和汽封抽气器等，给水系统将除氧器中加热、除氧后的给水送至蒸汽发生器，主要设备包括除氧器、增压给水泵组、给水调节阀和蒸汽发生器等。凝给水系统还包括为系统补水和接收多余凝水的日用给水舱、除氧器储水调节阀、除氧器补水调节阀和补水离子滤器等。

2. 运行原理

凝给水系统的原理如图 16-14 所示。主冷凝器中的凝水用凝水泵抽出，经离子滤器过滤后，作为冷却水经过主抽气器和汽封抽气器回收热量，再输送至除氧器进行除氧。给水在除氧器中加热、除氧之后，由给水泵抽出，经给水调节阀输送至蒸汽发生器。

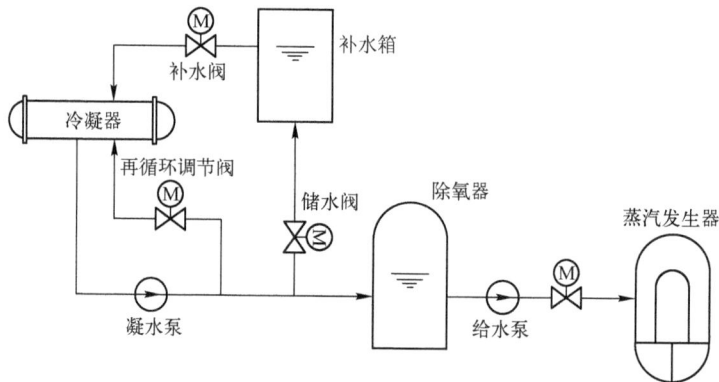

图 16-14 ▍凝给水系统的原理

凝给水系统中需要设置调节回路,通过适宜的调节方案,自动控制主冷凝器、除氧器和蒸汽发生器等设备的水位,使冷凝器和除氧器的水位维持在规定范围内。当工况变化导致系统中凝水过多时,自动调节系统打开储水调节阀,将系统中多余的凝水自动排入日用给水舱;当凝水不足时,自动调节系统打开补水调节阀,从日用给水舱中通过冷凝器向系统补水。凝水泵和给水泵的出口都设置了再循环回路,以满足水泵的最小流量要求及特殊运行工况的要求。

主给水系统中的蒸汽发生器前的管路设置了给水调节阀,通过调节给水调节阀的开度,控制蒸汽发生器的给水流量,维持蒸汽发生器的水位在规定范围内。同时通过给水泵的转速调节,使给水调节阀两端压差保持不变,保证给水调节阀的调节性能。

3. 设计技术与方法

凝给水系统的设计主要涉及系统主要技术参数设计、管路水锤冲击和应力评定技术、水位控制技术等。核动力航母的凝给水系统和常规动力航母有相似之处,但是蒸汽发生器和一般锅炉的原理、结构都有很大的不同,使得核动力航母的凝给水系统也有自己的特点。

1)主要技术参数设计

凝给水系统中主要技术参数设计包括管道的选型,以及凝水泵、给水泵和除氧器等设备的技术参数设计等。

凝给水系统的管道一般选用不锈钢管,同时管道内流速有一定要求。在凝水泵前的凝水管路中,为了防止汽蚀,一般流速不大于1m/s;给水管路的流速一般为2～3m/s。

凝水泵和给水泵的选型应能保证在各种运行工况下提供足够的压头和流量,并且应有一定的设计余量。凝水泵和给水泵至少各设置两台,其中一台泵不可用时,另一台泵仍能为系统提供足够的压头和流量。凝水泵和给水泵应具有转速调节的能力,配合调节阀完成凝给水系统的水位控制功能。

2)管路水锤冲击和应力评定技术

航母动力系统的工况复杂多变,在主机启动、停机、快速增减负荷以及主机速关等工况下,都会造成凝给水管网内流体流量的快速变化,导致流体产生对管网系统的冲击,对系统安全运行带来威胁。因此,需要对整个凝给水管网进行流体冲击分析,通过优化布置等方式,保证系统安全运行。

管路会因重力、温度变化等发生变形,从而在管路内产生热应力,因此,有必要对管路应力进行分析和评定。位于给水隔离阀和蒸汽发生器之间的管路属于核安全Ⅱ级管道,应采取核安全相关规范对管路应力进行安全评定。

3)水位控制技术

凝给水系统中的水位控制涉及冷凝器、除氧器和蒸汽发生器的水位控制,为了使这些设备在系统运行工况发生变化时能维持正常的运行水位,系统应设置必要的水位调节回路,并采取相应的水位控制方案。冷凝器和除氧器的水位调节与常规动力航母类似,通过使用调节阀为系统补水或将多余的凝水排至水箱,维持水位在正常范围内。蒸汽发生器的水位调节通过给水调节阀和给水泵转速调节来完成水位调节。

16.5.6 主辅机滑油系统

1. 功能与组成

航母动力系统中,主辅机滑油系统担负向汽轮主机、齿轮减速机组、主推力轴承以及其他辅助设备供应经冷却、过滤和分离后的滑油，然后回收至循环滑油舱，在紧急情况下，接收滑油输送等相关系统提供的应急滑油，或者向工作油系统提供滑油。

主辅机滑油系统主要由汽轮滑油泵、电动滑油泵、滑油冷却器、循环滑油舱、主滑油滤器等设备及仪表管路组成。

2. 运行原理

在动力单元起动过程中，由电动滑油泵从循环滑油舱抽吸滑油至滑油总管，然后分配到各设备；动力单元起动后正常运行时，汽轮滑油泵开始投入供油，电动滑油泵为备用。当总管压力低于设计值时，自动启动电动滑油泵。

主辅机滑油系统内滑油的循环过程：电动或汽轮滑油泵经磁性滤器从循环滑油舱吸取滑油送入滑油总管，经过主滑油滤器、滑油冷却器后，将满足使用要求的滑油分配到主汽轮机组、主推力轴承以及其他辅助设备，工作后的滑油经各设备的回油管回到循环滑油舱。

在主辅机滑油系统供油总管上设置接口，紧急情况下接收滑油输送系统提供的滑油。同时，在汽轮给水机组及涡轮增压机组供油总管上设置有与工作油系统接口，紧急情况下接收工作油系统提供的滑油。

循环滑油舱内滑油需要进行水、杂质等分离以确保其相关设备的润滑要求，主要设备是离心式滑油分离器。分离后的滑油沿管路进入循环滑油舱，分离出的水分及杂质经管路进入残油收集舱。

循环滑油舱内设有取样管路，若滑油化验后无法满足再循环要求，则将由电动滑油污油泵将污油输送至污油舱。当污油舱满或需要清理时，电动滑油污油泵从污滑油舱内吸油，经输出管路、甲板注入套筒及连接软管输送到舰外。

主辅机滑油系统的原理如图 16-15 所示。

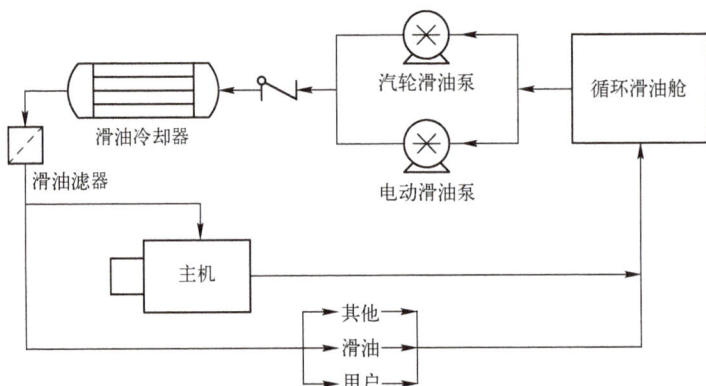

图 16-15 ▎滑油系统的原理

3. 设计技术与方法

滑油系统设计工作中主要涉及滑油工质选型、滑油泵选型以及滑油冷却器设计。

1）滑油工质选型

在滑油系统中，一般采用汽轮机油作为润滑油。从润滑角度讲，汽轮机轴承与减速齿轮的滑油品质要求不同。汽轮机轴承转速高、负荷低，要求滑油的黏度比减速齿轮低。基于简化系统的需求，在同一系统中一般采用相同黏度的滑油，只是通过控制不同润滑部分的滑油温度，保证不同设备的黏度要求。同时，滑油还要求具有抗氧化能力强、不易乳化或泡沫化以及酸值低的特性。

在选用滑油黏度时，应考虑被润滑处的单位负荷和速度。但单位面积上负载高而速度低时，必须采用黏度高的滑油，反之则采用低黏度滑油。滑油牌号表示温度为50℃时的运动黏度的平均值，系统设计时根据系统内设备需求与运行工况选择合适牌号的滑油。

2）滑油泵选型

滑油泵是系统内的核心设备，多选用螺杆泵。在选型时，主要参数应满足：油泵设计流量大于滑油系统内的主辅设备所需要的滑油量和汽轮机保安、自控系统所需要的滑油量之和；油泵压头大于滑油系统的沿程与局部阻力之和。

3）滑油冷却器设计

滑油冷却器用于系统内滑油的冷却，其冷却水为海水，此海水可从循环水泵分出，或由单独的海水系统供给。冷却水侧的压力一般低于滑油侧的压力，以免海水漏入滑油系统中。冷却器的出油口可灵活设置，既可以由单出油口统一供给到各设备，也可根据不同供应处的不同需求，设置两个出油口供应不同温度与黏度的滑油。滑油冷却器在设计过程中，滑油流量根据用户总的滑油需求量确定，换热功率由系统的整体冷却功率确定，滑油出口温度需要严格满足系统设计要求。

16.5.7 冷却水系统

1. 功能与组成

航母动力系统中，冷却水系统担负为主汽轮机组冷凝器、滑油冷却器、汽轮发电机组辅冷凝器、发电机空气冷却器提供冷却水的功能。冷却水系统根据功能主要分为主机冷却水子系统和汽发冷却水子系统。

主机冷却水系统包括通海口结构、循环水泵、进出口管路、主冷凝器管侧、滑油冷却器管侧等。汽发冷却水子系统包括辅循环水泵、管路及附件等。

2. 运行原理

对于主机冷却水系统，海水通过进水接管进入主机冷却水系统，经循环水泵加压，分别经过主冷凝器管侧、滑油冷却器管侧换热后，从出水接管回到冷却水回水管路，带走系统内的热量。主机冷却水系统一般采用自流循环的运行方式，在航母正车航速较大的工况下，可不启动循环水泵，通过自流即可满足主机等的冷却水需求；当航母倒车低航速或倒车工况下，启动循环水泵向主机等设备提供冷却水。

对于汽发冷却水系统，每台汽轮发电机组配置一台辅循环水泵，从冷却水供水管中吸入冷却水，供应给汽轮发电机组的辅冷凝器、发电机空气冷却器。左、右两侧的汽发机组冷却水系统相互独立。

3. 设计技术与方法

1）循环水泵的选型

对于主机冷却水系统的循环水泵，其扬程和流量的选择主要考虑航母在非自流工况（倒车工况、正车低航速及停泊工况）下的冷却水需求。循环水泵的设计应尽量减小循环水泵冲转时的流动阻力。循环水泵可设置离合器，在正车航速较大时将原动机脱开，水泵叶轮冲转运行，减小冲转阻力。

对于汽发冷却水系统的循环水泵，应考虑流量的连续调节或分挡运行，以适应不同运行工况下汽发冷却水系统的冷却水需求。

2）自流循环冷却系统的通海口设计

对于主机冷却水系统，通海口的设计应综合考虑系统自流流场特性及舰总体的附体设计、船体开口设计等要求，在确保自流流量满足冷却水需求的基础上，尽量减小附体阻力和在船体板上的开口大小。

3）管道系统设计

冷却水系统的管道直径一般都比较大，在设备和管道布置时应尽量减小管道长度和弯管数量，减少冷却水系统的空间布置需求和流动阻力。管道流速应满足材料的极限流速要求。

4）备用供水接口

应设置从其他冷却水系统向主机冷却水系统的接口，在停泊等主机不运行的工况下（此时可以关闭汽轮循环水泵），向滑油冷却器等设备提供冷却水。

16.5.8 水质处理系统

1. 功能与组成

航母动力系统中，水质处理系统通过除盐、除氧、调节 pH 值等物理化学手段，控制汽水系统及设备水汽品质，对减少锅炉或核蒸汽发生系统蒸汽侧腐蚀产物沉积，降低传热管局部腐蚀，防止传热管承压边界破裂具有重要作用。水质处理系统主要担负如下功能：

（1）过滤主冷凝器凝水、补水中腐蚀产物和有害盐分。

（2）除去除氧器加热后给水中溶解氧。

（3）调节锅炉或核蒸汽发生器蒸汽侧炉水的 pH 值。

（4）取样检测凝水、给水、炉水、补水及蒸汽的电导率、含氧量、pH 值等水质指标。

水质处理系统根据主要功能可分为三个子系统：凝水精处理系统、化学加药系统、水质取样系统。凝水精处理系统由前置除铁滤器、离子交换混床、树脂捕捉器及相应阀门管路等组成，可去除凝水中腐蚀产物和有害盐分。化学加药系统由给水加药装置及相应阀门管路等组成，可控制给水溶解氧及炉水 pH 值。水质取样系统由水质集中取样装置、各类在线水质仪表及应阀门管路等组成，为化学加药系统提供实时水质指标信号。

2. 运行原理

凝水精处理子系统的原理如图 16-16 所示，上游为凝水泵出口，下游为主抽气器入口。凝水经由前置除铁滤器过滤杂质及油污，然后由氢型离子交换混床除去阴阳离子，通过树脂捕捉器再送往主抽气器。在汽水系统正常运行过程中，可将凝水精处理系统旁通进行设备检修维护。

化学加药子系统的原理如图 16-17 所示，上游为日用水舱除盐水，下游为给水系统加药入口。除氧加药装置将溶药箱内搅拌均匀的除氧剂溶液加压后送入除氧器下降段给水管路，降低除氧器至核蒸汽发生系统给水管路的氧腐蚀，并减少进入传热管蒸汽侧的腐蚀产物；调 pH 加药装置将溶药箱内搅拌均匀的碱化剂溶液加压后送入给水母管后给水管路，控制炉水的硬度和 pH 值。

取样检测系统主要从凝水、给水、主蒸汽、锅炉或蒸汽发生器排污水和凝水精处理装置等处提取样品，经减温减压后由在线水质仪表或离线手动检测水样的 pH 值、电导率、溶解氧、钠离子、硫酸根离子、磷酸根离子等，将水质指标信号送回到化学加药系统控制加

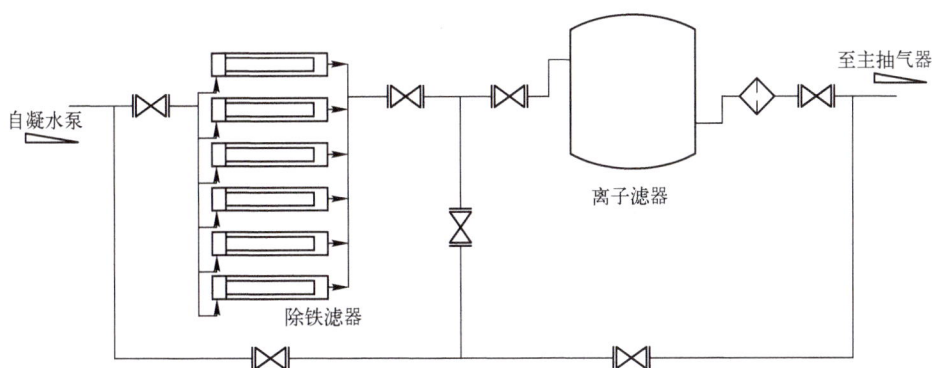

图 16-16 ▎凝水精处理子系统的原理

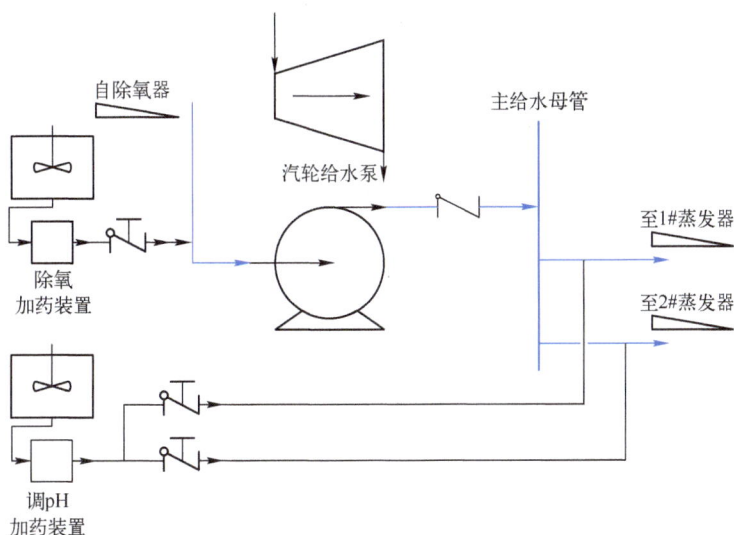

图 16-17 ▎化学加药子系统的原理

药量。

3. 设计技术与方法

水质处理系统设计工作中主要涉及离子交换混床选型、化学加药装置设计和取样检测装置设计。

1）离子交换混床选型

由于舰用环境条件对酸碱携带限制，离子交换混床树脂不能实现在线再生，应根据强碱性阴树脂和强酸性阳树脂的工作容量和制水周期计算离子交换混床的体积，混床内水流速度和树脂层装载高度应满足相应规范要求。

2）化学加药装置设计

化学加药装置一般由溶解搅拌单元和药液增压调节单元组成，溶解搅拌单元通常设置两个溶药箱及搅拌器，互为备用。两溶药箱出口连接药液母管，然后分配给多个药液加注分支。由于加药流量较小，每个加注分支由计量泵调节药液压力和流量，同时备用一个加药分支，便于故障维修。

3）取样检测装置设计

为了保证水质在线仪表检测精度，样水温度应为常温常压，故从给水、炉水、蒸汽取样点提取的高温高压样水应减温减压后供仪表实时检测，为了便于在线水质仪表的管理和冷却水管路的集中供应回收，故将各取样支路集中冷却，设计水质集中取样检测装置，同时设置手动取样口，以便离线水质检测验证。

16.6 > 综合控制系统

16.6.1 系统概述

动力综合控制系统的主要任务是负责对航母动力系统和设备的监测、控制和保护，保证航母动力系统安全、可靠地运行，监测动力系统运行的状态参数，通过控制装置保证系统参数运行在要求的范围内，准确及时的对参数越限和设备状态异常报警，保证动力系统设备与设备之间的可靠联锁、安全保护，同时通过人机设备为操纵员提供对工艺过程进行监督、操作和管理手段。

由于航母动力系统具有机动性要求高、系统耦合性强、运行工况复杂等特点，综合控制系统的控制策略、体系结构等具有相对较高的要求和较强的针对性，设计研制过程复杂。综合控制系统根据动力形式的不同一般包括运行管理系统、反应堆及核辅控制系统、锅炉及辅助控制系统、主机及辅助控制系统等。

16.6.2 设计技术与方法

1. 设计原则

为了确保动力系统监控的功能、性能和可靠性等指标，并提高整体自动化水平，使之适应目前总体对综合控制系统的战术技术性能要求，动力综合控制系统的设计应遵循以下指导思想：

（1）动力综合控制系统的指挥体系，控制系统类型，控制部位，监控系统等层次构架；对于动力系统应同时兼顾安全性和生命力，考虑集控部位的整体备用，以及极端工况下的应急操作。

（2）在确保安全可靠的前提下，兼顾先进性及长远发展的原则，满足舰总体信息化平台的需求，充分利用现代控制理论、控制技术和自动化设备的先进成果，以及过程控制领域成熟的技术和控制设备，使系统先进好用并且操作方便、界面友好；充分考虑服役后国内的长期维修保障体系和能力，使监控系统能够由国内实现全面的技术保障和维护，保证后续的备品备件能够长期供应。

2. 设计技术

航母动力综合控制系统设计过程中涉及控制室设计、人机界面设计、控制算法设计等技术，其中控制室设计包括控制室环境设计、控制室设备布置设计、控制室功能分析等环节，人机界面设计包括模拟盘台设计、数字化人机界面设计等内容，控制算法设计包括控制逻辑设计、保护逻辑设计、过程控制回路设计等。

3. 验证技术

动力综合控制系统的研制过程一般可分为仿真验证、原理样机验证、工程样机验证三个阶段，通过这三个阶段的分层次突破综合控制系统研制的关键技术，逐步释放综合控制系统研制的技术风险，其中仿真验证阶段主要借助仿真模型对综合控制系统的基本策略进行研制，原理样机阶段借助样机对系统的控制功能进行验证，工程样机则在原理样机的基础上对应用环境的适用性进行全面的验证。

4. 平台选型

航母动力综合控制系统由于系统庞大、运行工况复杂等特点，实际实施过程中实现的平台可根据实际应用的环境条件、系统设计要求等，选用继电器控制、单回路控制器、DCS 控制系统、PLC 系统等。

16.6.3 运行管理系统

1. 功能与组成

运行管理系统的主要功能是完成动力系统运行参数的采集、传输、存储、显示、报警，并为动力系统的集中操控、运行调度和协调控制提供人机接口和运行技术支持。主要分系统包括操控系统、监测系统、报警系统、信息采集传输系统、信息存储系统等。

2. 运行原理

1）操控系统

操控系统对动力装置的主要系统及设备实施综合控制，通过动力集控室和备用动力集控室的相应设备完成系统的主要控制操作功能，通过就地控制点完成机旁设备的基本操作，通过应急控制部位完成核动力系统的紧急停堆和余热排出等控制功能。

2）监测系统

参数监测系统分为数字化参数监测系统和模拟仪表参数监测系统两部分，在动力集控部位可对动力系统的所有状态参数进行监视，还可以对参数进行历史趋势记录，以方便系统调整及故障分析时借鉴。对于动力装置运行的重要参数，除采用数字化参数监测外，还提供模拟仪表进行指示，以便于运行人员监视及调节回路遥控操作时参考。

3）报警系统

报警系统是动力装置综合控制系统的重要组成部分，当动力装置的主要设备和各系统在运行中出现异常或处于事故状态时，报警系统向操纵员发出视觉和听觉报警信号；报警系统安装在各控制部位内，由监测系统提供准确的测量信号，可以提高报警精度和准确性以根据需要将报警信号引到监控部位，以便相关人员能够及时了解参数及设备的异常状态，并及时进行相应处理。

4）信息传输系统

信息传输系统通过顶层动力系统光纤环网完成动力装置运行控制系统内相关设备及控制系统设备与综合电力系统、辐射监控系统、其他系统间的数据传输任务，为动力装置实施全面监督和管理提供高可靠高速数据传输通道。

5）运行信息存储系统

在动力装置投入运行后，其重要的运行参数，在任何运行状态下都能避开人为因素，及时、准确地自动存储动力控制系统、电力系统和辐射监控系统的运行参数及状态数据。

16.6.4　反应堆及一回路控制系统

1. 功能与组成

航母反应堆及一回路控制系统用于建立并维持反应堆的核裂变反应与热传输过程，使反应堆及核辅系统的运行参数保持在的许可范围之内，从而维持航母核动力装置正常运行，满足含汽机在内的多用户负荷需求的控制任务。反应堆及核辅控制系统包括反应堆保护系统、反应堆功率控制系统、主泵控制系统、稳压器压力及水位控制系统、核辅控制系统等。

2. 运行原理

1）反应堆保护系统

反应堆保护系统主要执行反应堆应急停堆、专设安全设施驱动、事故后监测等功能。由于反应堆保护系统为核安全级系统，通常采用四取二执行逻辑，这种逻辑结构能保证在一个通道因试验或者维护而不能使用时，整个系统仍有足够的安全裕量。通道与通道之间相互独立，通道之间的信号连接采用光纤数据通信的方式完成，满足实体分隔和电气隔离的要求。

2）反应堆功率控制系统

反应堆功率控制系统根据二回路系统负荷对反应堆功率进行调节，调节过程中，当二回路负荷大于反应堆功率时，通过提升反应堆调节棒升高反应堆功率，当二回路负荷小于反应堆功率时，通过下插反应堆调节棒降低反应堆功率，使得反应堆功率始终与二回路负荷相匹配。

3）反应堆核测量系统

反应堆核测量系统是通过布置于堆外的一系列中子探测器，连续监测反应堆从停堆状态的中子源水平到满功率的中子注量率（即核功率）和堆周期，并将监测的信号用指示器指示，以便向操作人员提供停堆、启动和功率运行期间反应堆状态的信息，为反应堆保护系统提供反应堆安全参数信号，并为反应堆控制系统提供核功率信号。

4）棒控棒位系统

反应堆棒控棒位系统用于实现控制棒驱动机构控制与控制棒位置测量、传输与显示，其由反应堆棒控系统和反应堆棒位系统组成。

反应堆棒控系统用来控制驱动机构，实现控制棒束的提升、插入和保持，完成反应堆的启堆、运行等功能。在反应堆投入自动控制运行时，根据功率调节系统发出的升、降信号及棒速信号提升、下插控制棒束；在手动运行时，根据操纵员的指令提升、下插控制棒束；根据保护系统的反插指令，执行安全降功率运行。

反应堆棒位系统是反应堆启动、运行、停堆的重要监视系统之一，其主要功能是测量和监视反应堆所有控制棒束在堆芯的位置，为运行人员提供控制棒在堆芯里的真实位置。

5）主泵监控系统

主泵监测保护系统主要用于实现主泵运行状态的电参数监测、运行保护与异常报警，包括主泵电压、电流、等异常报警与运行保护。

6）稳压器压力控制系统

在稳压器压力出现负波动时，电加热器功率增大以加剧稳压器中的水的汽化，使稳压器中的蒸汽份额增加，提高稳压器压力。在稳压器压力出现正波动时，喷雾阀把取自一回路冷段的反应堆冷却剂，喷淋到稳压器顶部，使蒸汽冷凝以降低压力；当稳压器压力继续上升，则开启释放阀将稳压器中的蒸汽泄放到外部以降低压力，若稳压器压力继续上升达到一个较高定值时，安全阀应从依靠其内部的自动开启机构开启阀门泄压，若该机构无法动作，则由稳压器压力控制系统触发另一安全阀开启从而使稳压器泄压，达到降低稳压器压力的目的。

7）稳压器水位控制系统

稳压器水位控制系统的控制方式取决于工艺系统的配置，稳压器水位控制系统根据定值水位和实测水位的差值，发出控制信号，控制补水泵的启停，使稳压器的水位控制在规定的范围内。当水位过低时，将全部电加热器切除。

8）一回路控制系统

一回路控制系统主要包括设备冷却水控制、净化系统控制、补水系统控制等，主要实现相关一回路系统阀门开关、电动泵启停、联锁保护、状态监视和报警等功能。

16.6.5　锅炉控制系统

1. 功能与组成

锅炉及辅助控制系统用于监测锅炉燃油系统、蒸汽系统、给水系统、空气系统等的运行状态，维持锅炉油、水、汽、气等系统的状态参数运行在允许的范围内，当锅炉油、水、汽、气等系统运行偏离正常状态时进行报警，并及时锅炉油、水、汽、气等系统及相关驱动设备发出保护动作，实现锅炉在舰体需要的各种稳定航行工况、机动变工况、停泊工况等状态下的稳定安全运行。锅炉及辅助控制系统主要包括控制系统、联锁保护系统、监测系统与报警系统四部分。

2. 运行原理

1）锅炉控制分系统

（1）主蒸汽压力调节回路。调节回路通过控制供给锅炉的燃油量来达到控制锅炉出口蒸汽压力的目的，回路给定值为内给定，采用高/低两挡定参数控制方式。供给锅炉的燃油采用节流调节的方式，用改变锅炉投入工作的喷油器数量和喷油器前燃油压力的方法实现供给锅炉油量的调节。

（2）空气流量调节回路。回路通过控制风机转速及进入锅炉空气夹层的空气量实现控制供给锅炉的空气量。给定值为外给定，随着锅炉燃油流量调节阀开度的改变而改变，即随着燃油量的变化而改变。

（3）燃油压差调节回路。回路采用节流调节方式，通过控制与燃油流量调节阀上游串联的燃油节流调节阀的开度，实现控制燃油流量调节阀前后压差为定值的目的。回路给定值为内给定。

（4）燃油总管压力调节回路。调节回路采用回流调节的方式，通过控制燃油泵出口回到油柜的油量实现控制燃油总管压力的目的。回路给定值采用外给定方式，由主蒸汽压力调节回路输出控制信号通过函数变换后作为回路给定信号，燃油总管压力采用滑参数运行控制方式。

（5）燃油温度调节回路。调节回路通过控制供给燃油加热器的微过热蒸汽量实现控制燃油温度的目的。回路给定值采用内给定方式。

（6）锅炉水位调节回路。调节回路通过控制供给锅炉的给水量实现控制锅炉上锅筒水位的目的。回路给定值采用内给定方式。

2）锅炉保护系统

（1）锅炉水位过低停炉保护。当锅炉上锅筒水位低至极限水位时，自动联锁切断燃油速关阀和主蒸汽停止阀，实现自动停炉联锁保护。锅炉水位侧量信号采用电信号，低至极限水位的信号经过计算机运算处理后给出。

（2）炉膛熄火停炉保护。当锅炉炉膛熄火时，自动联锁切断燃油速关阀和蒸汽停止阀，实现自动停炉联锁保护。炉膛火焰信号采用火焰检测传感器测量，输出的保护控制信号是电信号。

（3）进入锅炉空气失压停炉保护。当进入锅炉空气压力失压时，自动联锁切断燃油速关阀和蒸汽停止阀，实现自动停炉联锁保护。进入锅炉空气压力信号采用压力传感器测量，输出的保护控制信号是电信号。

3）联锁控制系统

（1）汽轮给水机组与锅炉联锁控制。给水机组的联锁保护由机组自带机械液压保护和电保护系统完成，包括项目：①转速限制功能；②超速速关保护功能；③滑油压力低时，自动停机保护功能；④废汽压力高时，自动停机保护功能；⑤当一台给水机组出现给水压力低时，另一台给水机组自动启动投入工作。

（2）电动燃油泵与增压锅炉负荷控制。锅炉燃油流量调节阀开度与电动燃油泵启动自动联锁。当燃油流量调节阀开度大于规定值时，自动控制启动电动燃油泵。

（3）锅炉喷油器与锅炉负荷联锁控制。锅炉燃油流量调节阀开度与顺序接通或切断锅炉喷油器联锁，燃油流量调节阀开度大于第一挡设定开度时接通第一个自动投入的喷油器，大于第二挡设定开度时第二个自动投入的喷油器，大于第三挡设定开度时接通第三个自动投入的喷油器以此类推。

4）锅炉参数监测系统

锅炉参数监测系统包括计算机参数监测系统和二次仪表参数监测系统。监测的参数包括动力装置运行的温度、压力、压差、液位、位移、状态等。

5）锅炉参数报警系统

锅炉参数报警系统包括计算机参数报警系统和重要参数超限及状态异常模拟报警系统。计算机参数报警系统可以实现报警历史趋势记录功能。报警系统根据需要可以设置在不同的操作部位。

16.6.6　主机及辅助回路控制系统

1. 功能与组成

主机及辅助回路控制系统用于监测主机及辅助回路系统的运行状态，维持主机及辅助回路系统的状态参数运行在允许的范围内，当主机及辅助回路系统运行偏离正常状态时进行报警，并及时辅助回路系统及设备驱动系统发出保护动作。主要系统包括主机控制系统、蒸汽发生器水位控制系统、蒸汽排放控制系统、冷凝器水位控制系统、除氧器水位和压力控制系统、乏汽压力控制系统、循环水泵转速控制系统、滑油温度控制系统。

2. 运行原理

1）主机控制与保护系统

主机组控制与保护系统主要包括主机的正车、倒车、降速、限负荷、速关、回汽等控制与保护功能。采用主汽轮机转速进行控制，满足舰船在各种稳定工况或变工况下运行时的航速下的功率要求；采用回汽刹车技术使主汽轮机转速快速达到给定值，保证舰船具有良好的机动性；在特定条件下使主汽轮机紧急停机或降速运行，提高主汽轮机的安全性；当主蒸汽压力低于规定值时，采用回汽保护技术辅助保持主蒸汽压力稳定；接收来自蒸汽发生器保护系统的信号，将主汽轮机负荷限制在规定范围之内，提高主机的安全性。

2）蒸汽发生器水位控制系统

蒸汽发生器水位控制系统的基本功能是调节进入蒸汽发生器的给水流量，将蒸汽发生器内的水位保持在预设值，或者在核动力系统正常瞬态工况时限制水位的波动（收缩/膨胀），避免引发不期望的反应堆停堆事故。此外还设有给水泵转速控制以维持水阀前后压差在设定值，进而保证蒸汽发生器水位控制的稳定；系统还设有指示、报警功能，当控制系统发生故障或存在异常运行工况时，为运行操作人员提供及时的信息。

3）蒸汽排放控制系统

当反应堆功率与主机负荷不一致时，蒸汽排放系统通过把多余的蒸汽排向冷凝器和大气，为反应堆提供一个人为的负荷，从而避免核蒸汽系统的温度和压力超过保护限值。

4）冷凝器水位控制系统

冷凝器接收汽轮机排汽，凝水由凝水泵加压送往除氧器。再循环调节阀保证凝水泵最小流量，同时通过控制再循环水量控制冷凝器水位作用。凝水泵随着负荷的变化而开环的变化，用来匹配凝水量与冷凝器接收排汽量的平衡，实现水位"粗调"功能。再循环调节阀在水位调节过程中起到"微调"的作用。

5）除氧器水位和压力控制系统

维持除氧器压力的稳定可以保证除氧器能力，维持除氧器水位控制保证除氧器的正常运行。通常采用控制进入除氧器乏汽流量的方式控制除氧器压力，通过控制辅助回路系统补水和储水流量的方式控制除氧器水位。

6）乏汽压力控制系统

乏汽系统管路为所有的背压式汽轮辅机的排汽提供了一个"去处"，而且为背压式汽轮辅机提供了一个共同的稳定的压力环境，必须对乏汽压力进行控制。乏汽母管压力控制系统主要通过调节补汽调节阀和排汽调节阀控制乏汽母管压力。

7）循环水泵转速控制系统

循环水系统作为冷凝器热阱，须有足够冷却水流量，保证动力系统在各工况下正常运行。同时本系统向辅助冷却水系统提供热阱，保证辅助冷却水系统正常运行。在航速较低时，通过控制循环水泵汽轮机进汽量调节循环水泵转速来控制循环水流量，满足系统冷却的要求，当航速达到设定值时，停止循环水泵，系统通过自流循环实现冷却。

8）滑油温度控制系统

滑油温度控制包括滑油加热和滑油冷却两个方面，在汽轮机装置启动前通过控制电加热器或蒸汽加热量对滑油进行加热，而在汽轮机装置运行过程中则通过控制进入滑油冷却器的冷却水量对滑油进行冷却，保障滑油温度控制在允许的工作范围内。

16.7 > 桨轴系统

16.7.1 系统概述

桨轴系统是轴系和螺旋桨及其附件的统称，是主动力推进装置功率与输出并实现舰体航行的重要保障系统。

1. 系统功能

桨轴系统的主要功能是将主汽轮机组发出的正车、倒车功率以扭矩形式传递给螺旋桨，再将由螺旋桨旋转产生的推力（或拉力）通过主推力轴承基座作用到舰体，使母舰产生前进（或倒退）运动。

2. 系统组成

航母动力系统一般设置 4 套相互独立的桨轴系统，每套桨轴基本组成相同，一般都由螺旋桨、轴段与轴系附属设备等组成，单套桨轴系统的基本组成框架如图 16-18 所示。

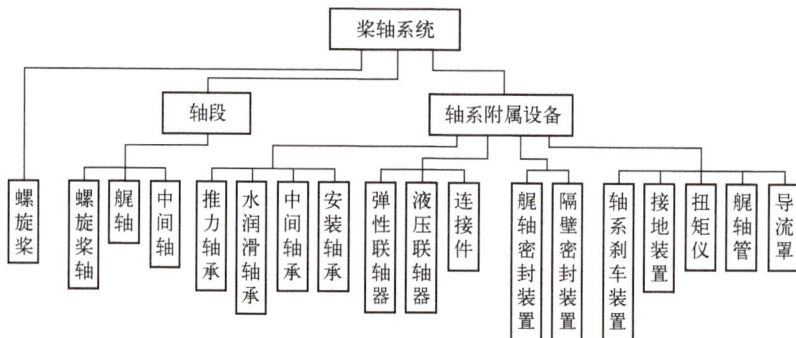

图 16-18 | 单套桨轴系统的基本组成框架

16.7.2 设计技术与方法

1. 系统设计原则

桨轴系统的设计一般应符合以下原则：

（1）轴系的布置应力求简洁且留有充裕的维修空间，应充分考虑拆装、维修方便。

（2）轴系的支撑轴承位置应以各轴承负荷相对均衡为目标，同时能够满足舰体设计需求的中垂与中拱值；轴系中各轴承应尽可能布置在船体结构刚性较强处。

（3）轴系的基本轴径、工作轴径及轴段强度应在满足相关设计规范的基础上留有适量的设计裕度；轴系的扭转振动、纵向振动、回旋振动校核值应在满足相关设计规范的基础上留有适量的设计裕度。

（4）主机采用弹性支承安装时，主机与轴系之间应采用合适的挠性连接；轴系各主、辅设备应在额定负荷值的基础上留有适当的设计裕度。

（5）钢质轴与联轴器的所有接触海水的表面应有合适的耐蚀保护层，其包覆工艺及与轴套衔接处的结构应能有效防止海水的浸入。

2. 系统布置要求

1）布置设计流程

与整个船体设计有关，并应满足舰船总体性能的需要，轴系布置设计是航母动力系统设计中的重要环节。航母轴系的布置设计流程的一般要求如下：

（1）由前后机炉舱主汽轮机组和螺旋桨位置初步确定轴系的艏艉基点，根据总体输入参数与规范估算轴系基本轴径。

（2）根据艉部线型、主水密隔壁等结构对整个轴系进行分段，将其分成舷外部分和舷内部分，初步确定艉轴管及水润滑轴承位置。

（3）根据舱内情况，初步确定中间轴的长度、中间轴承支点位置、支点间距和各轴系附属设备的位置等。

（4）根据轴系布置情况进行轴系的强度校核、振动计算和校中计算，再根据结果调整轴系布置，反复迭代，固化轴系布置，如图 16-19 所示。

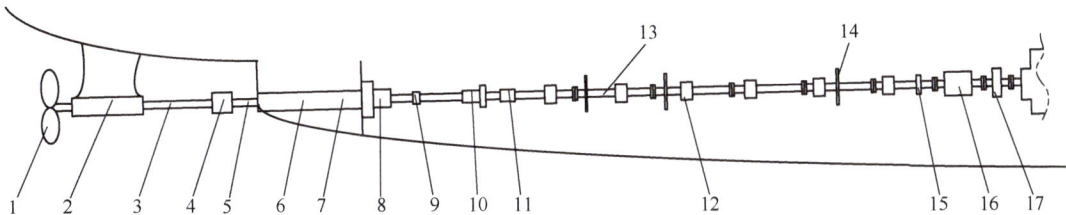

图 16-19 ┃ 单套轴系各设备布置示意图

1—螺旋桨；2—托架轴承；3—桨轴；4—套筒式液压联轴器；5—艉轴；6—艉轴管；7—艉轴管轴承；
8—艉轴密封装置；9—接地装置；10—法兰式液压联轴器；11—扭矩仪；12—中间轴承；
13—中间轴；14—隔舱密封；15—刹车装置；16—推力轴承；17—弹性联轴器。

2）布置设计原则

（1）航母轴线数量通常结合主机、齿轮箱的数量与类别，根据总体使命任务和工作需求，在舰总体方案论证阶段确定，一般设置 4 根轴线。

（2）航母轴系一般左右舷对称布置，如图 16-20 所示。在满足主机主减、螺旋桨等设备布置的前提下，为提高动力系统推进效率，轴系的纵倾角和外张角应尽量控制在合理区间之内。

（3）轴承的位置、数目与间距由轴系总布置和轴系计算综合考虑确定。为避免船体变形引起轴承的径向位移引起

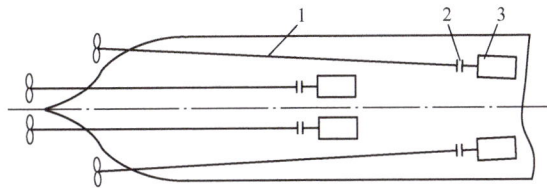

图 16-20 ┃ 全舰轴系布置示意

1—轴系；2—弹性联轴器；3—主汽轮机组。

轴承负荷增加，导致轴承异常磨损、发热或烧坏，各支撑轴承的基座应设在距隔壁较近或有船体强结构处；中间轴承数量一般为每根中间轴设置一个；轴承间距可由轴系校中结果调整，但两轴承间距不能太小，以免当轴承变位时引起较大的附加负荷。

3. 系统设计方法

桨轴系统设计的主要内容主要包括轴系主要设备的选取设计、轴系布置、推进轴段材料选取及基本轴径计算、轴系强度校核、轴系校中计算、轴系扭转振动计算、轴系回旋

振动计算、轴系纵向振动计算等。针对桨轴系统以上设计内容所采取的主要设计方法如下：

1）轴系材料选取

轴段材料的选取按照相关锻件技术条件选取，材料应具有强度高、抗冲击韧性好、耐疲劳等良好的力学特性。目前，航母轴系一般选用高强度合金钢。轴系铜衬套的材料选取应符合铸造铜合金技术条件要求，一般选择耐腐蚀性和耐磨损性能好的锡青铜。螺旋桨一般采用铜合金，其材料选取应符合螺旋桨用铜合金铸件规范要求。

2）轴径估算

轴系螺旋桨轴、艉轴及中间轴的基本轴径先按中国船级社通用轴径选用规范进行估算，同时轴段法兰尺寸、轴衬套厚度等尺寸也初步按船级社规范选取。

3）轴系强度校核

按照舰船轴系强度计算方法对轴系进行强度校核，校核传动轴在工作时，同时受到扭转、弯曲和压缩三种载荷下的应力状态、安全系数是否满足要求。

4）轴系校中计算

轴系的校中计算按照船舶推进轴系校中相关规定执行，需要对轴系在处于冷态、热态、单个轴承最大磨损状态、所有轴承最大磨损状态 4 种组合状态下进行校中，确保每道轴承受力合理，轴承单位比压不超过许用值。由于航母船体长，轴系布置区域船体变形大，所以轴系校中还应仔细考虑舰船下水前、后中垂及中拱状态的修正。

5）轴系扭转振动计算

轴系的扭转振动计算参照船舶柴油机扭转振动计算相关规定执行，考核各轴段的最大扭振应力是否低于轴段抗拉强度的 1/25，减速齿轮箱齿轮处的最大交变扭矩是否低于额定功率驱动力矩的 10%，弹性联轴器处最大交变扭矩是否低于联轴器许用扭振扭矩。

6）轴系回旋振动计算

轴系的回旋振动计算按照船舶推进轴系回旋振动计算方法相关规定执行，考核轴系是否在最高工作转速的115%以下均无一次回旋振动临界转速，一次叶频临界转速也不在80% ~ 120%的额定转速范围内出现。

7）轴系纵向振动计算

轴系的纵向振动计算按照船舶柴油机轴系纵振计算相关规定执行，考核在轴系振动频率范围内，轴系纵向振动幅是否满足规范要求。

8）轴系抗冲击计算

根据舰船生命力顶层要求，对轴系及附属设备进行抗冲击等级分类，对于抗冲击等级为16级以上的设备，按照舰船抗冲击计算相关标准，采用频域算法计算其抗冲击性能，考核轴系各部位在垂向、横向和纵向方向上的综合应力值是否超过许用值。

16.8 > 专设安全系统

16.8.1 系统概述

核动力系统具有高温、高压、强放射性等特点，系统运行时反应堆冷却剂处于高温高压状态，且由于辐照及燃料元件破裂等因素，放射性物质会进入冷却剂中，此外，即使反应堆停堆，在较长时间内，堆芯仍然会会产生大量衰变热，因此一旦发生重大事故，如 LOCA（失水事故）、主蒸汽管道破裂等，可能造成堆芯熔毁、放射性物质泄漏，对人员和环境造成严重伤害。

为了确保反应堆堆芯及堆舱结构安全，避免在任何情况下出现堆芯熔毁及放射性物质失控排放的严重事故，减少设备损失，保护航母及其战斗编队人员的安全，核动力航母需要设置专设安全系统。

专设安全系统主要包括余热排出系统、安全注射系统、可燃气体控制系统、堆舱系统等。在反应堆发生事故紧急停堆时，能够通过余热排出系统导出堆芯余热；在堆芯失水事故时能够通过安全注射系统向堆芯注入冷却水，防止堆芯融化；在发生破口事故时，能够通过堆舱系统对堆舱进行降温降压，防止堆舱破裂导致放射性物质外逸；同时能够通过可燃气体控制系统限制堆舱内氢气浓度，防止堆舱内发生氢气爆燃或爆炸事故。专设安全系统通过以上功能，能达到限制事故发展、减轻事故后果的目的。

16.8.2　设计技术与方法

1. 设计原则

专设安全系统的设计应采用以下设计原则：

1）单一故障准则

满足单一故障准则的设备组合，在其任何部位发生单一随机故障时，仍能保持所赋予的功能。由单一随机事件引起的各种继发故障，均视作单一故障的组成部分。通常控制单一故障的主要方式是采取冗余设计。如果某一非能动部件的设计、制造、检查和在役维护均达到很好的质量水平，则不必假设它会发生故障。

2）多样性原则

多样性应用于执行同一功能的多重系统或部件，即通过多重系统或部件中引入不同属性来提高系统的可靠性。获得不同属性的方式有采用不同的工作原理、不同的物理变量、不同的运行条件以及使用不同制造厂的产品等。采用多样性原则能减少某些共因故障，从而提高系统的可靠性。

3）独立性原则

为了提高系统的可靠性，系统设计中应通过功能隔离或实体分隔，实现系统布置和设计的独立性。

4）故障安全原则

对核动力系统安全极为重要的系统和部件的设计，应尽可能贯彻故障安全原则，即系统或部件发生故障时，核动力系统应能在毋需任何触发动作的情况下进入安全状态，如在断电时非能动安全系统的电磁阀自动开启。

5）人因设计原则

相对于核电站，航母核动力系统的运行对操作人员的依赖性相对较大，操作人员的工作场所和工作环境应按人因工程学原则进行设计。反应堆的安全设计应有利于操纵人员在有限时间内、预计的周围环境中和有心理压力的状态能采取成功的行动。

2. 运行原理

专设安全系统由能动或非能动子系统组成，能动是指依靠机械运动或动力源等外部输入而执行其功能，系统中的能动部件主要有动力操作阀门、水泵、风机和发动机等。非能动化是指该系统的启动操作、介质流动和运动均靠自然力完成，即：

（1）系统内介质的流动由重力、自然对流、自然循环或储能（压缩空气）驱动。

（2）系统的启动、投入和运行所需动作的阀门均由自然力驱动，如止回阀靠介质的能量动作；先导式安全释放阀靠介质的能量开启和关闭；弹簧式安全阀靠介质的能量开启，靠弹簧的储能关闭等。

3. 影响因素

舰上资源条件对影响专设安全系统设计有较大影响，影响专设安全系统设计的舰上总体资源保障能力主要有以下几方面：

（1）堆舱结构的最大承压能力。

（2）舰上空间资源，专设安全系统的设备及管路的尺寸和布置受到舱室空间尺寸的限制。

（3）舰上支持系统资源，舰上可为核动力系统提供压缩空气、安全供电等资源。

（4）热阱资源，非能动安全系统的最终热阱有海水及空气两种。

4. 计算方法

为开展专设安全系统设计，除了明确系统的功能和组成外，还需提出各系统设计的定量要求，它由应对的设计工况和相应的安全限值两部分组成，由核安全要求和其他限制条件综合权衡来确定设计容量，并通过定量计算对系统的设计进行认证。

16.8.3 余热排出系统

1. 功能与组成

余热排出系统的功能主要有以下两个方面：

（1）热停堆时，余热排出系统间断运行，维持反应堆冷却剂系统的压力和温度；冷停堆时，余热排出系统持续运行，将反应堆冷却剂系统的压力和温度降到规定值。

（2）在某些事故导致紧急停堆时，通过余热排出系统将堆芯衰变热、冷却剂潜热及设备蓄热排出以保证反应堆的安全。

余热排出系统一般包括能动余热排出系统和非能动余热排出系统。

2. 运行原理

能动余热排出系统有高压余热排出和低压余热排出两种形式，其原理分别如图 16-21和图 16-22 所示。高压余热排出系统压力接近反应堆冷却剂系统，备用时由小股流量预热；低压余热排出系统需待停堆后冷却剂温度和压力降至一定参数时才投入运行。

非能动余热排出系统通常利用自然循环等方式，依靠储存水蒸发、空气对流将热量排向最终热阱，可确保在全舰断电事故工况下实现堆芯余热导出，典型的非能动余热排出系统的原理如图 16-23 所示。

3. 设计技术与方法

余热排出系统设计容量应根据反应堆剩余功率来确定，一般为反应堆额定功率的 3%。对于能动的余热排出系统，应通过计算保证系统流量、换热器换热能力满足余热排出需求；

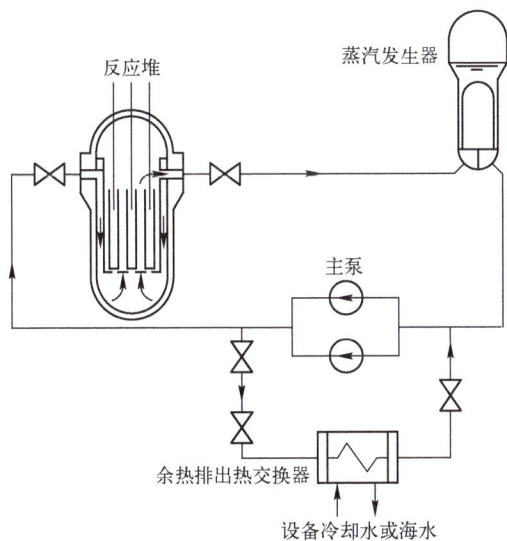

图 16-21 ▌ 高压余热排出系统的原理

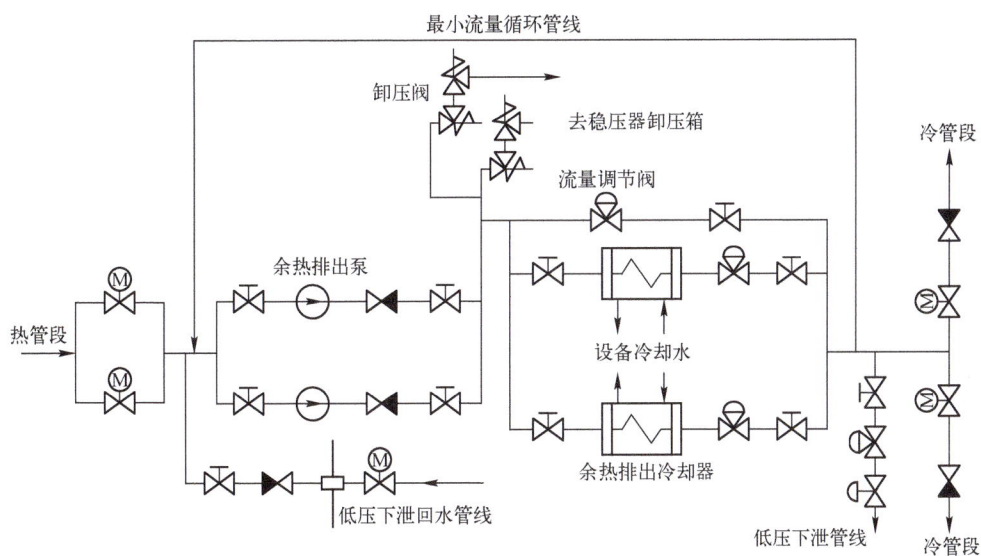

图 16-22 ▌ 低压余热排出系统的原理

对于非能动余热排出系统，除了系统流量、换热器换热能力满足需要外，还应开展大量仿真计算，即采用系统仿真软件（如 RELAP5）建立仿真模型，针对全舰断电的工况进行仿真分析，确定事故后非能动余热排出系统及时能够带走堆芯衰变热，保证堆芯安全。同时，应当分析不同工况下非能动余热排出系统自然循环性能以及海洋环境对于非能动余热排出自然循环的影响。

在满足系统功能要求的前提下，余热排出系统冷却器应布置在尽量高的位置，为系统自然循环提供驱动压头。

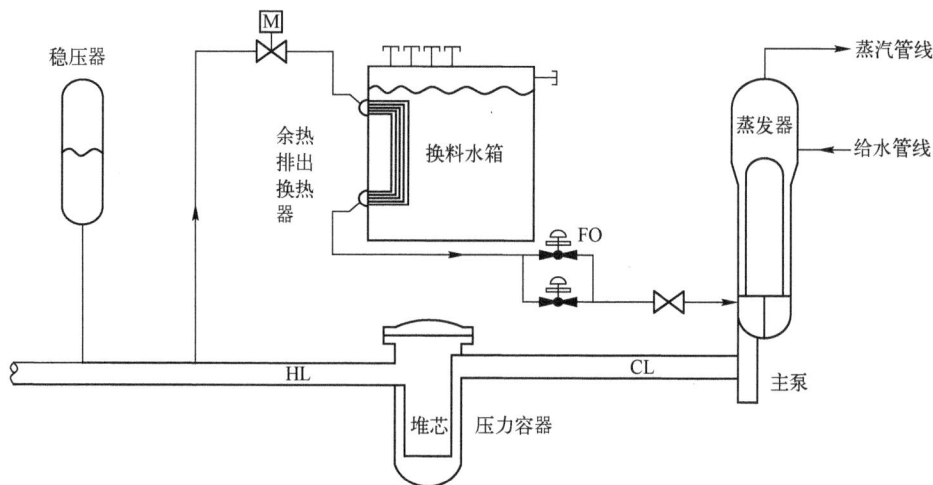

图 16-23 ▎AP1000 非能动余热排出系统的原理

16.8.4 安全注射系统

1. 功能与组成

当反应堆发生冷却剂丧失事故时，安全注射系统向反应堆迅速注入冷却水，提供应急堆芯冷却。一般情况下，安全注射系统包括高压安全注射系统、中压安全注射系统及低压安全注射系统。

2. 运行原理

能动安全注射系统依靠安注泵向一回路系统注入冷却水，非能动安全注射系统通常依靠高度差、气体蓄压等方式为安全注射系统提供动力。在发生破口事故后，依靠安全注射系统水源与堆芯之间的重力差或压力差将冷却水注入堆芯。

典型能动安全注射系统的原理如图 16-24 所示，典型非能动安全注射系统的原理如图 16-25 所示。

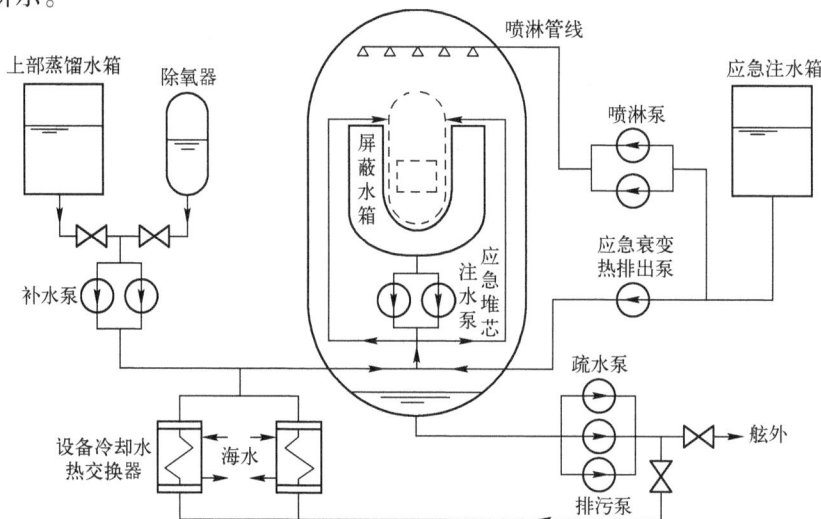

图 16-24 ▎"陆奥号" 安全注射系统的原理

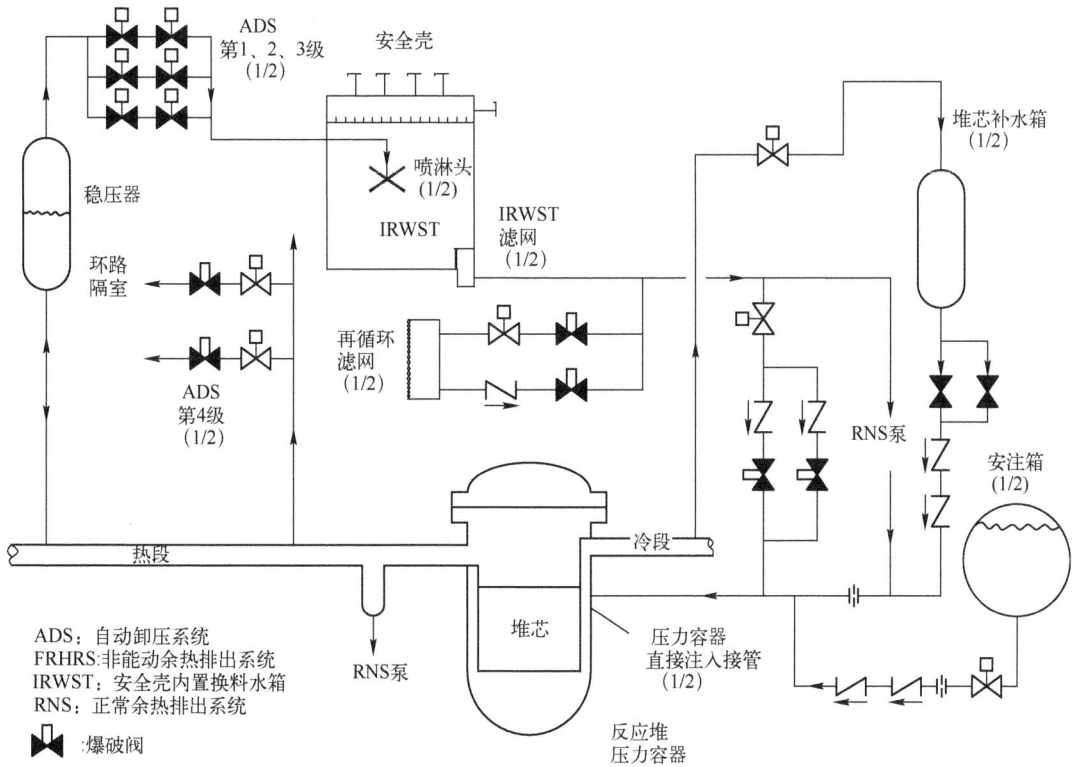

图 16-25 ┃ AP1000 非能动安全注射系统的原理

3. 设计技术与方法

安注系统的设计应通过计算来确认，在发生失水事故时，安注系统的能力应能够满足相应的验收准则，验收准则包含的重要参数有包壳峰值温度、包壳总氧化率、最大产氢量等。

安全注射系统应满足单一故障准则的要求，安全注射点及注射泵应冗余设置，一般在每个反应堆环路的冷、热段均应设置注射通道，此外，系统应有可靠的注射水源。

16.8.5 可燃气体控制系统

1. 功能与组成

可燃气体控制系统的主要功能是降低堆舱内氢气的浓度，避免氢浓度达到爆燃或爆炸水平。氢气控制系统一般由氢气复合器和氢气浓度测量装置组成。

2. 运行原理

氢气复合器在工作时，含氢空气随气流进入氢复合器，流经由涂有催化剂金属板组成的催化床，在催化剂作用下氢气和氧气进行复合，降低氢气浓度。此外，在反应堆运行期间，堆舱内氢气浓度由氢气浓度传感器连续监测。

3. 设计技术与方法

氢气控制系统的容量应能保证在设计基准事故后，堆舱内氢气浓度将不超过 4%，在发生超设计基准事故时，堆舱内氢气浓度不超过 10%，系统应通过仿真计算验证方案的性能。此外，氢气复合器的布置应考虑氢气产生的可能位置、氢气分布和流动，氢气复合器应尽可能靠近氢源或氢气积聚的地方。

16.8.6　堆舱相关系统

1. 功能与组成

堆舱系统主要有以下功能：

（1）维持保证反应堆堆舱在正常运行时的舱内环境，排出堆舱内的显热和水蒸气，并适当搅拌舱内空气，确保舱内设备和仪器的正常工作；同时将堆舱内气载放射性物质控制在规定的允许范围内，为检修人员进入堆舱创造条件，并保证堆舱一定的换气次数。

（2）保证堆舱建立和保持相对于相邻舱室的负压，防止堆舱内放射性物质扩散至相邻舱室。

（3）在发生失水事故或主蒸汽管道破裂事故，导致堆舱压力、温度上升时排出堆舱内的热量，为堆舱环境降温降压，限制事故后堆舱内的压力峰值，以保证堆舱结构完整性。

堆舱系统由堆舱通风空调及净化系统，堆舱负压系统，堆舱应急排风系统及堆舱排热系统等组成。

2. 运行原理

正常工况下（正常运行、停堆工况），堆舱通风、空调及净化系统为堆舱提供新风、内部通风、空调冷却和气载放射性净化，为堆舱内设备运行和人员工作提供所需的环境条件；堆舱负压系统主要用于当堆舱负压（堆舱内压力低于邻舱大气压力的差值）低于限值时，负压压缩机自动启动，堆舱内空气经负压压缩机多级压缩后贮存到高压气瓶内。堆舱应急排风系统主要用于以规定的换气速率通过应急排风机将堆舱内的空气排出，将堆舱内空气放射性指标降低到允许范围内，为人员进入堆舱提供安全保障。堆舱排热系统主要用于应对破口事故的质能释放，通过对堆舱环境进行长期冷却确保堆舱内的压力不超过安全限值。

3. 设计技术与方法

堆舱通风、空调、净化系统的设计需要考虑堆舱的散热量、堆舱的温度控制要求、堆舱的放射性核素浓度水平、堆舱的放射性核素控制要求等因素。堆舱负压系统设计容量，即堆舱负压额定值与堆舱泄漏率技术指标、堆舱承压边界的整体气密水平、堆舱净容积等密切相关。堆舱应急系统主要技术参数应满足堆舱内气载放射性控制的指标要求，主要包括堆舱内空气换气次数、堆舱应急排风量等，这些技术参数与系统投入时堆舱内气载放射性水平、排放限值要求、人员进入可接受的气载放射性限值、人员进入条件的建立时间和维持时间等密切相关。堆舱排热系统设计需要考虑破口事故时堆舱内的质能释放量，其排热能力应能满足极限事故时堆舱环境的长期冷却，确保堆舱压力不超过设计限值，维持堆舱结构完整性。

16.9 > 辐射防护系统

16.9.1　系统概述

航母核动力系统在运行过程中不可避免地会产生放射性物质，为保护舰员免受放射性危害，降低航母对环境的放射性影响，必须采取必要的辐射防护设计与管理措施。航母辐射防护的目的有两个：一是保护舰员免受贯穿性射线和物载性放射性造成的电离辐射危害；二是控制放射性物质的排放与转运，保护海洋、港区环境免受放射性污染。

作为海上移动式核设施，航母辐射防护面临以下不同于陆上核设施的挑战：一是舰员众多，且局限于舰上有限的空间内，放射性威胁大；二是舰上空间、重量及其他资源有限，辐射防护设计与管理措施实施难度大。

为了实现辐射防护的目的，航母核动力辐射防护系统主要设置了辐射屏蔽、辐射监测、气载放射性控制、保健物理、放射性废物处理等系统。

16.9.2 设计技术与方法

航母核动力系统运行过程中产生的放射性源项，主要包括放射性核素和射线。放射性核素将扩散、渗透及迁移到工艺系统甚至舱室空间中，并随着工艺流和舱室气流而迁移和扩散。裂变或放射性物质产生的射线会使堆内构件、压力容器及主冷却剂等材料发生活化，并将产生活化源项，这些源项是核动力航母产生放射性的主要来源。为保证辐射防护的有效性，必须进行放射性源项分析，放射性源项分析是辐射屏蔽设计、废物处理系统设计及辐射防护分区等的基本辅助和依据。

所谓辐射防护分区，是指根据预计的辐射和污染水平，在设计阶段把核动力航母舰上划分为若干区域并据此进行辐射防护设计，在运行阶段采取相应的管理措施。辐射防护分区的目的是确保在设计中采取适当的措施，使得放射性污染的范围和程度得到控制，并尽量减少系统运行维护工作人员在系统正常运行期间所受到的照射量。

应在航母源项分析和辐射防护分区的基础上，开展航母辐射屏蔽、航母辐射监测、航母气载放射性控制、航母保健物理、航母放射性废物处理等系统的设计。

16.9.3 辐射屏蔽

1. 功能与组成

航母核动力系统在运行、停堆及事故工况下会产生放射性源项，为保证艇员健康和环境辐射安全，所以设置了航母辐射屏蔽，其功能是采用重量轻、屏蔽效果好的屏蔽材料，将航母舱室及环境的辐射剂量降低到合理可行尽量低的水平。

2. 运行原理

航母辐射屏蔽利用了微观粒子之间相互作用的客观物理规律。对 γ 射线来说，主要通过 γ 光子与靶核的光电效应、康普顿散射、电子对效应等三种作用方式，将 γ 光子的能量吸收或减弱。一般而言，原子序数大、密度大的材料对其屏蔽效果较好，所以常用铁、铅、钨及贫铀等高原子序数物质作为屏蔽材料。航母反应堆产生的中子，其能量为 − 0.025 ~ 10MeV，跨度较大，与物质作用较为复杂，不同能量中子的屏蔽原理及其采用的屏蔽材料各有差别。对于能量低于 0.025eV 的热中子和次热中子，可使用具有很高的中子俘获截面的材料。氢是 1MeV 左右的快中子最好的慢化剂。考虑到经济因素，实际工程中往往采用碳化硼、聚乙烯等材料。对于高能中子的防护较为复杂，一般地，需要先将高能中子慢化为低能中子，再通过俘获反应吸收低能中子。对于 MeV 能区的中子，通常依次使用如下三种类型的材料：高 Z 材料（发生非弹性碰撞反应，如铅、铁、重混凝土）、轻 Z 材料（进行中子的慢化，如水、聚乙烯、石蜡）、吸收材料（俘获中子，如硼）。

3. 设计技术与方法

屏蔽设计及计算常用的方法包括基于经验公式的估算法、点核积分法、离散纵标法以及蒙特卡洛法等，通常根据不同设计阶段以及屏蔽设计计算的特点选择不同的方法，并且可通过不同的设计计算方法进行验算和校核。

16.9.4 辐射监测

1. 功能与组成

辐射监测系统主要对航母工艺系统的放射性水平进行监测，对排出流的放射性水平进行监测，对舱室的放射性水平及空气中的放射性物质浓度进行监测，对舰员个人剂量进行监测、管理与控制，以监测放射性屏蔽的完整性，一旦出现放射性超限事故，则通过声光报警信号提示舰员采取相应措施，以保证舰员健康和环境辐射安全。

辐射监测系统主要由工艺辐射监测系统、排出流辐射监测系统、舱室辐射监测系统、个人剂量监测与管理系统、涉核控制区出入控制系统等部分组成。

2. 运行原理

辐射测量一般包括两大类：一是测量核辐射的粒子数如放射源活度、射线强度及通量密度（注量率）等；二是测量核辐射粒子的能量，测量装置包括辐射源、探测器、电子学记录系统及计算机系统。辐射监测主要包括对 α、β、γ 的活度进行测量，在低水平放射性测量或一些不便直接测量的核辐射对象中，要预先制成样品然后再进行测量。

α、β 放射性活度的测量方法可分为绝对测量和相对测量。绝对测量是用测量装置直接对样品进行测量，不需借助其他中间手段，但需要对许多因子进行修正才能得到正确的结果。常用的绝对测量的方法为小立体角方法。相对测量又称间接测量，这类方法是把标准源与待测源放在同样条件下进行测量，由于标准源的活度是已知的，所以根据二者测量值之比和标准源的活度可以算出待测样品的放射性活度。相对测量由于测量条件相同，可以省去许多因子的修正，因此测量方法比较简便，但测量准确度比绝对测量差。

γ 能谱是 γ 射线产生的脉冲计数按能量的分布，通过测量 γ 能谱可以得到 γ 射线强度和 γ 射线能量。测量能谱的装置在早期采用单道能谱分析仪，它由探测器、线性放大器、单道脉冲幅度分析器和定标器等组成，由于操作不方便，记录一个 γ 谱需要很长时间，现在多采用计算机多道 γ 谱仪。常用的探测器有正比计数管、NaI(Tl)闪烁探测器、高纯锗探测器和 Si(Li)探测器，其中正比计数管和探测器主要用来测量低能 X 射线和低能 γ 射线的能谱。

对于低放射水平测量，通常分三步进行：

（1）在所关心的地点采集具有代表性的样品。

（2）用物理或化学方法处理样品。

（3）测量样品并对测量结果作统计学方面的分析判断。

如果采集到的原始样品的放射性物质含量很低或者样品中含有放射性核素杂质（会带来的强本底），则需要进行样品浓缩处理或分离处理，处理过程中可能会损失掉少部分待测核素，对于定量测量，必须对这些损失作出准确估算并加以修正。

3. 设计技术与方法

（1）根据航母核动力辐射防护分区和人员剂量控制要求，论证并确定辐射监测总体框架体系和辐射监测子系统的组成。

（2）针对辐射监测子系统，确定监测对象，论证测点数量和位置，并明确相应监测范围。

（3）根据监测要求，研制满足技术指标的监测仪构成整个辐射监测系统。

16.9.5　气载放射性控制

1. 功能与组成

船用核动力装置气载放射性控制的主要对象是舱室气载放射性物质，具体包括空气中的气溶胶、碘以及惰性气体。气载放射性物质主要来源于以下两个方面：

（1）反应堆周围空气的活化（如 Ar–41）。

（2）核动力工艺系统（包括废物处理系统）的泄漏。

舱室气载放射性物质广泛存在于船上人员工作的舱室中，且分布较广，如控制不当，会对船上人员产生较大的放射性危害。

2. 运行原理

气载放射性控制有两大途径：包容和净化。包容即采取适当的方法和途径，将放射性物质限制在一定范围内；净化即采用物理或化学方法，将放射性物质的浓度降低到合理水平。

3. 设计技术与方法

舱室气载放射性控制主要采用以下方法：

1）限制舱室气载放射性的范围

根据航母辐射防护分区规定，应尽量将舱室气载放射性限制在涉核控制区内。为达到这个目的，采取措施如下：

（1）采用良好的气密手段，防止气载放射性向临近舱室泄漏。

（2）对气载放射性水平较高的舱室，保持其与临近舱室一定的负压，可有效减小其往临近舱室的泄漏。

（3）对需经常出入的气载放射性舱室，除采用气密性良好的舱门外，还需采取特殊防护措施，如采用双层气密舱门，并在两个舱门中间设置气压调节装置等。

2）降低舱室气载放射性的活度

根据航母辐射防护分区规定，应将舱室气载放射性限制某一范围内。如某舱室气载放射性超过限值，应结合常规的废气处理方法，根据惰性气体、碘以及气溶胶等气载放射性的特性，采取相应措施以降低该舱室中降低放射性水平。主要采取方法和措施如下：

（1）降低核动力工艺系统放射性水平，并减小其向舱室中的泄漏。

（2）通风净化：采用与外界交换新鲜空气的办法来减小舱室中气载放射性水平。

（3）吸附过滤：对放射性气溶胶和碘微粒的去除通常采用此方法，如采用高效微粒空气过滤器（HEPA），对于废气中直径 0.3 μm 的气溶胶微粒，HEPA 的净化效率达 99% 以上。

（4）收集贮存衰变：根据放射核素特有的衰变规律，对于含有短寿命的气体放射性，可采用收集贮存衰变法，即将气载放射性注入衰变箱中贮存衰变，衰变至满足排放要求即可排入大气中。

（5）直接排放，在气载放射性水平非常低或特殊工况下采取直接排放的措施减小舱室气载放射性水平。

16.9.6　保健物理

1. 功能与组成

航母保健物理主要包括舰员个人剂量监测与管理、涉核控制区出入污染监测。航母在正常运行及事故等工况下，舰员均有可能受到放射性危害。为保持舰员的身体健康，要求对舰员在航母运行各环节的个人接受剂量进行限制，对舰员的内、外照射进行估算和评价。为防止放射性污染的扩散，在重要涉核控制区出入口设置污染监测，控制放射性物质的扩散范围。

2. 运行原理

根据舰员类别，确定使用不同的个人剂量监测装置。辐射工作人员每次进入控制区必须同时佩带热释光剂量计（TLD）和直读式电子剂量计。对 TLD 剂量计定期进行测读和记录，如果怀疑超剂量照射，则立即测量。电子剂量计显示实时剂量率和当班累积剂量当量，超过设定阈值可进行报警。如果 TLD 剂量计丢失，可将该人员同时期佩带的电子剂量计的读数值记入档案作为参考。

辐射工作人员定期进行全身计数器测量或尿样检验。如果怀疑体内有污染，则立即进行全身计数器测量和尿样检验。如果确有体内污染，则应将估算的剂量当量值记入剂量档案。

所有进入控制区的人员要经过严格的批准、教育和控制，强制规定必须携带个人剂量计（如热释光剂量计和电子剂量计）。在所有控制区的出口，进行强制性的污染和辐射检查。

应根据规定的个人剂量限值，系统地分析和评价个人剂量监测结果，并提出个人剂量趋势报告以及对有关规程改进的建议。

3. 设计技术与方法

根据辐射防护相关标准和辐射防护目标，结合辐射防护分区方案和核动力舱室的具体布置等特点，开展航母保健物理的设计。

16.9.7　放射性废物处理

1. 功能与组成

航母放射性废物处理的主要功能是将航母核动力系统运行过程中产生的液态、固态和气态放射性废物的放射性影响降低到合理、可行、尽量低的水平。

2. 运行原理

针对液态、固态、气态放射性废物的产生原理和物理化学性质，采用特定有效的包容和净化方式降低放射性水平和影响。

3. 设计技术与方法

1）液态放射性废物

舰船在航行中产生的废液，一般排入废液贮存箱，带回码头处理。当储存困难时，可按有关规定向海洋有限制的排放。排放时，应做到避免经济鱼类产卵区和海生物养殖场、边航行边排放；前进方向一般应垂直于海流方向。

2）固态放射性废物

固态废物一般采用压缩储存、转运至陆上掩埋的方法。以美国为例，检修和大修期间，低水平固态放射性废物如污染的破布、塑料袋、纸张、滤器、离子交换树脂以及擦拭材料等，都从舰艇及其支援设备收集起来，在严格符合程序的情况下，这些低水平放射性材料包装好后，运送到掩埋场地和公海投放海域（1970 年前）。不过，海军在 1970 年颁布条例，禁止在海上倾倒核舰艇产生的固态放射性废物。

3）气态放射性废物

停泊或沿岸航行时的处理：一般经过净化处理后排出船外。以"萨瓦娜"号为例，放射性气体在排出、放泄到各废物贮存容器里的路线都需经过火焰消除装置、过滤器，后由鼓风机从桅杆顶把气体排出船外。排放气态放射性废物时，应进行监测，此外，为使周围知道船舶在排出带有放射性的气体，应通过发烟装置往排出的气体中加进烟气，加以识别。

航行中的处理：远洋航行中，最开始时，考虑到放射性废气的扩散，通常不等待废气贮藏衰减就可以直接排出。目前，由于越来越多的核动力船舶在海上航行，排出废物时必须考虑接近陆地程度以及气象条件，国际上对于放射性废气的排出也提出了严格的要求。

16.10 > 系统试验与验证

动力系统常规试验主要包括如下试验：各设备单机试验、各分系统试验、动力单元调试试验、各动力单元联动试验、全系统联调试验、动力系统各工况航行试验、动力系统机动性试验。

1. 陆上联调试验

动力系统路上联调试验符合水面舰艇动力系统陆上联调试验规程相关规定。考虑到航母动力系统的复杂性及庞大性，动力系统陆上联调试验允许视具体情况在能够体现系统技术特点及典型参试数据的条件下减小试验系统规模。

模式堆作为陆上联调试验的一种特殊形式，是舰船核动力系统研制的重要手段。美、俄、英、法等国为发展本国舰船核动力，都在不同时期不同程度地建设过陆上模式堆。其中，美国建造了9座，苏联和俄罗斯共建造了6座，英国建造了2座，法国建造了4座。各国通过陆上模式堆的研究、设计、建造和运行，对有重大关键技术应用的新型核动力装置或技术上有重大改进的核动力装置进行了包括反应堆物理、热工、屏蔽、运行特性、安全性、可靠性等方面的综合演示验证和试验，检验了核动力装置设计和制造工艺，验证了各系统、设备和部件运行性能及其安全可靠性，积累了运行与维修经验，培训了核动力装置运行操作人员，同时也推动了舰船核动力技术持续发展与进步。

根据模式堆的功能定位，模式堆试验主要包括临界试验、主要性能试验和长期考核试验三部分。临界试验为后续系统性带核试验研究提供准备；主要性能试验需对反应堆及一回路系统、主机及二回路系统、综合控制系统、专设安全与辐射防护系统进行全面验证；长期考核试验需进行加速考核试验，在较短时间内对核动力系统综合运行性能进行全面考核。

2. 系泊和航行试验

系泊和航行试验主要验证动力系统性能是否符合设计要求，并保证建造和安装好的核动力系统能够安全、可靠和有效地投入运行。

动力系统系泊试验是在动力系统及主辅设备出厂合格、军检合格的基础上，遵照水面战斗舰艇系泊和航行试验规程、动力系统热力线图、动力系统及主辅设备说明书、系统及设备技术规格书等要求，按照动力系统所属各分系统系泊试验大纲及试验册要求开展各设备及系统系泊试验。

动力系统航行试验是在系泊试验交验合格的基础上，按照动力系统及所属分系统航行试验大纲及试验册，开展动力系统及所属分系统航行试验工作，是在确定的试验海区，在航母航行状态下，对核动力系统进行的各项试验。航行试验由若干试验航次组成。

16.11 > 动力系统技术发展趋势

航母动力系统未来可能存在多种动力型式，但核动力将是主要的动力型式。

航母核动力系统最新发展的趋势和特点主要表现在以下几个方面：

1. 提高安全性与可靠性

提高反应堆的固有安全性。固有安全性是指反应堆在运行参数偏离正常时能依靠自身物理规律趋向安全状态的性能。例如，压水堆的慢化剂温度系数和燃料多普勒系数一般为负值，在功率波动时，反应堆具有一定的自稳自调能力，这就是固有安全性的一种体现。在反应堆设计中引入固有安全性，是保证反应堆安全的重要方法。

应用非能动安全系统，弥补安全系统只能依靠舰上电力才能投入使用的缺陷，使核动力系统在各种事故条件下，不需人为操作，能自动保证反应堆的安全。依靠重力、对流、蒸发等自然过程自动处理各种事件，即使在发生严重失水事故时，也能保证堆芯得到充分冷却；由于不需要运行人员操作，可以避免人为误操作的发生。

"尼米兹"级航母反应堆基于 20 世纪 60 年代的核技术，受当时计算能力、测试数据以及所使用的设计规则的限制，其建模能力十分有限，因此为了保证安全性，只能执行保守的工艺和程序。"福特"级的 A1I6 反应堆将在保证安全的前提下降低设计保守性。通过改进方法并开发新模型，进行核、热工水力学、结构力学、流体力学、动态结构负载的预测和分析，建立新的堆芯性能规范，使堆芯运行效率最大化。通过计算模型的精确化，在保证核安全的基础上，有效提高了核动力系统的使用性能。

2. 提高功率密度

单堆热功率增大，反应堆数量减少，将有助于减小动力系统的安装复杂度，降低核动力系统的控制复杂度，降低动力系统的总重量。如"企业"号航母的 A2W 单堆功率仅为150MW，"尼米兹"级航母的 A4W/A1G 则已达到 500MW，而最新的 A1I6 反应堆据称比A4W/A1G 又提高了 25% 的能量，由此计算，单堆功率应该达到 625MW。

3. 增长堆芯寿命

堆芯寿命是指一个新堆芯或换料后的堆芯在满功率运行条件下有效增殖因子降到 1 时的时间。简单地说，堆芯寿命是指反应堆一次装料后满功率运行所使用的时间。长寿命堆芯的主要优点是可提高在航率，减少舰壳的大切口次数，增加舰壳的可靠性，减少放射性废物对操作人员和环境的影响，提高燃料利用率，降低换料费用。

长寿命堆芯的关键是设计长寿命燃料元件，研制耐腐蚀、耐辐照材料。优化燃料元件和堆芯结构，提高转换比和堆芯中子经济性，燃料元件采用稠密栅布置，采用可燃毒物控制，对控制棒进行程序控制，适当加大燃料的初始装载量。

为提高堆芯寿期，美国始终坚持发展板型燃料技术，从 A2W、A4W 的 UZr 合金板型燃料组件逐步发展到 A1G 的 UO_2 – Zr 弥散板型燃料组件和 A1I6 基于 TTC 技术的 UO_2 – Zr 弥散板型燃料组件，大大减少了换料次数和对母舰强力甲板的切割次数，提高了航母在航率，降低了保障费用，减少了放射性废物的数量和危害。从堆芯寿命来看，"企业"号第一次换料仅隔 3 年时间，之后的间隔时间逐渐拉长，而目前"尼米兹"级实际换料间隔时间已达23 年。"福特"级航母最初设计时，希望在整个全寿期内反应堆不用换料，但目前用于

CVN 78 的 A116 反应堆堆芯提供的能量虽然比"尼米兹"级航母反应堆堆芯高 25%，但"福特"级航母的功率需求比"尼米兹"级航母大得多，因此目前的 A116 反应堆堆芯的使用寿命很难达到 50 年，即 CVN 78 可能仍需在全寿期中进行换料，而且在"福特"级航母维修计划时间表中，在航母服役 22 年之后也仍有"换料大修"（RCOH）这个环节，当然反应堆堆芯实际使用寿命的长短还与舰艇在寿命期中的运行情况密切相关。

4. 增强反应堆的自然循环能力

现代航母压水堆核动力系统不断提高反应堆的自然循环能力，利用反应堆冷却剂循环回路中热段和冷段内冷却剂的密度差所产生的驱动压头实现冷却剂的循环。

提高自然循环能力的主要措施有：

（1）蒸汽发生器的安装位置相对于堆芯位置可尽量高，以增大蒸汽发生器和反应堆堆芯之间的热中心位差，但受堆舱尺寸限制。

（2）减小反应堆及一回路系统内的流动阻力，如采用单流程堆芯，简化堆内结构，流动阻力小，冷却剂流量大，有利于增大自然循环能力；尽量缩短冷却剂在蒸汽发生器、主管道中的流经路程，简化系统及设备的内部结构，减少弯道弯头数量及其长度；反应堆冷却剂系统采用紧凑式或一体化布置。

（3）强化蒸汽发生器的换热特性，在不增加一次侧流阻的条件下减少热阻。

（4）增大堆芯进、出口冷却剂的温差，适当提高堆芯含汽量，以提高反应堆冷却剂系统中冷却剂的密度差，但受反应堆热工安全性的限制。

（5）采取适当的控制措施，减小海洋条件对自然循环的不利影响。

5. 提高核动力系统自控水平，减少人员误操作概率

核动力系统的自动化对全舰的自动化具有重要的意义。核动力系统自动化水平的主要标志是大量采用微型与小型计算机；对反应堆控制的信息进行综合处理、综合显示；指导操作人员在正常和异常工况下的正确操作；防止事故的发生和缩小事故的范围。

控制室是航母核动力系统的运行管理中心，从控制室布置、控制盘台设计、控制室环境的人因化设计上提高控制室的人因化程度，减少舰员的误操作概率；并且通过开发先进运行支持系统，提高控制室的智能化程度，减轻舰员的操作量，为舰员执行正确的操作提供智能化的支持。

6. 注重系统总体集成化设计，系统配置更加优化

将传统的不同分系统的功能进行分析、整合、优化，力图以最少数量的物理系统与设备达到最大的功效，从功能上做到系统集成、优化，以简化系统构成及设备组成。

核动力系统持续向简化和集成的方向发展，"福特"级航母核动力系统比"尼米兹"级减少约 50% 的阀门、管道和泵等设备，同时提高了系统设备的可靠性，使相应运行人员减少 50%，维修量减少 20%，全寿期费用降低 20%。

参 考 文 献

［1］王兆祥，刘国健，储嘉康．船舶核动力装置原理与设计［M］．北京：国防工业出版社，1980.

［2］顾军．AP1000 核电厂系统与设备［M］．北京：原子能出版社，2010.

［3］濮继龙．压水堆核电厂安全与事故对策［M］．北京：原子能出版社，1995.

［4］郑明光，杜圣华．压水堆核电站工程设计［M］．上海：上海科学技术出版社，2013.

［5］高维，杨连新．论说国外核潜艇事故［M］．北京：海潮出版社，2013.

［6］彭文生，黄华梁，王均荣，等．机械设计［M］．武汉：华中理工大学出版社，1996.

［7］孙为民，杨巧云．电厂汽轮机［M］．北京：中国电力出版社，2005.

［8］肖增弘，盛伟．汽轮机设备及系统［M］．北京：中国电力出版社，2008.

［9］陈之炎．船舶推进轴系振动［M］．上海：上海交通大学出版社，1987.

［10］彭敏俊．船舶核动力装置［M］．北京：原子能出版社，2009.

［11］薛汉俊．核能动力装置［M］．北京：原子能出版社，1990.

［12］周明明．世界核潜艇现状［J］．海事大观，2004，（1）：40－43.

［13］杜建明．美国核动力航空母舰——从"企业"到"福特"［M］．北京：海潮出版社，2013.

［14］朱继洲．核反应堆安全分析［M］．西安：西安交通大学出版社，2004.

［15］赵新文．PSA 技术在船舶核动力装置 RCMA 中的应用［J］．海军工程学院学报，1988（3）：65－69.

［16］臧希年．核电厂蒸汽动力转换系统［M］．北京：原子能出版社，2010.

［17］朱继洲．压水堆核电厂的运行［M］．2 版．北京：原子能出版社，2008.

［18］贾宝山．核能动力装置设计与优化原理［M］．哈尔滨：哈尔滨工程大学出版社，2010.

［19］王常力，罗安．分布式控制系统（DCS）设计与应用实例［M］．北京：电子工业出版社，2010.

［20］孙洪程，李大宇．过程控制工程设计［M］．北京：化学工业出版社，2008.

［21］张建民，等．核反应堆控制［M］．北京：原子能出版社，2009.

［22］刘国发，郭文琪．核电厂仪表与控制［M］．北京：原子能出版社，2010.

［23］杨仕本，张宇声，等．核反应堆测量仪表［M］．武汉：海军工程大学，2004.

［24］高峰，等．压水堆核电厂核岛设计［M］．北京：原子能出版社，2010.

第17章
电力系统

17.1 > 概述

电力系统是航母的重要系统之一，航母电力系统主要包括一次电力系统和二次电力系统，它主要由众多的电源设备、复杂的配电系统和各类负载组成。

航母电力系统与一般水面舰船电力系统相比，除了电站容量大、网络结构复杂、自动化程度高以外，还要求有很高的生命力和可靠性。另外，航母一般要服役40～50年，在这期间，舰上电子设备、武器系统、导航系统、通信系统、航空保障、居住性要求等会不断发生变化和提出改装的需求，因此电站和配电网络在安装以后，还必须能不断满足今后设备容量扩大和现代化改装所需的用电要求。

以美国航母电力系统配置方案来看，美国早期航母为常规蒸汽动力，排水量一般为60000～70000t，由于当时航母电气化、自动化程度较低，因此电力负荷较低，电站容量相对较小，以"小鹰"级常规动力航母为代表，电站容量仅为18MW级。随着航母电气化、信息化程度的不断提高，从"企业"号航母开始，美国航母电力系统装机容量大幅度增加，从"企业"号的44MW到"尼米兹"级航母的72MW，再到"福特"级航母的超过100MW级，电力系统容量呈现迅速增加的趋势。美国航母电力系统的发展基本反映了现代航母电力系统的发展趋势。

航母电力系统应能够满足航母在各种工况下对用电量的需求，并保证其电力品质和供电的连续性和生命力，使用电设备在规定的条件下可靠地完成各自的使命。航母电力系统的主要特点是供电的负载种类多，用电设备的装机功率大，因此要求电网的容量大，发电原动机的类型多，由此造成发电机台数多，网络结构复杂，运行控制的要求高，因此，航母电力系统具有复杂性和特殊性。航母电力系统的组成如图17-1所示。

航母电力系统内所有电气设备均应能够承受舰船的环境条件。舰船的环境条件包括气候环境和机械环境。航母电气设备使用环境条件通常需要考虑空气温度、湿度、霉菌、油雾、盐雾、凝露、倾斜、摇摆、冲击、振动、颠震，另外，还要考虑抗核辐射、保障性气体环境、电磁环境、日光照射、海浪喷溅等。航母电力系统在航母服役期间，应能经受住上述环

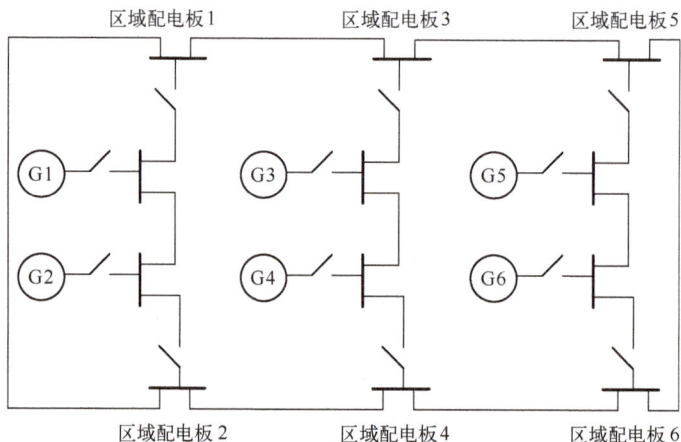

图 17-1 ┃ 航母电力系统的组成

境的考验，为航母上各类负载提供必要的电源保障。

产品标准化、通用化、系列化是现代化生产的象征，因此电力系统的标准化和规范化也成了航母电力系统近年来发展的重要特征之一。实践证明，航母电力系统研制应遵循技术可行性、先进性、可靠性、可用性和经济性，注重自动化、信息化、网络化、智能化和模块化等原则。

现代航母电力系统具有容量巨大、结构复杂、运行灵活等特点，航母电力系统的研究设计包括理论研究、工程设计、试验验证、实际运行维护等多个方面，本章重点对航母电力系统工程设计方法、试验验证等进行介绍，同时对于航母电力系统未来发展进行展望。

17.2 电力系统设计技术

航母电力系统设计技术应考虑航母电力系统的特点，遵循相应的设计原则，满足总体对电力系统的要求，电力负荷计算和短路电流计算是航母电力系统设计中重要的环节，通过对电力负荷计算和短路电流计算，能够为电力系统配置、运行控制、系统保护等提供重要的支撑。本节将重点描述航母电力系统设计技术原则和电力负荷计算、短路电流计算的方法。电力系统设计需要考虑的问题较多，除了本节描述的内容外，在实际设计时可以参照相应的舰船设计手册开展工作。

17.2.1 电力系统设计原则

航母电力系统的设计和一般舰船电力系统设计有很大的不同，采用常规蒸汽动力装置或核动力装置的航母一般都配置汽轮机驱动和柴油机驱动两种发电机组。一般情况下，航母配备发电机组的数量也是其他舰船不可比拟的。发电机组数量众多，而且在功率和类型上有很大的差异，给机组并联使用以及总体布置方面带来了很大的困难。因此，进行航母电力系统的设计应该把握航母的特点，分析和处理好以下几个方面的问题：

1. 妥善处理发电机数量和发电机单机容量的关系

由于航母电力系统的总容量要求很大，而发电机组的台数又不宜太多，因此必然带来单机容量加大的问题。对于低压电力系统，发电机单机容量有一定的限制，超过了这个限制，发电机就很难研制；而且原动机的选配、大型发电机的生产、自动开关等一系列配套设备都需要解决和落实。有时候，一项小设备发生问题都会影响整个舰船的建造进度。因此，确定发电机的容量是一个值得深入研究论证的问题。

2. 选择合适的发电机组连接方式

把众多的发电机组按一定的要求连接起来，形成一个完整的网络，并能协调地工作，充分发挥其应用的功能，是航母大容量电力系统设计的一个关键问题。现代驱逐舰、护卫舰由于机组数量少，网络结构简单，一般采用电站间跨接的形式连接，可以很好地保证供电的可靠性。航母电力系统较常用的是网形连接，即按一定的原则把发电机组连接成网。航母多电站的网形连接要比驱护舰的跨接连接连接复杂得多，因为这么多的发电机组作环形连接，一旦中间有发电机组损坏，环形连接即告破坏，因此供电可靠性得不到保证。系统保护、运行稳定性、操作管理以及如何完成其最佳设计等一系列问题均需要考虑和解决。

3. 大容量电力系统可靠、有效的保护措施

大容量电力系统带来的另一个关键问题是发生短路故障时产生的巨大短路电流。目前，当380V电力系统故障涉及的发电机组总容量达到7000kVA时，就会产生140kA以上的短路电流。而现有的380V空气断路器，开断能力的极限水平约为150kA。如果低压电力系统容量继续增加，显然这些开关的保护能力不能满足大容量电力系统的要求。因此，必须采取各种限制短路电流的措施。例如，在故障条件下，系统保护装置能自动将大系统分割成几个较小的系统，将短路电流限制在一定的范围内；在线路上配置大量差动保护装置，以提高区段保护选择性的方法将故障隔离在最小的范围内等。各种方法在系统保护效果、设备复杂程度、操作的方便性、动作的可靠性等方面都有很大的差别，需要进行大量的探索研究工作。

4. 合理选择电力系统的参数

电力系统的参数理应满足舰船规范的要求，尽可能实现标准化。例如，我国舰船电网的电压均采用交流三相380V，与我国陆上供电网的电压是一致的。当按照舰船规范规定的常规参数会给航母电力系统带来较大问题时，应该果断地在航母上采用高参数电力系统。美国海军过去也遵循标准化的原则，在绝大部分舰船，包括航母上均坚持采用交流三相440V标准参数电制，但到了"尼米兹"级航母就采用了4150V的中压电制。这样就突破了440V交流发电机单机容量的极限（通常认为是3000kW左右），在"尼米兹"级航母上配置了单机容量为8000kW的中压发电机组，满足了电力系统80000kVA总容量的要求。通过实践证明，这个做法是合理的。当电网的容量达到一定程度时，中压系统比低压系统更合适，否则"尼米兹"级航母也会和"企业"号航母一样出现众多数量的发电机组的问题。

5. 提高大容量电力系统在各种工况下运行的稳定性

大容量电力系统中，发电机组台数多，网络复杂，必然会对系统的运行使用、工况的变换、操作管理、安全保护等各方面产生很大的影响。因此，航母大容量电力系统设计应该对发电机组的各种运行状态加以分析计算，测试它们在各种工况下运行的稳定性，为部队使用提出切实可行的运行控制方案。

6. 注重电力系统生命力

为了提高电站在作战状态下的生命力，设计航母时应该把全舰电站分散布置，并相互隔离。一般舰船设计时，是把舰船当作沿舰纵向的一段直线来进行电站的分散和隔离的。航母电力系统发电机组台数多，这样做有时自然难以达到分散和隔离的目的。实际上，对于大吨位、高船舷的航母来说，遭受攻击所引起的破坏不仅与落弹点沿舰纵向的位置有关，而且与落弹点的高度位置有关。例如，导弹武器和鱼雷武器的作用点就不一样，一个在水线以上，一个在水线以下，破坏的效果也不一样。因此，从布置上提高电站的生命力不但可以将电站布置在相互隔离的不同水密舱内来加以保证，也可以把它们安置在不同层次的水密甲板上来加以保证。

7. 解决好配电网络问题

航母配电网络的主要任务是合理配置电能，采取各种有效措施来保证全舰用电设备得到可靠的电力供应，尤其是确保战斗破损时，使电网在最大范围内维持供电连续性。在电网严重损坏继续保持对最重要设备的持续供电，将战损的影响缩小和限制在最小范围内。随着越来越多高技术武器设备的上舰应用，配电负荷的容量越来越大，对供电生命力、可靠性、网络运行及调度管理方式提出了更高的要求。因此，应对航母电力系统配电网络结构、电网选择性保护技术进行充分的研究，结合航母电力系统容量、用电设备实际需求，对航母配电网络结构以及选择性保护技术进行研究，以解决好配电网络问题。

17.2.2 电力负荷计算

航母电力负荷估算根据全舰各系统用电设备的数量、负载以及使用情况进行的，其估算结果是选择发电机组容量和台数的依据。因此，电力负荷估算在舰船电气方案设计中是一项较为重要的工作，如果计算不正确，选择发电机组不恰当，必将直接影响全舰用电设备的运行，危及舰船航行安全和人身安全。

但实际情况是，航母电力负荷的准确计算是一项难度较大的工作，因为全舰各系统用电设备的实际负载和具体使用工况受多种因素影响，因此难以准确地定量计算，有些数据是根据统计计算或经验获得的，所以需要与各相关专业密切配合，对用电负载和使用情况加以综合的分析，使计算结果较为准确。

1. 电力系统工况定义

在进行航母电力负荷计算时，通常要根据航母使命任务考虑其相应运行工况下负载的变化，特别是飞机的使用情况，一般可分为以下几种：

靠岸工况：一般是考虑靠在码头的状态。

锚泊工况：一般考虑起锚和系缆状态，有时与进出港合并。

战斗值班锚泊工况：一般是考虑在战斗值班时的锚泊状态。

防空起锚工况：一般是考虑在防空起锚的状态。

经济航行工况：经济航速状态。

经济战备航行工况：战备时经济航行状态。

战斗工况：一般考虑进入战斗状态。

应急工况：舰船蒸汽全部丧失时，由本舰柴油机组电站提供维持舰船基本机动性、生命力和最低限度的自卫能力所必需的电力。

2. 电力负荷计算方法

目前，航母电力负荷计算可以采用的方法较多，各种方法虽途径不同，但基本思想和目的是一样的，即计算航母各工况下用电设备所需的总功率。目前常用的方法有需要系数法、三类负荷法、日夜负荷法、概率分析计算法、算式计算法及以某项特重负荷为基数的计算方法等。在上述方法中，应用较多的是需要系数法和三类负荷法。如果需要系数、负荷系数或同时系数等选取恰当，则能够得到较为准确的计算结果。

1）需要系数法各个系数的计算方法

符合实际需要功率是由各设备的种类及其使用方法决定的，其值可用需要系数来计算。所谓需要系数，就是设备使用时的最大需要功率与其额定输入功率之比，即

$$需要系数 = \frac{设备的需要功率}{设备的额定输入功率} \times 100\% \tag{17-1}$$

设备的额定输入功率，对电动机而言，就是其额定输入功率；对照明系统和弱电设备而言，可采用安装的总功率；对负载随时间上下波动时一般取其平均值。

需要系数随航母运行工况不同而不同，对于航母来讲，各类设备的系数根据负载特点和工况的不同选取不同的数值。

各间断负载不会都在同一时刻使用。所以在确定的条件下，可能运行的各间断负载所需要功率之和，总比所有间断负载所需要的最大功率之和要小。日本海事协会将其称为不等系数，我国将其倒数正值为同时系数，即

$$同时系数 = \frac{运行的间断负载最大需要功率之和}{所有间断负载的最大需要功率之和} \tag{17-2}$$

航母的运行状态不同时，同时系数值也不同。此外，同时系统还受到航母装载状态、航区和季节等影响，通常根据经验和实际实验结果确定。

2）需要系数法电力负荷计算流程

航母电力负荷计算可按下述方法和程序进行：①计算各设备的额定输入功率；②选择计算工况，确定各工况下所需使用的电气设备，并按连续负载和间断负载加以区分；③确定各用电设备的需要系数；④继续计算各用电设备的所需功率，并计算出各工况下所需总功率；⑤选用间断负载的同时系数，计算总需要功率。

当间断负载中有较大的负载时，为了精确计算结果，可以采用连续负载所需要功率之和加上最大的间断负载所需要功率再加上其他间断负载所需要功率之和。考虑5%网络损失，计算所需总功率。

根据上述总功率，选择发电机组的容量和台数，并计算各工况使用发电机的负荷率。

3）三类负荷法

舰船设计中用的较多的是三类负荷法。当电气设备具有较充分的数据时，可以采用三类负荷法进行全舰电力负荷计算。当数据充分时，能较准确地求得各用电设备的负荷系数，也可以较为准确的确定同时使用系数，因此，其计算结果较为准确。

（1）负载系数的确定

当数据充分时，可以根据辅机的轴功率、机械负荷系数和电动机的额定功率求得。

电气设备负载系数，用某一期间内的负载平均需要功率与同一期间内内的负载最大需要功率的比值来表征，即

$$负载系数 = \frac{某一期间的负载平均需要功率}{同一期间的负载最大需要功率} \times 100\% \tag{17-3}$$

由于交流异步电动机在低负载时效率变差，所以实际上电动机在实际使用功率下运行时的效率比不等于电动机的额定效率。

对于交流电动机，求出有功功率后，有时还要计算无功功率。但一般船舶在进出港和航

行等工况时，总的功率因数都比较高，所以对选择发电机功率不会有很大影响，为简化计算，可不计算无功功率。

（2）负荷分类

使用三类负荷法计算电力负荷时，可根据使用情况，将负荷分成三种类型的负荷，即

第Ⅰ类负荷：连续使用的负荷。

第Ⅱ类负荷：短时或重复短时使用的负荷。

第Ⅲ类负荷：偶然短时使用的负荷，以及按操作规程规定可以在电站尖峰负荷时间外使用的负荷。

三类负载的分法，与航母运行状况有关，如在靠离码头工况下虽然锚机工作时间较短，但在此工况下它是连续工作的，所以一般都作为第Ⅰ类负载。而在航行工况下使用若干小时停止使用若干小时的负载一般作为第Ⅱ类负载。

根据计算出来的总功率，选择发电机组的容量和台数，并计算各工况使用发电机的负荷率。

17.2.3　短路电流计算

对于航母电力系统设计而言，在方案设计时估算电路电流，为选择配电电器（如选择空气断路器）、继电保护装置等提供依据。在电力系统设计基本完成后，计算短路电流，用以校核所选用电气设备的热稳定性（如配电板汇流排）和电动力稳定性（如主汇流排）、校核所选用保护电器的电路电流短路接通能力和短路分断能力以及电力系统保护设计提供必要的数据。

目前，国际上关于舰船交流电力系统短路电流的计算方法较多，其共同特点：①都是采用近似计算法，所谓近似计算方法包括两层含义，一是都作了某些假设后进行计算，二是用一个计算公式描述整个短路过程；②计算中都考虑短路为三相对称短路；③都计算短路后1/2周期的对称有效值和非对称最大峰值。

计算交流电力系统发生短路时，最大短路电流（短路电流的最大峰值 I_p，对称短路电流初始有效值 I'' 和短路功率因数 $\cos\phi_k$）、最小短路电流 I_min、稳态短路电流 I_k、被保护发电机不对称短路电流最大有效值 I_maxG。

按计算短路电流的相关方法分别计算在发生短路故障时发电机和异步电动机各自馈送的短路电流，总电流等于二者之代数和。

在计算书中计算最大短路电流时，按航母电力系统可能出现的最严重工况即最大发电机组台数并联运行，同时电站之间跨接线路最短的情况，加上并联运行发电机总功率2/3的等效电动机提供的短路电流进行计算。计算最小短路电流时按一台发电机组运行时发生两相短路时的短路电流的初始值计算。

计算稳态短路电流时按照发电机的稳态短路电流的设计值（3.2倍额定电流值）进行计算。

在短路电流计算时仅计及发电机、电动机、变压器及电缆阻抗而忽略汇流排、电流互感器等元器件的阻抗。计算书计算结果的作用：选择和校核电器设备及元件；校核汇流排的电动力稳定性和热稳定性；为电力系统的保护设计提供依据。

17.3 > 供电系统

供电系统包括发电机组及其附属设备和机组控制装置。供电系统是航母电力系统的核心，其设计的好坏对航母电力系统生命力、供电连续性、可靠性、经济性将造成重大影响。本节重点介绍航母供电系统的设计原则、供电方案选择时应注意的问题、供电系统主要性能、电站布置原则及发电机组保障系统设计要求。

17.3.1 供电系统设计原则

航母电站设计和航母主动力形式密切相关，当今用于大、中型航母的推进形式主要有蒸汽动力、燃气动力或电力推进，蒸汽动力又分为常规蒸汽动力和核动力。如果采用蒸汽动力，则航母上的能源发生系统除了可以为主动力提供蒸汽，还可以为包括电力系统在内的其他辅助系统提供蒸汽。

对于蒸汽动力航母来讲，由于汽轮发电机组具有长期运行经济、单机功率大、使用寿命长等优点，因此蒸汽动力的航母上应优先设置汽轮机电站作为主电站，但汽轮发电机组也有起动时间长、附属设备多、辅助系统复杂等缺点，从提高电力系统供电连续性的角度出发，应设置相应的柴油发电机组作为柴油机电站，用于当汽轮机主电站失电时，由柴油机电站快速恢复供电。特别是对于核动力航母来说，必须设置应急电站，甚至还应设置安全电站，如法国的"戴高乐"号核动力航母，即设置了汽轮机电站作为主电站、柴油机电站作为应急电站、燃气轮机电站作为安全电站。

对于燃气动力航母来讲，电站的设置和主动力保持一致，应设置燃气轮机电站、柴油电站，除非航母上设置有专用的辅助锅炉，否则不考虑设置汽轮机电站。

对于电力推进航母来讲，电站的设置应考虑发电设备的效率和功率密度，因此，优先考虑设置燃气轮机电站和柴油机电站。

从目前在役的航母来看，以蒸汽动力的航母为主，其中蒸汽动力航母中以核动力航母为主。航母电站设计应遵循以下原则要求：

（1）电站设置应和航母的主动力形式保持一致，发电机组原动机的选择以及电站的设置，应和航母的主动力一起考虑，以电力系统、动力系统以及总体的综合性能兼优为原则，合理设置相应的电站种类、数量和容量。

（2）先进性和可靠性，电站设计首先要考虑技术的先进性，同时要考虑到国内生产水平和配套的可能性。应优先选用成熟技术。

（3）供电生命力，航母电站生命力与航母总体抗沉性要相适应，一般航母均配置多个电站，每个电站可以分别单独给全舰用户供电。

（4）供电连续性、可靠性和安全性，保证全舰所有用电设备安全可靠地连续供电，确保航母完成各种使命任务。供电品质，保证全航母所有用电设备在各种工况下对电源品质的要求。

（5）全寿期费用，电站的设计不仅要考虑采购费用，而且要考虑电站运行和维修诸方面全寿命期的最佳费用效益。

（6）留有建造裕度和现代化改装裕度，航母的建造周期较长，一般在10年左右，因此应考虑建造期间的负荷增加，电站设计时应考虑建造裕度。另外航母电站与平台同寿命，而舰船每隔 10~15 年大多要进行现代化改装，因此航母电站设计应留有现代化改装裕度。

17.3.2 方案选择应注意的问题

航母电力负荷估算后，便可选择电站方案。供电系统是航母电力系统的心脏，所以，供电系统方案选择是航母电力系统总体设计的关键，供电系统方案选择的主要内容是电站的配置。

航母电站的发电量应该保证航母所有用电设备在任何工况的用电需求。设置两个以上电站，每个电站配置两台以上发电机可以保证航母在各种工况下不断变化的用电负荷功率需求，同时满足供电连续性、可靠性、安全性、经济性等要求。

航母电站的容量按满足战斗工况电力负荷的需求，并留有一定的功率储备为宜。原动机应运行在持续经济运行区，亦应为今后现代化改装留有改装设备所需的功率储备。

当然，单台发电机组容量还需考虑到单台发电机组运行时舰上最大容量异步电动机的全压起动，如果无法保证，则要改变该电动机的起动方式（如降压起动）。

由于航母电站的数量较多，多个电站同时失电的概率很小，通过对重要负载的合理配电，可以避免重要负载的失电，因此一般可以不设置应急电站。但考虑核动力航母有反应堆等特殊负荷，一般应设置应急电站，为了提高为反应堆安全级设备供电的可靠性，还可另设安全电站。通过电源端的多重冗余，提高重要负载的供电可靠性。

电站方案选择还必须分析航母电力系统在各种状态下的运行情况，估算各种可能发生的最严重的冲击电流和过电压。必要时，应有限制措施，以便使系统安全可靠地运行。例如受断路器的极限分断能力限制，需要控制机组并联数在合适的范围内。总之，电站方案选择应考虑先进性和可行性及兼顾船机电综合性能。

17.3.3 供电系统主要性能

供电系统的主要性能包括需要确定电站设备的性能指标，提出供电系统运行的基本原则，明确供电系统的运行方式。具体的要求如下：

1. 重要性能指标要求

电站的性能指标是编制电站及其设备技术规格书的依据。确定电站性能指标要考虑：

（1）发电设备过载能力的要求。发电设备过载能力的要求是保证舰船在意外情况下仍能可靠工作的重要条件。

（2）注重于满足大多数设备的供电要求。不因少数设备的要求而提高整个系统的性能指标。对电源精度要求较高的部分设备则设置专门的变换设备或局部专用电网来满足其供电要求。

（3）系统功率因数的控制。严格控制系统的功率因数可以充分利用舰船发电设备，减少过大的无功负荷产生的电能损失。因此，航母电力系统设计应要求用电设备尽可能提高设备的功率因数。

（4）系统对并联运行机组的要求。发电机组并联运行是舰船电站提高可靠性、保证不间断供电的一项重要手段。发电机组并联运行的范围，整步的控制方式（准同步和粗同步），有功功率和无功功率的分配，机组或电站的转换功能等，均应视作电站综合性能的组成部分。

理论上讲，电压、频率和相位一致的任何发电机组均可以投入并联运行。但在机组特性有差异和控制器械动作时间不一致的情况下，长期并联运行稳定性和有功、无功功率分配均匀性会存在问题。因此，必须在机组特性上采取适当措施进行均衡、调节和安全保护。

要注意发电机组功率和并联台数的限制，要结合系统短路电流计算，综合考虑断路器的短路分断能力。处于不同部位的发电机组之间的并联应设置统一的机组并联操作和监视部位。

应选择合适的发电机整步方法，当电站负荷和频率都比较稳定而发电调压性能又比较好时，可采用准同步并车，反之采用带电抗器的粗同步并车。并联机组数量多且线路比较复杂，一般只能采用准同步方式。当电站选用合闸快速、准确的主开关，操作人员比较熟练时，多采用准同步。

为保证并联机组间有功功率的均匀分配，发电机原动机运行中旋转角速度应均匀、转速变化率应相同及调速器特性应相近。为保证并联机组间无功功率的均匀分配，要求发电机组的调压特性尽可能一致，甚至采取适当的补偿措施。并联运行发电机组要设置必要的过载、逆功、并车合闸保护装置，以防止并联运行负荷分配不均匀、逆功率。

2. 供电系统运行基本原则

供电系统运行原则：主电站有两个或两个以上时，它的设计应以各个电站独立运行为基础；各主电站之间，应能相互带电转移负载，若有进一步要求，订购方应予以明确；主电站与停泊发电机组之间应能相互带电转移负载；主电站、停泊发电机组与岸电之间，一般应能相互带电转移负载，但不允许长期并联运行。

发电机组之间的并联运行的原则：航母内同一主电站的多台主发电机组、相同或不同功率的发电机组之间应能长期、稳定地并联运行；停泊发电机组之间应能长期、稳定地并联运行。

3. 供电系统运行方式

当供电系统电站数量较多、发电机组数量较多，受各种因素制约，不能做到全部发电机组并联运行或能够并联运行的发电机组容量不能满足最大工况下电力负荷的需求时，可以将电站分区域运行。某一区域可以包括一定数量的电站和发电机组。

电站一般有手动、半自动和自动三种控制方式。一般电站内采用手动、半自动运行方式，电站之间采用半自动、自动运行方式。各电站主配电板室主要完成本电站监控，可在被授权的条件下完成本区域的监控。

17.3.4　电站布置原则

必须结合电站设备的操作、维修、可靠性和生命力进行周密的考虑，电站布置通常应满足下列要求：

（1）多个电站应分别布置在几个不相邻的水密舱室中，而且两个电站之间的距离应满足总体生命力的要求。

（2）发电机组应尽可能布置在靠近电力负荷比较集中的区域。发电机组应沿舰船纵向布置，以减少机组轴承所产生的附件应力，避免影响轴承润滑。发电机组布置应满足机组吊装拆卸的要求。机组四周应有检修、维护、调整的通道。应急发电机组应布置在舰船破损水线以上。

（3）主配电板应与舰船首尾线垂直布置，一般布置在主配电板室或机电集控室，该舱室应通风良好，保持干燥和干净。主配电板与发电机组处于同一水密隔舱，板前应留有操作维修空间。如果是板后接线和维修，则板后应留有通道，且当主配电板宽度大于一定的数值时，应设置合适数量的入口。

（4）发电机组和主配电板板应有必要的安全措施。发电机组起动系统的蓄电池组或空气瓶应靠近机组布置，以保证起动的可靠性。

17.3.5　发电机组保障系统设计要求

航母发电机组的原动机有柴油机、汽轮机和燃气轮机，为了保证发电机组的正常运行，各种类型的发电机组保障系统在设计时应满足相应的要求。

1. 柴油发电机组保障系统设计要求

柴油发电机组保障系统包括柴油机的进排气系统、燃油系统、滑油系统、海水冷却系统、起动系统。各保障系统的设计要求如下：

（1）柴油机可由辅机舱直接进气，也可采用舱外进气，并且每台柴油机应设有独立的进气管路。每台柴油机应设有独立的排气系统，排气系统的阻力应不超过柴油机所规定的排气背压。

（2）在辅机舱内应设有单独的日用燃油舱柜，其容量应使所贮存的燃油能供该舱内所有柴油发电机组在持续功率下运行一定时间。应急发电机组的柴油机应设置一个日用燃油柜。每台柴油机组应有独立的滑油系统。

（3）柴油发电机组应有独立的海水冷却系统。布置在空载水线以上的应急柴油发电机组，如用海水冷却，则应设置一台位于空载水线以下的海水泵以代替应急柴油发电机组上的海水泵。

（4）一般柴油发电机组起动系统包括压缩空气起动系统、电起动系统；应急柴油发电机组应设有可靠的起动装置，一般为双能源起动系统，当使用空气起动系统时，还应设置电起动系统。

2. 汽轮发电机组保障系统设计要求

蒸汽轮机发电机组保障系统包括蒸汽系统、凝水系统、冷却水系统、滑油系统。蒸汽系统包括进汽管路、排汽管路、汽封及抽汽管路、抽气器、汽封抽气器等。每台汽轮机可以设置独立的凝水系统，也可与其他设备共用凝水系统。汽轮发电机组可以设立独立的冷却水系统，也可与其他的机组共用冷却水系统。每台汽轮发电机组可以有独立的滑油系统，也可多台机共用一个滑油系统。

3. 燃气轮发电机组保障系统设计要求

燃气轮机发电机组保障系统包括燃油系统、滑油系统、冷却水系统、起动系统和进排气系统。设置在单独机舱内的燃气轮机发电机组，一般应设有单独的日用燃油舱（柜），其容量应使所贮存的燃油能供燃气轮机发电机组在额定功率或额定负荷下运行一定时间。每套燃气轮机发电机组应设有独立的滑油系统。

燃气轮机发电机组一般应设有独立的冷却水系统。布置在空载水线以上的燃气轮机发电机组，如用海水冷却，则应设置一台位于空载水线以下的海水泵。该海水泵应能在浸水情况下正常工作。每套燃气轮机发电机组应有独立的起动空气管路及附件。每套燃气轮机发电机组一般应设置独立的进气和排气系统。

17.4 > 配电系统

航母配电系统是连接航母电源与用电设备的系统，包含传输、分配电能的全部配电装置和配电网络。航母的配电系统包含主配电系统、直流应急配电系统、不间断电源系统、事故配电系统和局部专用系统，是一个广义上的配电系统。本节重点介绍航母配电系统设计原则、主配电系统、直流应急配电系统、事故配电系统等配电分系统设计时应注意的问题。

17.4.1 配电系统设计原则

配电系统设计应满足以下原则要求：

（1）完成全舰电能的合理分配，使得在电源正常工作的状态下电能能够安全、可靠地输送到用户，并能确保电能质量。

（2）选择合适的电网结构，使得电网具有较强的生命力和可靠性，在局部故障或破损的情况下保证最大范围内的供电能力；在电网严重损坏时，一定时间内具有对最重要用电设备的供电能力。

（3）具有保护措施，使得在故障发生时具有一定的故障控制能力，尽量缩小故障影响范围。

（4）在保证安全的情况下，电网应具有一定自恢复能力，减少故障排除后的恢复时间。

（5）具有一定的监控和预警能力，可以监测电网的运行状态并进行评估，预测电网变化趋势，并预报警。

（6）配电系统应保证安全性，配电设备和馈线电缆载流量应满足用电设备的要求并对用电设备电压降进行控制。

（7）配电系统的设计应在设计过程中考虑装舰的可实现性，以确保配电系统的顺利安装。

17.4.2 主配电系统

主配电系统系指由发电机组通过主配电板及各级配电设备向负载供电的网络，是航母最主要的配电网络，包括主配电板、分配电设备（包含分配电板、分配电箱）、电源转换装置、变压器和各种配电、变电设备、电缆及监测设备等。

1. 配电网络结构形式

舰船电网所采用的基本结构形式通常有馈线式、干线式、干馈混合式、环式和网式，采用哪种结构形式的电网，受到可靠性要求、工程造价、总布置和施工因素限制等多种因素综合影响。例如，从减少穿水密舱壁电缆数量考虑，通常将馈线式和干线式结合使用，或者采取分区馈线式、分区干馈式等多种组合的结构形式。

1）干馈式网络结构

干馈式网络结构是指干线式和馈线式混合使用的网络结构，即一部分用电设备采用主配电板直接供电（干线式），另一部分用电设备采用由主配电板供电的分配电设备供电（馈线式）。

两种结构在系统设计中所占的比例由本舰设计原则决定，不同的设计原则所采取的结构方式不同，因而设备、配置等也不同。

干馈式网络结构对于不同负荷的配电方式不同，又可以分为：大功率负荷采用干线式、其余负荷采用馈线式；重要负荷采用干线式、非重要负荷采用馈线式；最重要负荷采用干线式、次重要和非重要负荷采用馈线式；始端网络采用干式，末端采用分区干馈式等，干馈式的组合方式比较灵活，组合方式也多种多样、不一而足。

由于航母的用电设备众多、部分设备功率较大，且由于可靠性的考虑电网常采用"两舷供电"等设计方式，因此干馈式结构形式往往伴随着电缆数量多而引起拉敷困难。

2）环式网络结构

环式网络结构是指利用纵向和横向连接线或母线构成闭环向用电设备供电的网络，根据连接线形成电网闭环的情况，可以分为全闭环网络结构和局部环形网络结构。环形网络的优点是可以构成较多的电源到负载的通道，具有较高的供电可靠性，缺点是管理和保护设计比较复杂。

目前，国外大型舰船最常用的网络结构是电源环形网络和辐射配电网络的复合结构，即电源端采用环形结构提供多通路供电，负载端仍采用辐射电网结构。

3）网式网络结构

网式网络结构是由环形网络结构发展而来，这种配电网至少形成了两个以上的环形网络，与环形网络结构没有本质的区别，但比环形网络更加复杂。

2. 电力负荷分配

航母电力负荷与电站装机容量的比值较大，为了保证航母各个电站之间的负荷均衡，航母的配电系统应对各个电站的电力负荷分配估算。配电系统的电力负荷分配分为电源端分配估算和负载端分配估算两方面。

1）电源端分配估算

无论航母的电站采用哪种结构形式，在一般情况下，从能源的经济性、设备使用寿命以及使用便捷性考虑，且启动发电机组或者控制开关重构供电网络都需要一定的时间，为保证尽可能多的用电设备稳定运行，供电系统往往采用合理的运行模式，以应对负载随机入网而引起的变化。

因此，配电系统设计时，需结合供电系统的典型运行模式来进行负荷分配，目的是合理分配负载使得电站在某种运行模式下能够稳定运行，在运行模式转换时尽可能少的影响其他负载。

电源端分配估算需考虑的几种因素：电站的运行模式对于配电网络的影响以及配电系统针对这种运行模式所采取的应对原则；电站的运行模式转换时配电网络带载情况预估以及可能产生的影响；电力系统局部故障或破损时对电站系统的影响；大功率负载投切时对电站系统的影响；了解用电设备的使用模式，选取合理的同时系数。

电源端分配估算对于小型水面舰船所起到的作用不明显，但对于航母这种电力负荷和电站容量比较大的舰船来说是有必要的，这关系到供电系统是否能够稳定运行。

配电系统电源端分配估算主要是估计不同种类的负荷在某一情况下的同时系数，可以采用如下方法：按照典型作业流程，对应电力系统工况划分，估算每个时序事件下配电系统电源端各主配电板的功率分配，以求达到电站运行时对发电机载荷的要求。

2）负载端负荷分配

航母的系统组成复杂，各个系统之间又互相关联，例如，某设备如需稳定运行，可能关系电、水、气、汽等各个方面，而这些条件往往又离不开电力的保障。

典型的例子是蒸汽动力的航母，主汽轮机的启动、运行和后备保护都离不开电力，但出于经济性的考虑，蒸汽动力航母往往都采用汽轮发电机组，形成了能量的循环。

因此，航母的配电设计需考虑各个系统间的耦合因素，针对电力负荷开展耦合性分析，其目的是判断用户设备之间的耦合关系，为负载端的负荷分配提供设计依据。

航母负载端负荷分配应包含以下内容：分析用电设备的重要程度，根据本舰的使命任务将用电设备分级，不同等级的用电设备可采取不同的配电模式；分析重要用电设备的运行条件，提取出重要用电设备运行时需可靠供电的用电设备；分析各系统用电设备之间的用电逻辑关系，针对互补、互备两种情况制定相应设计原则；分析用户的管理、使用方式和习惯，采取相应设计原则。

3. 配电模式

负荷的配电模式选择需考虑以下几种因素：配电系统的设备配置情况，如转换装置（或带有转换装置的设备）的设计及其在系统中使用的原则；电力负荷与电站装机容量比值，若此比值较小，则可考虑为全部负荷提供备用电源，反之则需考虑仅为部分电源提供备用电源，相应系统设计时采取的配电模式；应急直流系统的配置情况；若采配电系统仅为部分负荷提供备用电源，还需考虑重要负荷的容量和排序问题。

根据重要负荷的次序依次为部分负荷提供备用电源，排序基本原则如下：完成使命任务所必备负荷优先；不同工况下，负荷的重要性排序可能不同，需综合几种常用工况使用；对航母而言，还需考虑外界因素，如是否编队出行等。配电系统设计而言，考虑一艘航母采用的配电模式的种类一般为2~3种，全舰负荷也相应划分为2~3个等级即可。

配电系统提供的电源分为有限间断电源和不间断电源两种。主配电系统提供的电源为有限间断电源，存在较短的转换时间，可根据负荷的实际情况设定转换时间，转换时间应设置得尽量短。

核动力航母的配电在考虑上述因素之外，还应对核反应堆电力负荷开展分析工作，考虑安全级用电负载的供电冗余，确保核反应堆各种工况下的安全。

4. 协调性保护

配电网络一般采用时间和电流相结合的原则提供对配电线路的保护，保护装置的选择和整定应尽量提高选择性保护的范围。除此之外，第一级保护设备还应与电站系统上级保护设备具有选择性。

容量较大的中压变压器，应选用带继电保护装置的断路器。从中压系统通过变压器供电的低压系统，还应设置过电压保护等。

17.4.3 直流应急配电系统

除明确指出主电制为直流电制外，在交流主电制的舰船上，由蓄电池提供的直流电通常作为应急电源使用。直流应急配电系统用于舰主电网失电时，给舰上需要应急供电的系统和设备提供应急电源，以使这些设备能在紧急情况时发挥作用。

直流应急配电系统一般由蓄电池通过配电设备为用电设备提供应急电源，可分为分布集中式和集中式两种。

分布集中式直流应急配电系统是指根据应急直流用电设备的分布情况划分为若干个区域，在区域的中心位置设置蓄电池和配电设备为用电设备供电。分布集中式的蓄电池组通常是独立的，蓄电池组与蓄电池组无关联，并在布置时尽量靠近负载，利用缩小空间的距离来降低战损概率。

集中式直流应急配电系统是指将全舰划分为若干个大区域，每个区域内设置应急直流供电部位，利用容量较大的蓄电池通过 2~3 级配电设备为应急直流用户供电。集中式电源利用率更高，通过应急直流供电部位间跨接线提供电源通道的备份来弥补由于空间距离较远在可靠性上导致的不足。

在直流应急配电系统设计时需注意蓄电池和用电设备之间的电缆长度所带来的压降计算问题和蓄电池的安全防护问题。

17.4.4 事故配电系统

在发电机组完好的情况下，利用接插件箱和软电缆搭接而成临时的供电网络，跨接主配电网络损坏分段，重新为某些重要负荷供电，这些由接插件箱和软电缆组成的系统组成事故配电分系统。

事故配电系统是指由穿过舱壁和甲板的穿管固定敷设电缆、接插件箱、两端带插头座的软电缆组成的事故状态下的临时供电网络。其主要作用：在发电机组完好的情况下，当为某些重要负荷供电的主配电网络发生损坏时，利用两端带插头座的软电缆将预先固定敷设和安装好的局部网络连接起来构成临时供电网络，为重要负荷提供一定时间内的临时供电。

事故配电网包括以下设备和电缆：用于连接穿过舱壁和甲板固定敷设的电缆的接线装置，如从发电机端至干线的一对接插件箱、用于连接干线的若干对接线箱；用于连接从发电机组至干线的固定穿管敷设的电缆；两端带接插件的移动式软电缆，软电缆固定在电缆卷车上，在需要时连接干线接插件箱形成临时支路，用于跨接主配电系统受损坏的分段；用于转换主电网电源和事故网电源的转换箱。

事故配电网的基本结构：在发电机端设置接插件箱，通过接插件盒将电能送入事故网；在用电设备附近设置正常电源及事故电源转换箱，用于转换主电网和事故配电网的电源；在以上两者之间根据情况采取中间有固定敷设电缆的成对的接插件箱以及可移动轻便软电缆连接。

可移动式软电缆载流量和重量的矛盾约束事故配电网的容量，但无论如何，事故配电网每一供电支路传输的功率应满足该支路上事故电网最大用电负载的需求。

事故电网的供电范围为在战斗工况下遭受局部损害时需投入的重要负载，一般应为下列设备提供事故电源：消防泵；潜水型排水泵；泡沫泵；舵机油泵机组；舵机备用油泵机组；惯性导航设备；机舱中重要辅助设备的分配电箱（如锅炉点火用电动泵等）；焊接设备等。

事故电网的供电范围也可视舰船的大小以及主配电系统和应急配电系统的设置情况作合理调整，但无论如何至少应为下列设备提供事故电源：舵机控制箱；移动式电动损害管制设备，如移动式潜水泵、电焊机和电动切割机等；固定安装的损害管制设备，如消防泵和固定式潜水泵等。具体为哪些用电设备提供事故供电，应结合主电网、应急电网的设计综合考虑确定。

　　事故电网的网络结构形式为全舰事故供电为一个相对对立的网络。事故电力网可有两种运行方式，既可作为整个网络运行也可分区运行。无论采用何种运行方式，左、右舷两条事故供电干线都是相互独立的。

　　一般情况下，事故电网可分区域独立运行，分别对应于不同电站区域，且左、右舷两条支路互为独立，该电站内的任意一台发电机组均可给左、右舷两条支路供电。

　　全舰事故电网也可连成一个整体网络，供电方式与分区运行方式相同，所不同的是，每一电站的任意一台发电机组都可给任一区域左、右舷的事故供电支路供电。

　　事故电网原则上应能直接将事故电力输送到各重要用电设备的电源输入端。当处于同一水密分舱的多个重要用电设备由一个分配电箱供电时，事故电力可供至该分配电板箱的入口处，但舵机、消防泵和固定式潜水泵除外。

　　事故配电网电缆敷设应按照以下原则：尽量减少固定敷设的电缆根数和长度；贯穿舱壁的电缆两端应使用应急接插盒，在接插盒之间不应有电缆分支；事故电网的上下走线（包括电源引线和各受电设备所在舱室与事故电缆纵向主通道的连接线）应通过立管固定敷设；跨接软电缆应有足够的长度，在确定电缆长度时要考虑舱室的布置、障碍物，并保持通道畅通。

17.4.5　焊接配电系统和不间断电源系统

　　焊接配电系统是用以满足舰上战损抢修和日常焊接工作之需而设置的。航母在战损时必须具备较强的自我修复能力，以提高自身应急能力，确保基本自航和自救能力。

　　焊接配电系统由焊割机及为焊割机提供电源的配电网络组成，配电网络所采取的参数由焊割机类型决定。

　　航母配电系统设置多种类型不间断电源为重要负荷提供不间断供电。重要负荷包括电动滑油泵、监控设备等。

17.5 > 照明系统

　　照明系统由主照明系统、应急照明系统、低照度照明系统、专用灯照明系统、便携式照明等组成。照明系统的设备包括变压器（照明用和插座用）、照明区域配电板、分配电箱（照明用和插座用）、照明监控设备、各种照明灯具和各种照明附具。本节重点介绍照明系统的设计原则，以及在设计主照明系统、应急照明系统、低照度照明系统、专用灯照明系统等照明分系统时应注意的问题。

17.5.1　照明系统设计原则

　　照明系统的设计需考虑系统的线值、电制，照明区域划分及配电原则，配电系统相间平衡，电压降，灯点数要求等，具体如下：

1. 线制、电制

主照明系统采用三相三线绝缘线制和单相双线绝缘线制，交流50Hz、220V或24V。应急照明系统采用双线绝缘制，直流220V、24V；单相双线绝缘线制，交流50Hz、220V。

2. 区域划分及配电原则

照明系统的设计应将全舰按甲板层、防火区、水密隔壁或区域建造分段划分，分成若干个照明立体区域。

3. 配电系统相间平衡

三相系统中单相照明电路负载的配置，应尽可能达到各相平衡，不平衡度在 15% 以内。无法满足时，应调整变压器的三相负载，以达到相间平衡。

4. 电压降规定

对于主照明线路，从照明变压器副边至最远灯点的线路电压降，电源电压不超过其额定电压的 6%；对于应急照明线路，从蓄电池组至最远应急灯点线路电压降不超过额定电压 15%。

5. 灯点数要求

照明分配电箱或熔断器盒应限制较大容量供电灯点的数量。即使是为较小容量的灯点供电，灯点数也应不超过一定限值。除图样标明仅供台灯等小容量日用电器用插座，一只插座按一点灯点数计算外，其余一只插座按两点灯点数计算。

6. 照度要求

各类舱室或区域的照度最低应满足相应规范的要求；各类舱室或区域的局部工作面上清晰照度值应满足相应规范的要求。

低照度灯具的设置应能提供足够的照度，且应特别注意门槛、舱口、梯子和障碍物处的照度在灯光管制期间仍需坚持作业的露天甲板面、半露天甲板区、铺位值夜区及类似处所的低照度照明，应为 5 ~ 10lx。

舰船处于应急状态时，为保障继续作业用的应急照明工作面照度不低于 1 ~ 5lx；仅为通行用的通道照度不低于 0.5lx。

7. 灯具选用要求

灯具、照明附具及其控制设备应优先选用舰用产品。舱室内部的主要光源，可采用荧光照明、LED 照明或其他光源；航母照明设计应关注照明灯具光通量、色温、显色性，选择光效高、外形美观的照明灯具，满足航母照明环境明亮、舒适的要求。

8. 灯光管制

灯光管制期间，有灯光外露可能的通道、梯口、舱室等处所，主照明和应急照明控制均应进行灯光管制，在有灯光管制要求的舱室内的应急照明应采用集中式应急照明（不要设置独立式应急照明），以便于控制。

9. 集中监测

各照明区域配电板的运行状态和故障报警应能集中监测和显示。

17.5.2　主照明系统

由主配电系统供电的照明系统，是航母照明系统的主要组成部分，主照明系统设计时应考虑以下因素。

1. 配置范围及区域划分

主照明配置范围应包括全舰所有需要主要照明设置的舱室、场所、部位。主照明系统按区域供电的原则，每个区域内的照明设备及附具等应限制在该区域范围内。

2. 供电

舰上主照明由各区域的电力配电设备经照明变压器、照明区域配电板及若干照明分配电箱供电。

舰上重要处所（如机舱、电站、指挥所、控制中心、医疗舱室和战斗救护场所等）及有人员战位的舱室（公共场所如通道、活动室，涉及三防部位的舱室如损管控制中心等舱室）的照明分为两组，两组照明灯具的灯点呈交叉布置，分别由两台照明区域配电板左、右舷供电，并设置两条单独保护的线路。对于舱室面积较小，只有 1 只照明灯的重要舱室，可设置电源转换开关为灯具左、右舷供电。

主照明系统中的馈线电路和干线电路应为三相传输电路，最终分支电路可为单相传输电路。在设计上应考虑馈线电路和干线电路的三相平衡。

3. 联锁

油泵舱的照明与通风应有电气或机械联锁。当舱室通风一定时间后，照明方可打开，通风才能关停。

4. 海上作业区的一般要求

应设置一定数量照明灯具，提供补给工作部位足够的工作照度，必要时可设置强光灯增加局部照度。

5. 机库的照明及控制

航母机库顶部设置不同颜色的主照明灯具，根据白天和夜晚对颜色需求的不同进行选择相应的颜色。机库四壁设置低照度照明灯。航母机库照明应设置专门的机库照明电源装置和机库照明控制设备。

6. 反应堆舱的照明及控制

核动力航母的反应堆舱由于有反应堆等特殊装置，该舱室的照明应考虑正常照明、应急照明、安全照明等。正常照明回路与应急照明回路在电气上应该是相互独立的。在反应堆舱的失去正常照明和应急照明期间，安全照明为反应堆舱等相关区域进行安全有序的操作提供必要的照度。在反应堆舱等存在放射性的区域，灯具的选型应考虑能够适应该舱室的环境。

7. 外部照明

外部照明的设置应满足下列要求：夜间舰员需要通行或作业的露天甲板及舷台、外走道、舷梯等场所均应设置外部照明，外部照明设置不同颜色的舱顶灯，在灯光管制期间或飞行作业期间，为了保证航母照明的隐蔽性，开启外部照明中合适颜色的灯；在舷梯及跳板附近、小艇收放处、海补部位等夜间作业能见精度要求高的地方可增加设置强光灯以提高照度；为了便于海面搜索和观察，可在离海面近的露天甲板设置扫海灯；外部照明应由驾驶室和值班室的控制设备集中控制和转换。航母飞行甲板灯光照明详见第 19 章。

17.5.3 应急照明系统

应急照明系统是由航母上应急蓄电池组或灯具内置蓄电池供电的灯具的照明系统。应急照明系统在主照明系统失电时应自动投入。航母连续照明及预期有关人员值班的相关舱室、处所，应设置应急照明，分区应尽量与主照明系统分区保持一致。

应急照明包括集中式应急照明和独立式应急照明两种形式。集中式应急照明由舰上集中蓄电池组供电，应急状态下，通过舱室内正常照明灯具中的应急灯头或单独设置的应急照明灯具向舱室提供应急照明；独立式应急照明由主照明系统为灯具内的自带蓄电池充电，应急状态下，通过灯具内的自带蓄电池向灯具光源供电的固定安装的独立式应急照明、便携式应急照明。

由应急照明系统供电的主照明灯具，在应急情况下，可以兼作应急照明灯具；应急状态下需要采用荧光灯具照明的特殊场所（如机库、医疗舱室和战斗救护场所），可设置逆变器，保证以上场所应急状态下荧光灯点亮；手术灯应配有专用的不间断电源；用作应急照明的灯具，应有明显红色标志，或在结构上与主照明灯具相区别；除驾驶室、救生艇（筏）存放处的应急照明灯具允许就地设置控制开关或驾驶室集中控制外，应急照明系统分支馈电线路不应设置开关，但既作主照明又作应急照明的灯具可以设置开关。

在设有主电站连同其变电设备（如设有时）、主配电板和照明区域配电板的处所内发生火灾或其他事故时，应急照明系统不致受到损害。蓄电池容量应满足应急照明供电时间应满足一定的时间要求。

17.5.4 低照度照明系统

低照度照明系统是为夜间舰员通往干舷部战斗位置的进出通道以及在特殊舱室和部位提供对人眼适应视力干扰较小的照明光线，或在照明灯光管制状态下或其他需要的场所，提供较低照度的照明系统。

通道、梯口处的低照度照明配置时，沿从军官居住舱和士兵舱至露天甲板上涉及舰船航行、武备控制、信号、设计、飞行作业和其他类似关键作业所在岗位的各通道，都须配置低照度照明。在保证人员安全且能迅速出入的前提下，低照度照明灯点数应减至最少，但在通道拐弯、升降口、梯子和活动楼梯应配以低照度照明。

住舱铺位区及其生活区的卫生间可设置低照度照明。专用舱室及专用部位的低照度照明配置应考虑提供人员准备至室外执行夜间任务的舱室或在执行此类任务过程中需不时进入的舱室以及有光学仪器（如测距仪等）应用的舱室或部位，以提供产生最小干扰程度的视力适应性，必须设置低照度红色适应性照明。

执行夜间海上补给作业区域，应安装一定数量可调光的低照度照明灯。灯具设置的数量应符合必要照度的要求。调光器和照明开关应设置在该补给区的补给控制部位内。

灯光管制期间，主照明关断的舱室应配置低照度照明。低照度照明系统由主照明系统供电。每一区域有灯光管制要求的舱室，低照度照明应能根据灯光管制信号集中控制断开和接通。灯光管制期间开启的低照度照明灯安装高度通常离甲板一定高度，安装形式应以不影响人员通行和武器装备的运输为宜。其他类型的低照度照明灯具除了选择以上安装方式外，可另外选择安装于舱顶的安装形式。除特殊要求外，低照度照明泛光向下。低照度照明灯除特殊要求以外，宜选用红色灯，也可采用蓝色灯。低照度照明灯的防护型式应与其安装部位的环境状况相匹配。

17.5.5 专用灯照明系统

由航行灯、信号灯、信号探照灯、彩灯、舷号照明灯等构成专门用途的照明系统。专用灯照明系统的设计要求如下：

（1）航母航行灯、信号灯的配置，原则上应符合《国际海上避碰规则》的规定。由于某种特殊原因无法遵循该规则时，应报请使用部门批准。信号灯的配置还应符合有关港口、运河和使用部门的要求。航行灯、信号灯应由主照明系统和应急照明系统两路供电。

（2）在航母驾驶室集中控制台上设置有航行信号灯控制器和信号探照灯控制器；每一盏航行灯、信号灯均应由航行信号灯控制器的独立分路供电，闪光信号灯、信号探照灯均应由信号探照灯控制器的独立分路供电，且这些分路的每个绝缘板上均应有开关和熔断器（或断路器）进行控制和保护。

（3）每一盏航行灯、信号灯、闪光信号灯、信号探照灯均设置有指示其工作状态的指示灯。每一盏航行灯、信号灯、闪光信号灯、信号探照灯发生故障时均能发出声、光报警信号。

（4）应保证航行灯、信号灯、闪光信号灯、信号探照灯线路压降在规定范围之内，以保证每一盏灯具有规定的亮度。

（5）由于航母舰岛为不对称设置，同时航母较高位置为主桅杆及上层建筑，因此部分航行信号灯设置在主桅杆及上层建筑上易见处，以利于观测。

（6）由于航母外形较一般水面驱逐舰大，因此除了设置艏、艉锚灯以外，还增加设置了附加锚灯，用于夜间航母锚泊时示长和示宽。航母根据不同的情况点燃或悬挂不同的信号灯，以向其他船提供航母的信息及状态。

（7）信号探照灯、闪光信号灯的配置应满足相应规范的要求。信号探照灯应在其附近设有单独电源开关，桅顶闪光信号灯应在舰桥左、右舷配有电键，控制信号灯的亮、灭，传递信号。

（8）信号探照灯应布置在舰桥两舷，应力求覆盖尽可能大的水平面方位、并在一定的俯角和仰角的范围；桅顶闪光信号灯布置在主桅横衍两侧，需要各由不同颜色的闪光信号灯组成，闪光信号灯应能单独控制及联动控制。

（9）彩灯应能描绘舰船轮廓，在节假日悬挂，以描绘舰船的轮廓。彩灯应采用体积小、不易碰损的光源。每串分路灯数不受灯点数的限制，灯距通常控制在一定的范围内，但应控制彩灯串首灯与尾灯之间的电压降，保证彩灯串首灯与尾灯的亮度保持一致。彩灯应由主照明系统供电。为保证彩灯视距一致，宜采用相同功率的灯。

（10）航母应配备舷号照明灯以便对其舷号实施照明，根据舷号的高度及宽度设置灯点数量。舷号照明灯应由主照明系统供电。

（11）便携式照明作为照明系统的必要补充的辅助手段，其种类、配置数量、维护、存储方式、携带方式应符合相应规定和要求。

17.6 > 监测与控制

电力监测与控制主要包括电站监控和配电监控，作用是实现对全舰电站的监控，对全舰的交流配电网络、直流配电网络、照明网络以及全舰 UPS 的运行状态的集中监测，并对部分配电设备进行控制，及时发现电力系统存在的故障，保障电力系统可靠、稳定地运行。本节重点介绍监测与控制设计原则要求，电站监控和配电监控设计时应注意的问题。

17.6.1 监测与控制设计原则要求

监测与控制系统应配置合理，人机环境优良，满足舰船电力系统在各种工况下的要求，并应保证对各种设备的控制安全、有效。

1. 控制系统的一般要求

（1）控制系统一般应包括集中控制、其他部位控制和机旁控制。控制系统应具有良好的控制品质，控制系统应使被控制的对象在其全部运行工况范围内稳定工作，不应使被控制的对象受到有害的机械负荷和热负荷。

（2）控制系统应尽量做到被控对象在任意状态下，启动或停止控制系统，而不致对被控对象及控制系统造成不利的影响。控制系统的功能应能进行模拟自检和运行检查。如果控制设备的灵敏度和极限值可以调节，则调定的数据应易于检查、辨认并予以锁定。

（3）集中监控系统的设置不应影响被控设备机旁控制的功能。

2. 监测报警系统的一般要求

（1）监测报警系统应设有自检功能，当监测报警系统自身发生故障时，应能进行报警，或进行故障定位指示或代码显示。监测报警系统的故障报警信号应与火警、电话信号及其他正常信号有明显的区别。声响报警信号应在工作范围内均能听到，光报警信号应有足够的亮度。报警信号器应按连续工作制设计。

（2）监测报警系统应能对同时发生的所有故障发出报警信号，任何一个报警信号应不妨碍其他报警信号的识别和收悉。监测报警系统的报警应同时发出声、光信号。

（3）监测报警系统应设有报警应答装置，但应答后不应影响后来的报警信号的出现、接收和处理。应答后声响信号应消声。光报警信号应为闪光信号，应答后，闪光信号应转为平光信号，并保留到故障消除。故障消除后报警通道应能自动恢复正常工作状态。

（4）光报警信号应按其所表示的故障性质分别采用不同颜色，但光报警信号的颜色种类应尽可能少。监测报警系统应有能在应答前使报警信号予以锁定的功能，以便对自行纠正的瞬时故障进行查找。监测报警系统应能在被测设备正常运行的情况下进行功能试验。

（5）为了防止设备正常起动和停止过程中控制参数偏离正常值而造成频繁的误报警，应有必要的报警闭锁措施。某些监测点在设备运行中会产生瞬时波动，但并不影响其正常运行，这时报警点应考虑必要的延迟。

（6）监测报警系统的运行参数可用仪表、显示器等进行显示。参数可单独显示，也可用图形显示，但显示均应清晰、明了。指示灯信号的光色一般采用绿色或白色。

（7）采用计算机的监测报警系统应能在计算机的显示屏幕上自动显示被测参数的编号、名称、测量值、单位等参数，当被测参数越限时，应能在计算机的显示屏幕上显示该越限参数的编号、名称、测量值、报警限值、越限时间等参数。

3. 故障安全要求

监测与控制系统应按故障安全原则进行设计。控制系统中出现一个故障或一个误动作时，故障安全原则应使控制过程产生的危险性降到尽可能低的程度，并且不会使备用的自动和（或）手动控制失效。监测与控制系统按故障安全原则设计时，不仅应考虑系统本身和与之有关的设备，还应考虑到整个电力系统，甚至舰船的安全。

4. 系统独立性要求

监测与控制系统应包含控制系统、监测报警系统，并与安全保护系统有接口。控制系统、监测报警系统和安全保护系统应相互独立，各系统的设备不能相互转换。

5. 与安全保护系统的接口要求

监测与控制系统与安全保护系统有通信接口。当安全保护系统动作时，应在对应的电力集控台和电力监控台上发出声光报警，并显示安全保护系统的动作原因。

6. 核动力航母电力监测与控制要求

核动力航母电力系统的监测与控制，应充分注意电力系统与核动力系统运行状态及数据的实时共享和交互，核动力系统的运行状态应作为电力系统运行考虑的一个重要前提条件，同时电力系统的运行状态也会影响到核动力系统的运行。因此，核动力航母电力系统的监测与控制应和核动力系统的监测与控制统筹考虑，保证两个系统的安全、可靠、稳定运行。

7. 人机环境要求

（1）监测与控制系统软件操作界面的屏幕布局应合理。应按数据种类和显示要求进行归类，按显示等级合理安排屏幕显示位置，显示同类数据的窗口应具有统一的界面风格，窗口大小应与屏幕大小及显示内容相适应，界面应直观、醒目，不同类的显示内容应以不同颜色区分。

（2）软件操作界面应对常用操作提供简单易懂的快捷方式，界面元素设计应尽量采用通用标准符号，提供人机交互友好的系统帮助信息。

（3）监测与控制系统中所有操作的控制器和指令器应放在方便操作处所，各按钮和指令器易于分辨，方便操作且不易误操作。相关和协调操作的多个控制器应相对集中，安装位置应符合操作规律。不同用途的控制器应在颜色、大小形状上相区分。

（4）控制器的调节或操作端点位置应设有止动机构，偶尔使用调整控制器应可靠锁定。紧急控制用的按钮、开关等，应有防止误触动的措施，如加罩壳等。

（5）在满足设备使用功能条件下，面板上布置的元器件应尽量少，操作程序应尽量简化。面板的设计和布置要便于操作、观察和维修，应力求整齐、美观。面板上功能相关的操纵器件、显示器的配置应靠近。功能相关的操作控制器可分别用不同的颜色或轮廓线加以区别。面板上的字符应清晰易读、耐磨，其颜色应与面板有明显区别。

（6）所有的信息显示应尽量减轻舰员的视觉负担、记忆负担和知识负担，各显示器应靠近相关的控制器。对重要的监测信息应兼设报警装置，报警的声响和频率应能与周围的噪声容易区别，在声响报警的同时要有醒目的闪光信号，该信号经应答转变为平光信号并将报警信号记忆；故障排除后，可手动复位。

（7）控制台的安装。控制台的安装应留有适当的维修空间，控制台上方不应有管接头，以免油水滴漏的影响。

17.6.2　电站监控及配电监控

电力系统监控主要包括电站监控和配电监控，本节主要描述了电站监控和配电监控在设计时应实现的功能。

1. 电站监控

电站监控设备主要包括机组控制设备和区域电站控制设备等。电站监控应具备以下各种功能：

（1）自动控制功能。在自动工况下，可依据预先设置流程自动对系统进行安全控制，至少应包含自动增减机、故障换机、越控、失电自启动等功能。

（2）半自动控制功能。在半自动工况下，可辅助舰员完成自动并车、解列、失电自启动、自动调频调载等功能。系统可依据当前的供电情况，选取合适的供电模式及供电路径，给予舰员提示。

（3）手动控制功能。在主配电板和机旁进行操作，包括：电站运行状态监测、报警显示功能；具有监测热工、电参数、电网结构等信息功能；设置报警指示，当系统出现故障时，应能正确发出声光报警功能。

（4）舰岸电转换功能、机组优先级设定功能、重载询问功能、电站一般故障的自动处理功能和电站严重故障的自动处理功能等。

为了实现上述控制功能，电站的控制方式分为手动、半自动、自动三种方式。控制方式的优先原则为手动优先于半自动、半自动优先于自动。手动方式下具备监测热工、电参数、电网结构等信息功能。半自动控制下，各发电机组、断路器为远程控制。

自动方式下，系统通过控制装置对设备、系统进行自动控制，对各设备、系统的状态变化及故障进行自动处理，实现无人值班系统。电站控制装置除具备"手动""半自动"控制方式的功能外，还具备以下功能：电网失电自启动；母联或跨接的功率增机；母联或跨接的电流增机；功率减机；二级故障下的故障换机；重载管理。

2. 配电监控

配电监控设备主要包括配电板信息采集设备、配电控制设备等。配电监控应具有以下功能：具有自动卸载功能和手动卸载功能；能够对主要交流配电网络进行监测；能够对主要直流配电网络进行监测；能够对主要照明网络进行监测；能够对 UPS 的运行状态进行监测。

17.7 > 电缆

电缆将航母电力系统各个设备连接为一个有机的整体，因此，电缆选择及电缆敷设是航母电力系统总体设计的重要内容。随着航母电力系统电压等级的提高，中压电缆敷设也成为航母电力系统需要关注的问题。舰船环境复杂，部分部位环境恶劣，本节也将介绍特殊部位的电缆敷设应注意的问题。

17.7.1 电缆选型及敷设原则

电缆的选型是否合适直接关系各个设备之间的能量、信息传输是否安全、稳定，电缆的敷设则对于系统的安全可靠运行影响较大，因此，本节重点描述电缆的选型及敷设原则。

1. 电缆选型原则

电缆选型需要考虑的因素很多，主要原则要求如下：

（1）舰用电缆应满足无卤、低烟、低毒和成束阻燃要求，舰用耐火电缆应满足无卤、低烟、低毒和成束阻燃耐火要求。

（2）在保证电气和机械性能的前提下，电缆的外径应尽量小，重量尽量轻。

（3）电缆应保证一定的弯曲半径。

（4）导体采用镀锡铜丝。

（5）导体形状应规则，表面光滑，无尖锐凸起和其他损坏绝缘缺陷。

（6）绝缘应同心地挤包在导体上，应不粘连导体、且易剥离而不损伤绝缘、导体和镀层。

（7）电缆绝缘线芯或线芯组均应有识别标志，多芯电缆每根芯线都应有编号。

2. 电缆敷设原则

1）低压电缆敷设原则

（1）电缆布置位置应便于维修、施工，并尽可能直线敷设，避免与管路和通风管道在安装上相互影响。

（2）应尽量避开对电缆有损害和易受爆炸损坏的区域。

（3）电缆路线的位置应尽量设在具有足够通风，且不受机械拆卸或移动影响的地方。

（4）若设备由几个部位控制，则由每个部位接至该设备的控制电缆，均应敷设在单独的电缆路线内。

（5）除需要贯穿甲板或上层建筑舱壁向有关设备供电外，电缆不应暴露在露天。如有可能，接至桅杆、旗杆、烟囱桅及横桁上设备的电缆，应敷设在桅杆、旗杆、烟囱桅及横桁内或穿管敷设。

（6）无关电缆应尽量不通过厨房。必须通过时，则应尽量远离灶具和蒸汽管路，且应采取相应的防护措施。

（7）无关的电缆不应通过电磁屏蔽的舱室。必须通过时，应采取相应的屏蔽措施。

（8）无关电缆不应通过冷藏舱。舱内设备电缆应明线敷设，穿过隔热绝缘层时应穿管，管端必须密封。

（9）从反应堆探头到二次仪表的测量和计量用电缆应独立敷设。

2）中压电缆敷设原则

应在设计时重点考虑中压电缆敷设的安全性，一般应遵循以下原则：

（1）中压系统的电缆应至少与低压电缆相距一定距离敷设，特别是这两种电缆不得敷设在同一电缆束、或者同一电缆托架上、或者同一管子内、或者同一电缆槽、或者同一管道、或者同一箱内、或者同一盒子内，并且中压电缆应敷设在不易受到机械损伤的地方。

（2）中压电缆一般不得敷设在起居处所内；如果中压电缆必须路经居住处所时，应敷设在封闭的电缆敷设系统内。

（3）中压电缆应具有合适的标志，以便识别，并应适当地标以"高压"警告牌。

（4）具有连续并有效接地的金属护套或铠装中压电缆应安放在托架上。既无铠装又无金属护套的中压电缆，应敷设在金属管或者金属管道或者金属槽内，并且应确保这些金属管等的电气连续性。其他电缆不应和中压电缆敷设在同一槽内。管子或者管道或者电缆槽的内壁应光滑，且其端部应形成或加衬套。

17.7.2　电缆防护

电缆防护需考虑一般部位的防护以及特殊部位的防护，具体防护要求如下。

1. 电缆防护一般要求

为保护电缆免遭机械损伤，至少应对下列电缆敷设时设置防护金属罩（板）：

（1）靠近人员频繁往来区域而易受机械损伤的电缆。

（2）电缆路线可能被误用作梯级或扶手以致可能损坏的地段。

（3）通道中可能被踩踏的电缆。

（4）物品升降舱口及围阱内的电缆。

2. 特殊部位的电缆防护

1）浸水场所、潮湿底舱、水舱、水箱和空舱的电缆防护

电缆通常不允许通过浸水场所、贯穿水舱或水箱（柜），在无法避免时应穿金属管进行敷设。管子两端密封。电缆经过潮湿的底舱应穿管敷设。

2）危险处所的电缆防护

电缆应尽量不经过油舱，必须经过时应穿双层金属管敷设。电缆应尽量避免通过容易产生爆炸性介质的舱室（如弹药舱、油漆舱、油泵舱、加油站等）必须经过时应穿管或用电缆槽敷设。舱内的电缆应穿金属管敷设。管子与管子的连接，管子与设备的连接应达到气密。

3）电缆在金属管和槽内防护

敷设电缆用的金属管或槽的内壁及端部应光滑无毛刺，并有防腐护层。在潮湿和油、水容易进入场所的电缆管或槽的结构应采用封闭式，端部应有填料函或其他密封措施。电缆束的截面积与敷设电缆用的电缆管的截面积之比应不大于一定的限值。

17.8 > 电力系统试验及评估

航母电力系统的试验阶段一般分为三个阶段：第一个阶段为陆上联调试验阶段，主要验证系统设计是否成功、系统及设备性能是否达到要求；第二个阶段为系泊试验阶段，主要验证在舰船环境下，各系统及设备接口、功能、性能等是否达到设计要求，是否能稳定、安全运行；第三个阶段为航行试验阶段，主要验证电力系统工作协调性、稳定性和可靠性。

17.8.1 陆上联调试验

1. 陆上联调试验的意义

航母电力系统由于设备众多、、系统结构复杂、运行方式灵活，为了化解技术风险，需要通过陆上联调试验进行关键技术性能指标的验证。通过陆上联调试验，可以达到以下目的：

（1）有利于系统设计的验证，航母电力系统复杂，需要通过电力系统陆上联调试验从系统的层面上，对电力系统的网络构架、稳定性、电力品质、安全性等众多问题进行考核验证，以降低电力系统设计风险，确保其研制一次成功，并满足总体研制进度，避免上舰后的反复。

（2）有利于各种性能接口和物理接口的验证，及时发现问题并在装舰前予以解决。在陆上条件下按装舰后的技术状态，对系统设计的正确性和合理性、系统功能和接口关系的完整性，可从系统的层面上进行较为全面的试验考核，尽可能将存在的问题或缺陷在陆上试验中予以暴露，并在装舰之前予以解决。

（3）有利于降低系泊试验的技术难度，电力系统的主要设备相互之间的接口关系众多且复杂，若提前在陆上进行联调试验，可以对主要装舰设备性能等进行充分考核验证，这样可大幅度降低系泊试验的技术难度。

（4）有利于缩短系泊试验的周期，从建造的时间进度考虑，进行陆上联调试验，在整个工期上由于可以节省在舰上的电力系统试验周期，所以有利于节省总建造工期。电力系统陆上联调试验是一个集机械系统、负载系统、控制系统、能源发生系统、水系统、油系统以及蒸汽系统等多系统配合的综合性试验，如果不进行陆上联调试验，直接在船上进行系统试验，受各种条件所限，将多花费较多的试验时间。根据实践表明，若航母电力系统进行全系统的陆上联调试验，将会大大缩短航母电力系统系泊试验周期。

总之，进行电力系统陆上联调试验可以减少系泊试验的周期和难度，暴露系统集成后的技术问题并能够及早处理解决，能够降低技术风险，支撑系泊航行试验，为系泊航行试验文件的编制打下基础。

2. 陆上联调试验内容

航母电力系统陆上联调试验主要是检查组成电力系统的设备成套性及接口协调一致性，检验电力系统在陆上连接状态下工作是否稳定、可靠，考核其性能是否达到技术规格书的要求、各设备的性能和质量是否满足技术要求。其重点是对系统设计进行验证，因此在航母电力系统陆上联调试验重点是电站部分试验和典型配电部分试验。

电站部分试验内容主要包括单机性能试验、电站内试验、电站间试验，各个部分的具体试验内容如下：

（1）单机性能试验主要考核机组性能，包括原动机、发电机、机组成套技术三方面的工作情况和技术指标，包括机组报警保护、调速性能、调压性能、负载及过载试验等。

（2）电站内试验主要考核本电站机组之间并联运行的性能是否满足技术指标要求，主配电板、监控台的控制功能是否达到规格书要求，设备之间的线路接口和功能接口是否正确，包括本电站机组并联试验、半自动功能试验、自动功能试验、报警保护试验等。

（3）电站间试验考核不同电站机组之间的并联运行的性能是否满足技术指标要求，整个电站系统的控制功能是否达到规格书要求、各电站设备之间的线路接口和功能接口是否正确，主要包括系统的报警、保护及参数显示试验、转换功能试验、控制功能试验、电站间机组并联试验、系统的半自动功能试验、系统的自动功能试验。

由于陆上不可能搭建实船上的所有配电设备试验平台，也没有必要搭建，因此在航母配电系统部分的陆上联调试验中仅考虑典型关键配电设备参加联调试验，配合电站进行开展相关的试验，主要包括典型配电设备（含配电板、电源转换装置等）功能试验、配电监测功能试验、卸载功能、配电转换功能试验、配电保护功能试验等。

3. 陆上联调试验流程

航母电力系统陆上联调试验中以电站部分试验为主线，其配电试验一般是结合电站试验的情况以合适的时机穿插其中。因此，陆上联调试验的流程主要以电站部分试验为主，如图17-2所示。

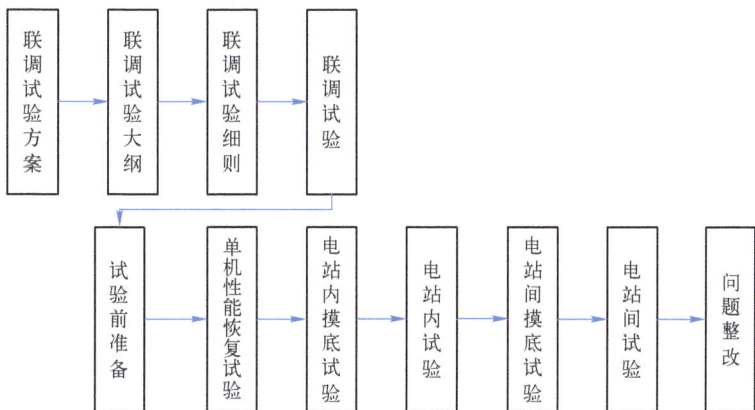

图17-2 ▏陆上联调流程

4. 陆上联调试验评估

按照联调试验细则的要求，完成相关试验项目并记录试验数据，通过对试验数据进行分析，对照系统及设备的技术规格书对试验结果进行评估，以判断系统设计是否成功，检验系统性能以及接口关系、设备的性能是否满足要求。

17.8.2 系泊航行试验

电力系统装舰后的试验主要包括系泊试验和航行试验。在系泊试验阶段，对于电力系统的性能指标进行充分全面的试验，试验内容丰富；在航行试验阶段，主要检查试验电力系统运行稳定性和与其他系统的匹配性、协调性。

1. 系泊试验

由于航母电力系统为全舰各系统及设备提供电能，其他系统设备的系泊试验需要依赖于电力系统基础上，因此电力系统系泊试验为全舰最早开展系泊试验的系统，其中电站部分试验是电力系统最先开展试验的部分，一般以柴油机组动车为全舰系泊试验开始的标志。电站部分试验完成后，便可以开展其他配电、照明等系统试验。

（1）系泊试验的目的。检查电力系统及设备物理接口的正确性，主要功能及性能指标的符合性和系统运行的稳定性、安全性。

（2）系泊试验的条件。试验用技术文件及图样准备齐全；试验用仪器仪表准备齐全；各组成设备安装状态、外形尺寸，以及系统各设备之间接口正确；各管路、附件、仪表连接正确，并处于工作位置；各连接处的密封情况良好；设备的电气接线正确并且可靠；所有电气设备的接线相序及极性正确，接地可靠。

（3）系泊试验的内容。按照电力系统组成情况，其系泊试验主要包括：发电机组及辅助设备试验；电站及监控系统试验；电力网及配电设备试验；事故电力网及设备试验；焊接网试验；岸电设备试验；照明系统试验；航行信号灯以及彩灯试验；直流管理系统试验；不间断电源装置试验。发电机组及辅助设备试验，电站及监控系统试验等，与陆上联调试验中的电站部分试验内容类似，主要在舰上环境条件下，考核各系统及设备的接口、主要功能、主要性能指标，以及运行的稳定性和安全可靠性。其他各系统及设备的系泊试验主要依据各系统试验册进行相关试验验收。

2. 航行试验

航母电力系统的主要试验任务是系泊试验，当系泊试验完成后，电力系统的各系统及设备一般应满足相关技术要求。

航行试验的目的是在常规航行条件下，全面检查电力系统及设备在航行状态下的工作协调性、稳定性和可靠性，因此电力系统航行试验以效用试验检查为主。航行试验的条件为系统及设备的系泊试验合格，并消除缺陷。

航行试验的内容与系泊试验内容的系统和设备基本相同，只是试验内容以效用试验检查为主，主要包括：发电机组及辅助设备试验；电站及监控系统试验；电力网及配电设备试验；事故电力网及设备试验；焊接网试验；岸电设备试验；照明系统试验；航行信号灯以及彩灯试验；直流管理系统试验；不间断电源装置试验。

17.9 电力系统技术发展趋势

航母电力系统的未来发展与航母总体的发展密切相关，未来航母总体设计将是船机电和武器系统一体化综合优化设计。航母电力系统需满足一代平台多代负载的要求，正向大型化、自动化、智能化的方向发展，并逐步呈现出向综合电力系统方向发展的趋势，更加注重应用新型区域配电、系统综合保护等新技术，以提高供电可靠性和生命力。具体表现在以下方面：

（1）电力系统装机容量大幅增加。随着电磁弹射装置及新概念武器等大功率负载上舰，全舰用电需求大幅增加，国外新一代航母电力系统装机容量已超过100MW级。

（2）对电力系统的智能化要求更高。配电网络结构逐步由环形或网形向区域配电网络方向发展；保护方式逐步由常规三段式电流保护向系统级综合保护方向发展；网络故障恢复方式由人工操作向自动重构方向发展；配电转换逐步由断电转换向不间断转换方向发展；电力监控逐步由电站自动化向电站与配电自动化复合方向发展，相应对于智能化电力系统提出了迫切需求。

17.9.1 超大容量电力系统

随着航母负载的不断增加，电气化程度不断提高，包括核反应堆相关的设备装机容量巨大，甚至有电磁弹射装置、高能武器等大功率冲击性负载的出现，导致航母电力系统的容量不断增加，超过100MW级的超大容量电力系统成为未来航母电力系统的发展方向。

随着电力系统容量增加的同时，电力系统在航母中的重要性也日益突出，核反应堆装置对于供电的可靠性、连续性和生命力等均提出了很高要求。其他负载如电磁弹射装置、高能武器等对于电力系统的要求也大大提高。

超大容量电力系统的出现是以大容量汽轮发电机组、大容量柴油发电机组、高压开关、大容量配电设备等设备为基础的。由于航母的空间是有限的，因此对于上述大容量设备的体积和重量提出了严格要求，最终体现在关键设备的功率密度需要不断提高，关键设备的使用寿命、可靠性等需要不断提高。

超大容量电力系统对于电力系统的网络构架、运行控制策略、综合保护、区域配电等系统级技术提出了很高要求，需要综合考虑超大容量电力系统和能源发生系统的匹配性等系统间的协调一致问题。从国外航母电力系统研制工作可以得到如下启示：

航母电力系统的发展经历了早期的系统容量不大、低压小功率机组、机组数量庞多、分为若干个区运行，后来的大容量系统、中压大功率机组、机组数量适中、电网联网运行或分为较大几个区运行，未来的超大容量电力系统、中压甚至高压机组、单机功率巨大、机组数量不多、系统联网运行等，整个系统具有容量大幅度增加的趋势，与此同时，也会采用更多的新装备和新技术。为了保证航母电力系统的利用率和可靠性，减少在航母上引入新技术带来的风险，一般需采用软件模拟、硬件仿真和全尺寸试验等进行评估验证。例如，美国在费城建立了试验基地进行全尺寸的电力系统陆上试验，并将在完成陆上试验后进行海试；英国也建立了陆上演示系统研究影响系统结构和设备选择的因素，包括舰船运行情况和任务、单台发电机组运行要求、故障检测与保护以及系统的稳定性，特别是电力系统方案对舰船的影响及系统综合问题。

航母电力系统设计应立足于通用化的发展目标，系统由一组模块组成并采用开放式结构，这种结构界定了以功能为基础的模块边界并确定了预定的接口标准，因而该系统可以实现通过最小的改变即可应用于一系列舰船，甚至不同的舰级设备系统之间的通用和兼容。同时，通过对相关功能模块的较小改变以包容未来的新技术。

17.9.2　智能化电力系统

随着海军装备技术的迅速发展和海上作战环境的巨大变化，世界各主要海军强国都在积极研究其舰船装备在新形势下的发展战略，特别是如何应对 21 世纪的新挑战。大型水面舰船的航母智能化是未来发展的方向。智能化航母可以凭借其智能化的作战、防御体系以及其他辅助系统大大提高舰船战斗力及战场生存能力，降低操控的复杂程度，有效减少船员人数，降低战场伤亡率。

航母作为一个复杂的整体，其智能化的内涵即是实现舰船上各个分系统的智能化。航母智能化研究旨在针对航母导航系统、武器系统、防御系统、动力系统、电力系统、操控系统等方面展开智能化研究。航母电力系统智能化也是航母电力系统的未来发展方向。

在陆地电力系统方面，国内外广泛展开了智能电网的研究。虽然舰船电力系统与陆上电力系统有着许多不同之处，但陆上智能电网的很多理念可以借鉴舰船电力系统。随着智能化电力技术的发展，从而实现全舰能量综合利用与统一管理。因此，舰船智能化电力系统要采用新的保护方法和技术，进行优化管理智能电网的应用，可实现资源优化配置，从而保证电能质量，提高供电可靠性。

以舰船智能化中的舰船能量管理系统为例，随着航母电力系统容量的急剧增加，电力系统装机容量、电力系统主网络构架都发生了深刻的变化，尤其是高能武器和飞机电磁弹射系统等大功率负载的出现使航母电力的发电、配电、运行管理等变得异常复杂，为了使系统稳定运行，必须在充分掌握各种负载特别是大功率负载运行特性的基础上，研究各个负载的功率控制和协调运行性能。在保证电力系统稳定运行的基础上，提高各个负载乃至舰船的战技性能。

参 考 文 献

［1］邵开文，马运义. 舰船技术与设计概论［M］. 北京：国防工业出版社，2005.

［2］王焕文. 舰船电力系统及自动装置［M］. 北京：科学出版社，2004.

［3］何仰赞. 电力系统分析［M］. 武汉：华中理工大学出版社，1996.

［4］章以刚. 舰船供电系统和装置［M］. 哈尔滨：哈尔滨工程大学出版社，2007.

［5］孙诗南. 现代航母［M］. 上海：上海科学普及出版社，2000.

［6］庞科旺. 船舶电力系统设计［M］. 北京：机械工业出版社，2010.

［7］董飞. 舰船电力系统的潮流计算及暂态稳定性研究［D］. 武汉：中国舰船研究设计中心，2011.

［8］李海凤. 平台发电机的容量计算与选择［J］. 科技信息（学术研究），2008，（7）：103 – 104.

［9］章强. 船舶电力系统设计研究［D］. 大连：大连海事大学，2009.

［10］沈恒. 48000DWT 油轮电力系统设计研究［D］. 广州：华南理工大学，2013.

［11］张江龙. 船舶电力系统的分析与设计［D］. 大连：大连海事大学，2010.

［12］王焕文，刘土光. 船舶交流电力系统短路计算软件开发［J］. 船舶工程，2004，26（4）：61 – 63.

［13］梁旭东，马玲.船舶电力系统电能质量研究［J］.中国修船，2007，20（6）：34－36.

［14］王人明，吴宏.舰船事故配电系统探讨［J］.船舶，2008，（5）：45－49.

［15］尚成枝，王德明，等.舰船环形区域配电结构及可靠性分析［J］.船舶，2008，（6）：34－37.

［16］白继嵩.舰桥视觉环境人机工程设计及其应用［D］.哈尔滨：哈尔滨工程大学，2011.

［17］曾胜旗.网络技术在舰船机舱集中监控中的应用［D］.武汉：华中科技大学，2007.

［18］刘关根.船舶交流系统单芯电缆敷设的特殊措施［J］.造船技术，1989，（4）：20－22.

［19］蔡睿眸.18000t半潜船交流中压电缆、单芯电缆的敷设技术要求［J］.广船科技，2002，（3）：13－15.

［20］马伟明.舰船电气化与信息化复合发展之思考［J］.海军工程大学学报，2010，22（5）：3－4.

第**18**章
船舶保障系统

　　航母的船舶保障系统极为庞大，下属的多个系统（如水灭火系统、空调通风系统、水幕洗消系统等）为全舰性系统，管系、设备、附件遍布于全舰数个千舱室。其中，水灭火系统管线总长度超过 10km，各类阀门数量超过 1000 个；空调通风系统配置有各类空调、风机数百台，全舰通风风管重量可达数十吨。

　　船舶保障系统各系统之间、与外部系统之间接口繁多，控制逻辑复杂，尤其是损管监控系统和水灭火监控系统。损管监控系统与几乎所有消防子系统均存在复杂的逻辑控制关系，根据不同的损管工况进行不同的损管控制。水灭火监控系统可对水灭火系统所有水泵、主要控制阀门进行自动、遥控控制，可根据系统压力自动启动消防泵，在极端情况下，可强制切断水幕系统等水消耗量较大的用户，以确保满足水消防用户的需求。

　　系统庞大、接口繁多、控制复杂等特点给船舶保障系统的设计、建造工作提出了较高的要求。

　　航母对消防系统的设计予以特别的重视。由于航母舰体庞大，装备复杂，携载数千吨燃油、数百吨弹药等易燃易爆物，舰载机在起降过程中存在许多不确定因素，发生飞行事故的概率高于岸基飞机，因此，引发航母发生火灾和爆炸事故的因素远远多于其他任何类型的舰船。国际上已发生了多起航母火灾事故，1981 年 5 月，美国一架 EA – 6B "徘徊者"电子战飞机在"尼米兹"号航母上着舰时引发了重大火灾事故，共 14 人死亡、42 人受伤、11 架飞机被损毁；2009 年 1 月，正在地中海希腊海域进行军演的俄罗斯"库兹涅佐夫"号航母发生火灾，一名水兵在救火中丧生；美国"企业"号航母多次发生火灾……由此可见，要保障航母安全和战斗力，消防问题非常重要。航母的飞行甲板与机库是航母舰载机作业或停放区域，同时也是火灾事故易发区域，需要安装完善的消防系统，以确保火灾发生时把损失减少到最低。

　　不同于常规的驱护舰，航母的船舶保障系统还设有一些特殊的装备，如在航母飞行甲板上一般配备了飞行甲板消防车，能够在飞行甲板发生火灾时，以最快的速度赶赴现场控制、扑灭甲板的初期火灾；在机库设有数道防火帘，当机库发生火灾时可将庞大的机库隔离成数个相对独立的防火区域，以避免火灾蔓延至整个机库造成不可逆转的灾害；为保障航母的航空燃油的储存和使用安全，还设置了氮气系统等特殊的系统。

18.1.1 系统功能

船舶保障系统的主要功能如下：

（1）预防、限制和扑灭舰上由于各种原因所产生的火灾、防止爆炸。

（2）对全舰可能遭受的各类火灾、各类爆炸等危险实时监测和报警，实施有效的控制。

（3）对全舰破损浸水进行监测和报警，一旦出现船体破损或浸水等危险，调集损管器材和启动应急排水设施，保证舰船正浮稳性。

（4）具备对核、生、化武器的侦测、防护及洗消能力。

（5）保障平时和战时舰上人员、食品和设备对环境空气品质的需求，合理控制环境的温度、湿度。

（6）满足全舰各类污水、各类固体垃圾的收集、处理、转运和达标排放的需求，严格控制舰船对海洋环境的污染。

（7）保障全舰部分电子设备、武器装备、航空保障设备及部分机电设备的冷却（或加热）需求。

（8）保障全舰对洗涤水、饮用水、冷媒水、蒸汽、压缩空气、氧气、氮气等通用性资源的供应需求。

（9）保障舰员居住、日常餐饮、医疗救护、生活卫生等生活需求。

18.1.2 系统组成

船舶保障系统一般由消防系统，损管监控系统，舰船姿态平衡系统，舱室大气环境控制系统，环境污染控制系统，日用水系统，压缩空气系统及其他流体系统，核生化防护系统，生活保障系统等9个大的子系统组成，每个大的子系统又划分若干小的系统。

各个子系统的组成如下：

（1）消防系统主要包括水消防系统、泡沫灭火系统、气体消防系统及其他灭火设施等。

（2）损管监控系统主要包括火灾探测与灭火控制系统，特种舱室和部位防火、防爆监控系统，破损抗沉及姿态平衡监控系统，损管模拟训练系统，损管辅助决策系统等。

（3）舰船姿态平衡系统主要包括纵、横倾平衡系统，压载系统，应急排水系统等。

（4）舱室大气环境控制系统主要包括供暖和日用蒸汽系统，空调冷媒水系统，冷藏系统，舱室空调通风系统。

（5）环境污染控制系统主要包括油污水系统、黑水系统、灰水系统、压载水处理系统、固体垃圾收集处理系统等。

（6）日用水系统主要包括日用淡水系统、日用海水系统、舱底疏水系统、甲板漏水系统等。

（7）压缩空气系统及其他流体系统主要包括压缩空气系统、气动控制系统、氧气系统、氮气系统、区域液压系统等。

（8）核生化防护系统主要包括核生化监控系统、集体防护系统、水幕洗消系统等。

（9）生活保障系统主要包括膳食服务系统、医疗救护系统、生活服务系统等。

18.1.3　系统一般设计要求

除生活保障系统外，船舶保障系统主要由设备、管路、阀件、管路附件等组成。船舶保障系统管系及主要设备的一般设计要求如下：

（1）船舶保障系统及其主要设备应满足相关标准以及航母所特有的环境适应性、可靠性、维修性、安全性、测试性、保障性，以及抗冲击、振动、噪声、防护等要求。

（2）在管系设计中，应根据管系中介质特性、工作温度、工作压力、流量、流速的要求与限制合理选用管路材料，计算管路管径及壁厚。

（3）管路穿过主防火隔壁及重要舱室的防火分隔时，应按相关标准和相关设计文件要求采取防火措施，以保证防火分隔的耐火完整性。

（4）当管子穿过防爆舱室时，应采取防爆措施，并应特别注意在管路、附件的连接处以及管路和舱壁之间采取接地跨接措施，以防静电集聚。

（5）当管子穿过水密结构时，应采用通舱管件或焊接座板；当某一水密舱段浸水可能通过开式管路影响另某一水密舱段时，应在该管路上设置截止附件，以保证水密结构的完整性。

（6）应重视并采取措施做好管路系统防腐防污防漏的设计工作，管系设计时根据介质特性选用材料以保证其耐腐蚀性能；为防止海生物对海水管系的侵蚀、污染以致堵塞，可采取防海生物污染措施。

（7）对于高压设备、管路系统，除了在结构强度方面予以充分保证外，还应设置超压保护装置，以确保高压设备的安全。对于压力可能超过设计压力的管路或压力容器，应在该管路或压力容器上设置安全阀或其他安全保护装置。

（8）管路设计时应考虑管路系统表面温度，一般要求管路表面温度不大于60℃，对于低温管路要求管路表面不产生凝露。如需热绝缘保证，应考虑热绝缘材料的厚度、隔热性能、防火性能等。

（9）应控制制氧装置吸入空气的品质；制氧装置工作舱应设氧气浓度分析仪和防爆通风系统。

（10）制氮装置工作舱应设氧气浓度分析仪和通风系统，在高压区应设置明显的警告标志并采取其他保护措施。

（11）应控制氧气管路中氧气的流速。采用低碳管路材料，保证管路安全。

（12）产生较大振动的设备，除其本身应采取必要的隔振措施外，且其与管路的连接应采用柔性连接。

（13）一般要求淡水管不应穿过油舱，油管不应穿过淡水舱，如不可避免时，应在油密隧道或套管内通过。其他管子必须通过油舱时，管壁应加厚，并不应有可拆接头。

（14）各类液舱、需设置喷水、浸水的舱室等，需设置通气管，以免鼓舱或会影响注入速度。

18.2 > 消防系统

航母消防系统包括水消防系统、泡沫灭火系统、气体消防系统及其他消防设施。

18.2.1 水消防系统

水消防系统包括水灭火系统、喷雾系统、喷水和浸水系统。

1. 水灭火系统

水灭火系统作为常规的消防系统不仅存在于陆上建筑。对于船舶来讲，水源丰富，用之不竭，所以各型舰船都设有水灭火系统，航母也不例外。水灭火系统灭火机理主要是依靠消火栓喷出带压水流或喷雾，通过冷却、稀释空气中的含氧量、稀释水溶性可燃和易燃液体、水力冲击、乳化可燃液体等作用，从而控制或扑灭舰上火灾。

水灭火系统一般由消防泵、隔离阀、消火栓（含水龙带和水枪）、国际通岸接头、管路和附件等组成。水灭火系统的功能是使用手持式两用消防水枪（水柱/水雾型）用股状或雾状水流进行灭火。水灭火系统的工作原理是消防泵通过海底阀箱吸入舷外海水，经过消防泵加压后，通过消防管路输送至遍布全舰的消火栓及其他相关用户，满足系统的使用需求。

水灭火系统一般设计要求如下：

（1）消防泵的总排量应满足系统最大用户的使用需求，同时泵应具备足够的压力，保证相关用户的使用压力。

（2）由于海水中存在不洁杂物，所以进入水灭火系统管路的海水必须是经过过滤的海水，在泵入口处应设置海水滤器；为了减小泵运行时所产生的噪声，消防泵应采取隔振降噪设计；对于蒸汽动力的航母，消防泵既可以是汽轮消防泵，也可以是电动消防泵。

（3）消防泵根据系统使用情况，可以采用自控、遥控和手动三种运行模式，以减轻舰员的作业强度，提高工作效率。

（4）消火栓的安装应便于人员操作使用。

（5）消防软管的两端均应有速拆接头。所有消防软管都应配有两用消防水枪（水柱/水雾型水枪）。

2. 喷雾系统

随着细水雾灭火这一绿色技术的发展，消防系统可以采用水滴粒径相对微小的细水雾系统。按工作压力，船舶细水雾灭火系统可以分成低压系统（管网工作压力小于或等于1.21MPa）、中压系统（管网工作压力大于1.21MPa、小于3.45MPa）以及高压系统（管网工作压力大于或等于3.45MPa）。

喷雾灭火系统是辅助灭火系统，其功能是灭火和控火，机理包括冷却和窒息两个方面。喷雾系统的一般设计要求如下：

（1）喷雾系统可设计成：单相流系统或双相流系统；局部应用系统和全空间应用系统或分区应用系统；湿式系统或干式系统；组合分配系统或单元独立系统等，应用这些系统主要视防护处所的要求而定。

（2）喷雾管网的喷头数量应按防护舱室的耗水量和单个喷头的流量来确定。

（3）在防护舱室内应规定可以用泄放的方法或用压力不超过喷雾系统工作压力的压缩

空气吹除的方法来疏干和吹除系统的喷雾管路及附件的积水。

（4）细水雾灭火系统适用于 A、B、C 类及带电设备的火灾。高压、低压细水雾灭火系统的原理分别如图 18-1 和图 18-2 所示。

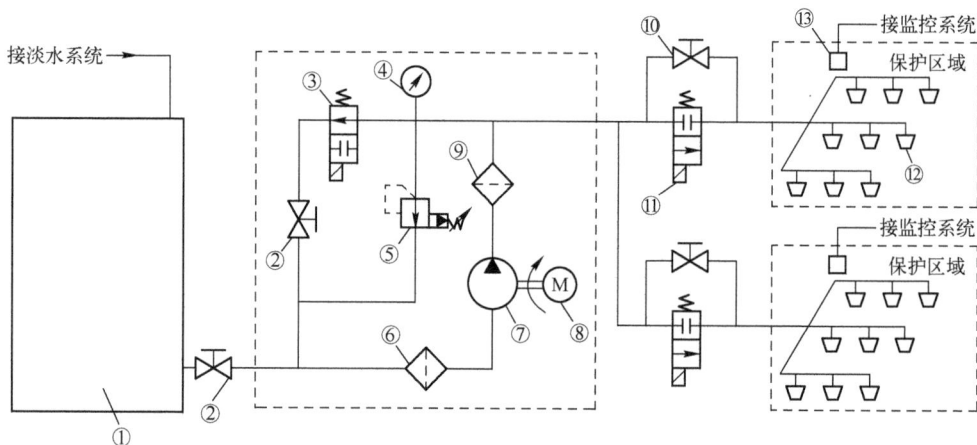

图 18-1 ▌高压细水雾灭火系统的原理

1—水箱；2—截至阀；3—电磁水阀；4—电接点压力表；5—溢流阀；6—过滤器；7—高压水泵；
8—电机；9—高压过滤器；10—旁通阀；11—分区遥控阀；12—高压喷头；13—火灾探测器。

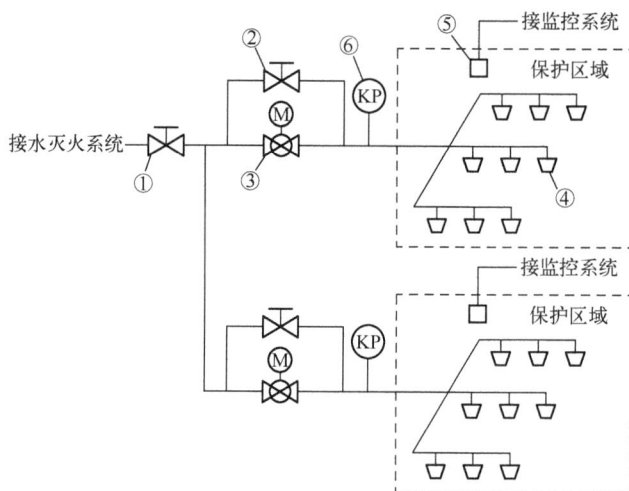

图 18-2 ▌低压细水雾灭火系统的原理

1—截至阀；2—旁通阀；3—分区遥控阀；4—低压喷头；5—火灾探测器；6—压力开关。

3. 喷水和浸水系统

喷水和浸水系统包括弹药舱喷水和浸水系统和一般舱室喷水和浸水系统，设置在弹药舱和存放高压气瓶的舱室，以及容易发生油气聚集的部位，以降低相关部位的温度。

喷水系统一般利用水灭火系统提供水源，包括管路、喷头和控制阀件。浸水系统包括浸水泵（可选）、喷头、格栅和控制阀件。

喷水和浸水系统的一般设计要求如下：

（1）喷水系统可以根据被保护部位的情况设计成干管或湿管式。

（2）喷头的数量应满足喷洒强度要求，保证在被保护部位能快速形成降温梯度，喷头的布置要结合被保护处所内设备的布置情况，均匀布置，以免出现盲区。

（3）被保护部位，若在水线以下，可以采用自流浸水系统；若在水线以上，则可以设计成机动浸水系统；浸水系统应设计两道进水控制阀门，均能远距离遥控。

（4）设有浸水系统舱室，其顶部设有通向开敞甲板部位的通气头。

18.2.2 泡沫灭火系统

按泡沫生成的机理，泡沫灭火剂可分为化学泡沫灭火剂和空气泡沫灭火剂两大类。空气泡沫灭火剂又可分为低倍数泡沫灭火剂、中倍泡沫灭火剂和高倍泡沫灭火剂三种。泡沫发泡倍数在 20 以下的，称为低倍数泡沫灭火剂；发泡倍数为 21～200 的，称为中倍数泡沫灭火剂；发泡倍数为 201～1000 的，称为高倍数泡沫灭火剂。

高倍数泡沫灭火系统，泡沫可以迅速充满着火区域，覆盖燃烧物，将空气与燃烧物隔绝，冷却燃烧物表面并降低燃烧物附近的氧气浓度，使火焰窒息。

低倍泡沫灭火系统使用的泡沫灭火剂为一般水成膜泡沫灭火剂，泡沫灭火剂贮存在泡沫灭火装置内，并通过系统的喷头喷出泡沫，用于扑灭或控制甲板上因意外而发生的"B 类"油火。水成膜泡沫灭火主要是靠泡沫，其次是水膜，当泡沫喷洒至燃油表面时，泡沫一方面在油面散开，并析出液体冷却油面，另一方面在油面上形成一层水膜，与泡沫层共同抑制燃油蒸发，使燃油与空气隔绝，并使泡沫迅速向未覆盖的油面扩散，加速灭火。

泡沫灭火系统由泡沫灭火站（含灭火剂，灭火剂贮存舱或罐、比例混合器、泡沫泵、控制箱等）、泡沫发生器、管路和控制阀件等组成。

泡沫灭火系统一般设计要求如下：

（1）目前常用的泡沫灭火系统，按泡沫液与水混合输送方式，可分成环泵式比例混合输送流程、泵吸入式比例混合输送流程、正压比例混合输送流程、泡沫泵压入式比例混合输送流程、水轮驱动式比例混合输送流程等几种。

（2）高倍泡沫灭火剂的储备量足以产生 5 倍于最大的一个被保护处所容积的泡沫量，并可以灭火三次，高倍数泡沫发生器的泡沫产量满足被保护处所每分钟至少铺盖 1m 的厚度的要求。

18.2.3 气体消防系统

航母气体消防系统包括气体灭火系统、惰性气体系统和蒸汽灭火系统。

1. 气体灭火系统

气体灭火系统以其良好的灭火性能在舰船设计中得到普遍应用，按使用场合可以分为全淹没式灭火系统和局部应用系统两种型式。气体灭火系统包括气体灭火站和管路及喷头，气体灭火站内布置有灭火剂贮存瓶、启动瓶、驱动气瓶和控制阀件等。

航母全淹没气体灭火系统用于扑灭容易产生"油类"或"电气类"火灾的重要部位。气体灭火系统的灭火机理是利用卤代烷对物质燃烧的化学反应起负催化作用，使燃烧过程中的化学连锁反应的链传递中断而促使燃烧终止。

气体灭火系统一般设计要求如下：

（1）灭火站布置在被保护舱室以外且便于到达的地方；为保证系统生命力，保护同一类舱室的灭火站应沿舰长方向，分布在两舷。

（2）系统喷头的布置，必须保证卤代烷灭火剂分布均匀。

（3）灭火剂喷射终了时驱动气体的压力，对卤代烷不应低于规定压力。

（4）各被保护舱室的卤代烷灭火剂液态喷射时间不超过有效时间。

（5）灭火管路上设有压缩空气接头，以便定期用压缩空气吹洗灭火管路和喷头。

2. 惰性气体系统

为了保证航母上大量航空燃油的安全储存和使用，在航空燃油舱内设有惰性气体系统，惰性气体可以是来源于舰上的锅炉烟气或舰上氮气制备系统所产生的氮气。

惰性气体系统对航空喷气燃料舱的自由空间充注惰性气体，通过控制喷气燃料舱里的氧气浓度，使之在8%以下实现喷气燃料舱的防爆要求。

惰性气体系统一般设计要求如下：

（1）惰性系统设置为自控状态，使得系统能随时向航空喷气燃料舱充注惰性气体，保证舱内成惰性状态。

（2）惰性气体系统至少应能以舰船最大卸油率的125%的速率（以体积计）向航空燃料舱输送惰性气体。

（3）应设有能用新鲜空气清除油舱内气体的设施。

3. 蒸汽灭火系统

蒸汽灭火系统由管系、蒸汽集管和阀件等组成。

蒸汽灭火系统按照用途可以分为动力油舱蒸汽灭火和蒸汽弹射槽道蒸汽灭火。蒸汽是不燃的惰性气体，是船上的一种廉价灭火剂，它能稀释或置换油舱内的可燃气体和助燃气体，并降低这两种气体的浓度，从而达到有效抑制或窒息灭火的作用。

蒸汽灭火系统一般设计要求如下：

（1）蒸汽灭火系统的布置，可以根据具体情况，采用分组或几种布置形式；对于航母采取分组形式，根据油舱分布情况，按区域分成若干组，每组设一个分配箱，控制被保护舱室的蒸汽释放。

（2）动力油舱蒸汽灭火喷口的布置，应设在舱室的顶部，并均匀布置；蒸汽管路应沿其他管路同向布置，采取适当防护措施。

（3）提供蒸汽的锅炉，应能随时提供蒸汽。

（4）动力油舱蒸汽灭火系统使用的蒸汽为饱和蒸汽。

（5）动力油舱蒸汽灭火用蒸汽量按最大一个被保护处所总容积计算。

18.2.4　其他消防设施

其他消防设施包括可移式灭火器材、防火帘和消防车等。

18.3 ＞ 损管监控系统

在舰艇上，一切保障舰艇生命力的活动统称为舰艇损害管制（简称损管）。损管监控系统作为损害管制的重要组成部分，主要用于全舰损害或意外事故的监控，实现全舰危害监测和报警，对全舰必要舱室或部位的安全设施进行有效的自动控制或远距离遥控控制，对舰上重要的信息进行状态显示，并实现专家辅助决策。航母损管监控系统主要功能内容包括：防火防爆与灭火；破损抗沉及姿态调整；防止和消除核化生武器侵害等。

航母损管监控系统的任务使命就是为了预防航母损害或意外事故的发生及对本舰可能发生的损害进行实时监测、报警和及时有效的控制，以保持和恢复航母的生命力和战斗力。

航母损管监控系统通常包含以下 5 个方面的功能：

（1）火灾探测、报警与灭火控制。

（2）爆炸危险探测、报警与抑爆控制。

（3）破损抗沉及姿态平衡监测、报警与控制，包括破损进水、液舱液位、舰的姿态监测、报警与舰的姿态调整、抗沉排水控制。

（4）核生化危险探测、报警与控制以及集防区信息复示功能（见 18.9 节）。

（5）火灾灭火与破损抗沉辅助决策。

18.3.1　火灾探测、报警与灭火控制

损管监控系统的火灾探测、报警与灭火控制能主要对舰上常规舱室和部位的火灾进行探测，对相关的消防系统及设施进行监控，包括：水灭火系统及设施；气体灭火系统及设施；泡沫灭火系统及设施。

常规舱室火灾探测与灭火控制设备的工作原理是，系统设置的传感器将被监测的压力、阀门和舱门的开关状态、设备的运行状态等的物理信号转换为电信号后就近送至系统监控箱，经数字化处理后通过本损管区域的网络传送给显控台；各个损管区域的感温探测器、感烟探测器、防爆感烟探测器、火焰探测器、复合探测器和手动报警按钮由本区域损管显控台内的火灾报警控制器通过总线连接成火灾探测回路，各个火灾探测器探测到火灾后，将信息传给火灾报警控制器，火灾报警控制器通过现场总线方式将报警信息传给区域损管显控台。

各个损管区域显控台将人工控制指令转换为电信号后传输给系统中的末端执行元件，执行元件将电信号转换为物理信号，从而实现对动力舱进、抽风机、焚烧炉、泡沫灭火设施、气体灭火电爆管和防火区的空调通风设施的应急远程控制。

1. 火灾探测与报警功能

常规舱室火灾探测与报警功能主要对舰上机电设备舱室、生活服务舱室、指挥控制舱室及通道的日常火灾危险进行监测和报警。

常规舱室火灾探测与报警设备由火灾报警控制器、火灾探测器（感烟探测器、感温探测器、复合探测器等）、火灾手动报警按钮、火警声光报警器、延伸报警器、接线箱等设备组成。

根据被保护舱室和部位的环境条件、火灾的危险程度和火灾发生时的燃烧产物，分别选用不同技术性能的火灾探测器（包括感烟、感温、感光或复合型等），并据此确定探测报警值，以保证系统能正确、迅速地探测被保护舱室和部位可能发生的各种类型火灾。探测器一般采用智能型。

在每层甲板的通道、指挥控制舱室、机炉舱、电站适当部位设有手动火灾报警按钮。

探测器和手动报警按钮的布置应分成若干个分区。任何火灾探测器或手动报警按钮动作时，相应的损管部位应发出声、光报警信号，并能显示该探测器或手动报警按钮所在位置和编号，且应具有记忆功能。如果报警在规定的时间内未引起注意，则还应在驾驶室、机电长

住室、值班室等舱室和部位发送延伸报警声、光信号，并自动启动全舰公用处所的火警警铃系统。

探测器的安装部位应能保证取得最佳的探火功能，并使所有潜在的失火点均能探测到，且应不致受灰尘、气流、油雾或热气的影响而产生误报警。

此外，该功能还包括对全舰相关防火门和防火盖开关状态进行监测和显示。

2. 灭火监控功能

灭火监控功能实现了对气体灭火系统的气体灭火施放信号、超压泄放报警信号、空调通风系统设施启闭状态、被保护舱室舱门舱盖开关状态等进行监测。

当舱室火灾探测器动作后，能够在损管显控台上或各被保护舱室门口的气体灭火遥控施放箱上对本区域舱室的气体灭火设施进行遥控。开启气体灭火系统的同时，联动切断相应舱室的通风设施，经一定时间延时后，进行气体灭火剂施放，以保证人员迅速安全撤离。气体消防系统必须在舱内火警探测器动作时才能解锁手动启动气体灭火施放按钮。

灭火监控功能还实现了对高倍泡沫灭火设施的状态监测和遥控启动。控制方式与气体灭火系统相同。开启泡沫灭火设施时应保证高倍泡沫灭火装置能够从外界得到新鲜空气和自然排风。

灭火监控系统也能对喷雾系统设施状态进行监测、显示、故障报警与控制。

18.3.2 爆炸危险探测、报警与抑爆控制

爆炸危险探测、报警与抑爆控制功能主要针对机库及飞行甲板、全舰弹药舱、喷气燃料相关部位的温度、火灾、可燃气体浓度等危险进行有效的监测，并根据需要对相关安全设施实施不同方式的控制，主要包括机库及飞行甲板安全监控、弹药舱安全监控、喷气燃料安全监控等功能。

1. 机库及飞行甲板安全监控功能

机库安全监控功能指的是对舰上机库各种危险及相关安全设施进行监测与控制，包括对机库内火灾和可燃气体浓度进行监测与报警，对机库通风系统、机库消防系统和门的状态进行显示、故障报警和控制。实现机库安全监控功能的设备主要包括显控台、报警控制器、现场灭火遥控施放箱、安全监控箱、信息采集箱、末端的传感元件和组合式报警装置等，机库内的探测器能对机库进行全方位的保护，对火灾进行监测与报警；设置感温探测器，对机库环境温度进行监测，实现的具体功能如下：

（1）能对机库可燃气体浓度进行监测，浓度超标时显控台发出报警声、光信号并自动启动机库防爆通风系统，直至可燃气体浓度降至设定的安全值。

（2）能对库内设置的固定式消防设施状态进行实时监测和故障报警；机库消防系统可以进行现场遥控、区域遥控和集中遥控。当机库发生火灾时，能在显控台上应急关闭机库防爆通风系统。

（3）能对飞行甲板消防系统的状态进行监测和故障报警，并且当飞行甲板发生火灾时，能对飞行甲板消防系统进行遥控。

（4）当机库发生火灾时，设置与机库内的组合式报警灯柱应能发出火灾声光报警，当机库消防系统启动时，设置与机库内的组合式报警灯柱应能发出施放声、光报警，以提示人员尽快撤离。

2. 弹药舱安全监控功能

弹药舱安全监控功能主要指对舰上弹药舱的各种危险及相关安全设施进行监测与控制，包括对弹药舱内温度、压力、火灾、高水位等危险进行监测与报警，对弹药舱空调通风系统、消防系统、浸水系统、排气盖装置进行状态显示、故障报警和控制。实现弹药舱安全监控功能的设备主要包括显控台、弹药舱自动监控设备、传感器等，弹药舱安全监控显控台通过区域子网从现场监控设备获取弹药舱的安全信息、弹药舱消防设备及空调通风系统的状态信息，实现的具体功能如下：

（1）可根据需要在相应损管站遥控启动弹药舱的消防设施，或在弹药舱门口的现场遥控接通箱上对该舱室的各消防设施进行遥控。

（2）在弹药舱内设有温度传感器和压力传感器，当舱室温度或压力达到报警值时，系统发出预警或火灾报警信号，火灾报警时能自动启动该舱室的消防设施，联动关闭该舱室的空调系统。

（3）在航空弹药舱设置可燃气体浓度探测器，当舱内可燃气体浓度达到报警值时，系统发出可燃气体浓度超标报警信号并自动启动弹药舱空调通风系统风机。

（4）能对弹药舱内的浸水高位以及舱门的开关状态进行监测与报警。

3. 喷气燃料安全监控功能

喷气燃料安全监控功能指的是对舰上的喷气燃料隔离舱、泵舱、加油站等相关舱室的火灾和可燃气体等危险进行监测，并对其设置的消防和抑爆安全设施进行控制。实现喷气燃料安全监控功能的设备主要包括显控台、总线控制器、电源箱、灭火控制箱以及各种传感器等，喷气燃料安全监控台位通过网络接收各监控区域内的现场监控设备传输的舱室火灾和可燃气体、氧气浓度和舱门开关状态等物理信号等信息，并能在区域显控台进行消防设备的遥控，实现的具体功能如下：

（1）能对喷气燃料隔离舱、喷气燃料泵舱、加油站、酒精贮藏舱等舱室的燃气体浓度以及舱室内的火灾进行监测与报警。当喷气燃料隔离舱、喷气燃料泵舱以及加油站内的可燃气体浓度超标时，可发出可燃气体浓度下限报警声、光信号并自动启动防爆通风系统，直至可燃气体浓度降至安全值。必要时还应强制停止所有喷气燃料泵，以确保喷气燃料相关部位的安全。

（2）当对喷气燃料隔离舱、泵舱气体灭火系统施放操作时，能联动切断该舱室通风系统；同时具有施放延时功能，以便在发出灭火剂施放信号后的延时期间内撤销灭火操作指令。同时在舱室内的组合式报警灯柱应能发出火灾声光报警，提示人员尽快撤离。

（3）能对氮、氧气制备和储存舱室的温度和氧气浓度进行监测与报警。当舱室内的氧气浓度超过浓度上限或低于浓度下限时，系统发出预警声、光信号并自动启动防爆通风系统，直至氧气浓度恢复正常。

（4）能对喷气燃料油舱压力进行监测与报警，并根据压力自动控制氮气惰化系统的启停。

18.3.3　破损抗沉及姿态平衡监控

破损抗沉及姿态平衡监控的功能：消除本舰发生的破损，实现全舰破损状态监测和损害报警；对舰上重要的姿态信息、液舱液位进行状态监视和显示；利用专家辅助决策；对破损抗沉和姿态平衡的主要设施进行及时、有效的远距离遥控，从而达到舰的浮态调整、抗沉控制。实现破损抗沉及姿态平衡监控功能的设备主要包括传感器、监控箱、监控台、显控台等，破损抗沉及姿态平衡监控底层设备的信息通过现场总线将信息传至显控台，显控台通过平台网与其他显控台共享信息，实现的具体功能如下：

（1）能对舰上淡水舱、污水舱、纵倾平衡舱的液位进行监测、显示与报警；在各水密舱进行浸水监测、显示与报警；能在显控台上对舰的吃水、横倾角、纵倾角等舰船姿态信息进行监测、显示与报警；对水密周界的气动阀件进行状态监测和控制。

（2）能对横倾平衡系统、纵倾平衡系统、压载水系统、应急排水系统的主要设施进行状态显示与故障报警。

（3）能根据弹药舱、喷气燃料隔离舱的浸水和排水需求，对相应弹药舱和喷气燃料隔离舱浸水和排水系统相应的泵和阀件进行遥控。

（4）能对舰的吃水进行测量，能通过平台网接收舰船纵、横倾角信息，液舱、弹药舱、飞机以及食品的装载量，并能进行舰的姿态报警。

（5）能根据姿态调整指令给燃油、滑油注入和输送监控系统，或遥控横倾平衡系统、纵倾平衡系统、压载水系统等设施，实现姿态调整。

18.4 > 舰船姿态平衡系统

舰船姿态平衡系统的主要功能是在航母非破损或破损情况下，调整和控制舰的浮态、稳性和储备浮力，快速、安全、可靠地在规定时间内将舰体浮态调整和扶正到舰上装备能够有效使用的规定范围内，为舰载机的安全起降提供一个不大于作业临界值的浮态条件，保障航母的作战能力和生命力。

舰船姿态平衡系统属全舰性系统，包括纵倾、横倾平衡系统，压载水系统和应急排水系统，实现航母的纵倾调整、横倾调整、舷侧压载防护、抗沉排水等功能。

18.4.1 纵倾、横倾平衡系统

1. 系统功能及组成

纵倾、横倾平衡系统主要用于实现航母的纵、横倾平衡调整功能。全舰设若干对专用横倾平衡液舱、应急横倾平衡液舱、备用横倾平衡液舱、溢流横倾平衡液舱，若干个专用纵倾平衡液舱、应急纵倾平衡液舱、备用纵倾平衡液舱。

当航母未破损时，利用航母的纵倾平衡液舱和横倾平衡液舱，通过调纵倾泵和调横倾泵注入或排出海水来调整航母的纵倾和横倾，以及采取燃油调拨措施进行纵倾和横倾调整。对于设置有抗横倾系统的航母，利用抗横倾设施调整航母横倾。

纵倾、横倾平衡系统一般由动力源（调倾泵）、控制设备、遥控阀件、溢流平衡设施、管路及附件等组成。

纵倾、横倾平衡系统原理是通过调倾泵注入或排出舷外海水方式，调整平衡水舱的注排水量来改变扶正力矩，使航母回复到平衡状态。

2. 系统一般设计要求

（1）纵倾、横倾平衡系统的平衡调整能力需求，即横倾平衡液舱和纵倾平衡液舱的注

水和排水完成时间应满足航母规定的设计指标要求。

（2）横倾平衡液舱、纵倾平衡液舱和溢流平衡舱的位置及舱容，由航母的总体性能及总体布置所确定。

（3）根据横倾平衡液舱和纵倾平衡液舱的容积和布置，纵倾、横倾平衡系统中，可使用如下方法向平衡液舱注水和排水：

① 平衡液舱用海水自流注水、调倾泵排水。

② 平衡液舱用调倾泵注水或排水。

（4）系统设计根据系统的功能按全舰设计原理或独立分段式设计原理进行设计。

（5）纵倾、横倾平衡系统的平衡调整能力需求确定系统调倾泵的能力，调倾泵的排量主要取决于其作业平衡液舱内的液体注、排水所需时间，可按下式进行计算：

$$泵排量 = \frac{调拨量}{所需调拨时间} \times 1.25 \tag{18-1}$$

（6）为了横倾平衡液舱和纵倾平衡液舱的注水和排水，调倾泵允许使用排水泵、疏水泵和压载泵。使用独立泵时其流量按第（5）条中的规定确定。

（7）系统的管路直径根据管路内水流速 $2 \sim 3 \text{m/s}$ 的水力计算确定。

（8）系统运行控制模式分为本地控制、平台网远程集控、区域局域网远程区控。

18.4.2 压载水系统

1. 系统功能及组成

压载水系统主要用于对压载水舱的灌注和排出来调整航母的浮态；在舷侧防护舱中的燃油使用完毕后，通过压载水系统向该空舱注入海水，保持航母的舷侧防护能力。

压载水系统由动力源（压载泵）、控制设备、遥控阀件、管路及附件等组成。

压载水系统原理是通过压载泵向压载水舱、燃油压载舱注入或排出海水，来改变扶正力矩，控制舰的浮态和保障航母舷侧防护结构的防护能力。

2. 系统一般设计要求

（1）系统应保证注满和排空任何压载舱或同时排空若干个压载舱，以及必要时能将一些压载舱内的压载水驳送到另一些压载舱。

（2）压载水系统一般可按全舰设计原理或独立分段设计原理进行设计。

（3）压载水管路的尺寸应保证注满任一压载水舱的时间和注满所有压载水舱的时间不大于规定的要求。

（4）作为压载泵可以使用有足够流量和压头的其他泵，如排水泵、疏水泵、备用冷却水泵、消防泵。如果燃油舱用作压载水舱，则不允许使用备用冷却水泵和消防泵作为压载泵。

（5）压载水管系的布置和压载水吸入口的数量，应能保证舰体在正浮或倾斜状态时，均能排除或注入各压载水舱的压载水。

（6）通向单独压载舱的压载水管路支管的内径，可用下式确定：

$$d_{\text{BH}} = 18 \sqrt[3]{V} \tag{18-2}$$

式中　d_{BH}——通向单独压载舱的支管内径（mm）；

　　　　V——该舱容积（m^3）。

内径应圆整到最大标准尺寸。

（7）当航母上指定的燃油舱接受压载水，应通过疏水系统把油污水疏水排到油污水收集舱，或排放到岸上净化设施或浮动设施，或经过压载水处理系统处理后排放。

（8）通过压载水处理系统将压载水舱中的压载水在跨海域注、排时进行微生物及相关病菌灭杀处理，以满足海洋环境保护的法规要求。

（9）系统总管直径应按水力计算确定，此时，总管内和距最远舱的吸入支管内的总压力损失，不应超过压载泵在额定流量时的规定吸入高度。这时吸入支管内的水流速可取 $2 \sim 3m/s$ 范围内。

（10）系统根据系统使用情况，可采用集中控制、区域控制和本地控制三种运行控制模式。

18.4.3 应急排水系统

1. 系统功能及组成

应急排水系统是排除因破损或水消防而进入主横水密隔舱段的大量海水，扶正舰的初稳性，实现控制航母的浮态和抗沉排水功能。

扶正初稳性的主要手段：

（1）堵漏、排水，消除或减小自由液面，减少与海水的自由流通。

（2）移水，将位置较高舱内的水快速移注到位置较低的舱。

（3）注水，将与破损区域呈对称的底舱加注海水。

应急排水系统由动力源（固定式排水泵）、应急排水移注装置、移动式排水泵、控制设备、遥控阀件、管路及附件等组成。

应急排水系统原理是固定式潜水型排水泵吸入主横水密隔舱段的大量海水，通过通海阀将海水排至舷外。对于损管甲板以上无固定式排水泵的水密舱的大量海水，直接排至舷外；对于损管甲板以下无固定式排水泵的水密舱的大量海水，通过应急排水移注装置移注导水排至各自主横水密隔舱段内底。

2. 系统一般设计要求

（1）系统排水能力应保证从任一主横水密隔舱在航母设计战术任务书中所要求的时间内，利用布置在该主横水密隔舱内的主要排水设备排除进水。

（2）当应急排水系统兼弹药舱浸水功能时，弹药舱浸水的排干时间应不超过航母设计所要求的时间。

（3）应急排水系统应按独立分段设计原理进行设计。

（4）各主横水密隔舱内排水泵的排量应在舷外停止进水后，不超过规定时间内足以将主横水密隔舱内的水排出。排出容积是以主横水密舱壁、舷外板和满载水线为界限的，且不考虑渗透系数并扣除液舱的容积计算确定。

（5）每个独立分段内至少应设置一台固定式排水泵，并应不少于两台固定式排水泵能同时排除该独立分段内的进水。

（6）固定式排水泵和移动式排水泵均应为潜水型排水泵，其潜水性能均应满足规定的技术指标要求。

（7）在各主水密隔舱内应安装固定式排水泵作为主要排水设备。航母首、尾端不大的主横水密隔舱除外，此处的排水设备可服务于 2～4 个主横水密隔舱。

（8）排水泵既可布置在水泵舱，也可直接安装在舰的动力舱室内。水泵应靠近主横隔壁布置。

固定式排水泵沿舰长度方向两舷交替布置，且要求其布置在舱内离舷不少于舱室宽度的 1/5 的距离上。

（9）除主要排水设备外，舰上应配备移动式排水设备。

各主横水密隔舱应配置相应移动式排水设备，其总数量根据每个主横水密隔舱 2 台计算确定。

移动式排水设备应分成若干组，沿舰长方向、左右舷交替分布于损管甲板以上。

（10）系统的管路直径根据管路内水流速 2～3m/s 的水力计算确定。

（11）系统的供电要求应为两舷独立的电源供电，并且应设置事故电力网应急供电。

（12）应急排水系统操控应位于损管甲板以上，根据系统使用情况，可采用集中控制、区域控制和本地控制三种运行控制模式。

18.5 > 舱室大气环境控制系统

舱室大气环境控制系统是航母船舶保障系统下属的系统之一，主要用于保障平时和战时舰上人员、食品和设备对空气品质的需求。

舱室大气环境控制系统主要由供暖和日用蒸汽系统、空调冷媒水系统、冷藏系统和舱室空调通风系统组成。

18.5.1 供暖和日用蒸汽系统

1. 系统功能及组成

供暖和日用蒸汽系统（以下简称蒸汽系统）主要由蒸汽减压阀组、凝水收集装置（可选）、蒸汽分配集管、蒸汽散热器、电加热器、蒸汽暖风机、蒸汽疏水阀组、管路及附件等组成，用于舱室保暖和提供日用蒸汽。

供暖和日用蒸汽系统使用由锅炉产生的饱和蒸汽作为系统汽源，输送至全舰多个蒸汽分配点，减压为约 0.4MPa 的饱和蒸汽后，向分配集管上的各用户支路供汽，在末端用户放热后产生的凝水（吹洗的凝水不回收）经过疏水阀排出，靠重力回收至凝水总管（或凝水收集装置），最终回至锅炉再次利用。

供暖和日用蒸汽系统根据用户需要，采用长期或间歇供汽形式，提供低压饱和蒸汽用于各用户的供热或吹洗，具体用户类别如下：

（1）冬季非空调舱室保暖（蒸汽散热器、蒸汽暖风机）。

（2）空调装置冬季加热和加湿。

（3）厨房蒸箱、蒸锅。

（4）衣服烘干、烫熨。

（5）消毒器消毒。

（6）热水柜加热。

（7）舷部附件、油污水舱、灰水舱和垃圾排放道吹洗等。

2. 系统一般设计要求

（1）蒸汽系统在确保性能指标的前提下，尽可能采用简单的系统分区形式，将系统的可靠性放在首位，并充分考虑使用、维修的方便。

（2）蒸汽和凝水管路应注意由温度变化而引起的热膨胀，并采取适当的措施（增加膨胀节或补偿器等）防止由此引起的损坏。

（3）蒸汽和凝水管路的敷设应避开怕热的设备，如电缆、电气设备、弹药舱和粮食储藏舱等地方，尤其应注意避开配电板敷设；同时管路应尽可能避免穿过不能受潮的舱室和部位。

（4）蒸汽管、凝水管及附件均应包扎热绝缘，包扎后外层表面温度不应超过60℃。可拆接头处及阀件处的热绝缘包扎应便于拆装。

（5）蒸汽供暖方式一般有：

① 通过空调通风系统热风供暖，一般适用于有空调的舱室。

② 安装舱室散热器取暖，一般适用于没有空调而要求供暖的舱室，如卫生类、机械类舱室等。

③ 安装暖风机供暖，一般适用于机炉舱、电站和冷气站等舱容较大的舱室。

（6）蒸汽分配集管的设计尽量将功能同类或相近的用户合在一起，以方便后期的使用。

（7）蒸汽减压阀组和蒸汽分配集管的位置布置应注意操作和维修的方便性，不应设置在住舱、公用生活舱、卫生间、战斗部位和使用不便的地方。

（8）通往住室内的蒸汽系统管子尽量在通道内敷设、禁止通过床铺顶上，尽可能不通过住室和工作舱室；凝水管水平布置时管路应沿凝水流动方向逐渐降低，尽量避免凝水向上爬升。

（9）通过水密隔壁、甲板的蒸汽系统管子应安装隔壁通舱件或能确保水密的管件。

18.5.2 空调冷媒水系统

1. 系统功能及组成

空调冷媒水系统向全舰空调通风系统提供冷源，主要用于为全舰间接式空调装置（器）提供循环冷媒水，以便空调系统对舰上舱室和部位的空气进行降温除湿处理。

空调冷媒水系统可细分为冷媒水系统、冷却水系统及冷水机组辅助系统，主要组成包括离心式冷水机组（含主机部分与辅机部分，驱动部分可分为蒸汽汽轮机驱动或电机驱动）、冷媒水泵、冷却水泵、海水淡水热交换器、膨胀水箱、氟利昂储存设施、管路、遥控阀件、手控阀件、电控箱等。

空调冷媒水系统是闭式循环系统，其循环动力是冷媒水泵。冷媒水从各类空调器吸收热量后汇集到冷媒水回水总管，然后进入冷水机组；冷媒水中的热量被冷水机组吸收重新变为低温冷媒水，低温冷媒水由冷媒水出水总管分配后沿支管进入各空调器，完成冷媒水的循环程序。经冷水机组交换的热量由冷却水系统吸收，冷却水系统为开式系统，其动力是冷却水泵。冷却水泵从通海阀箱吸入海水送入冷水机组的热交换器——冷凝器，吸收冷水机组的热量后经过通海阀箱排出舰外。

2. 系统一般设计要求

（1）冷媒水总管可环形布置，通过遥控操纵阀分成数个独立区段，每个区段均有独立的冷水机组、膨胀水箱、冷媒水泵以及冷却水泵等；通过遥控操纵阀的启闭，系统可分区使用，也可全网使用。

（2）冷媒水为淡水，系统根据全舰冷量分布设置冷水机组，冷水机组设置与相应冷气站中。

（3）可在部分冷媒水主要支管上设流量调节阀组，以调节各服务区域的水量平衡。

（4）可在舰的舷边设置冷媒水岸接接口。

（5）冷水机组制冷剂介质采用环保制冷介质。

（6）每台冷水机组配有冷媒水泵，冷媒水通过冷媒水泵进行输送。

（7）在外界海水温度低于一定值时，可使用海水淡水热交换器代替冷水机组提供冷源，此时冷水机组不工作。

18.5.3　冷藏系统

1. 系统功能及组成

冷藏系统主要通过低温制冷的方式，带走蔬菜库、鱼库和肉库中的货物热量，并使其维持在设计温度范围内，防止食品腐烂及变质，还可通过一定的保鲜方法延长蔬菜和水果的储存时间。

冷藏系统主要由组装式冷藏机组、冷却水泵、冷风机、粮食库空气处理装置、阀板、冷库保鲜装置、臭氧发生装置（可选）、乙烯脱除装置（可选）、管路及阀件等组成。

根据不同的服务冷库，设有食品冷藏系统、粮食库通风系统和食品保鲜系统。

1）食品冷藏系统

食品冷藏系统具有制冷功能，主要为高温库（如蔬菜库）、低温库（如鱼库和肉库）提供制冷。食品冷藏系统由食品冷藏机组提供压缩冷凝后的氟利昂液体，通过热力膨胀阀节流后给冷风机提供低温、低压的氟利昂液体，再由冷风机吸收冷库的热量，使冷库的库温降到所设定的温度，其中，食品冷藏机组中冷凝器的热量由冷却海水带走，如此循环，使冷库温度维持在设定的范围内。

2）粮食库通风系统

粮食库通风系统具有制冷、制热和除湿功能。粮食库通风系统由粮食库空气处理装置提供冷源，循环带走粮食库内产生的热量，使粮库的温度和湿度维持在设定的范围内。

3）食品保鲜系统

食品保鲜系统对蔬菜库内的蔬菜和水果具有保鲜功能，能延长保鲜时间。食品保鲜系统可采用气调、真空保鲜、精确控温保鲜、小区间分隔气调保鲜等方式，减缓蔬菜水果的新陈代谢，延长蔬菜水果保存时间。

2. 系统一般设计要求

（1）冷藏制冷机组各自独立，且与其他用途制冷机组完全分开，压缩机采用一用一备，冷凝器数量尽量与压缩机数量一致，尽量采用半封闭式制冷压缩机。

（2）系统应有自动启动功能。当冷藏机组服务的任何一个冷库的库温达到或高于温度控制器设定温度的上限时，冷却水泵先启动，当水压达到水压控制器设定压力时，供液电磁阀接通，压缩机启动，冷风机同时启动。

（3）系统应有自动停机功能。当冷藏机组服务的所有冷库的库温下降或低于温度控制器设定温度的下限时，先关闭供液电磁阀，压缩机延时停机。压缩机停机后，冷却水泵延时停机。

（4）为低温库服务的冷风机具有自动融霜功能。

（5）系统有联锁控制功能，包括：

① 冷却水泵与压缩机联锁。

② 冷风机和供液电磁阀与压缩机联锁，并设有冷风机手动开关。

③ 融霜电加热与冷风机和供液电磁阀互锁（低温库有此功能）。

④ 冷风机和冷库的库门联锁。

（6）所有的高温库可设置有臭氧发生装置和乙烯脱除装置，具有定期杀菌和乙烯脱除的功能。

（7）设置专门的保鲜库，延长蔬菜和水果的保鲜时间，保鲜库应设置相应的安全措施。

（8）冷藏机组应设独立的海水冷却系统。

18.5.4 舱室空调通风系统

1. 系统功能及组成

舱室空调通风系统处理舱内的空气，使空气满足各类舱室对温度、湿度等的要求。舱室空调通风系统主要包括舱室空调系统、舱室通风系统和空调通风集中监控系统三部分组成：

1）舱室空调系统

舱室空调系统主要由集中式空调装置、消声器、布风器、风管及附件等组成，根据用户的不同，采用不同形式的集中式空调装置。舱室空调系统在空调装置处集中处理新风和回风，进行冷却（或加热）、去湿（或加湿）处理后，经风管输送到空调舱室，使舱内空气温度、湿度达到设计要求，舱内排出的风一部分回到空调装置处，一部分排出舰外。以上为集中空调的基本形式，根据用户的不同可延伸出多种变化：

① 医疗区空调通风是在系统中加入各级的滤器，同时在手术室等特殊舱室需满足要求的送风速度和换气次数。

② 厨房空调通风是外界全新鲜空气经处理后，送至厨房工作区；排风经过油烟净化装置过滤后排至舱外。

③ 弹药舱空调通风主要为弹药库创造温湿度环境，设备需防爆处理。

另外还有单冷或单暖的区域空调、单元式空气处理装置、舱室空调器等用于舱室内的空气处理，结构较为简单。

以上基本为目前使用的间接式空调装置，它们利用舰上的空调冷媒水系统作为冷源，利用日用蒸汽系统作为热源。舰上还配置了一些直接蒸发空调装置，如独立式空调器、分体式空调装置等。该类设备主要用于吸收舱内较大的仪器显热负荷或冬季加热。

2）舱室通风系统

舱室通风系统主要由通风机、风管及附件等组成，根据用户的不同，可加入冷却或加热的单元。舱室通风系统利用通风机向舱室内送入新鲜空气和将舱内空气排出舰外，系统中可根据情况加入换热器以提高通风冷却效率和降低通风量。

3）空调通风集中监控系统

空调通风集中监控系统主要由空调通风集中监控台、区域监控箱、监控模块等组成。

2. 系统一般设计要求

（1）舱室空调系统冷却的冷源来自空调冷媒水系统或日用海水系统，加热、加湿的热源来自供暖及日用蒸汽系统。

（2）舱室空调系统的服务对象主要包括住舱、生活舱、工作舱室、医疗舱、弹药舱、粮食库和发热量较大的设备舱等舱室。

（3）对于舱内人员流动大、设备发热量大的生活和工作舱室，如指挥室、餐厅、活动室等，除采用集中空调外，还设置直接蒸发式空调装置进行冷却。

（4）在空调设计中应注意平衡空调区内进风风量及排风量的平衡，注意每个舱室进风风量及排风量的平衡。

（5）弹药舱空调系统由损管监控系统控制停机或转入换气状态。

（6）厨房空调系统采用负压及全新风设计，各类炉灶排出的油气通过油烟净化装置净化后排出舷外。

（7）医疗区域空调系统对于手术室、术前准备室和烧伤病房，采用专用的全新风洁净空调装置、循环风洁净空调装置、高效过滤箱、阻漏式送风天花、高效送风口等设备。

（8）在全舰选择部分重要舱室所在空调区域设置空气净化装置，以提高舱内空气质量。

（9）机炉舱和电站设置独立的通风系统，需兼顾火灾排烟的需求。

（10）在机库、加油站、喷气燃料泵舱、喷气燃料隔离舱、蓄电池室、酒精贮藏舱、引信贮藏室、火工品贮藏室及产生易燃易爆等危险的舱室，应单独设置防爆通风，采用机械抽风、机械进风（或自然进风）的形式，由损管监控系统控制启停。

（11）在通风舱室中，除机炉舱、电站和防爆舱室以外，其他所有舱室均按通风换气次数或通风散热的要求进行设计。

（12）对于没有发热量的舱室，如个人物品贮藏舱等，也可采用换气扇的方式进行通风。

（13）舱室空调通风系统的风管穿越水密壁、防火壁时均采取相应的水密和防火措施，防爆通风的风管均采取防爆措施。

（14）空调通风集中监控系统负责全舰空调通风设备的运行监视和控制，区域信息采集部位接收各区域内集中监控模块反馈的设备运行状态信息，通过平台网将信息发送至空调通风集中监控台或向各集中监控模块转发控制指令，集中监控模块采集各设备的运行状态和故障信息，对数据进行处理并发送到区域信息采集箱，接收区域信息采集箱的控制指令并转化为相应的控制信号。

18.6 > 环境污染控制系统

18.6.1 国内相关环保法规及国际防污公约要求

1. 我国相关环保法规

防止船舶污染的主要法规和标准是《防止船舶污染海洋环境管理条例》和《船舶污染物排放标准》。《防止船舶污染海洋环境管理条例》适用于在中华人民共和国管辖海域、海港内的一切中国籍船舶、外国籍船舶及船舶所有人和其他个人。在中华人民共和国管辖海域、海港内的一切船舶，不得违反《中华人民共和国海洋环境保护法》和本条例的规定排放油类、油性混合物、废弃物和其他有毒害物质。

《船舶污染物排放标准》是我国 1983 年开始执行的船舶排放标准，适用于中国籍船舶和进入中华人民共和国水域的外国籍船舶，但该标准的排放指标和现行国际公约的规定相比偏低。

2. 国际防污公约

《73/78 防污公约》是各国船舶均要执行的国际公约，共有 6 个附则：附则Ⅰ（防止油类污染规则）、附则Ⅱ（控制散装有毒液体物质污染规则）、附则Ⅲ（防止海运包装有害物质污染规则）、附则Ⅳ（防止船舶生活污水污染规则）、附则Ⅴ（防止船舶垃圾污染规则）、附则Ⅵ（防止船舶造成空气污染规则）。

目前，国际通用的防止船舶污染海洋的规则是国际海事组织（IMO）制定的《经 1978 年议定书修订的 1973 年国际防止船舶造成污染公约》，简称《73/78 防污公约》。《73/78 防污公约》虽然规定了该公约不适用于任何军舰、海军辅助船舶或其他国有或国营，并暂时只用于政府非商业性服务的船舶，但要求每一缔约国应采取适当措施保证这种船舶在合理、可行的范围内按本公约的规定行事。

由于航母有特定的任务，船上不存在散装有毒液体物质和海运包装有害物质，需要控制的污染物主要有油污水、生活污水、固体垃圾、空气、压载水和有害防污油漆。国际公约中规定的各种污染物排放指标如下：

1）油污水排放指标（特殊水域外）

在特殊区域之外排放要求如下：

（1）船舶不在特殊区域之内。

（2）船舶正在航行途中。

（3）未经稀释的排出物含油量的体积浓度不超过 15×10^{-6}。

（4）船舶所设的本附则所要求的滤油设备正在运转。

油污水处理装置的其性能和试验程序应符合国际海事组织 2003 年 7 月 18 日颁布的 MEPC.107（49）决议《修订的船舶机器处所舱底水防污染设备指南和技术条件》的要求。

2）生活污水排放指标（特殊水域外）

（1）考虑到航母在距最近陆地 3n mile 内的航行状态，设置生活污水处理装置，该装置的性能和试验程序应符合国际海事组织 2006 年 10 月 13 日颁布的 MEPC 159（55）决议《经修订的实施生活污水处理装置排出物标准和性能试验导则》的要求。

按《73/78 防污公约》的要求设置国际标准排放接头。

（2）如只需在距最近陆地 3n mile 以外排放生活污水时，船舶应装有把生活污水进行粉碎和消毒的装置，该装置须经主管机关认可。

（3）如需只在距最近陆地 12n mile 以外排放生活污水时，可只设集污舱柜。该舱柜应考虑该船在运行情况时，船上人数以及其他有关的因素具有足够的储存生活污水的全部容量，并经主管机关同意。

（4）船舶在某一国家所辖的水域内，按照该国可能施行的较宽要求排放生活污水。

（5）如生活污水与具有不同排放要求的废弃物或废水混在一起时，则应适用其中较为严格的要求。

3）固体垃圾排放标准（特殊水域外）

（1）在距最近陆地不少于 3n mile 处排放业经粉碎机或研磨机处理后的食品废弃物。这种经粉碎或研磨后的食品废弃物须能通过筛眼不大于25mm的粗筛。

（2）未经处理过的食品废弃物，应在距最近陆地不少于12n mile外排放。

（3）对于无法以常用卸载方法回收的货物残留物，在距最近陆地不少于12n mile的地方排放，这些货物残留物不得含有任何被列为有害海洋环境的物质。

（4）对于动物尸体，其排放须尽可能远离最近陆地。

（5）货舱、甲板和外表面清洗水中含有的清洁剂或添加剂可以排放入海，但是这些物质不得危害海洋环境。

（6）当垃圾中掺入其他禁止排放或有不同排放要求的物质或被此种物质污染时，须使用更为严格的标准。

（7）除符合上规定外，禁止任何垃圾排放入海。

4）空气排放标准

（1）消耗臭氧层物质。

① 禁止消耗臭氧层物质的任何故意排放，包括维护、修理或处置过程中的排放。

② 2010年1月1日后船上禁止使用含有消耗臭氧层物质的新装置。

③ 氮氧化物

（2）柴油机的氮氧化物排放指标：

① 17.0g/kWh，当$n < 130$r/min。

② $45.0 \times n(-0.2)$g/kWh，当130r/min$\leqslant n < 2000$r/min。

③ 9.8g/kWh，当$n > 2000$r/min。

（3）硫氧化物。船上使用的任何燃油的硫含量一般不应超过4.5% m/m，在硫氧化物控制排放区使用的燃油硫含量不应超过1.5% m/m。

（4）挥发性有机物。配备主管机关认可的蒸汽收集系统。

（5）船上焚烧。

① 禁止焚烧多氯联苯、含重金属的垃圾、含卤素化合物的精煤炼石油产品。

② 禁止焚烧聚氯乙烯，除非焚烧炉的型式认可证书得到认可。

③ 对焚烧炉烟气出口温度进行监测，在温度低于850℃时废弃物不应送入船上连续进料的焚烧炉。

5）压载水排放标准

2012年后执行的压载水排放标准如表18-1所示。

表18-1 压载水排放标准

有机物种类	排放指标
活性有机物大于50μm	小于10个/m³
活性有机物10~50μm	小于10个/mL
有毒霍乱弧菌	小于1cfu/100mL
	小于1cfu/g浮游动物（湿重）
大肠杆菌	小于250cfu/100mL
肠道球菌	小于100cfu/100mL

注：cfu为colony forming unit（菌落形成单位）

18.6.2 污染物种类及来源

船舶产生的污染物按介质种类可分为大气污染、水污染、固体废物污染、噪声与振动污染、热污染等。在《73/78 防污公约》中规定的防止船舶污染海洋的污染物主要有油类、散装有毒液体物质、海运包装有害物质、生活污水（不含灰水）、垃圾、空气、压载水、有害防污底漆等。功能不同的船舶产生的污染物有很大的差别，对于类似航母的战斗舰艇，主要污染物包括舱底水、生活污水、固体垃圾、空气、压载水、有害污底等。

根据航母特点和国际防污公约对污染源的定义，航母产生的主要污染物及来源如下：

（1）舱底水：机舱内各种阀门和管路中漏出的水与机器在运转时漏出的润滑油、主辅机燃料油以及加油时的溢出油、机械及机舱防滑铁板洗刷时产生的油污水等混合在一起的含油污水。

（2）生活污水：厕所、小便池排出的任何形式的废水和其他废弃物；医务室（含药房、病房等）洗面盆、洗澡盆的废水以及这些处所排水孔的排出物；装有活畜禽货处所的排出物；混有上述排出物的其他废水。

（3）固体垃圾：船舶在日常航行操作中产生的需要连续或定期排放的所有食物垃圾、内部垃圾、操作废弃物、所有塑料制品、货物残渣、食用油、渔网、动物尸体、生活垃圾、焚烧炉灰等。不包括现有规范附则中所定义或列举之物，在航行途中捕获的鲜鱼及其他水产品，以及养殖的水产品。

（4）空气：舰船柴油机及其他设备排放的消耗臭氧层物质、氮氧化物、硫氧化物、挥发性有机化合物等。柴油机排放的废气主要有氮氧化物（NO_x）、硫氧化物（SO_x）、碳氧化物（CO_x）、碳氢化物（HC）以及微粒（PM）等，其中氮氧化物（NO_x）、硫氧化物（SO_x）对人类的危害最为严重。目前舰船上普遍使用的制冷剂是氟利昂，含氯氟利昂会分解臭氧，降低臭氧浓度，威胁臭氧层厚度。

（5）压载水：为控制船舶纵倾、横倾、吃水、稳性或应力而在船舶压载舱注入的海水及其沉积物，沉积物指舰内压载水的沉淀物质。船舶压载水和沉积物的随意排放会造成有害水生物滋生和病原体传播，破坏不同海域生物的生态平衡，严重威胁海洋环境。

（6）有害污底：指用于船舶控制或防止有害生物附着的涂层、油漆、表层处理、表面或装置。船底防污漆是由毒料、渗出助剂、基料、颜料和助剂等组成。毒料是指氧化亚铜或有机铅或有机锡化合物等；基料以可浴性的松香或松香酸钙为主。有机锡高聚物既是毒料又是基料。有机锡防污漆的广效性对非目标的水生生物（包括生态学上和商业上的重要生物）带来了很大的伤害。

18.6.3 黑水系统

1. 系统功能及组成

黑水系统用于收集、处理从厕所、单元卫生间、医务室、病房排出的废水，以满足对海洋环境保护的相关法规要求。收集后的黑水经处理后排至舷外，或在应急状态下不经处理直接排至舷外；生活污水处理装置可将收集的（经处理或不处理的）黑水排至接岸设施。

黑水系统一般由多个分系统组成，每个分系统包括污水处理站、生活污水处理装置、真空容器、污水溢流贮存柜、若干真空便器、若干小便器、若干面盆、若干灰水阀、管系及其附件等。

2. 系统一般设计要求

（1）黑水系统应按区域设置多个独立的收集、处理系统，污水经处理后的排放指标必须满足 MEPC.159（55）决议的要求。

（2）黑水系统一般采用真空收集，冲洗水宜采用淡水。

（3）黑水处理装置应具有对舰船上的黑水进行收集、处理及排放的功能。

（4）黑水系统应设置污水溢流柜，临时收集生活污水处理装置故障时溢出的污水，其贮存容积按污水处理装置处理量的 10% 计算，污水溢流柜应设置通气口、观察口、液位计、检修孔等。

（5）黑水系统设计应设有国际通岸接头向码头接收设施或接收船输送未经处理的黑水，国际通岸接头应符合《73/78 防污公约》中生活污水国际通岸接头规定的要求，通岸接头一般应两舷设置。

（6）真空收集管路的总管通径根据真空便器的数量确定。

（7）生活污水系统所有通气管均应通至破损水线以上甲板的露天尽可能高且不影响其他设备工作的部位。通气管应避开舰艇的进气口、出入口、舷窗、厨房、烟囱和武器发射的燃气流区域，通气管的管端均应设置铜丝网罩。

（8）生活污水系统的排放管路上应设置取样口。

（9）用于排放粪便污水的舷侧排水孔宜设置在设计水线以下，应远离海水和消防系统等通海吸入口。

（10）有条件时应对黑水处理装置透气管排出的废气进行除异味处理，以防止异味扩散。

18.6.4 油污水系统

1. 系统功能及组成

油污水系统用于收集、处理舰上机炉舱、电站、辅机舱等舱室内的主、辅机械设备所产生的含石油类的污水，以满足对海洋环境保护的相关法规要求。

当经处理后的污水含油量的体积浓度小于 15×10^{-6} 时直接排至舷外，当污水含油量的体积浓度超过 15×10^{-6} 时，则自动返回油污水收集舱；经油污水系统分离出的污油可收集在残油收集舱贮存，通过污油泵排至接岸设施或送入焚烧炉焚烧；油污水收集舱内未经处理的油污水可通过输送泵排至码头接收设施。

油污水系统一般由多个分系统组成，每个分系统包括油污水处理装置（含油份浓度计）、油污水收集舱、污油舱、管系及若干附件。

2. 系统一般设计要求

（1）一般应设置油污水处理装置、油污水收集舱（或污水井）、污油舱，以收集、贮存、处理全舰的含油污水。

（2）油污水处理装置（含油份浓度计）的性能应满足 MEPC.107（49）决议《修订的船舶机器处所舱底水防污染设备指南和技术条件》的要求。

经油污水处理装置处理后的排放水指标：含油量的体积浓度不超过 15×10^{-6}。

（3）油污水系统应设有国际通岸接头向码头接收设施或接收船输送未经处理的油污水、

污油，国际通岸接头应符合 CB/T 3657—2011《油污水生活污水国际通岸接头》的要求。

（4）油污水处理装置的处理量没有统一的标准确定，一般可按每日产生的油污水量在较短时间内处理完毕计算其处理量。

（5）污水井主要用于吸干舱底含油污水，同时兼顾贮存油污水用。

（6）油污水中含油量最大不超过 1%，污油舱的最小容积通常可按相关标准进行计算。

（7）油污水舱的高位控制器、低位控制器的安装位置一般根据油污水舱的结构进行确定，低位控制器的安装位置应尽保证可能吸干舱内污水。

（8）油污水收集舱设有通气口、人孔、测深尺。

（9）油污水舱、污油舱应设置透气管，并通至开敞甲板，在管路末端设置防火网。

（10）油污水处理装置、油份浓度计、管路超标回流口的排放口、泄放口一般应集中排至污水井和油污水收集舱。

（11）油污水舱内一般应设置蒸汽加热管、吹洗管，加热管为闭式环形布置，吹洗管为开式管。

（12）输送油污水、污油的泵一般应选用齿轮泵、螺杆泵、柱塞泵等带自吸功能的容积泵。

（13）油污水系统设计应设有国际通岸接头向码头接收设施或接收船输送油污水或污油，国际通岸接头应符合《73/78 防污公约》中油污水国际通岸接头规定的要求，通岸接头一般应两舷设置。

18.6.5 厨房灰水系统

1. 系统功能及组成

厨房灰水系统主要用于收集、转送、排出或处理舰上的厨房、餐厅、餐具洗涤间、食品处理间等舱室内产生的含动植物油类的污水，以及通过这些舱室甲板漏水孔排出的含油污水。

在非限制水域或应急状态下，厨房灰水可不经任何处理直接排至舷外；厨房灰水可经生活污水处理装置处理后排至舷外，排放水质标准按黑水的排放标准执行；厨房灰水至厨房灰水收集舱临时贮存后转驳。

厨房灰水系统一般由多个分系统组成，每个分系统包括厨房灰水收集舱、厨房灰水排放泵、厨房灰水转驳泵、管系及若干附件。

2. 系统一般设计要求

（1）厨房灰水收集舱与排放管路应布置在其所服务的范围内，且不应穿过淡水舱、粮食舱、冷库、弹药库、及重要的仪器舱等处所。

（2）厨房灰水系统管路若穿过破舱水线以下的水密甲板、平台，则应在其穿过处设置截止附件。

（3）厨房灰水一般应有处理设施或能暂时贮存的舱柜，以便舰船在限制排放区域时能对其进行处理后排放或暂时贮存。

（4）厨房灰水管路在水平布置和安装时应沿排出方向应有适当的向下倾斜度，并应尽量靠近舱壁布置，以便使管路有较大的倾斜度。

（5）厨房灰水系统应设有国际通岸接头向码头接收设施或接收船输送厨房灰水，国际通岸接头应符合《73/78 防污公约》中生活污水国际通岸接头规定的要求。可与船外接收设施连接的标准通岸接头。

（6）厨房灰水收集舱应配套以下措施：消毒剂注入措施；清洗措施；排放措施；液位指示措施。

（7）厨房灰水排放泵的泵流量一般能够满足在较短时间内，将其所服务的灰水舱内灰水排放至舷外或者船外接收设施（具体流量选择可依据舰船的总体特性与要求调整）。

（8）厨房灰水舱的布置位置应尽可能与灰水收集对应的厨房区在水密段内或者防火段内，以减少灰水管路的横向与纵向跨度。

（9）为了保障舰船行驶于任何海域均能正常使用厨房设施，以便在灰水直接排放受限的海域或者港口，对厨房灰水进行临时贮存后，再转驳至污水处理装置处理或者其他接收设施接收，要求厨房灰水收集舱的舱容应具备贮存舰上正常及非正常供水工况下能对厨房灰水进行临时贮存。厨房灰水收集舱的舱容按下式估算：

$$V = \frac{(Q_1 \times n_1) \times T}{\alpha \times 1000} \tag{18-3}$$

式中　V——有效舱容（m^3）；

Q_1——普通舰员每人每天洗涤灰水量；

n_1——一区段内普通舰员人数；

T——贮存时间；

α——实际使用系数；

V——有效舱容。

（10）为适应一些特殊区域对处理后的水排放亦有严格限制的情况，厨房灰水收集舱的舱容还应能在全舰用水管制条件下，贮存收集区域内 3~5 天的厨房灰水量以及邻近区域经生活污水处理装置处理后的黑水量。

（11）厨房灰水收集舱内应设有环形冲洗管路，以便采取淡水或蒸汽对舱室进行清洗。

（12）厨房灰水收集舱应设有通气口、加药口、人孔、观察孔、测深尺，厨房灰水收集舱内应设有液位的高、低检测与报警装置。

图 18-3 所示为厨房灰水系统的功能流程。

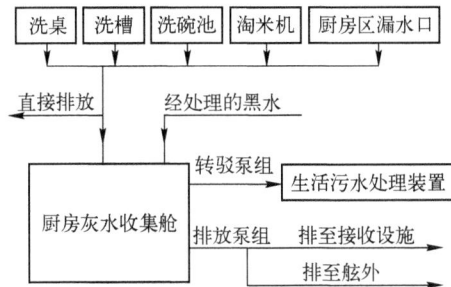

图 18-3 ┃ 厨房灰水系统的功能流程

18.6.6　洗涤灰水系统

1. 系统功能及组成

洗涤灰水可不经任何处理直接排至舷外；洗涤灰水至洗涤灰水收集舱临时贮存后转驳；

洗涤灰水至洗涤灰水收集舱收集。

洗涤灰水系统一般由多个分系统组成，每个分系统根据需要设置洗涤灰水收集舱、洗涤灰水排放泵等。

2. 系统一般设计要求

（1）洗涤灰水一般采用重力收集。

（2）洗涤灰水系统设有国际通岸接头向码头接收设施或接收船输送，国际通岸接头应符合《73/78 防污公约》中生活污水国际通岸接头规定的要求。

（3）洗涤灰水收集舱内应设有环形冲洗管路，以便采取淡水或蒸汽对舱室进行清洗。洗涤灰水收集舱应设有通气口、加药口、人孔、观察孔、测深设施。

（4）由于收集管路采用的是重力式，敷设时应沿水流方向有向下的坡度。洗涤灰水系统管路若穿过破舱水线以下的水密甲板和隔壁，则应在其穿过处的两端设置截止阀件。

（5）为了保证系统运行的可靠性，洗涤灰水转驳泵应尽可能考虑泵的备用，一用一备或两用一备。

（6）厨房灰水排放泵的泵流量一般能够满足在较短时间内，将其所服务的灰水舱内灰水排放至舷外或者船外接收设施（具体流量选择可依据舰船的总体特性与要求调整）。

（7）为了保障舰船行驶于任何海域能正常使用卫生设施，以便在灰水直接排放受限的海域或者港口，对洗涤灰水进行临时贮存后，再转驳至接收设施接收，要求洗涤灰水收集舱的舱容应具备贮存舰上正常及非正常供水工况下能对厨房灰水进行临时贮存。洗涤灰水收集舱的舱容按下式估算：

$$V = \frac{(Q_1 \times n_1 + Q_2 \times n_2) \times T}{\alpha \times 1000} \tag{18-4}$$

式中　V——有效舱容（m^3）；

　　　Q_1——普通舰员每人每天洗涤灰水量；

　　　Q_2——飞行员每人每天洗涤灰水量；

　　　n_1——一区段内普通舰员人数；

　　　n_2——一区段内飞行员人数；

　　　T——贮存时间；

　　　α——实际使用系数；

　　　V——有效舱容。

（8）为适应一些特殊区域对处理后的水排放亦有严格限制的情况，洗涤灰水收集舱的舱容还应能在全舰用水管制条件下，贮存收集区域内的洗涤灰水。

（9）洗涤灰水收集舱应设有通气口、加药口、人孔、观察孔、测深尺，洗涤灰水收集舱内应设有液位的高、低检测与报警装置。

18.6.7　固体垃圾系统

1. 系统功能及组成

对食品垃圾进行处理；对塑料垃圾进行压实打包暂存于垃圾收集舱内，靠码头后再转至岸上处理；对纸制品、纺织品、木制品以及医疗垃圾等可燃固体垃圾进行焚烧，再将其灰烬，在可排放海域排放入海；对金属、玻璃、陶器等其他不可燃固体垃圾进行处理。

固体垃圾系统包括垃圾焚烧舱、垃圾储藏舱、垃圾处理舱、餐厨垃圾处理装置、固体垃圾压实机、固体垃圾焚烧装置、垃圾排放管道、垃圾储存设备、垃圾收集设备和辅助设施等。

2. 系统一般设计要求

（1）固体垃圾一般可分为食品垃圾、塑料垃圾以及其他固体垃圾三大类。

（2）固体垃圾处理系统设计量按相关标准确定。

（3）塑料垃圾可直接进行压实或切碎后再压实或进行压熔处理，压实或压熔后打包暂时贮存在舰上，最后转至陆上进行处理。

（4）食品垃圾在允许直接排放海域可直接排放入海；或经粉碎处理后，颗粒度不大于25mm的在允许排放海域排放入海；或在禁止排放海域，经烘干或冷藏等方式处理后，打包暂存在舰上，到了可排放海域再排放入海或靠码头后再转至陆上处理。

（5）金属罐、玻璃瓶、纸、纺织品、木头等垃圾进行压实或切碎处理打包暂时储存在舰上，靠码头后再转至陆上进行处理。

（6）航母配置的垃圾处理设备通常包括厨房污物粉碎机、餐厨垃圾处理装置、固体垃圾压实机、固体垃圾切碎机、焚烧炉等。

（7）可酌情设置垃圾排放管道以方便垃圾排放，垃圾排放管道上应设置使用海水的冲洗装置。垃圾排放管道应尽量设置在靠舷侧处，且管道走向尽量减少转弯，垃圾排放管道位于舷侧的出口应在设计水线下。

（8）食品垃圾处理设备应尽量布置在餐厅或厨房附近。

（9）垃圾切碎机应可对玻璃瓶、金属罐等进行切碎处理。

（10）焚烧炉应满足 GB/T10836—2008《造船与船舶技术 船用焚烧炉要求》的要求。

（11）对不可焚烧的固体医疗垃圾应设置医疗垃圾消毒装置进行消毒处理后打包贮存。

18.7 > 日用水系统

日用水系统由日用淡水系统、日用海水系统、甲板漏水系统和舱底疏水系统组成，主要功能包括：接收、制备、贮存、调驳、处理和供应日用淡水，满足舰员饮用、洗涤需求，满足舰载机、设备的供水需求；采用海水泵或减压后的消防水向部分机电设备提供海水冷却，向特殊部位提供海水冲洗；通过甲板漏水口，借助重力排放除黑水、灰水外的舱室甲板、露天甲板面的日常积水；收集底舱油污水至油污水收集舱，并将其输送到油污水收集舱、岸上接受设施或回收船上，将破舱水线下除黑水、灰水和油污水外的舱室积水排到舷外。

18.7.1 日用淡水系统

1. 系统功能及组成

日用淡水系统主要由淡水制备和贮运系统、洗涤冷水系统、洗涤热水系统和饮用水系统组成。

淡水制备与贮运系统具备日用淡水的接收、制备、贮存、水质前处理及调驳等功能。洗涤冷水系统应能从淡水舱向全船的盥洗室、淋浴室、洗衣房、热水柜等洗涤水耗水处连续供水。洗涤热水系统应能从蒸汽热水装置向淋浴室、住舱、盥洗室等洗涤热水耗水处连续供水。饮用水系统应能从日用淡水舱经水质处理后向全舰各冷、热饮用水耗水处连续供水。

日用淡水系统主要特点如下：

（1）日用淡水系统系统采用不锈钢管材，阀件、螺纹接头和法兰采用不锈钢材质，管路垫片采用无毒的复合硅橡胶材料。

（2）日用淡水系统一般应设置注入总管。注入总管应连接舰船上各接收站位的淡水注入口与各淡水贮存舱。

2. 系统一般设计要求：

（1）人员淡水供应量设计

日用淡水系统的人员淡水供应量设计如表 18-2 所示。

表 18-2　人员淡水供应量　　　　　　　　　　（L）

名　　称	一般舰员	飞行员
饮用水	30	30
洗涤水	70	85

（2）淡水制备和贮运系统

① 淡水制备和贮运系统组成。淡水制备和贮运系统一般由反渗透海水淡化装置、矿化装置、矿化供水泵、调驳泵、消毒剂投放装置、电气控制设备、管路和附件等组成。

② 淡水接收。淡水接收的功能：岸上淡水的注入；岸上淡水直接供用户使用；海上航行时淡水的补给。注入时，可实现淡水经各注入口对任意淡水舱注入。全舰设置设多组注入口，一般设置在露天平台或海补平台，其中海补平台可用于航行时淡水补给。海上航行时，淡水海上补给根据使用需求和舱内淡水贮存量确定，主要采取随油类补给时来进行补充。

③ 淡水制备。淡水制备方式主要有两种：一种是采用反渗透海水淡化装置造水；另一种是采用矿化装置矿化处理动力系统蒸馏水。海水淡化装置的造水量应依据每天淡水消耗量来计算，并考虑 30% 的储备余量。每天淡水消耗量主要由舰员昼夜淡水的消耗量、舰载机冲洗用淡水消耗量和机械及设备的补充、冲洗水量三部分组成。

④ 淡水贮存。淡水应贮存在两个或两个以上的淡水舱内，并设置日用淡水舱。应能在各个淡水舱之间进行淡水的转运、泵送。当一个淡水舱破损时，不应失去全部淡水储备；清洗或检修一个淡水舱时，应仍能取用淡水。

⑤ 淡水水质前处理。淡水水质前处理的功能：确保淡水舱的水符合相关标准；抑制在长时间海上航行期间水舱的细菌繁殖，确保舰员用水卫生、安全。淡水水质前处理采用消毒剂投放装置定期按比例对低位淡水舱投放药剂进行消毒处理。

⑥ 蒸馏水矿化。设置矿化装置用于处理动力系统蒸馏水，经矿化装置处理后的水质相关标准，设置矿化供水泵，将矿化后的水送至淡水舱。

⑦ 淡水调驳。淡水调驳可实现各淡水舱之间的转运。通常采用调驳泵将低位淡水舱的淡水转运至高位淡水舱；高位淡水舱的淡水通常以重力自流方式流至低位舱。

（3）洗涤冷水系统

① 洗涤冷水系统组成。洗涤冷水系统由洗涤淡水供水泵、压力水柜或变频供水装置、电气控制设备、管路和附件等组成。

② 洗涤冷水系统设计原则。按洗涤冷水用户区域分布可分区设置洗涤水供水站，各供水站应能相互备用。洗涤水供水站的出水量为供水站内各用户配水器具的数量与额定流量和同时使用系数的乘积。

洗涤冷水系统的设计应对用户进行分类，并在供水管路上设置截止阀进行管理和维护。

供水泵应根据洗涤水供水站的分区对应设置，每个服务区的应设备用供水泵。供水泵的额定流量应满足对应分区内洗涤水的最大用量，供水泵与淡水接触部分的材质采用不锈钢，泵的出口应配置挠性接管，接管材质应对水质和人员无害。

供水泵应具有自吸功能；洗涤水供水泵的排出压力应满足高峰供水时送至最远端用户所需要的供水压力，供水方式可采用水泵—压力水柜组合供水或变频水泵供水的模式。

（4）洗涤热水系统

① 洗涤热水系统组成。洗涤热水系统由蒸汽热水装置（含热水循环泵）、电气控制设备、管路和附件等组成。

② 洗涤热水系统设计原则。由洗涤冷水系统提供洗涤冷淡水，冷水通过蒸汽热水装置内的热交换器与蒸汽进行热交换，最高出水温度一般应为65℃。

根据洗涤热水用户区域分布设置热水站，通过蒸汽热水装置内的热水循环泵向用户提供洗涤热水，在用户端混合冷水使用。

洗涤热水系统管路一般避免通过干货物贮藏舱室、粮食库以及有内装饰的舱室等处所；若不可避免，则应采取有效的防漏、保温措施。

洗涤热水管路、附件等应包覆隔热保温材料，包覆保温材料后外表面应不大于60℃。蒸汽热水装置的热源由舰上日用蒸汽系统提供，洗涤水蒸汽热水装置外表面应包覆隔热保温材料，包覆后的外表面温度应不大于60℃。

（5）饮用水系统

① 饮用水系统组成。饮用水系统由饮用水供水泵、压力水柜（或变频供水装置）、水质后处理装置、饮用水蒸汽热水装置、电气控制设备、管路和附件等组成。

② 饮用水系统设计原则。设置专用饮用水舱，避免饮用水系统和其他系统相连通导致饮用水污染。

为了使饮用水供应到岛式上层建筑高处，允许设置辅助增压泵和压力水柜。

应在饮用水系统供水管路上设置水质后处理装置等净化装置，以保证饮用水的洁净。如供应不经过煮沸即可直接饮用的冷饮用水装置，则在其出水口前应经过净化和消毒处理，以保证水的洁净。

设置水质理化快速检验设备（含细菌检测），用于饮用水和洗涤水水质的快速检测。

18.7.2　日用海水系统

1. 系统功能及组成

日用海水冷却系统主要向部分机电设备提供海水冷却，海水冷却系统按供水方式分为海水冷却泵供水系统和消防水直接或减压后供水系统。

海水冲洗系统向武器、甲板平台及锚链等舱面设备和特殊部位提供海水冲洗。

日用海水系统主要由日用海水冷却系统和海水冲洗系统组成。

2. 系统一般设计要求

1）日用海水管系

海水系统应采取防腐、防污措施以防止管路腐蚀和污损。在海水介质的管路中异种金属的连接处应采取必要的电绝缘措施，以防止异种金属电位腐蚀。

海水系统管材应采用铜镍合金材质，阀件采用青铜材质，阀件采用青铜材质，螺纹接头和松套法兰的凸缘采用铜镍合金材质，垫片一般应采用芳纶橡胶类合成纤维。

在管路的最高处或易积存空气的部位应按需要设置放气阀，在管路的最低处和易积水的部位，应按需要设置放泄附件，放泄附件和放气阀应采用铜镍合金或耐海水腐蚀的材料。

2）海水冷却系统

（1）海水冷却泵供水系统。海水冷却泵供水系统主要用户为作战设备、空压机、冷藏机组、通信风冷设备等，系统主要由海水冷却泵、海水滤器、管路和附件组成。对于重要用户，海水冷却泵采用一用一备。在海水滤器前、后应设置截止阀，方便海水滤器维修和清洗。

（2）冷却海水泵。采用定转速海水泵时，根据海水用户的供水量、压力的需求，并计算从海水泵出口至海水用户之间的管路阻力、附件及弯头的局部阻力和垂向压差，选择海水泵的压力，防止管路布置时导致海水供水点处压力不足。采用变转速海水泵时，可在海水用户处设置压力传感器，以改变海水泵的转速使其达到供水的压力。海水泵应布置在底部距通海阀箱较近的位置，吸入通海口在舷侧时，应设置于卫生污水及类似处理装置的排水口之前，其距离应不小于1.5m。

3）海水冲洗系统

冲洗用海水可直接从消防水管路取用，向重力厕所和特殊部位提供海水冲洗。

18.7.3 甲板排水系统

1. 系统功能及组成

甲板排水系统的主要功能是通过甲板漏水口借助重力排放除黑水，以及灰水外的舱室甲板、露天甲板面的未受到污染的日常积水。甲板排水系统主要由甲板漏水口、阀件和管系组成。

2. 系统一般设计要求

1）舱室甲板排水系统

（1）舱室甲板排水管的数量和位置，应根据舱室的大小、位置来决定。同一舱室的邻近排水管应合流，合流应有利于排水。

（2）在易受风雨影响的舱室，设置甲板漏水口。

（3）液体系统维修时或出现故障时易遭受水溢的舱室应设甲板漏水口。

（4）在空调器室、通风围阱、设置空调装置的工作舱、机库、冷库、开水间等可能引起甲板积水的舱室设置甲板排水系统。

（5）按照总体水密甲板和水密区域划分，同一水密区的排水管可进行合并，不同水密区的排水管合并之前应设置截止止回功能的阀件。

（6）舱室甲板排水管不应穿过弹药舱、喷气燃料隔离舱、燃油舱和淡水舱。连接舷侧附件时，应设置具有截止止回功能的阀件。

2）露天甲板排水系统

（1）上层建筑平台、外舷台、梯口处应设甲板排水，排水管应引向下一层，并应尽量靠近下一层的甲板排水管，最下一层的排水直接排舷外，不应和舱室内的排水合并。

（2）飞行甲板、武器舷台、甲板供给盖、供给凹槽部位、偏流板机坑等甲板上的排水管应独立设计，直接排至舷外，偏流板机坑应设置带格栅的污水井，阻拦索应设置带斜度的排水槽，且不应和舱室内的排水管合并。

（3）排水管的数量及截面积应满足排除本层和上层露天甲板的排水。

（4）甲板排水管不应设置在紧靠有人操作的设备，或穿过扶梯，舱口或门之间的正常通道，不应妨碍设备的布置和维修。

3）受燃油外泄影响的甲板排水系统

（1）舰上机库和露天甲板凹槽等处属于会受到燃油外泄的影响部位，应独立于其他排水管系，其排水管应独立的向舷外排水。甲板排水管应由铜—镍合金制成。

（2）机库边界应开有排水口或集水井或污水井等，以便把泡沫喷洒液、外溢的航空燃油和消防水总管的海水排到舷外。

4）甲板漏水口

甲板漏水口分为不可闭式甲板漏水口和可闭式甲板漏水口。应在冷库设置可闭式甲板漏水口，平时关闭，使用时打开，防止冷库冷源外漏；在水线附近或甲板漏水口排出管安装关闭阀门困难时，应采用可闭式甲板漏水口。

18.7.4 舱底疏水系统

1. 系统功能及组成

舱底油污水收集系统的用途是定期收集日常运行过程中积聚在舱底的油污水，并将其输送到油污水收集舱、岸上接受设施或回收船上。疏排水系统主要用于将破舱水线下的除黑水、灰水和未受污染的舱室积水直接排到舷外。移动疏水设备的用途是将没有疏水设备的舱室或部位内的水转注到有疏水吸入口的毗邻舱室或位置较低的舱室内、直接送至油污水总管或直接排至岸接设施。

舱底疏水系统主要由舱底油污水收集系统、疏排水系统、移动疏水设备组成。舱底油污水收集系统主要由电动自吸舱底疏水泵、阀件和管路等组成。疏排水系统主要由喷射泵、阀件和管路等组成。移动疏水设备主要由轻型移动潜水泵、移动电动油污水泵、电缆、线辊、启动器及附件组成。

系统管材采用铜镍合金管，管路附件采用青铜材料，异种金属之间连接采用电绝缘措施。舱底疏水系统管子内流体的平均流速一般应不大于 2.0m/s。

2. 系统一般设计要求

1）舱底油污水收集排放系统

（1）根据水密区划设置舱底疏水泵，收集管路通道、各机（炉）舱、各电站、各冷气站、舵机舱、食品冷藏装置舱、升降机围井、泵舱等机械舱室内的含油的水；通过舱底设置的污水井，将油污水收集至油污水收集舱，经由环境污染控制系统的油污水处理装置进行处理，达标后排放；可实现油污水收集舱之间的调驳功能，并具备向国际通岸设施排放功能；

为了从舰上将油污水输送到岸上专门设施或浮动设施，在舰舷侧应设国际通岸接头。

（2）经海水压载的重油舱，到港后由负责海水压载的重油舱疏水的电动自吸舱底疏水泵先输送至油污水收集舱，再经油污水收集舱处的电动自吸舱底疏水泵将油污水收集舱内的含油污水通过国际通岸接头向接收部位输送。

（3）系统应设计收集总管或环形总管，该管路应沿全舰内底设置，并按水密区划设置隔离装置，疏水总管应避免穿过燃油舱、淡水舱、压载舱、喷气燃料隔离舱舱等。本系统的油污水总管在艏部接通海阀，具备系统坞修时，排放总管内积水的功能。系统能实现分水密区独立实现对舷外排放功能，舷侧排水管的舷侧阀应为青铜截止止回阀。系统应保证在正常运行条件下用不同的泵沿各泵独立总管收集油污水。

（4）应根据船的首倾、尾倾在各舱室的前壁或后壁设置污水井，对布置在双层底上的舱室应该设有污水井，每个污水井内均应布置疏水吸入口。双层底上的污水井应该装有可拆隔栅（此时可拆吸入滤网可免于安装）。污水井的容量应不小于疏水泵停止工作后管系中的回水量。对于较长、较宽的舱室，应在舱室的前后端的两舷分别设置吸入口，污水井高度应大于500mm，方便布置、清洗吸入止回阀和吸入滤网。污水井应设置可拆格栅，格栅的孔径应不大于10mm。

（5）舱底疏水吸入管应接到其疏水隔舱内的最低处或污水井内，吸入口均应设置易于拆卸的吸入滤网，滤网的孔径应不大于10mm，吸入滤网的通流面积应不小于吸入管截面积的2倍。

（6）舱底疏水系统的布置，应在舰船正浮或横倾不超过15°时，任何舱室或水密区域内的积水，均应能通过至少一个吸入口即能有效地排除积水之外，其他舱室一般应在两舷设置吸入口。对于较长、较宽的舱室应在舱室的前后端的两舷分别设置吸入口。

（7）舱底疏水系统应能实现分水密区独立对舷外排放功能，舷侧排水管的舷侧阀应为青铜截止止回阀。

（8）应在底舱、机械基座等易积水的部位的结构处开流水孔，保证积水能顺畅流进该区域的污水井。

（9）疏水泵应具有自吸能力，在疏水泵吸入管路阻力大于自吸能力时，允许设置多台疏水泵。每台收集油污水的疏水泵均应能将油污水水输送到任一油污水收集舱内。

（10）疏水泵应设置独立的电控箱，电控箱应与疏水泵就近布置，方便启泵和停泵操作。疏水泵的运行状态与油污水收集舱液位高位声光报警信号联锁，具备自动停泵功能，手动启动恢复，电控箱具备吸真空报警停机功能。

2）疏排水系统

（1）纵倾平衡舱、管路通道、锚链舱、弹药舱、喷气燃料隔离舱、轴隧等部位采用喷射泵进行疏水。

（2）喷射泵工作水来自水灭火系统，喷射泵连接管路压力应满足水灭火系统的压力。

3）移动疏水设备

移动疏水设备及附件的控制规定为近距离手动，能方便取用和使用，其电源插座应设置在破损水线以上。

18.8 > 压缩空气及其他流体系统

压缩空气及其他流体系统涵盖流体的传动与控制、气体资源两个研究方向，根据航母用户需求，通常设计有压缩空气系统、气动控制系统、氧气系统、氮气系统和液压系统等子系统。

压缩空气系统、氧气系统、氮气系统在舰船上具备提供压缩空气、医用氧气、氮气等消耗性气体资源的能力；同时具备高压存储、输送充注，对用户减压供气的功能。气动控制系统对气动附件实施分区遥控。液压系统为液动附件分区遥控。

18.8.1 压缩空气系统及气动控制系统

1. 系统功能及组成

压缩空气是一种随时可取、取之不尽、用之不竭、经济实用的动力源，所以各型舰船都设计有压缩空气系统。压缩空气主要应用于柴油机启动、武器发射、气笛动力、风动工具、海底门冲洗、海水淡水压力水柜充气等。压缩空气系统给舰上系统和设施提供压力、耗量、洁净度和干燥度均满足要求的压缩空气。

气动控制系统对有开闭时间要求的附件进行快速遥控控制，一般由压缩空气系统提供气源。气动控制系统具备对气动附件进行远距离分区遥控、状态显示、故障报警，并和损管监控系统进行数据交换的功能。

压缩空气系统一般由电动高压空气压缩机组、干燥过滤装置、高压空气瓶、减压阀组（带安全阀）、检测仪表、管路及附件等组成。

气动控制系统一般由气动控制台（箱）、电磁阀、高压空气瓶、减压阀组（带安全阀）、管路及附件等组成。

2. 系统一般设计要求

压缩空气及气动控制系统应根据与航母功能有关系统的要求进行设计。根据系统的压力不同可分为高压、中压、低压压缩空气系统和中压、低压气动控制系统。

根据服务对象不同可分为主机起动用空气系统、武器装备用空气系统、控制用空气系统等。每个系统的设计均根据用气系统的设备类型和位置、各用气系统设备所要求的空气流速、压力和耗气量而定。

（1）为了保证系统的可靠性，必须把系统分成几个独立区。系统应借助手动阀或遥控阀分为数个独立区。

（2）在每一个独立区内设计成环形管路的高压空气主管路，都应有跨接管。压缩机与主管路的连接管应位于跨接管上。

（3）压缩空气系统的设计应能对所有用户以规定压力供气，直到满足所有装备同时运转时的总要求。

（4）压缩空气系统、气动控制系统设计的工作压力应根据用气系统设备所需要的最大压力来确定。

（5）高压空气压缩装置一般包括电动高压空压机、高压干燥过滤装置（其容量应按照压缩机流量确定）和空气瓶（组）。

（6）空气瓶组可在其共用的充气管上装一套压力表及安全阀且每一个空气瓶应设截止阀，以便隔断漏泄的气瓶或进拆卸进行修理。

（7）同一舱室中设计有一台以上高压空气压缩装置时，则装置用储气瓶应组合在一起，并从一个共用集管接至高压空气总管。

（8）空气压缩机的气源可取自大气或压缩机所在舱室以满足压缩机容量要求。当舱室内的压缩机吸气要求超过该舱室通风供气量的3%或舱室的空气温度大于45℃时，压缩机的供气应取自大气。

（9）对所有压缩机供气的布置应防止易燃蒸汽、烟雾、灰尘、砂砾、水或其他杂质进入压缩机。

（10）如果设有集体防护系统，则压缩机进气应设有三防滤器，该滤器应满足压缩机吸气量要求；或者压缩机舱可通过三防通风系统进气。

（11）空气瓶（组）和压缩空气管路不宜布置在舷侧和底舱。

（12）对于环形总管应采用隔离阀相互分隔，以降低因局部损害而使系统停止工作的程度。隔离阀的布置应能隔离损坏的部位，并在工作时提供最大的冗余。在总管上阀应装在环路的最前端或最后端。装在与总管连接处的每个跨接管和立管上。

（13）压缩机供气管与总管连接处以及总管上每个气源供应接头的两端应装截止阀，位置在其与总管接口处。

（14）管路系统的安全阀应设计在系统和设备在工作运行状态下免受超压而损坏的地方。安全阀的选择和压力设定应满足额定流量和系统设计压力的要求。

（15）压缩空气和气动控制系统管路一般用不锈钢管。

18.8.2　氧气系统

1. 系统功能及组成

氧气是一种强氧化剂，可用于呼吸、医疗和焊接等用途。在航母上，氧气主要用于保障病房、手术室、急救室等处所的医疗用气，支持飞行员的呼吸设备和金属的焊接等。

随着航母对氧气需求量的加大，仅靠氧气瓶携带的氧气量已无法满足系统用户的需求。氧气由舰上制氧站制备，氧气系统一般由制氧装置、氧气增压机、高压氧气瓶（组）、减压阀组、检测仪表、管路及附件组成。

2. 系统一般设计要求

（1）氧气系统在舰上安全生产、增压贮存、转注输送氧气，并按用户压力需求减压供气。

（2）系统的氧气品质应符合相关标准的各项指标或氧气用户技术文件的要求。

（3）制氧装置可用常温空气分离的方法制取。常温空气分离制氧可用变压吸附工艺、膜分离工艺、变压吸附工艺和膜分离工艺耦合工艺。

（4）氧气系统压力根据氧气用户工作压力和存储需求综合考虑设计。

（5）根据用户位置及其数量，氧气系统总管可设计成环状、单线或单线环状组合。

（6）氧气增压机对氧气增压存储过程中，不能影响氧气品质。一般氧气增压机选用隔膜结构型式。

（7）氧气瓶一般分组设计，每组气瓶数不得超过10瓶。两组或多组气瓶交替供气。

（8）当一组气瓶氧气压力降至小于允许最低使用压力时，应能手动或自动切换到另一组气瓶继续供气，切换时供气不允许间断。

（9）氧气瓶固定安装，气瓶和基座之间应放置中硬性橡胶垫。

（10）对于有充气和送气公用的气瓶组管路允许采用一个压力表和安全阀。

（11）使用后的氧气瓶内，必须留有 0.5MPa 以上的剩余压力。

（12）氧气系统管路可根据设计压力采用不锈钢管、铜及铜基合金管或镍及镍基合金管。

（13）氧气系统的阀门应选用专用氧气阀门，可根据设计压力采用不同材质。当设计压力大于 10MPa 时，阀门的材料采用铜基合金或镍基合金；当工作压力为 0.6～10MPa 时，阀门的材料可采用铜基合金、镍基合金或不锈钢。

（14）氧气管路尽量远离热源（蒸汽管路）和机电设备（电热器）。

（15）氧气管路敷设不准通过燃油、滑油及水舱。氧气管路不宜穿过生活房间、办公室以及不使用氧气的房间。

（16）氧气吹除管应接到舱外通大气并远离可能的火源及排放燃、滑油的部位。

（17）氧气管道的连接应采用焊接，与设备、阀门连接处可采用法兰或螺纹连接。

（18）氧气系统管路、阀门等与氧气接触的一切部件必须进行脱脂清洗，脱脂后的系统应采用洁净无油氮气吹扫并氮气封闭，防止再污染。

（19）从氧气系统舱室送至大气的抽风式通风围井出口部位应尽量远离火源，形成火花及可能排油的部位。

（20）制氧舱、氧气增压舱、氧气存储舱等氧气系统舱室应设计氧气浓度监测，当氧浓度超标时，发出声光报警。

18.8.3　氮气系统

1. 系统功能及组成

氮气是一种理想的惰性气体，无污染，来源于空气分离，因此取之不尽。氮气在舰船上有着广泛的应用，在航母上用于油舱的抑燃、防爆，武器的保养检测，机械和液压系统上驱动用气、减振、蓄压器增压，燃油管路安装维护的惰性吹扫，以及日常饮食所需的果蔬保鲜。

航母对氮气需求量的很大，仅靠氮气瓶携带的氮气量无法满足系统用户的需求，如在飞行甲板对 FJ 供气、加油过程完成后对加油管路的吹除，对喷气燃料舱的抑燃、防爆等。氮气由舰上制氮站制备，氮气系统一般由制氮装置、氮气增压机、高压氮气瓶（组）、减压阀组、检测仪表、管路及附件组成。

2. 系统一般设计要求

（1）在舰上应安全生产、增压贮存、转注输送氮气，并按用户压力需求减压供气。

（2）系统的氮气品质应符合相关标准的各项指标，或氮气用户技术文件的要求。根据不同用户的需求，氮气品质可不同。

（3）氮气系统压力根据氮气用户工作压力和存储需求综合考虑设计。

（4）根据用户位置及其数量，氮气系统总管可设计成环状或单线环状组合。

（5）氮气增压机在氮气增压存储过程中不能影响氮气品质。

（6）氮气瓶一般根据主要用户布置分组、分舱设计，每组气瓶数不得超过 10 瓶，两组或多组气瓶交替供气。

（7）当一组气瓶氮气压力降至小于允许最低使用压力时，应能手动或自动切换到另一组气瓶继续供气，切换时供气不允许间断。

（8）氮气瓶固定安装，气瓶和基座之间应放置中硬性橡胶垫。

（9）对于有充气和送气公用的气瓶组管路允许采用一个压力表和安全阀。

（10）使用后的氮气瓶内，必须留有0.5MPa以上的剩余压力。

（11）氮气系统管路应采用不锈钢无缝钢管。

（12）高压氮气管路尽量远离热源（蒸汽管路）和机电设备（电热器）。

（13）氮气管路敷设不准通过燃油、滑油及水舱。氮气管路不宜穿过生活房间、办公室以及不使用氮气的房间。

（14）由于氮气的窒息性，系统应将氮气瓶的泄放管路、压力表阀放气管、安全阀起跳排放管、氮气吹除管应接到舱外通大气且无人的部位。

（15）制氮舱、氮气增压舱、氮气存储舱等氮气系统舱室应设计氧气浓度监测，当氧浓度超标时，发出声光报警。

18.8.4 液压系统

1. 系统功能及组成

液压传动具有工作平稳，结构紧凑，调速换向方便，与电气元件结合易于实现自动控制等优点，在舰船上得到广泛的应用。本章介绍的液压系统是全舰性的液压系统，在航母上，全舰性的液压系统主要是对水灭火系统、日用燃油系统、燃油输送等系统的液动附件进行进行远距离分区遥控。

液压系统由液压泵站（带机旁控制箱）、流量自动限制装置、液压电磁阀箱、配液装置、管路及附件组成。

2. 系统一般设计要求

（1）液压系统中的所有部件均应不受侵蚀，由与液压液不起化学反应的材料制成，与液压液接触的液压设备的任何零件的表面不应镀镉。

（2）液压系统可按如下指标设计：压力管路工作流速小于或等于5m/s，回液管工作液流速小于或等于2m/s，吸液管路工作液流速小于或等于1m/s。液压泵进口处液压液温度不宜超过50℃。

（3）对于大型液压系统，一般设计两套液压泵站，两套液压泵站功能配置相同互为备用，以便其中一个液压站损坏时还能保证系统可靠工作。单个液压泵站内设置两台或两台以上的液压泵组，液压泵组之间可以互为备用。

（4）液压系统的工作压力可根据所选择的遥控附件来确定范围。

液压泵站的液压液柜上安装低位传感器，防止在损失工作液体时，液压液柜内的工作液体下降到最低允许液位时自动停止液压泵。

（5）每个泵站的蓄能器容量应确保在应急情况下使保证舰生命力的系统的遥控附件能够动作一次，其容量应按下式计算：

$$V \geqslant q \times n \tag{18-5}$$

式中　V——单个泵站内蓄能器的容量（1）；

q——单个遥控附件一次动作的工作介质消耗量（l）；

n——保证生命力系统的遥控附件的数量。

（6）液压泵组应能根据设定的蓄能器最低工作压力和最高工作压力自动接通和断开。液压泵站内的蓄能器最好设置成两组或两组以上，当一组蓄能器内的液压液用尽后，另一组蓄能器内的液压液还保留一半。蓄能器设计破坏压力应至少为液压系统的公称工作压力的5倍。

（7）液压系统应有压力过载的保护措施。安全阀应该调整到其压力超过工作压力的10%。

（8）液压系统应设有滤器，宜采用两个并联安装的滤器，滤器应设有压差报警器。为了防止清洁过滤器时工作液体流失，必须在过滤器之前和之后安装截止阀。

（9）为了防止液压系统排空，应该在系统回油总管处安装背压阀。

（10）用于液压传动的重要遥控阀件应在操作处装有能显示阀件开或关的指示器，且每一个阀件还应有应急操作措施。

（11）系统管道内径按下式计算：

$$d \geqslant 4.61\sqrt{\frac{Q}{v}} \tag{18-6}$$

式中 Q——通过管道内的流量（l/min）；

v——管内允许流速（m/s）；

d——管道内径（mm）。

（12）一般避免把液压系统部件布置在电气设备、电缆和热管路上面。如必须采取这种布置，则必须将这段管路进行焊接，或者装上防护挡板。

（13）在系统管路上部应设计放气装置，以免形成气囊；在下部应设计泄放工作液体的螺塞。通径 DN32 以下（包括 DN32）的管路连接，一般采用螺纹连接。通径 DN40 以上（包括 DN40）的管路连接，一般采用法兰连接。

（14）液压系统管路采用不锈钢管。

18.9 > 核生化防护系统

为了预防、减少或消除核武器、生物武器及化学武器对航母及舰员造成的损害及破坏，航母设有核生化（NBC）防护系统（核武器为 N，生物武器为 B，化学武器为 C，也可简称为 NBC 系统）。核生化防护系统一般由核生化监控系统、集体防护系统、水幕洗消系统和其他防护装备组成。

18.9.1 核生化监控系统

核生化监控系统的作用：对舰船遭受的核生化威胁进行连续监测，向全舰发布核生化危害报警信息；对全舰核生化防护系统的运行状态进行监测和控制，为指挥人员进行核生化决策提供建议。核生化监控系统主要由核生化监控台、核生化监测设备等组成。

1. 核生化监控台

核生化监控台能显示各核生化监测设备监测的信息，并具有报警、辅助决策、数据存储、查询、打印等功能。

2. 核爆炸监测设备

核爆炸监测设备用于监测航母所在区域核爆炸的当量、距离、方位和俯仰角等，在核爆炸发生后可快速监测爆炸信息。核爆炸探测探头一般安装在航母上层建筑的顶部，周围无遮挡，测到的数据和报警信号传给核生化监控台。

3. γ 辐射监测设备

γ 辐射监测设备主要监测航母所在环境空气中 γ 辐射情况和海水核沾染浓度，当测到的辐射剂量达到危害值时报警。γ 辐射监测设备一般设备布置在的露天部位、航母水线以下外板的内侧。

4. 化学毒剂监测设备

化学毒剂监测设备主要监测航母所在环境空气中的化学毒剂种类和浓度，当测到的化学毒剂浓度达到报警阈值时报警。化学毒剂监测设备一般布置在靠近舷侧的舱室内，通过对舰外空气进行采样检测。

5. 生物战剂监测设备

生物战剂监测设备主要监测航母所在环境空气中的生物战剂气溶胶粒径浓度，当在某一范围内的粒径浓度达到报警阈值时进行报警，并能定性检测生物战剂的种类。生物战剂监测设备一般布置在靠近舷侧的舱室内，通过对舰外空气进行采样检测。

18.9.2 集体防护系统

集体防护系统的作用：在集体防护区周界上构建气密保障措施，通过滤毒通风装置补充新风，并建立一定的超压，以防止外界有害空气经舰船结构孔隙渗入集体防护区，为核生化防护工况时的舰员提供良好的工作环境。集体防护系统主要由滤毒通风装置、集防监控箱、超压控制设备等组成。

核生化环境下的航母集体防护区分全防护区和有限防护区。全防护区是航母在核生化环境下为舰员设立的掩蔽所，配置滤毒通风装置，能防止核生化污染物进入集体防护区，保护舰员免受化学毒剂、生物战剂和放射性物质的伤害。全防护区一般包括重要作战指挥舱室、舰员居住舱室、医院、餐厅、厨房等。有限防护区一般主要针对大型机电设备舱，配置高效空气过滤器，可防止核生化污染悬浮物微粒和气溶胶进入，但不能防止毒剂气体进入，在该区域内人员需要根据实际情况采取个人防护。有限防护区一般包括机炉舱、机库、电站和冷气站等大空间舱室。

全防护区的周界具有较好的气密性。为确保全防护区气密，要求在全防护区周界上穿过的通风管道、电缆、各种管路都不允许破坏周界的气密性，电缆和管路的穿过处都采取了防止漏气的密封措施。

全防护区配置的滤毒通风装置，可过滤空气中的核生化悬浮物微粒和毒剂气体，并供给新鲜空气。在核生化环境下，全防护区内的空调通风系统正常运行，对空气进行降温除湿和加热加湿处理，确保舱内环境的舒适性。为了防止毒剂气体和核生化污染物通过防护区周界缝隙渗入防护区内，利用超压控制设备在集体防护区建立一定超压，阻止核生化污染物渗入。

在全防护区设核生化洗消通道，其由脱外衣室、脱内衣室、淋浴室、缓冲间和更衣室组成，各舱室之间均设气密门，在露天工作的舰员和在非集体防护区工作的舰员在进入集体防护区之前，必须经过洗消通道。超压控制设备利用从全防护区提供的空气可确保核生化洗消通道由内至外形成一定压力梯度，以防止舰员从露天进入全防护区时将核生化污染带入集防区。

航母全防护区之间、全防护区与非防护区之间均设立了隔离通道，舰员从防护区到邻区必须经过隔离通道，以防集体防护区空气大量泄漏或邻区空气进入集体防护区。

有限防护区配置的高效空气过滤器，可过滤空气中的核生化悬浮物微粒和气溶胶，因此在有限防护区内的舰体结构、机电设备不会受固态或液态核生化污染，只需进行通风换气就可排出防护区内的气体毒剂。

18.9.3 水幕洗消系统

在核生化条件下，采用喷洒海水的方式在航母飞行甲板、上层建筑的外露表面和露天设备表面形成连续性水保护膜，以阻止、减少和消除放射性物质、细菌微尘和化学毒剂的沾染和积聚。

航母水幕系统由水幕喷头、管路及附件等组成。在核生化环境时，核生化悬浮物微粒可能沾染在露天船体结构和武器设备表面上，沾染没有密闭的通风口和通风围阱，还会随着没有经过过滤的空气进入非集体防护区，沾染舱内船体结构和设备。为此，航母设有水幕系统。在核生化污染来临前，启动水幕系统在航母的外露表面形成连续流动水膜，以阻止、减少和消除放射性物质、细菌微尘和化学毒剂的沾染和积聚在露天船体结构和武器设备表面上。

18.9.4 其他防护器材

其他防护器材主要用于集体防护区外各战位舰员免受或缓解核生化沾染的伤害，并对舰船所在环境空气中或舰船外露表面沾染的生化战剂进行采样检测。

其他防护器材一般主要包括防毒面具、防毒服、防毒手套、个人剂量检测仪、辐射仪、毒剂报警仪、化验箱等，在核生化环境中，处于或可能处于核生化环境中的舰员必须采取个人防护措施。个人防护还包括对受核生化伤害的人员进行医疗诊治和救护，及时减轻伤害程度。

18.10 > 生活保障系统

18.10.1 生活保障系统概述

航母是数千名舰员工作、生活的地方，素有"海上钢铁城市"之称。在长达数月的海上部署期间，舰员要在航母上完成大量而繁重的训练和作战任务。良好的生活保障是舰上各个系统之间保持良好运转的重要因素，也是舰员保持最佳战斗力的重要保障。生活保障系统的使命任务就是保障航母舰员的日常饮食、医疗及生活服务需求，保证舰员自给力期间的身心健康。

生活保障系统主要由膳食服务系统、医疗服务系统和生活服务系统等组成。

18.10.2　膳食服务系统

膳食服务分系统主要用于保障航母舰员的就餐饮食需求，根据舰员级别和特殊兵种的不同饮食需求，提供相应的饮食服务及营养需求，并保证每日生熟食品的储运管理顺畅。在部署期间，优质的膳食服务在很大程度上可以保证舰员身心健康，提高工作积极性。

1. 系统功能及组成

根据食品转运及加工的流程，航母膳食服务主要包括膳食加工、膳食供应以及食品贮存三部分。

1）膳食加工

航母上人员众多，膳食加工舱室一般根据舰员级别情况分区域设置，且每个膳食加工区服务对象与其对应餐厅供餐能力相一致。通常设置高级军官膳食加工区、军官膳食加工区、飞行员膳食加工区和士兵膳食加工区。例如，美国航母厨房就包括编队司令厨房、舰长厨房、军官厨房、军士长厨房及舰员厨房 5 类。法国"戴高乐"号航母共有 3 个厨房，除为军官、士官、普通舰员服务的厨房外，还设有专门为舰长和将军等国内外重要宾客服务的特别厨房。另外，根据需要设置特殊饮食（如清真食品）加工区域。

按照加工食品种类不同膳食加工舱室分为厨房、主食加工间、面包房、鱼肉前处理间、蔬菜前处理间、面点前处理间等舱室。通常这些舱室按照加工流程设置，且舱室位置相对比较集中。为了让舰员每天吃到新鲜的早餐，航母上的厨师每天在天不亮就起来制作馒头或早餐面包。

2）膳食供应

膳食供应舱室包括配膳、餐具洗涤管理和就餐三个功能区。配膳和餐具洗涤管理功能舱室主要有配膳室和餐具洗涤室，分布在就餐功能舱室区域附近；就餐功能舱室包括餐厅和休息室。餐厅按照舰员级别设置不同舰员就餐区，一般包括高级军官餐厅、军官餐厅、飞行员餐厅、士官餐厅和士兵餐厅，另外，可根据需要为有特殊饮食习惯的舰员设置独立就餐区域。

3）食品贮存

各国因为饮食习惯差异，航母对各种食物需求量不同，因此食品存贮空间需求也各不相同。航母食品储存量设计与食品日消耗量以及自身的自持力要求密切相关。

以美国某航母为例，仅早餐使用鸡蛋烹饪的食物就有煎鸡蛋、煮鸡蛋、炒鸡蛋、煎蛋卷、蛋糕等，因此该航母每日消耗 9600~12000 个鸡蛋。美国航母食品供应采用了标准菜单的供应模式。为了给舰员提供更丰富、更健康的食品，采用多个菜单循环供应的方式，既保证了食物的营养均衡，又给舰员用餐提供了更多的选择。航母上的菜单一般 2~3 周更换一次。舰上部分食品（如肉制品等）都是经过处理的半成品。

航母上食品供应和储藏的种类多种多样，食品贮存舱室根据食品贮存条件不同主要分为食品贮藏舱、食品冷藏（冻）舱和果蔬保鲜冷藏舱三类功能舱室。食品贮藏舱主要有日用品贮藏舱、粮食库、干货库等常温贮藏舱室，食品冷藏（冻）舱包括常规的蔬菜库、鱼库、肉库等冷库，果蔬保鲜冷藏舱主要指采取特殊方式保持果蔬长时间保鲜的特殊冷藏舱室。

2. 系统一般设计要求

（1）膳食服务相关舱室及其设施的设计布置应充分考虑实际使用流程，舱室相互之间应具有畅通、合理、方便的通行路线，食品运输、加工、配膳以及舰员的就餐流通路线合理。

（2）航母膳食服务舱室在设计上主要采用食物"垂直存放"的原则，布置在运送食品的货物升降机周围，充分考虑使用的便利性，并尽可能地减少食品横向运输的距离。如果两个膳食加工区相邻，可以考虑共用膳食加工区的前处理间、日用品贮藏舱等舱室，但厨房独立设置。

以上膳食加工区设计理念被大多数国家设计师所认同，法国"戴高乐"号所有与饮食相关的场所和舱室都被布置在一个垂直区段里，以方便运送。经补给后通过航母升降机将食品垂直运送至下层甲板的冷冻、冷藏和储藏室；使用时，食物从位于下层的冷藏库或贮藏室送到第一站进行准备，如开启罐头、解冻，清洗蔬菜和水果等。待准备好的东西完全达到卫生标准后，再向上送至厨师的工作台。美国"里根"号航母供膳系统采用两个中心布置，膳食服务舱群分别布置在舰首和舰尾且相互独立，每个中心都具有全套供膳设备，全舰只有面包房是公用的。膳食服务系统采用垂直供应体系，食品贮藏室、初加工、烹饪加热、领取、就餐等舱室相互间具有通畅、合理、方便的通行路线。

（3）膳食服务相关舱室布置位置应注意避免与居住舱室、卫生舱室、医疗舱室和化学品贮藏室相邻布置。

（4）航母上膳食种类丰富，所需厨用设备也很多。膳食加工舱室内设备配置情况需根据具体舱室功能情况适应性配置。厨房主要配置炉灶、多功能蒸烤箱等烹饪设备；主食加工间主要配置蒸饭箱、和面机等；面包房主要配置面包烘烤箱、发酵箱等；餐具洗涤室内配备洗碗机等。随着现代化新型饮食加工设备的不断诞生，自动化程度相对较高的烹饪设备慢慢已成为航母膳食加工区的主角，这将在一定程度上减轻航母膳食保障服务人员的工作强度。

（5）食品贮藏舱室、冷库内主要配置放置架、冰箱等冷藏、搁放设备，做到各类食品物资分类存放。此外食品库的布置还应考虑便于运用机械化装卸作业将食品运送上舰入库以及日常运送至厨房。

（6）餐厅中主要配置餐桌、餐椅，餐桌椅材质、样式等一般根据餐厅所服务的人员的级别不同而略有不同。除此以外，还根据供应食品种类设置食品取用台，舰员可根据自身需求自由选取食物。另外，很多航母上在餐厅和休息室区域设置有咖啡间。还可以为飞行员提供专门的快餐服务。餐厅除具备就餐功能外，一般还进行多功能化的布置和设计，通常餐厅还具备会议、影视、阅读、网络服务等功能，以丰富舰员日常生活；高级军官餐厅的布置还会考虑接待来宾用餐的需要。

18.10.3　医疗救护系统

航母作战任务的艰巨、繁重程度可想而知，为保障其具有良好的战斗力必须为舰员提供强有力的医疗保障。

航母医疗救护分系统平时主要用于保障舰员日常疾病的诊治以及飞行员飞行前后的各项体检，战时保障伤病员战伤紧急救护、卫生处理，组织医疗以及伤病员的后送等。

1. 系统功能及组成

医疗救护分系统根据保障阶段不同可分为平时医疗保障和战时医疗保障；按照服务保障对象不同可分为飞行员医疗保障和普通舰员医疗保障。但无论如何分类，航母医疗部门均具备陆地医院所具有的大部分设备。

舰员平时医疗保障包括日常门诊、体检和住院治疗。平时医疗保障功能区主要由诊疗室、挂号室、手术室、术前准备室、监护室、X光室、口腔治疗室、理疗室、药房、病房、烧伤病房、监护病房、隔离病房、航空医务室等医疗舱室组成。

舰员战时医疗救护在医疗救护站完成，医疗救护站由日常医疗诊治舱室及舰内住舱和公共舱室扩展而成。一般分布设置多个战时医疗救护站和辅助战时医疗救护站，每个医疗救护站均包括卫生处理部位、治疗舱室和病房。这样可使医护人员和设施分布于全舰，即使航母局部受到破坏，医疗装备受到损失，也还有其他的战时医疗救护站可以继续实施伤病员的救治。

对上舰随舰执行任务的舰载机飞行员的医疗保障，主要依托航空医务室和航母医务中心，主要开展健康观察、防病治病（身体、心理）、营养卫生、飞行卫生保障、应急救护、医疗后送、生理心理训练等。

在航母上，呼吸系统疾病、感染和寄生虫病，皮肤及结缔组织疾病和事故，中毒及暴力所致损伤等发病率较高。战时和平时，在不同地理战区，由于不同国家民族的饮食习惯等不同，发病率也存在差异。口腔疾病是美国航母上的多发疾病，以"林肯"号航母为例，平均每天有70名牙科病人，因此美国航母上非常重视牙医勤务保障，医疗救护机构除日常医疗部门外，还根据舰船的大小、人员编制情况等配备最完善的医疗和牙科机构。牙科部门的主要任务是为航母本舰和航空联队人员提供口腔护理，包括年度检查、预防性治疗、口腔手术、补牙、牙齿营养护理，尤其擅长牙齿修复和口腔手术，还为航母编队其他舰艇的人员提供紧急牙齿护理。

航母的医疗保障除需要合理设置相关医疗舱室，配置完善的诊疗设备外，配备专业的医疗人员，包括各专业医师、护士和医技人员也是相当重要且不容忽视的。

2. 系统一般设计要求

（1）主医疗区一般设在全舰纵摇、横摇最小的位置。目前美国所有航母的医疗部门都设置在机库甲板以下，主医疗区位于舰中。所有医疗舱室均应布置在远离高噪声舱室，并尽可能靠近舰中部；医疗舱室不允许直接布置在机舱和锅炉舱的上面，也不允许布置在厨房、公共洗衣房等附近；所有医疗舱室均应尽可能布置在一个隔舱段内，并有一个独立的出口，航空医务室、口腔治疗室，药房和贮藏舱可以布置在舰上的其他隔舱段内。

（2）手术室应可开展大多数常规和急救的手术，在手术室内应设有直接通向手术准备室和通道的门，门最好为摆动式双门，宽度应方便人员及担架出入；手术台的上方应装有保证无影照明的灯光照明设备。此外，还应设有手术场地局部补充照明的照明灯，手术照明灯电源可自动转换至应急电源；手术室内通风系统要求安装细菌过滤装置，达到手术室洁净度相关要求；应保证手术、急救和病房的氧气供应。法国"戴高乐"号航母设有两个手术室：一个长期处于无菌状态，用于紧急手术；另一个用于外科手术，配有特殊的X光机，用于骨折复位等。

（3）X光室一般紧邻手术室布置，X光照射的防护设备应能将邻近的舰员生活、工作舱室中的初始和扩散辐射减弱到安全值；在X光室中应安装轻便式底片观察灯和红色照明灯；在X光室入口上方，在通道的一面应安装标明"禁止入内"的信号指示，并在X光机工作时能自动接通；在使用轻便式X光装置的医疗舱室中应规定为工作人员或者位于邻近舱室中的舰员提供该条件下所有可能的防护措施（屏蔽、距离、时间）。

（4）药房的门应有警戒信号设备。麻醉药品等特殊药品应存放在保险柜或者上锁的金属柜内。

（5）病房应与手术室相邻或靠近手术室。在病房近旁应布置卫生间。美国航母主病房布置固定的双层病床，上层床可折叠，下层床可调节成座位。航母上应设有隔离病房，采取特殊的消毒方式，专供传染病病人使用。监护室、病房和隔离病房中病床尽可能沿纵向布置，并应有防风暴围栏和固定装置。舰上一般还应设置一间烧伤病房，并配置相应烧伤治疗设施。

（6）气瓶贮藏室应尽可能布置在需要使用气体的医疗舱室区域，如手术室、手术准备室、监护室、隔离病房、复苏急救室等靠近出口处，以便于给气瓶充气。

（7）战时医疗救护保障的主要任务是对伤病员进行及时的救治，使其尽快恢复，保持战斗力。美军把航母医疗部门的救治范围规定为完成初期复苏治疗，并对伤病员提供紧急救治，为后送创造条件。

18.10.4　生活服务系统

航母舰员与社会、家庭分离，业余生活单调，缺乏来自缤纷世界的各种信息，这都将加重舰员的生理、心理负担，降低个人的工作能力。生活服务分系统主要用于满足舰员日常卫生、衣物洗涤、文化学习、休闲娱乐、物品贮藏等功能，为航母舰员提供学习、锻炼、休闲娱乐的场所和设施，提供必须的洗衣、盥洗、淋浴、如厕等区域和设施。这些都有利于部署期间提高舰员的工作积极性，保证舰员的身心健康。邮局服务是连接舰员及其亲友情感的纽带，超市、商店等服务可为舰员提供多样化的食品和生活必需品。

1. 系统功能及组成

生活服务分系统按照功能来分主要包括洗衣服务类舱室、卫生类舱室、文体娱乐类舱室、公共服务类舱室、日常用品贮藏类舱室及其设施。

洗衣服务类舱室一般包括洗衣间、烘衣间、衣物熨烫间、衣物接收间、衣物分发间、衣物消毒间等舱室。美国"肯尼迪"航母2002年部署期间，平均每天洗衣约1.9t，平均每天熨烫衣物约7600件，由此可见航母每日洗涤工作量之大。

卫生类舱室包括盥洗室、淋浴室、厕所、单元卫生间等。

文体娱乐类舱室包括舰员活动室（一般分军官活动室和士兵活动室）、图书馆、阅览室、健身房等舱室。舰上除设置普通舰员的健身房外，根据飞行员体能训练特点及需求，还设置专门的飞行员健身房。

公共服务类舱室主要包括邮局、超市、理发室、缝纫间、修鞋间等，每一项服务都非常重要，直接影响着舰员的生活质量。

日常贮藏类舱主要用于贮藏除食品外的日常生活用品，主要有被装贮藏舱、个人物品贮藏舱舱、生活用品仓库、军需用品库、体用用品贮藏舱等舱室。

2. 系统一般设计要求

（1）航母上一般可提供湿洗、烘干、消毒、干洗、裁缝和熨烫等服务。大部分国家航母被装衣物采取集中洗涤为主、自助洗涤为辅的洗涤模式。集中洗涤时通过不同编号或姓名的洗衣袋来区分个人衣物。集中衣物洗涤区一般设置洗衣机房、熨衣间、烘衣间、衣物接收间和分发间。这些舱室均为一个个独立舱室，但又相互毗连，洗衣房应直接与烘衣间和熨衣间相通。

美国航母上拥有非常完善的洗衣服务，包括集中湿洗和干洗、自助洗、烘干、晾晒、缝补、熨烫等，洗干净的衣服还有专门舱室用于存储，并可用于干净衣服的领取发放。舰员可根据自身需要选择所需洗衣服务。美航母上洗衣服务舱室采取了集中布置的原则，距离住舱较近。

法国"戴高乐"号航母上的洗衣间设在2甲舰首靠近住舱位置。根据一份制定好的计划表，洗衣间的工作人员早上把舰员的衣服集中收集放到洗衣间洗涤，当天晚上即可取回。

（2）航母上缝纫间配置缝纫机、绣花机等设备。修鞋间配置修鞋机等设备，满足舰员的日常修补、缝纫等工作。

（3）在舰员集中居住区域应设置相应卫生舱室。军官住室多设置单元式卫生间，单元式卫生间内设有淋浴器、马桶和洗面器。没有设置单元卫生间的舰员集中居住区域，设置集中盥洗、厕所、淋浴等舱室。公用淋浴室一般由两个单独的舱室组成：更衣室及淋浴室。公用淋浴室应布置在相应的住舱附近，并分别设置军官和士兵淋浴室。有些航母还设有专门供高级军官使用的芬兰浴室。另在舰员集中工作区域也应设有一定数量的厕所。

（4）对于舰员来说，理发室是舰上不太常去的生活舱室，在设计其位置时优先级较低，一般情况多布置在靠近淋浴室空缺区域，这样舰员理完发后可直接去淋浴室洗澡。美国航母上一般设有1~3个理发室。法国"戴高乐"号航母上设有两间理发店，一间在靠近舰首区域，另一间在靠近舰尾区域。

（5）除常规训练之外，航母还为舰员提供了健身房，舰员可根据自身喜好进行锻炼。健身房有多种健身器材，除常见的跑步机、举重设备、哑铃等，还设有划船器等，有的航母还设有迷你高尔夫训练场等。飞行员一般会有专门的体能训练舱室或健身房，并配置飞行员体能训练用的专用健身器材。目前，休闲健身越来越受到设计者的重视，健身器材及活动趋向多样化。

（6）图书馆和阅览室应尽可能布置在舰员住舱附近。美国航母上图书馆分为专业和通用两类图书馆，根据人群和使用部门就近设置。

（7）生活日用品仓库可包括生活用品舱、个人物品贮藏舱、被装贮藏室、军需用品库、体用用品贮藏舱等。生活日用品仓库应尽可能布置在大多数舰员住舱的附近，舱室根据需要布置各种规格的放置架、物品柜等贮藏设备。

（8）邮局主要负责航母上收取和寄出的邮件，包括舰员个人普通信件、挂号信件、包裹等。邮局内主要配置服务台、邮件报刊整理工作台、报刊包裹寄存柜等设施。美国航母上非常重视邮件服务质量，邮件服务部门设置完善，便于舰员与家人联系，沟通感情，提高舰员士气。邮件的收取和寄出主要通过航行补给和运输机两种方式。邮务舱室靠近舰员住舱、餐厅等生活区设置从而为舰员邮寄提供便利。

（9）生活超市配置超市货架、冷藏柜、收银台、超市出入口机等设备为舰员提供日常消费服务。

18.11 > 船舶保障系统试验及评估技术

船舶保障系统试验及评估包含模拟仿真验证，样机验证与陆上联调试验，系泊与航行试验等内容，用于综合检验与评估系统技术方案的科学合理性，详细设计的缺陷或薄弱环节，以及预交付系统应完善的内容。

18.11.1 模拟仿真验证

采用 Flowmaster、ANSYS 等三维仿真软件，搭建水管网系统 1:1 模型或缩比平台，模拟系统稳态和动态条件下水力与热力工况，测试流量实际分配、压力波动特性、水锤冲击影响并进行跟踪分析，提出管网优化与改进方案；对于风管网，采用 ANSYS、Trnsys、Airpak 等仿真与数值计算软件，按实船建立舱段模型并设置网格边界条件，模拟末端供风装置的气流特性和舱内负荷特性，进行空调区气流组织、温度分布特性等仿真模拟，验证系统换气效果和除热能力。

18.11.2 原理样机演示验证

样机验证与陆上联调试验利用设计阶段的理论研究成果，研制相应设备样机或成套系统，进行单机性能试验或系统陆上联调试验，检验项目包括性能指标，运行稳定性、可靠性与维修性，舰用环境适应性，电磁兼容性，隐身性等，全面评估样机或系统的各项技术参数。

船舶保障系统的关键设备样机如大型冷水机组、制氮制氧装置、损管综合显控台、消防泵、生活污水处理装置等均可按需进行样机试验评估；而损管监控系统、平台管理系统、液压系统、气动控制系统等，可进行相应的陆上联调试验，测试和评估系统各项指标。

18.11.3 系泊与航行试验

船舶保障系统施工完毕后，应分别进行系泊状态和航行状态下的系统试验，检查系统安装的完整性、正确性，各项性能指标是否符合设计要求，并在航行状态下进一步检验系统运行的稳定性和协调性。船舶保障系统主要有以下系泊与航行试验：

1. 水灭火系统系泊与航行试验

水灭火系统是航母上最重要的消防系统，主要试验项目：有电动消防泵组试验、消防水枪喷水试验、系统供水试验、系统控制试验等。

2. 姿态平衡系统系泊与航行试验

姿态平衡系统用以调整舰船的浮态，主要试验项目：有固定式潜水排水泵试验、移动式潜水排水泵试验、系统效用试验等。

3. 空调通风系统系泊与航行试验

空调通风系统负责控制全舰的大气环境，主要试验项目：有通风系统试验，空调设备试验，制冷剂系统密性及真空试验，空调系统运行试验，绝热层性能检查，空调舱室温，湿度测试，空调系统效用试验等。

4. 黑水系统系泊与航行试验

黑水系统负责回收全舰厕所、医疗区等产生的污水，主要试验项目：有生活污水处理装置试验、油污水处理装置试验、黑水系统试验、油污水系统试验等。试验中对处理后排放水指标进行检测，检查经处理后的污水排放指标是否满足《MARPOL 73/78 防污公约》中 MEPC.159（55）决议的要求。

5. 日用淡水系统系泊与航行试验

日用淡水系统向全舰提供淡水，主要试验项目：有淡水设备试验、淡水系统试验、舱底疏水系统试验等。

6. 压缩空气系统系泊与航行试验

压缩空气系统向全舰提供一定压力的压缩空气，主要试验项目：有空压机试验，制氧、制氮装置试验，系统密性试验，压缩空气系统试验，氧气、氮气系统试验等。

18.12 > 船舶保障系统技术发展趋势

船舶保障系统是保障航母安全、提供通用性水、气等资源，满足舰员生活需求的综合性保障系统。船舶保障系统的未来发展与舰船的发展密切相关，未来航母正向大型化、自动化、智能化的方向发展，同样，未来航母船舶保障系统正向信息化、自动化、智能化的方向发展。随着舰船的设计越来越注重人性化，未来航母改善与提高舰船的舒适性、居住性、及污染物的零排放是其发展趋势。

18.12.1 消防损管自动化、智能化

舰船消防损管关系舰船安全，是一项人力密集型的工作，目的是减少舰员损管工作量和相应的人员需求，提高系统反应速度和效能，保障航母安全的消防系统、损管监控系统、舰船姿态平衡系统自动化和智能化程度需大幅提升。随着信息化技术的发展，未来将出现传感器、摄像仪、消防设备（抗沉设备）充分结合，构成集中统一的损管系统。发生火灾时，依据传感器报警信息，自动调用火灾舱室的视频图像，帮助舰员更快地明确火灾发生的具体情况，并及时为决策者提供火灾灭火决策建议，从而缩短损管反应时间和决策制定时间，提高损管响应能力；能够自动启动相应的消防设备，防止火灾蔓延，并通过传感器和摄像仪将实时灭火情况反馈给损管中心计算机，实时调整火灾灭火决策建议。

18.12.2 通用性资源保障自动化、智能化

随着未来航母从机械化向电气化发展，航母电气化程度的持续提高，其信息化、自动化和智能化程度也将进一步提高。美国在"尼米兹"级航母上实施了"智能航母"计划，利用计算机和网络技术，对航母的各部分状态进行智能监视和控制，提高了效率，减少了人员。

随着信息化技术的发展，未来航母船舶保障系统不仅仅能对主要辅机设备的运行状态进行集中监测、报警及控制，而且通过对全舰日用水、冷媒水、气等通用性资源、辅机运行信息等进行统计管理，随着全舰日用水、冷媒水、气等通用性资源需求的变化，实时自动匹配，从而全面提高系统、设备自动化水平、自适应能力和多工况调节能力，提升各设备运行效能、故障响应速度和保障能力，减少对人员编制的需求。

18.12.3 污染物零排放技术

所谓零排放，是指无限地减少污染物和能源排放直至到零的活动。零排放，就其内容而言，一是要控制生产过程中不得已产生的能源和资源排放，将其减少到零；二是将那些不得

不排放出的能源、资源充分利用，最终消灭不可再生资源和能源。

现代航母作为海军主战舰船除在战争时期执行远洋作战任务以外，在和平时期更多地承担的是友好出访、联合军演、打击海盗、护航及人道主义援助等非战争任务，为适应现代社会越来越注重环境保护的大趋势，航母的设计必须考虑保护海洋环境因素。舰船污染物"零排放"是必然的趋势，但是污染物的"零排放"与资源再利用、处理成本、维护保养有着密切的关系，对有着特殊使命的舰船，实现所有污染物"零排放"将面临极大的挑战。

参 考 文 献

[1] 中华人民共和国. 防止船舶污染海洋环境管理条例 [S]. 2010.

[2] 楼伟锋，盛立，林超友. 舰船污染途径及现状研究 [J]. 舰船电子工程，2013，33 (11)：18-19，51.

[3] 中国船级社. 经1978年议定书修订的1973年国际防止船舶造成污染公约 [S]. 北京：人民交通出版社，2003.

[4] 吴睿锋，盛立，林超友. 海军舰船防污技术指标及其发展思路 [J]. 舰船电子工程，2012，32 (9)：8 – 11.

[5] 吴炜焱. 船舶垃圾排放开启新准则时代 [J]. 中国船检，2013 (5)：41 – 43.

[6] 吴国凡，刘喜元，周红权. 国际防止船舶污染海洋公约现状及发展趋势 [J]. 船海工程，2010，39 (6)：64 – 67.

[7] 谢承利，翁平，李小军，等. 船舶压载水处理技术应用综述 [J]. 船海工程，2010，39 (6)：86 – 90，98.

第**19**章
航空保障系统

19.1 > 概述

19.1.1 定义

航空保障系统是由舰载机起降、引导、航空作业指挥、驻留、转运、供给及维修等航空保障作业所必需的设施组成的有机整体，是航母上保障舰载机安全起降、有序作业的重要系统。

19.1.2 发展历程

航母诞生至今，各国海军一直在研究如何使得舰载机更加安全、高效地起飞和着舰，并进行了大量的试验探索工作，20世纪50年代以后，航空保障设施发展进入了成熟阶段，用于保障舰载机起飞和着舰的设备配置相对固化，用于保障舰载机高效出动的飞机调运、喷气燃料、航空弹药、航空作业指挥等设施也逐步升级换代。

航母最初搭载的螺旋桨飞机是利用飞行甲板滑跑起飞，随着舰载机起飞重量和起飞速度的增加，用于助力飞机起飞的弹射装置诞生，其发展经历了压缩空气式、飞轮式、火药式、火箭助推式、电动式等多种形式，二战期间广泛使用的是液压式弹射装置。随着喷气式飞机的出现，1950年以后出现了蒸汽弹射器；20世纪60年代美国研制的蒸汽弹射器的拖动力达15~20万磅（1磅≈4.45N），弹射末速已达150~175节，加速度为$4g \sim 5.5g$。世界各国在20世纪50年代中期以后建造的航母上都广泛安装蒸汽弹射器，根据航母的吨位在舯部和斜角甲板布置2~4部弹射装置。20世纪80年代开始，美国开始研制电磁弹射装置，目前计划安装在"福特"级航母首舰。

舰载机安装有特制的尾钩，用于舰载机着舰的阻拦装置最初采用的是用沙袋固定的绳索、帆布做的斜坡屏障等，经历了重力式、摩擦刹车式、液力式等阻拦装置形式，20世纪30年代至今广泛使用的是液压型阻拦装置。1950年之前的航母一般为直通甲板，在舰部配置10~15道阻拦索和3~5道阻拦网。随着斜角甲板的出现，现代航母一般在斜角甲板后半部分着舰区布置 3~4 道阻拦索和 1 道阻拦网。21 世纪初，美国又研制出电磁型先进阻拦装置，目前计划安装在"福特"级航母首舰。

舰载机的起飞和降落最初依靠人工指挥；1952 年，英国海军研制了反射式光学助降镜；20 世纪 60 年代，英国海军研制了菲涅尔光学助降装置，在舰尾方向提供一个光学下滑道指示，辅助飞行员判断着舰方位，提高着舰钩索成功率；70 年代，美国海军又研制出了雷达着舰引导系统，能够引导舰载机实现半自动或全自动着舰。目前使用的着舰引导手段包括激光助降系统、舰载卫星引导系统等。现代航母舰载机的起降是由飞行指挥塔台和航空管制中心进行控制，飞行指挥塔台位于舰岛上方，具有良好的视界，飞行指挥官通过各种显示控制装置和终端掌握飞行态势，控制舰载机的起飞和着舰。飞机的弹射起飞由外设起飞指挥部位的飞机弹射军官指挥，飞机的阻拦降落由外设着舰指挥部位的飞机着舰指挥军官（LSO）指挥。

舰载机的甲板作业管理始终是航母指挥官面临的挑战。为了有效地组织舰载机的调运、加油、挂弹、维护等甲板作业，在舰岛内一般设置一个飞行甲板控制室，里面设置一个缩比的调度模型台（俗称显灵板，Ouijia board），有关调度人员实时地调动台面上的小飞机模型，使模型台上的飞机布放、作业状态与航母上实际飞机的状态保持一致，便于飞行甲板调度军官进行调度决策。美国海军在 20 世纪 70 年代开始研制计算机辅助决策系统，90 年代开发了航空数据管理与控制系统（ADMACS），提高了航空作业管理自动化程度，降低了人力需求，在美国现役航母上得到了推广，并在不断改进。不过，调度模型台以其可靠、直观、易于操作的特点，仍然是现役航母的标准配置。

机库位于航母飞行甲板下方，舰载机需要利用飞机升降机进行甲板和机库之间的调运，最初的飞机升降机均设在舷内，优点是防风浪和安全性好，缺点是占用飞行甲板和机库面积，尺寸受限。随着舰载机尺寸和重量增大，美国"埃塞克斯"级航母上首先采用了舷侧升降机，随后舷侧飞机升降机被广泛应用。世界上的大型和中型航母大都把飞机升降机布置在舷侧，而轻型航母则基本采用舷内升降机，也有航母飞机升降机将舷内和舷侧结合布置。根据航母的吨位和搭载飞机数量，一般布置 2~4 部飞机升降机。

喷气燃料舱存放了大量用于保障舰载机持续飞行的航空燃油，最初舰载机使用的是航空汽油，但是航空汽油闪点低，易燃易爆。美国海军专门研制了 JP-5 高闪点喷气燃料，并采用惰性气体对喷气燃料舱进行惰化防护，降低了受到攻击或发生火灾时二次事故的发生概率，在二战期间发挥了有效的防护作用。

航空弹药舱是航母持续发挥作战效能的重要保障，航母航空弹药舱一般设置在水线面以下，利用武器升降机将弹药运送到飞行甲板或机库。二战期间的航母大量装载航空炸弹和鱼雷，现代航母装载了大量机载制导武器，包括空空导弹、空面导弹、精确制导炸弹等，为了节省空间，导弹弹翼和弹体分开存放，装载量越来越大，需要的装配准备工作区域也越来越大。最初航母的弹药装配工作在餐厅进行，从"福特"级航母开始，舰上设置了专门的弹药装配区域，提高了弹药装配效率。

19.1.3　技术特点

航空保障系统是航母实现舰载机高效出动回收的关键系统，也是航母区别于其他水面舰艇的重要技术特征。航空保障系统的主要技术特点如下：

1. 航空保障能力与舰载机出动架次率关系紧密

航母是依靠舰载机作为主要作战力量的远程作战平台，舰载机出动架次率是衡量航母及舰载机航空兵作战能力的关键指标，而航空保障能力是影响舰载机出动架次率的关键因素。航空弹药，航空油料，舰载机调运、起降、着舰引导等各类航空保障能力如何合理发挥效能，如何利用系统资源的合理配置实现满足作战需求的保障能力是系统设计的一大难题。

2. 保障对象多样、跨度大

航母上搭载的舰载机包括战斗机、反潜机、预警机、电子战飞机、无人机等多个种类，不同舰载机之间的保障需求差异较大，同一保障资源的需求跨度较大，不同机型的保障接口也不相同，对保障设备的通用化、小型化、集成化等方面的研制要求较高。

3. 航空保障作业流程复杂

航母搭载的舰载机数量较多，舰载机起降、保障、调运等作业集中在相对狭窄的飞行甲板和机库，航空保障作业流程复杂、环节较多、人员众多，需要统一的操作规程和流程规范航空保障指挥关系、战位设置及作业顺序等，确保航空保障作业有序、高效。

4. 人在回路的系统交互设计要求

航空保障作业不仅需要舰载机和保障设施，还需要人的参与才能完成舰载机保障作业，训练有素的起降、指挥引导、调运、舰面保障、机务等专业人员是实现舰载机架次率的不可或缺要素。人在回路的系统设计特点对系统控制提出了更高的人机交互要求。

5. 高安全性高可靠性的设计要求

航空保障作业具有高危险性、高耦合性、高技术性的特点。舰载机舰上的起飞和降落必须使用起降特种装置，舰载机在飞行甲板和机库的布列十分密集，舰上装载了大量的航空弹药和喷气燃料，飞行甲板上的舰载机起降、调运作业、加油、挂弹等作业同时开展，多种危险源相对集中，对航空保障系统的安全性、可靠性设计提出了很高的要求。

19.2 > 航空保障系统设计技术

19.2.1 系统功能及组成划分

世界各国海军航母对航空保障系统的功能和系统划分不尽相同，从业务划分和组织管理的角度，一般将航空保障系统的系统和设施分为三大类：一是舰载机起降特种装置，主要包括弹射装置、阻拦装置、喷气偏流板、着舰引导系统等；二是舰载机勤务保障设施，主要包括航空保障作业指挥管理、舰载机调运、加油、供电、供气和机载武器保障等系统和设施；三是舰载机机务保障设施，主要包括舰载机维修、任务支援、空勤保障等设施。

从功能划分和技术管理的角度，一般将航空保障系统分为 7 个分系统：起降系统、着舰引导系统、航空保障指挥管理系统、舰载机调运系统、机载武器保障系统、舰面保障系统、舰载机维修及任务支援系统。其组成如图 19-1 所示。

航空保障系统的主要功能包括：

1. 起降保障功能

在舰载机允许的起降条件下，为固定翼飞机提供起飞和着舰保障。

2. 着舰引导功能

为舰载机进近着舰提供指挥引导信息。

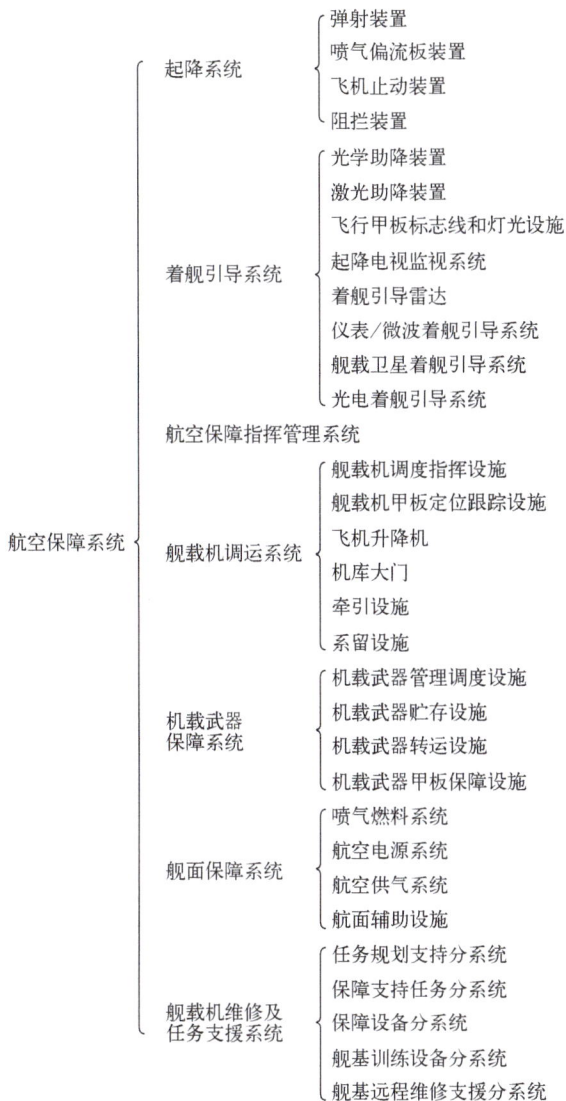

```
                          ┌─ 弹射装置
                ┌─ 起降系统 ┤  喷气偏流板装置
                │          │  飞机止动装置
                │          └─ 阻拦装置
                │
                │          ┌─ 光学助降装置
                │          │  激光助降装置
                │          │  飞行甲板标志线和灯光设施
                │          │  起降电视监视系统
                ├─ 着舰引导系统 ┤ 着舰引导雷达
                │          │  仪表/微波着舰引导系统
                │          │  舰载卫星着舰引导系统
                │          └─ 光电着舰引导系统
                │
                ├─ 航空保障指挥管理系统
                │
                │          ┌─ 舰载机调度指挥设施
                │          │  舰载机甲板定位跟踪设施
                │          │  飞机升降机
  航空保障系统 ─┤ 舰载机调运系统 ┤ 机库大门
                │          │  牵引设施
                │          └─ 系留设施
                │
                │          ┌─ 机载武器管理调度设施
                │ 机载武器  │  机载武器贮存设施
                ├─ 保障系统 ┤  机载武器转运设施
                │          └─ 机载武器甲板保障设施
                │
                │          ┌─ 喷气燃料系统
                │          │  航空电源系统
                ├─ 舰面保障系统 ┤ 航空供气系统
                │          └─ 航面辅助设施
                │
                │              ┌─ 任务规划支持分系统
                │ 舰载机维修及  │  保障支持任务分系统
                └─ 任务支援系统 ┤ 保障设备分系统
                               │  舰基训练设备分系统
                               └─ 舰基远程维修支援分系统
```

图 19-1 ▍ 航空保障系统的组成

3. 航空保障指挥管理功能

在日常训练及作战行动过程中，为舰载航空兵和舰载机运行提供航空信息支持和工程保障，提供指挥管理手段和辅助决策服务。

4. 舰面调运功能

为舰载机在舰上的转运、系留提供保障，对调运设施状态和舰载机的位置信息进行监控管理，制订舰载机在机库和飞行甲板的调运方案并实施调运作业。

5. 机载武器保障功能

为机载导弹、可拆军械和保障器材在舰上的贮存和转运提供相应的保障，对弹药库存信息和转运设施状态进行监控，制定机载武器出库、入库和准备等调度方案并实施弹药保障作业。

6. 舰面保障功能

为舰载机提供喷气燃料、电源、气体、液压和淡水等供给保障，为航空作业安全和系统正常运行提供必要的安全防护、起吊、救援、清障和清洗等保障设施。

7. 航空维修保障功能

为舰载机放飞和回收期间的机务准备工作提供必要的保障器材，为舰载机的日常维修提供保障射手，为舰载航空兵提供任务支援、训练保障、航材备件管理等技术保障。

19.2.2 系统设计思想

航空保障系统方案是根据航母搭载舰载机的保障需求和出动回收保障能力决定的，在系统设计过程中要充分考虑舰载机的保障需求，兼顾未来技术发展，主要设计思想包括：

1. 保障能力均衡的资源配置方案

在确定航空保障系统配置方案时，首先应满足舰载机高强度出动和连续出动的保障需求，在设计过程中要优化各系统的作业流程，考虑到使舰载机起飞、着舰、调运、舰面保障、弹药保障和维修保障等各种作业效率达到均衡，合理配置各种保障资源的保障能力，充分发挥各项资源的利用率。

2. 通用化保障的舰机接口设计

在系统设计时，要统筹兼顾各种机型的保障需求，尽可能实现通用化保障。例如，弹射牵制杆接口要统一，油料、电源、气源的种类和品质要统一，加油流量、压力和接口要统一，供电电压、电流及接插头的形状和大小要一致，牵引车、挂弹车应尽量通用，维修设施和工具要通用等。

3. 基于流程的系统指挥管理架构设计

航空保障系统作业流程主要包括航空保障指挥关系、战位设置，组织运行模式及流程，各级战位信息需求和信息流程等。系统指挥控制设计需要以航空保障系统作业流程为依据，研究明确各级指挥管理人员的信息保障需求和决策支持需求，为航空保障作业的计划、监控指挥、作业评估等提供保障，同时为舰载机、航空保障设备、航空物资和人员的状态管理提供管理手段和工具。

4. 人机友好的系统指挥控制界面设计

需要为每个战位提供准确的信息和友好的决策控制界面，利用全局态势监控、计算机辅助决策、作业流程控件等手段，对航空保障作业进程进行跟踪和监控，确保整个航空保障作业全程安全、高效。系统设计时通过统一规划、闭环管理等统一界面设计，利用实验室环境、陆上半实物联调等方法邀请有经验的使用人员提前参与体验，确保整个系统的指挥控制类设备具备友好的人机界面。

5. 高安全性高可靠性的系统"六性"设计

系统设计过程中应重视与舰载机接口的匹配性设计，固化舰机接口约束参数，尽早全面识别危险源，提出安全性设计要求。同时应加强系统"六性"设计，对可靠性指标进行统一分配、闭环管理，通过理论计算、仿真验证、半实物验证、陆上样机试验、陆上舰机适配性试验、海上舰机适配性试验等手段进行可靠性数据收集和验证，确保系统实现高安全性和高可靠性。

19.2.3　航空指挥部位设计

航空保障系统组织运行的中枢为航空保障的各级指挥控制机构，主要作业场所为飞行甲板和机库甲板。航母上主要设置如下航空指挥部位：

（1）飞行指挥塔台，也叫主飞行指挥所（Primary Fly Control）。位于舰岛高层，设有适度外飘的舷窗，对飞行甲板和空中的视野开阔。配置有飞行指挥设备，主要用于飞行指挥官（Air Boss）组织舰载机飞行和甲板作业，监视和督促其他各指挥部位按照计划开展航空保障作业。

（2）外设起飞指挥部位。位于起飞跑道侧面甲板边缘或两条跑道中间，有封闭式舱室、半封闭式舱室和升降式舱室等多种形式。配置有起飞控制设备，主要用于起飞指挥员或弹射军官现场指挥固定翼飞机的起飞作业。

（3）外设着舰指挥部位。位于着舰跑道左后侧甲板边缘，有封闭式舱室、露天式平台和升降式舱室等多种形式。配置有着舰指挥工作台，主要用于着舰指挥官（Landing Signal Officer，LSO）现场指挥固定翼飞机的着舰作业。

（4）直升机起降引导部位。位于飞行甲板直升机起降区附近，主要用于直升机引导员现场指挥直升机起降作业。

（5）飞行甲板控制室（Flight Deck Control Center，FDC），也叫机务勤务中心。位于舰岛较低层的舱室，设有观察飞行甲板的舷窗。配置有飞行甲板视频监控、调度模型台等设备，主要用于飞机调度军官（Aircraft Handling Officer，AHO），组织飞行甲板舰载机的调运、加油和弹药挂载等作业。

（6）机库控制室（Hager Deck Control Center，HDC）。位于机库周边，主要用于监控机库舰载机状态，组织舰载机维修工作。

（7）飞行准备室（Flight Ready Room）。位于飞行甲板下方，配置有飞行计划查询机、飞行讲评设备、空勤座椅等，主要用于飞行员完成飞行准备、下达飞行任务、飞行后讲评和值班待命等工作。一般按机型分开设置多个飞行准备室，并设置配套的空勤装具间、休息室等。

19.2.4　航空工作及值班舱室设计

航空工作及值班舱室包括：

（1）机务勤务质控室，主要负责机务和勤务工作的日常质量控制和履历管理。

（2）机务勤务待命室，为机务和勤务人员提供日常工作的值班和待命场所。

（3）起降设备舱，包括弹射装置舱、阻拦机舱、滑轮缓冲装置舱、喷气偏流板装置舱等。

（4）引导系统舱，包括着舰引导雷达室、微波着舰引导设备舱、光学助降系统舱等。

（5）调运设备舱，包括飞机升降机机械舱、机库大门机械舱等。

（6）航空保障网络设备舱，包括网元设备舱、服务器及管理设备舱等。

（7）喷气燃料舱，包括喷气燃料舱、日用喷气燃料舱、喷气燃料泵舱等。

（8）舰面保障设备舱，包括航空电源机组室、航空空调舱、航空制氧舱、航空制氮舱等。

（9）舰载机保障站点，包括加油站、供电站、供气站、液压站、冲洗站等供给保障站点。

（10）航空弹药舱，包括导弹舱、炸弹舱、军械舱、引信舱、弹药装配舱等。

（11）舰载机维修舱室，包括舰载机维修工作间、维修工具和航材备件贮存舱室等。

（12）舰载机任务支援舱室，包括飞参判读室、飞行模拟训练室、空勤学习室等。

19.3 > 起降系统

起降系统是负责固定翼舰载机在母舰上实施安全起降作业的保障系统之一。在舰载机起飞过程中，协助提高舰载机的起飞初始加速度，使舰载机在舰上有限距离内，完成安全、可靠的起飞作业。在舰载机着舰过程中，在舰上有限的距离内，对舰载机提供有效的阻拦制动直至舰载机停住。

起降系统主要由弹射装置、喷气偏流板装置、飞机止动装置和阻拦装置组成。其中，弹射装置应用于舰载机采用弹射起飞方式的航母，飞机止动装置应用于舰载机采用滑跃起飞方式的航母。

19.3.1 弹射装置

1. 弹射装置的功能

弹射装置是用于对飞机施加拖动力，使之在不足100m的滑跑距离内加速到起飞速度，实现起飞。对于采用常规起降方式的平甲板型航母，弹射装置是保证舰载机安全起飞的关键设备。

2. 弹射装置的组成

目前弹射装置有两种：一是蒸汽弹射装置，目前已发展成熟，是各国海军研制平甲板航母的必备技术；二是电磁弹射装置，作为一种新型弹射技术，具有准备时间短、加力过载均匀、使用维护方便等特点。

1）蒸汽弹射装置

各种型号的蒸汽弹射装置结构形式基本相同，主要由弹射机系统、蒸汽系统、复位系统、润滑系统、首轮拖曳系统等组成。

（1）弹射机系统。弹射机系统是蒸汽弹射装置的重要分系统，主要功能是将舰载机加速到起飞速度。它包括两列平行放置的汽缸和水力制动缸、密封条固定器、密封条张紧器、2个活塞组件、1部往复车、轨道盖板、发射阀组件、排汽阀、推力架单元以及相关配件。蒸汽进入弹射汽缸并作用到活塞组件后，推动往复车及其拖梭将舰载机向前加速至起飞速度，飞机起飞后，通过水力制动系统缓冲往复车的冲力，并使其在限定距离内停止向前运行。

（2）蒸汽系统。蒸汽系统是蒸汽弹射装置的动力源，主要功能是向弹射机系统提供充足的蒸汽。一般由2个湿式储汽筒（或4个干式储汽筒）、充气阀、充水阀、弹射机槽预热管系及相关管路附件组成。由于湿式储汽筒具有储存能量密度大、弹射过程中蒸汽压力变化幅度小等优点，美国自"肯尼迪"号航母之后的航母均采用了湿式储汽筒。

弹射舰载机之前，由舰用锅炉或核反应堆二回路产生的高压蒸汽通过充气阀向储汽筒冲入足够压力的蒸汽。弹射作业开始时，开启发射阀，储汽筒内的高压蒸汽进入弹射机系统弹射汽缸内，推动活塞组件和往复车实施舰载机的弹射作业。弹射作业结束后，关闭发射阀，打开排汽阀将剩余蒸汽排出。

（3）复位系统。复位系统用于在舰载机弹射起飞之后，将往复车和活塞组件拉回原发射位置，并为下一次舰载机弹射作业作准备。复位系统主要是由液压马达、液压泵站、抓曳车、复位油缸、缓冲油缸、滑轮组、复位卷筒、钢索系统、抓紧机构、蓄能器等组件构成。

（4）润滑系统。润滑系统的主要功能是在舰载机弹射作业和活塞组件运行中向动力汽缸、密封条、汽缸盖内壁以及其他机械连接的部位供应润滑油。早期的蒸汽弹射装置在每段动力汽缸上均设有4个润滑孔。为便于维护和操作，美国蒸汽弹射装置上主要是在汽缸盖上设有3个润滑孔，并通过设备内壁上的沟槽将润滑油输送至各处机械连接部位。

（5）首轮拖曳系统。首轮拖曳系统主要功能是对向弹射起始位置低速移动的舰载机进行缓冲制动，并进行准确定位。当缓冲制动完成后，需进一步消除往复车与飞机弹射杆间的间隙，防止弹射初始阶段产生过大的冲击，损害舰载机部件。

美国航母典型的蒸汽弹射装置的结构如图19-2所示。

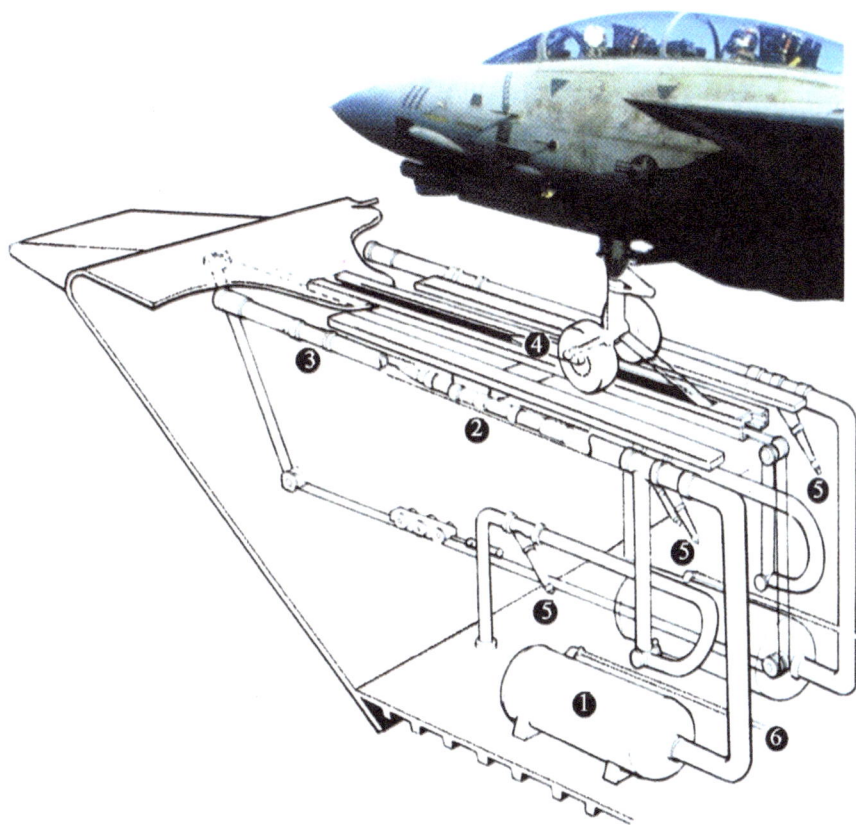

图 19-2 ▌美国航母典型的蒸汽弹射装置的结构
1—湿式储气筒；2—活塞组件；3—弹射气缸；4—往复车；5—排气阀；6—高压蒸汽管。

2）电磁弹射装置

电磁弹射器主要由储能系统、弹射直线电机、电力调节系统、控制系统和辅助系统组成。

（1）储能系统。由于电磁弹射器对电力的需求很大，在弹射较重的舰载机时，整个电磁弹射器的峰值功率超过100MW，在目前技术条件下，这么高功率的弹射用电无法直接依赖航母电力系统的实时供给，必须依靠储能系统将所需的电力预先储存起来。

电磁弹射器的储能系统采用的是飞轮储能（FES）装置，由航母电力系统供电，在需要的时候瞬间释放出来。能够在舰船约束的装舰条件下，以有限的重量和体积限制下储存所需的电能，并在3s内将储存的能量按照功率要求释放出来。

（2）弹射直线电机。弹射直线电机是弹射装置的核心，通过控制输往弹射直线电机的电流大小，可以产生相应的推力，将舰载机在短距离内加速到起飞速度。电磁弹射装置直线电机系统的定子采用分段连接方式，可方便地拼接出不同定子段数、不同冲程长度的弹射装置方案。

弹射直线电机安装在飞行甲板下面，它利用电力电子变换系统馈电，生成行波磁场，其运动部分在电场力的作用下，带动往复车和舰载机沿弹射冲程加速。舰载机脱杆后，弹射直线电机的运动部分在反向行波磁场的作用下，以低速回复到初始磁场阵位上。

（3）电力调节系统。电力调节系统是电磁弹射器装舰的关键技术，通过提供不同的电压和频率，可让电磁弹射器在任一速度下都能以最高的效率工作。电力调节系统从储能装置获得电能，并负责将这些电能转换成功率和电压逐渐升高的恒流交流电，供给弹射直线电机。电力调节系统一般采用固态技术进行模块化设计，便于安装。

（4）控制系统。控制系统通过精确控制供给弹射直线电机的电流，确保电磁弹射器的弹射作业按照预定的参数完成，能够获得较低的峰均推力比。控制系统含有一个闭环速度控制器，用于控制不同位置的速度，以满足不同重量飞机和外部干扰（如风）条件下对末端速度和加速度的要求。它实际上是对作用在舰载机上的拖动力进行控制，即针对不同的舰载机，对弹射力进行精确的控制，使加速度保持恒定，且能够保证在弹射冲程内将舰载机加速到起飞速度。另外，控制系统还能对弹射过程进行实时监控。

控制系统一般采用民用成熟技术，体系结构冗余设计，提高系统可靠性。同时采用模块化设计，便于安装和维护，降低全寿期费用。

（5）辅助系统。包括冷却系统、止动系统、首轮拖曳系统等。

航母电磁弹射装置的典型组成如图19-3所示。

电磁弹射装置的典型原理如图19-4所示。

3. 弹射装置的布置

蒸汽弹射装置弹射机系统的汽缸安装在机体槽内的滑动支座上，以允许汽缸在热胀冷缩时能自由地纵向移动，有一过渡段作为固定支点，以承受蒸汽弹射机的轴向力。弹射机系统中承受更大载荷的受力点是水力制动缸，它固定在机体槽前端部的横向壁板上。全部蒸汽热力管路都有补偿器。其他系统设备安装在常规的舰船基座上。

电磁弹射装置的直线电机布置在起飞跑道下方的机体槽内，其他系统设备在布置位置上没有特殊限制，电缆取代了蒸汽弹射器的管路，根据电力输送和布线方便就近布置。

4. 弹射装置的控制

弹射装置从主控制台进行控制，来自弹射装置的全部参数和准备状态信号均传输到主控制台线控面板上。主控制台一般布置在起飞跑道侧面的升降式舱室模块（俗称"气泡"）中，便于观察飞机弹射状态。

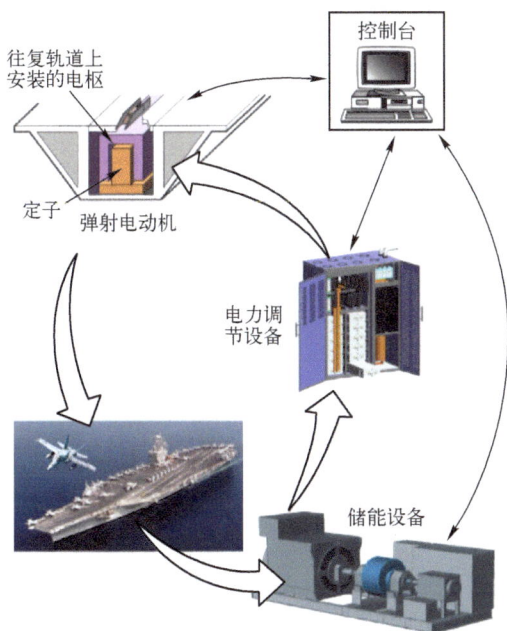

图 19-3 ▌航母电磁弹射装置的典型组成

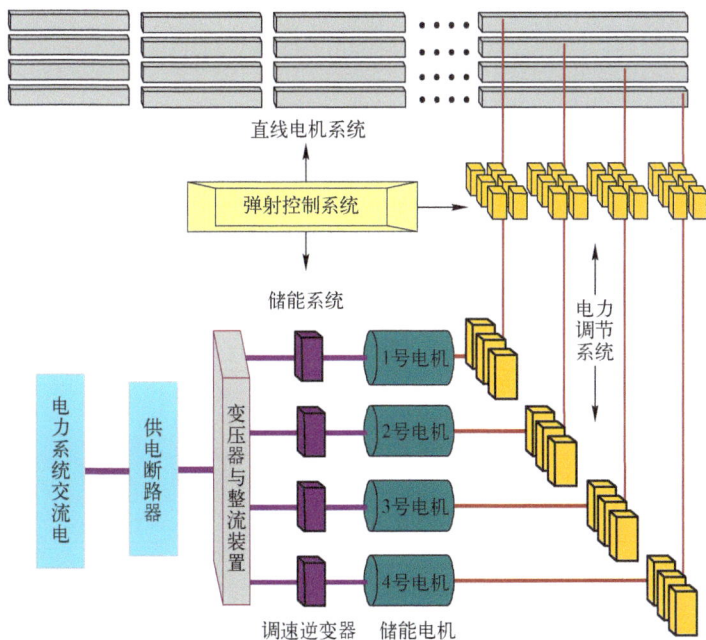

图 19-4 ▌电磁弹射装置的典型原理

对每一台设备均另设有自己的控制装置，用于设备参数设置和预防性检修，必要时亦可用于对该设备进行本地控制。

除了主控制台和各设备的控制装置之外，还需要将弹射装置的工作状态信息传输到舰上飞行指挥塔台和其他指挥部位。

5. 弹射装置的试验

弹射装置试验一般分为三个阶段，包括制造厂试验、陆上试验场试验和舰上试验。

1）制造厂试验

制造厂试验的目的是检验弹射装置生产制造质量和装置技术状态是否满足研制要求，主要包括各种环境试验、电磁兼容试验、部套件功能性能试验、系统功能性能试验、主要部套件可靠性试验等。

2）陆上试验场试验

陆上试验场试验的目的是调整和标定弹射装置，检验弹射装置与舰载机的适配性。

一般先进行空载弹射试验，检验装置的工作稳定性。接着进行模拟负载弹射试验，利用各种重量的弹射质量车替代飞机载荷，检验弹射装置的性能和能量等级能否达到要求。试验场还需要配置刹车或制动装置以使弹射质量车停下来。最终的弹射飞机试验一般按照先弹射无人机，再弹射战斗机、预警机等机型的顺序开展，检验弹射装置与舰载机在弹射接口、能量等级、弹射过载等各方面的匹配性，确定弹射起飞流程，固化技术状态。

3）舰上试验

舰上试验的目的是检验弹射装置的安装质量、功能性能是否达到弹射舰载机的要求。

弹射装置是以部套件状态装舰的，在舰上装配完成后，需要对装置的安装精度、结构变形等进行检测，并进行设备单机恢复，对各种活动部件的运动行程和灵活性进行检验。最终通过弹射可回收的质量车进行校准，检验弹射装置的最终技术状态。

19.3.2 喷气偏流板装置

1. 喷气偏流板装置的功能

喷气偏流板装置是保障喷气式舰载机在航母上安全连续起飞所必备的一项关键设备。早期的螺旋桨飞机不需要喷气偏流板，喷气偏流板诞生于 20 世纪 50 年代喷气式飞机上舰后，喷气发动机起飞时的高温尾喷流会造成木质甲板火灾，喷气偏流板用于将舰载机准备起飞时由喷气发动机喷射出的高温高速燃气流向上偏流，以保护后方飞行甲板上的人员、设备及其他飞机。

2. 喷气偏流板装置的组成

目前，航母上安装的喷气偏流板装置形式是海水冷却型。海水冷却型喷气偏流板装置由喷气偏流板组件、运动执行机构、海水冷却系统和控制系统等组成。

1）喷气偏流板组件

每个喷气偏流板一般由 3~6 块并排布置的铝合金板组成，每一块都能独立升降。铝合金板带有钢制框架，面板上敷设耐热材料，内部是海水冷却流道。喷气偏流板组件升起时，能承受舰载机尾喷流冲刷；放下后与飞机甲板齐平，是飞行甲板的一部分，需要一定的抗冲击强度，能承受飞机在中等海况下从上面通过或静止不动地压在板上的载荷。

2）运动执行机构

运动执行机构一般由液压缸、轴承座、心轴、曲柄、旋转臂、连杆机构和液压系统组成，曲柄和旋转臂同轴安装在心轴上，带动连杆机构运动。

当准备起飞的舰载机滑行通过喷气偏流板至起飞站位后，液压系统驱动液压缸内活塞杆伸出，带动曲柄旋转，通过心轴旋转带动旋转臂和连杆机构动作，喷气偏流板升起。当飞机起飞后，液压系统驱动液压缸内活塞杆缩回，通过连杆机构将喷气偏流板回复至水平位置，并与飞行甲板齐平，以准备下一架舰载机通过。

3）海水冷却系统

在喷气偏流板内有众多冷却模块组成的若干冷却流道，通过调节冷却海水流量来控制冷却水温度，喷气偏流板由舰上提供海水，连续地冷却喷气偏流板，防止喷气偏流板温度过高。

4）控制系统

控制系统主要用于控制喷气偏流板升起降下，同时检测偏流板装置的各主要状态参数，以及冷却海水的出入口压力、出入口温度等信号。

美国航母上的海水冷却型喷气偏流板典型工作流程如图19-5所示。

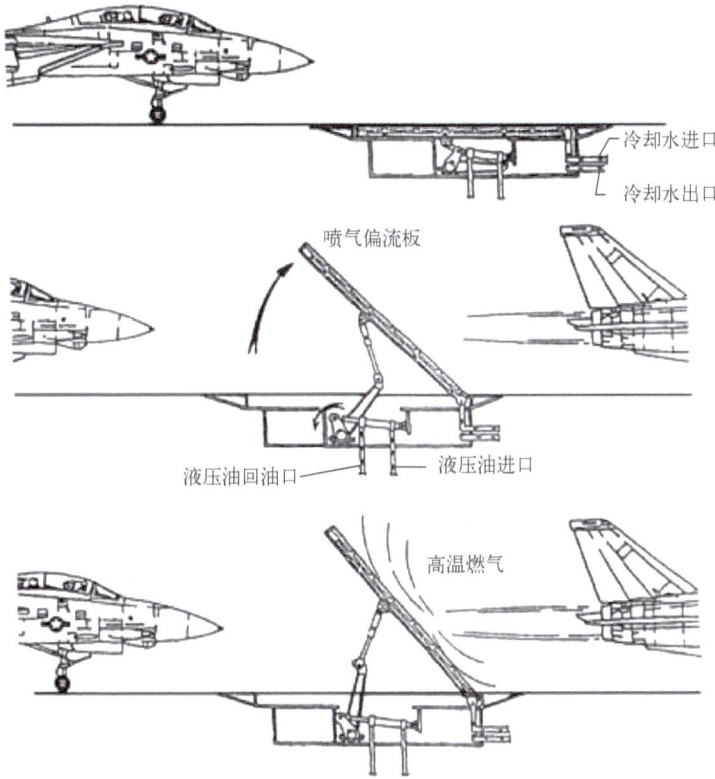

图 19-5 ▍海水冷却型喷气偏流板工作流程

3. 喷气偏流板装置的布置

喷气偏流板布置于飞行甲板上弹射或滑跑起飞线起点的后方，其数量一般与弹射装置或滑跑起飞线的数量一致。

喷气偏流板升起时与甲板平面成一定角度，降下时面板与飞行甲板齐平，运动执行机构布置于飞行甲板下的凹坑里，其他设备就近布置。

有的舰载飞机发动机尾喷口位置较低，尾喷流先打在飞行甲板上，再反射至偏流板，或直接喷至偏流板，但有少量气流散射至飞行甲板，这种情况下，附近的飞行甲板也要冷却。

4. 喷气偏流板装置的控制

喷气偏流板装置的主控设备一般布置在飞行甲板的外设起飞指挥部位，便于观察起飞区和喷气偏流板的升放状态。作为舰载机起飞的重要辅助设备，其控制由弹射装置发射指挥部位或飞机止动装置控制部位协调进行。

5. 喷气偏流板装置的试验

喷气偏流板的竖起角度与起飞线的布置距离是喷气偏流板设计的关键参数，需要综合考虑尾喷流的折流效果、高温高速燃气的冲刷力、防止高温燃气向前反射吸入发动机进气道等多种要素权衡确定。

在设计阶段通过舰载机发动机尾流场仿真计算得来，在设计状态固化之前必须根据飞机发动机的情况和总体布置方案，通过试验确定最终的竖起角度。首先是在试验室里用烟流试验的方法来观察气流的折流方向，然后利用飞机发动机喷射高温燃气流，测量喷气偏流板板面及折流后周围的温度场和速度场，确定各种技术参数。

最后利用舰载机在陆上试验场配合进行各种发动机工况下的耐温试验，检验喷气偏流板与舰载机的适配性。

19.3.3 飞机止动装置

1. 飞机止动装置的功能

飞机止动装置是滑跃型航母舰载机起飞作业的关键设备。在舰载机滑跃起飞前，飞机止动装置通过挡住舰载机的左右主轮，使舰载机止动，在舰载机发动机达到最大推力之后，快速同步释放对舰载机左右主轮的止挡，以使舰载机在规定的距离内达到其起飞所需的离舰速度。

2. 飞机止动装置的组成

飞机止动装置一般由轮挡止动系统、止动同步释放系统、控制系统等组成。

1）轮挡止动系统

轮挡止动系统主要由止动挡板、支架、轴承、释放曲柄、安装板等组成。左、右止动挡板分别对应舰载机的左、右主轮，通过竖起挡板完成对舰载机的止动。

2）止动同步释放系统

止动同步释放系统位于飞机止动装置左、右止动挡板的中间，由同步轴以及同步曲柄、止动释放杆组件、机架等组成。当进行同步释放时，通过止动释放杆带动同步轴的旋转，使轮挡止动系统的止动挡板同步旋转，完成对舰载机左、右主轮的快速同步释放。

3）控制系统

控制系统完主要完成对飞机止动装置升起、释放动作的控制。

俄罗斯航母上3号起飞站位的飞机止动装置如图19-6所示。

3. 飞机止动装置的布置

飞机止动装置布置于滑跑起飞线起点处。止动挡板安装于飞行甲板上方，该板在放倒位置时与飞行甲板齐平，成为飞行甲板的一部分，驱动机构设置于飞行甲板下方。

4. 飞机止动装置的控制

飞机止动装置的控制由飞行甲板边缘的外设起飞指挥部位完成，布置位置应便于观察起

图 19-6 ▎俄罗斯航母上 3 号起飞站位的飞机止动装置

飞区和飞机止动挡板的升放、释放状态。

5. 飞机止动装置的试验

阻拦装置试验分为三个阶段，即制造厂试验、陆上试验场试验和舰上试验。

1）制造厂试验

装置制造厂试验的目的在于检验生产制造质量和技术状态是否满足研制要求，主要包括环境适应性试验、部套件试验、整机性能试验和可靠性试验。

2）陆上试验场试验

陆上试验场的飞机止动装置与滑跃甲板的布局应与舰上一致，用于验证飞机止动装置与舰载机滑跃起飞的匹配性。

3）舰上试验

飞机止动装置在舰上按照部套件形式安装完毕后，需要进行安装质量检查和功能检查。液压系统需检查密性和强度，各动部件需检查运动情况是否灵活平稳，最后还要进行止动释放时间测试，检查释放时间是否满足研制要求。

19.3.4 阻拦装置

1. 阻拦装置的功能

阻拦装置保障舰载机在航母上安全着舰所必备的一项关键系统，它通过对着舰过程中的舰载机施加预定的阻拦力，使舰载机在航母飞行甲板的有限长度内安全停住。

阻拦装置包括阻拦索装置和阻拦网装置。阻拦索装置和阻拦网装置的动能吸收均依赖阻拦机，阻拦索装置用于舰载机的正常阻拦着舰，阻拦网装置作为应急手段，当着舰飞机受损、失控、燃料不足或飞行员受伤等特殊情况发生时使用。

2. 阻拦装置的组成

目前阻拦装置有两种：一是液压型阻拦装置，依靠液压系统吸收舰载机着舰动能，目前发展相当成熟，广泛应用于各国海军航母；二是涡轮电力型阻拦装置，利用水力涡轮机、感应电机和摩擦制动装置吸收舰载机着舰动能，相比液压缓冲型阻拦装置，可靠性更高、阻拦峰值过载更小、阻拦力可调节范围更宽，能够兼容重量更重、速度更快的飞机和轻质的无人机，美国海军计划装备在"福特"级航母上。

1）液压型阻拦装置

阻拦装置主要由阻拦机、缓冲系统、钢索系统、控制系统、辅助系统组成。

（1）阻拦机。主要由阻拦机架、主液压缸、动滑轮组、定滑轮组、蓄能器、油液冷却器、膨胀气瓶等组成，用于吸收阻拦过程的能量。

（2）缓冲系统。主要由滑轮缓冲装置和钢索末端缓冲装置组成，用于在阻拦过程中减少钢索的张力，控制阻拦过程的峰值载荷。

（3）钢索系统。主要由阻拦索、滑轮组索、钢索支撑装置、甲板升降滑轮装置、水平导向滑轮、垂直导向滑轮、穿越甲板滑轮和钢索导向辊等组成。阻拦索通过钢索支撑装置张紧在着舰跑道上，直接钩住舰载机的尾钩，通过滑轮导向进入阻拦机。

（4）控制系统。主要由凸轮阀、凸轮阀驱动系统、复位阀及操纵系统、控制面板、电控系统等组成，用于控制阻拦装置的能量设定以及各部件的往复运动。

（5）辅助系统。主要由充液储油机组、手动补液泵站以及液压管路系统、空气管路系统等组成，用于阻拦装置的充液和维修检修。

目前，典型的液压型阻拦索装置的整体构造如图 19-7 所示。

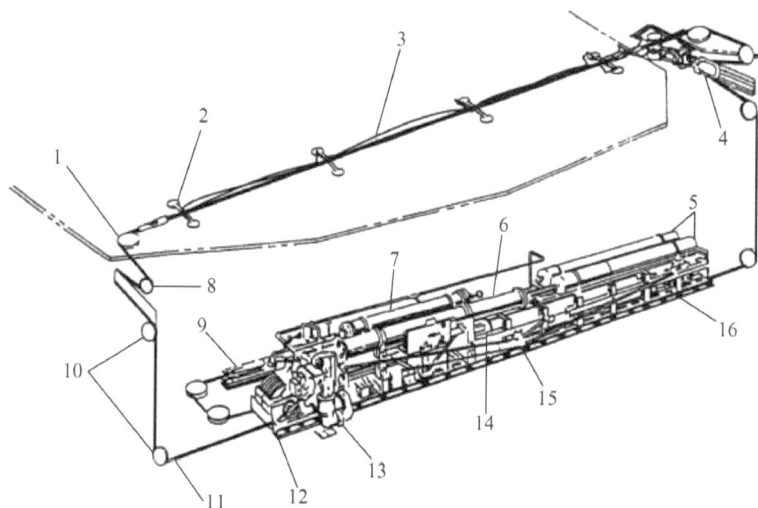

图 19-7 ║ 液压型阻拦装置的整体构造

1—升降滑轮；2—钢索支撑装置；3—阻拦索；4—滑轮缓冲装置；5—膨胀气瓶；
6—蓄能器；7—油液冷却器；8—穿越甲板滑轮；9—钢索末端缓冲装置；10—导向滑轮；
11—滑轮组索；12—定滑轮组；13—凸轮阀；14—主液压缸；15—凸轮阀驱动系统；16—阻拦机架。

阻拦网装置与阻拦索装置相比，在组成上的主要区别是着舰跑道两侧各设有一根可通过液压机构竖放的支柱。在阻拦网装置使用时，通过在支柱之间架设与阻拦索相连的尼龙阻拦网，实现对舰载机的应急阻拦。阻拦网平时不使用时收起，支柱放倒时与飞行甲板齐平。液压型阻拦网装置的整体构造如图 19-8 所示。

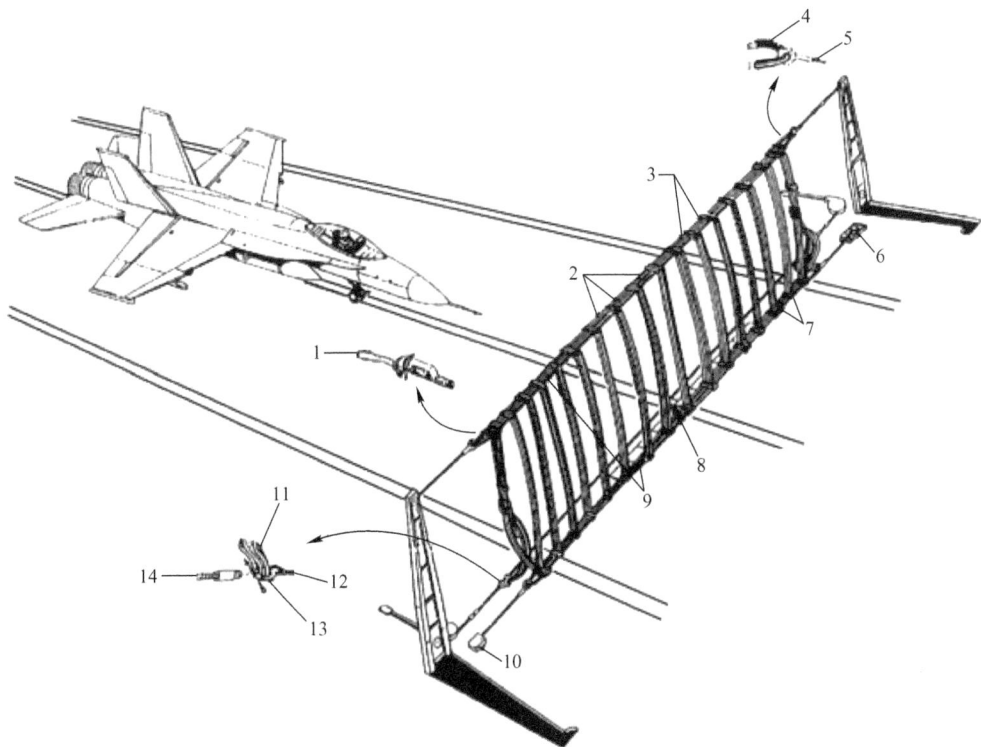

图 19-8 ▌液压型阻拦网装置的整体构造

1—脱扣套；2—三重网；3—网带；4—保护罩；5—甲板钩；
6—固定器组件；7—网状带；8—飞行甲板滑道；9—承载带；10—绞盘；
11—伸张环；12—平行索；13—U 形钩环；14—伸张索。

2）涡轮电力型阻拦装置

涡轮电力型阻拦装置采用吸能水力涡轮和大型感应电机来替代液压油缸，实现对舰载机阻拦动能的吸收控制。涡轮电力型阻拦装置主要由阻拦机系统、滑轮缓冲系统、阻拦索系统及控制系统系统等四大系统组成。

（1）阻拦机系统。阻拦机是先进阻拦装置的吸能部分，包括水力涡轮、机械制动装置、感应电机、锥形鼓轮以及一根连接以上构件的旋转轴。感应电机在阻拦之前收缩和张紧阻拦索，并在阻拦过程中控制缆索的张力。在阻拦制动阶段，感应电机起到发电机的作用，输出的电力为电容器组充电。

（2）滑轮缓冲系统。滑轮缓冲系统与液压型阻拦装置的滑轮缓冲系统结构形式类似。

（3）阻拦索系统。主要由阻拦索、滑轮组索、阻拦索支撑装置、甲板升降滑轮装置、水平导向滑轮、垂直导向滑轮、穿越甲板滑轮和钢索导向辊等组成。阻拦索采用高强度的轻质合成缆索，能够减少系统总惯性，降低结构载荷，并缩小滑轮缓冲器的尺寸。

（4）控制系统。控制系统由动态控制子系统和工作台组成，该系统功能是实现对舰载机阻拦降落过程的精确控制。

涡轮电力型阻拦装置的整体结构如图 19-9 所示。

3. 阻拦装置的布置

为了保证舰载机安全着舰，提高舰载机的着舰钩索成功率，一般在航母飞行甲板艉部着

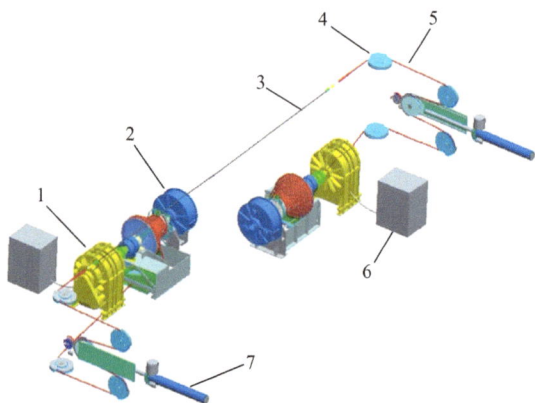

图 19-9 ┃ 涡轮电力型阻拦装置的整体结构

1—感应电机；2—水力涡轮；3—阻拦索；4—穿越甲板滑轮；5—滑轮组索；6—电力调节；7—机械制动装置。

舰区平行设置 3~4 道阻拦索和 1 道阻拦网。

阻拦装置承受了舰载机阻拦过程中快速拦停的巨大冲击，阻拦机承受了巨大的冲击载荷作用力，安装阻拦机的甲板和基座需经过精确加工，具有较好的刚度和平整度，阻拦机采用螺栓方式安装固定在基座上。

阻拦装置的缓冲装置、导向滑轮、升降滑轮等安装在船体基座上，由于承受钢索转向形成的较大合力和弯矩，相应的船体结构和基座需要作适当加强。

控制系统及辅助系统等设备一般就近布置。

4. 阻拦装置的控制

阻拦装置的控制主要有三个部位：阻拦机舱的本地控制、外设着舰指挥部位的远程控制和飞行指挥塔台的远程控制。

（1）阻拦机舱内的本地控制功能：设置飞机重量选择器的飞机重量，并将飞机重量设定信号传输到外设着舰指挥部位和飞行指挥塔台，同步显示飞机重量设定值。

（2）外设着舰指挥部位的远程控制功能：控制甲板滑轮的举升，控制阻拦索举升器和制动机构的复位阀，显示举升滑轮和阻拦索举升器的状态信号，显示缓冲装置、制动机械和整个阻拦装置的准备工作状况。控制台上设有飞机质量同步指示器，显示飞机重量选择器设定的飞机重量值。控制台安装在对着舰跑道阻拦区具有良好视野的部位。

（3）飞行指挥塔台的远程控制功能：供飞行指挥官检查阻拦装置工作准备状况和飞机质量选择器的设定值之用。

阻拦装置的主要运动机构均设有一套备用的手动或气动驱动机构，用于电动或液压系统失效后的应急操作。

5. 阻拦装置的试验

阻拦装置试验分为三个阶段，即制造厂试验、陆上试验场试验和舰上试验。

1）制造厂试验

制造厂试验的目的是检验生产制造质量和技术状态是否满足研制要求，主要包括环境适应性试验、电磁兼容试验、主要部套件功能性能试验、整机性能试验和可靠性试验。在制造厂试验期间主要利用模拟负载进行冲索试验，检验装置的工作稳定性和可靠性。

可以将弹射装置和阻拦装置试验合在一个试验台上配合进行。一种情况下，弹射装置作为试验设备，而阻拦装置为被试对象；反之亦然。为了进行偏心距和偏航角钩索试验，需安装有可以移位的工艺滑轮。

2）陆上试验场试验

陆上试验场试验的目的是调整和标定阻拦装置，检验阻拦装置与舰载机的适配性，包括地面滑跑试验和空中钩索试验。试验过程中舰载机速度和质量要达到极限值，舰载机钩索的偏心距和偏航角也应达到极限值。

陆上试验场的阻拦装置布局和技术状态应与装舰设备一致，可以用于验证阻拦装置的性能、训练舰员，还可以用于新型飞机的试飞验证。

3）舰上试验

阻拦装置在舰上按照部套件形式安装完毕后，需要进行安装质量检查和功能检查。液压系统需检查密性和强度，各动部件需检查运动情况是否灵活平稳，最后还要进行拖索试验，用牵引车将阻拦索拖动到整个阻拦冲跑距离，检查全系统的配合情况。

19.4 着舰引导系统

着舰引导系统是由辅助舰载机准确着舰的一系列助降装置组成的有机整体，其作用是为飞行员提供着舰跑道方位和高度的精确信息，引导舰载机以合适的姿态和速度安全降落在航母飞行甲板上。

航母舰载机进近着舰引导主要有光学助降系统和电子助降系统两种方式。光学助降系统可靠性高，不受电磁干扰，不受电磁管制的影响。电子助降系统提高了舰载机进近着舰的自动化水平，安全性和精确性较高，在能见度低的情况下也能够成功引导舰载机。

现役航母一般采用光学助降和电子助降相结合的着舰引导系统，相互之间相对独立，但又构成了一个协调的整体。光学助降系统由光学助降装置、助降灯光设备、飞行甲板标志和起降综合电视监控系统等组成。电子助降系统由着舰引导雷达、微波/仪表助降设备、卫星导航引导设备和光电着舰引导设备等组成。

19.4.1 光学助降装置

1. 光学助降装置的功能

光学助降装置在舰尾方向空中提供一个光坡面，为固定翼飞机进近着舰提供下滑航路指示信息，指示飞行员以合适的角度着舰。

手操助降灯装置（MOVLAS）是一种应急光学助降手段。正常情况下不使用该系统，只有当航母纵横摇超过光学助降装置线稳定的稳定极限，或光学助降装置损坏不能正常工作而舰载机又需着舰作业时，才使用手操助降灯发出灯光信号，代替光学助降装置为舰载机飞行员提供光学下滑道指示。

2. 光学助降装置的组成

光学助降装置经历了反射型透镜、菲涅尔透镜和改进型菲涅尔透镜三种发展形式，现役航母装备的光学助降装置包括两种：菲涅尔透镜光学助降装置（FLOLS）和改进型菲涅尔透镜光学助降装置（IFLOLS）。

1）菲涅尔透镜光学助降装置

菲涅尔透镜光学助降装置由灯光阵列系统、随动伺服系统、控制系统等组成。

（1）灯光阵列系统。灯光阵列系统是光学助降装置的核心部件，主要包括瞄准灯组、辅助灯组、阵列桁架等。

瞄准灯组采用菲涅尔透镜技术，由5组上下位置不同的透镜灯箱发出不同颜色的定向光束，其中最下面1个灯箱发出的光束为红色，其余灯箱发出的光束为橙色（或琥珀色）。用于指示不同的舰载机下滑角度，为飞行员提供垂向了1.7°、横向40°的线性光学视场。

辅助灯组包括2排红色禁降灯、1排绿色基准灯、4个绿色切断灯。红色禁降灯竖直安装在瞄准灯箱的两侧，用于提示飞行员停止着舰、复飞。一排绿色基准灯水平安装在瞄准灯组两侧，与透镜组件的几何中心同高度，用于指示下滑道的高度基准。绿色切断灯安装在瞄准灯箱的两侧上方，用于提示飞行员已经进入着舰下滑阶段。

阵列桁架用于安装固定灯组，配置的锁定机构在平时不使用时锁定灯组。

（2）随动伺服执行系统。随动伺服执行系统包括伺服电机、机械传动机构及减速机构等，用于控制瞄准灯组围绕其纵轴和横轴的旋转运动，以补偿舰船横摇和纵摇运动，可确保瞄准灯箱中透射的光束与海平面保持一定角度，而且不受航母摇摆的影响。随动伺服系统具备调节功能，可满足不同型号舰载机钩/眼距的要求。

（3）控制系统。包括着舰指挥官控制器、远程控制系统、本地控制系统和随动伺服控制系统等。

菲涅尔透镜光学助降装置的引导原理：舰载机进近时，若处于最优下滑航路，则飞行员可看到中央的橙色光球（meatball，俗称"肉球"）与两侧的水平绿色基准灯成一直线。若飞机偏离最佳下滑航路，则光球将高于或低于基准灯，表明所处下滑航路过高或过低。当不允许舰载机降落时，只有红色禁降灯发出闪光，其他灯不亮；当允许降落时，红色禁降灯不亮，绿色基准灯和瞄准灯箱同时发光。菲涅尔透镜光学助降装置的引导原理如图19-10所示。

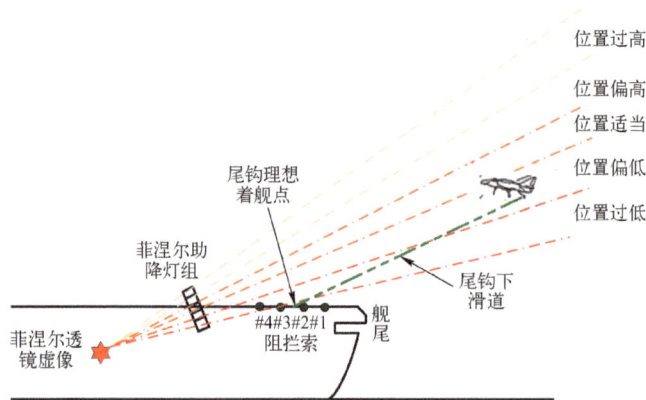

图 19-10 ▌菲涅尔透镜光学助降装置的引导原理

菲涅尔透镜光学助降装置的灯光指示效果如图19-11所示。

2）改进型菲涅尔透镜光学助降装置

改进型菲涅尔光学助降装置瞄准灯组由5个增加到12个，其中下方2个灯为红色，上方10个灯为橙色（或琥珀色），较传统型光学助降装置其引导光束的垂直张角不变，仍为

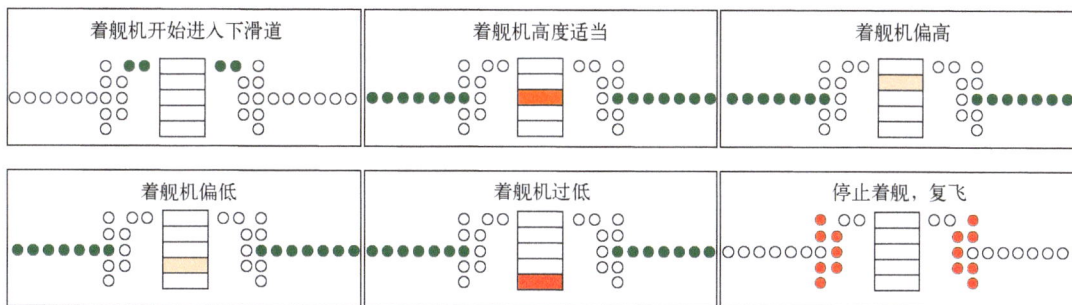

图 19-11 ▎菲涅尔透镜光学助降装置的灯光指示效果

1.7°，红色光束张角由 0.34°增加至 0.4°，在同样距离内增加了下滑坡道信息的敏感性，如图 19-12 所示。

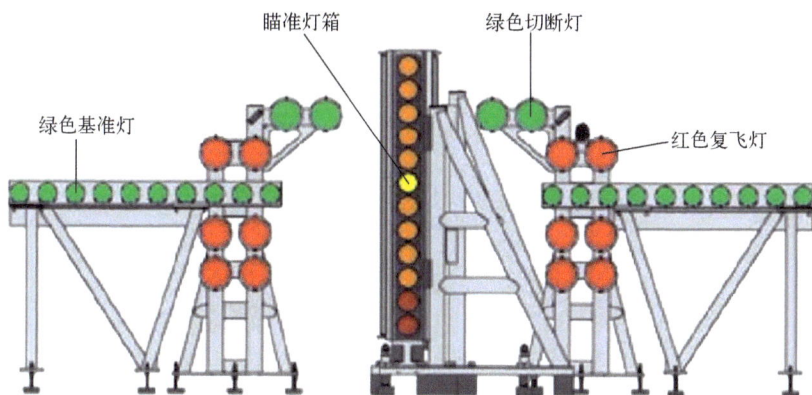

图 19-12 ▎改进型菲涅尔透镜光学助降装置

3）手操助降灯装置

手操助降灯装置由手操瞄准灯箱、手操辅助灯箱、手操控制器、控制箱、电源箱及灯箱支架等组成。

瞄准灯箱包括 23 盏单灯，其中灯箱底部 6 盏灯为红色，上部 17 盏灯为橙色（或琥珀色）。辅助灯箱安装在瞄准灯箱的两侧，每侧有水平布置的 5 盏绿色基准灯和垂直布置的 1 盏绿色切断灯和 4 盏红色复飞灯。

手操控制器安装在着舰指挥官（LSO）工作台上，着舰指挥官利用手柄上下选择光球的点亮位置，每次点亮相邻的 3 盏灯，为舰载机飞行员提供下滑道高度指示。

3. 光学助降装置的布置

灯光阵列系统、随动伺服执行系统安装在飞行甲板着舰跑道左舷外侧的外伸平台上。随动伺服控制系统布置在附近舱室，远程控制系统布置在飞行指挥塔台，着舰指挥官控制系统布置在外设着舰指挥部位。

手操助降灯在航母上有三个布置位置：1 号位是直接将手操瞄准灯箱安装在菲涅尔光学助降装置前，仍部分使用菲涅尔光学助降装置的辅助灯组；2 号位是安装在菲涅尔光学助降装置正前方 20～30m，独立安装，不使用菲涅尔光学助降装置的设备；3 号位是安装在岛式上层建筑附近的着舰跑道右舷飞行甲板上，通过系留索和底座固定在甲板面上。

航母上手操助降灯装置的布置位置如图 19-13 所示。

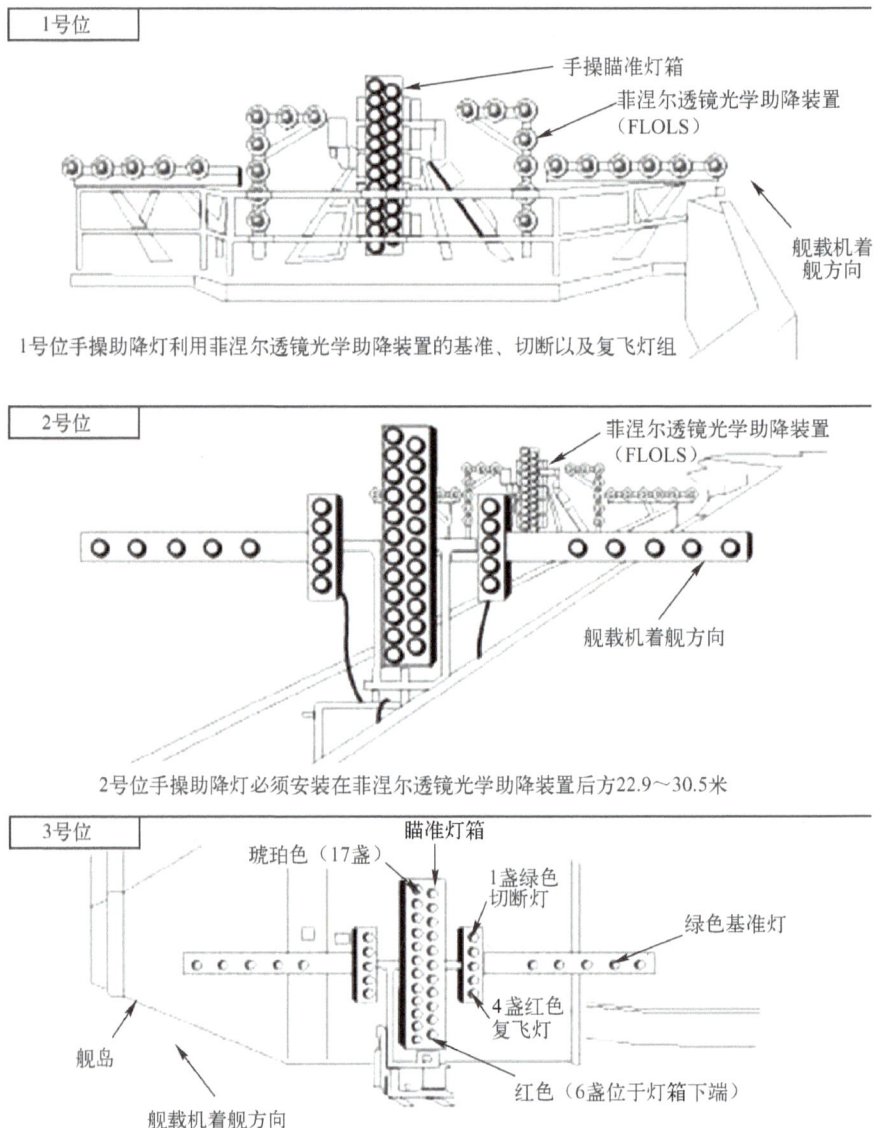

1号位手操助降灯利用菲涅尔透镜光学助降装置的基准、切断以及复飞灯组

2号位手操助降灯必须安装在菲涅尔透镜光学助降装置后方22.9～30.5米

图 19-13 ▏手操助降灯装置的布置位置

4. 光学助降装置的控制

光学助降装置的控制主要由外设着舰指挥部位的着舰指挥官（LSO）进行远程控制。此外还有两个控制部位：一个位于助降装置附近的光学助降系统控制室；另一个位于舰岛的飞行指挥塔台。

19.4.2 激光助降系统

1. 激光助降系统的功能

激光助降系统在工作原理上与菲涅尔透镜光学助降装置类似，采用功率更高、发散度小、单色性好的激光束作为引导舰载机着舰的指示信号，为舰载机着舰提供精确的对中和下滑航路信息，与菲涅尔透镜光学助降装置形成互补，用于舰载机的远程对中及能见度差的气候条件下的引导着舰。

2. 激光助降系统的组成

激光助降系统由激光中线定位器、激光下滑道指示器、横光带对中系统和前后下滑航路指示器组成。

1）激光中线定位器

激光中线定位器主要包括电源、激光投射器、防护罩、滤光器和纵摇/横摇稳定补偿系统。激光中线定位器采用低功率、对眼安全的激光彩色脉冲信号，在舰尾方向形成水平方向分层的7束指示光，用于指示飞机相对于飞行甲板着舰跑道中心线的位置。

2）激光下滑道指示器

激光下滑道指示器工作原理与中线定位器类似，在舰尾方向形成垂直方向分层的5束指示光，用于指示飞机相对理想着舰下滑道的偏差，提醒飞行员控制下滑角度。5束指示光从下到上分别为：闪烁红光，表示处在危险的偏低位置；稳定红光，表示偏低；琥珀色光，表示在合适下滑道；稳定绿光，表示偏高；闪烁绿光，表示向上偏离下滑道太多。激光下滑道指示器下滑角指示精度为 0.1°。从离航母约 0.5n mile 的地方，飞行员将开始看不到激光下滑指示器指示信号，转而利用菲涅尔光学助降装置的指示光控制下滑角。

与菲涅尔光学助降装置相比，激光下滑道指示器的作用距离更远，可以指示 10～4n mile 的下滑道，允许舰载机在约 1.2km 高、10n mile 远处进近，使得飞行员有充裕的时间调整进近飞机的下滑位置和姿态。

3）横光带对中系统

横光带对中系统是一组聚光灯组成的横向灯带，用于为飞行员提供精确的对中控制。当飞行员对中合适时只能看到中间的琥珀色灯，偏离左边越多，则看到左边灯的数量越多，反之亦然。横光带对中系统在白天离舰尾最远 3～4n mile 处清晰可见，夜间最远在 4～5n mile 处清晰可见。从离舰 1/4n mile 处到着舰点，由传统的对中信号接替了远距离横光带系统的信号。因此，进入离舰 1/4n mile 内后其灯光将不再能看到，以免飞行员收到的信息太多。

4）前后下滑航路指示器

前后下滑航路指示器由两种白炽灯光源组成，共提供4束离散光，给飞行员提供下滑角指示信息。闪烁红光表示下滑角太低，白光表示偏高，闪烁白光表示太高，如果刚好合适则看不见灯光。中间通道的垂直尺度保持 12m 左右不变，只有在离船尾距离很远时才稍微扩大。

航母激光助降助降系统的组成如图 19-14 所示。

3. 激光助降系统的布置

激光中线定位器安装在航母尾部飞行甲板下方的着舰跑道中心线延长线上，激光发生器装在一个盒子，通过光缆传输至舰尾的透镜组，然后再由透镜组进行扩束。电源和纵摇/横摇稳定补偿系统就近安装在附近的基座上。

激光下滑航路指示器装在舰岛尾部露天甲板。

横光带对中系统安装在航母尾部飞行甲板正下方，横向布置11盏灯。

前后下滑航路指示器，其中一个布置在菲涅尔光学助降装置前方76m，另一个布置在菲涅尔光学助降装置后方76m。

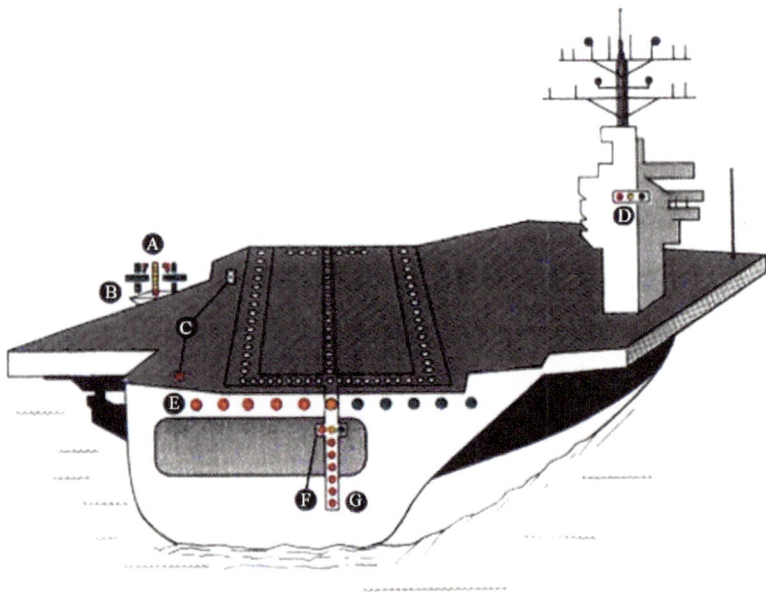

图 19-14 ▎航母激光助降助降系统的组成

A—改进型菲涅尔透镜；B—增益目视舰载机回收系统（AVCARS）；
C—前后下滑航路指示器；D—横光下滑航路指示器（LGI）；
E—横光带对中系统（Crossbar Lineup System）；F—激光中线定位器（LCL）；G—着舰导引灯。

19.4.3 飞行甲板标志线和灯光设施

1. 飞行甲板标志线和灯光设施的功能

飞行员起飞和着舰时，白天看飞行甲板标志线，夜间看飞行甲板灯光设施。

1）飞行甲板标志线

飞行甲板标志线主要包括着舰跑道中心线、着舰跑道边界线、甲板前后端线、安全停机线，直升机起降区标志线等，为舰载机飞行员提供飞行甲板信息指示。

2）飞行甲板灯光设施

飞行甲板灯光设施用于显示飞行甲板、着舰跑道、上层建筑的范围和边界，辅助着舰航向对中，并提供甲板照明和起降作业状态指示。航母飞行甲板灯光设施的典型布置如图 19-15 所示。

2. 飞行甲板灯光设施的组成和布置

飞行甲板灯光设施的组成和布置一般要求如下：

1）甲板边线灯

沿飞行甲板边线布置，用于标示飞行甲板边缘轮廓，灯光为蓝色。

2）着舰跑道中线灯

安装在着舰跑道中心线上，用于指示跑道对中信息，灯光为光束向后的白色单向。

3）着舰跑道边线灯

在着舰跑道两侧平行排列，用于指示着舰跑道两边界线，灯光为光束向后的单向白色。

4）甲板端线灯

布置在飞行甲板着舰跑道艉端、斜角甲板跑道端部和飞行甲板艏端，用于指示跑道纵向

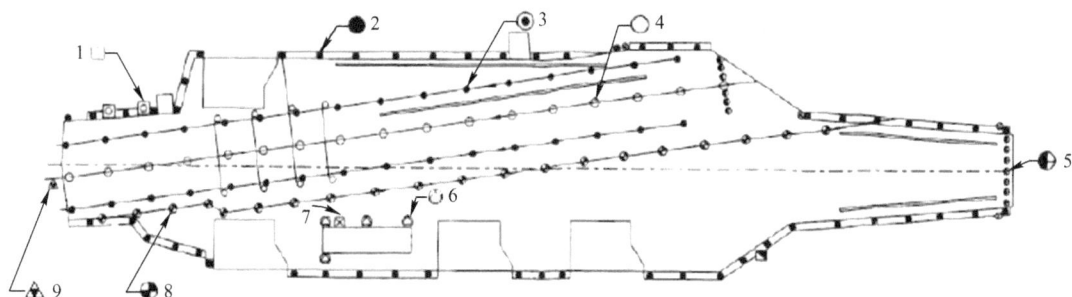

图 19-15 ┃ 航母飞行甲板灯光设施的典型布置
1—甲板状态灯；2—甲板边线灯；3—着舰跑道边线灯；4—着舰跑道中线灯；
5—甲板端线灯；6—旋转信标信号灯；7—高架灯；8—安全停机线灯；9—艉垂灯。

方向的界线，灯光为光束向后的单向白色。

5）安全停机线灯

沿着右舷安全停机线布置，用于指示停机区边界线，灯光为单向红色。

6）艉垂灯

沿舰尾着舰跑道中心线延长线的同一垂直面竖直安装，灯光为红色。用于辅助飞行员对中，当红色艉垂灯与白色着舰跑道中线灯成一直线时，说明飞机正对着舰跑道，否则将出现红、白灯光弯折线，飞行员可据此调整对中方向。

7）甲板状态灯

布置在舰尾部，用于向外设着舰指挥部位的着舰指挥官和飞行指挥塔台的飞行指挥官通知飞行甲板着舰区的状态，灯光由一组红灯和绿灯组成。红色代表着舰跑道阻塞，绿色代表着舰跑道可用于着舰。

8）旋转信标信号灯

由三套装置组成，每套装置均由红色、绿色和琥珀色旋转信标各一部组成。三套装置均安装在舰岛上，其中第一套朝向艏部起飞区，第二套朝向舯部起飞区，第三套朝向艉部着舰区。用于为在飞行甲板上作业的人员指示甲板前、中、后各段的准备状况。红色表示甲板占用，绿色表示甲板无障碍，琥珀色表示直升机在作业。

9）甲板照明灯

飞行甲板边缘、岛式上层建筑上方还装有各种用于照明的泛光灯、高架灯等。

3. 飞行甲板灯光设施的控制

飞行甲板灯光可由飞行指挥塔台远程控制，也可由灯光控制台控制，灯光的亮度可从全照度调到无光。

甲板状态灯由阻拦装置军官控制，其他灯光主要由飞行指挥塔台远程控制。

19.4.4 起降电视监视系统

1. 起降电视监视系统的功能

起降电视监视系统具有稳定跟踪在下滑道末段的舰载机下滑着舰过程的能力，为指挥员提供实时舰载机着舰视频图像，以直观的舰载机对准理想下滑道偏差图像辅助着舰指挥官进行着舰决策。

2. 起降电视监视系统的组成

起降电视监视系统由中线电视摄像机，起飞和着舰监视摄像机，舰岛全局监视摄像机，视频记录设备，监控设备等组成。起降电视监视系统的典型组成如图 19-16 所示。

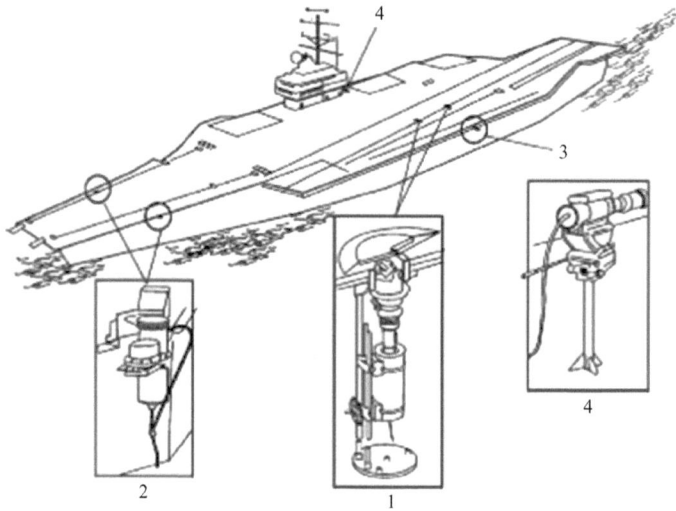

图 19-16 ┃ 起降电视监视系统的典型组成

1—中线电视摄像机；2—起飞监视摄像机；3—着舰监视摄像机；4—舰岛全局监视摄像机。

1）中线电视摄像机

用于获取舰载机沿理想下滑道飞行的视频画面，通过图像处理在视频画面上叠加显示舰载机相对于理想下滑道的偏差信息。

2）起飞和着舰监视摄像机

着舰区安装的摄像机用于识别进近着舰的舰载机尾钩和起落架放下状态，同时监视阻拦装置工作状态。起飞区安装的摄像机用于监视舰载机起飞作业及起飞指挥人员工作状态。

3）舰岛全局监视摄像机

用于连续监视舰载机着舰、起飞和甲板作业。

4）视频记录设备

记录起降作业视频图像，向飞行指挥塔台及其他指挥部位分发视频画面，为飞行员飞行后讲评提供视频录像。

5）监控设备

用于控制摄像机的视场角，调整摄像机参数设置。

3. 起降电视监视系统的布置

中线电视摄像机埋入式安装在着舰跑道中心线的飞行甲板正下方，摄像机方向正对舰载机着舰理想下滑道，安装距离满足各种舰载机的钩—眼（hook - to - eye）距尺寸要求，前后两部互为备份。

起飞和着舰监视摄像机布置在飞行甲板舷边，凸出甲板安装。拍摄着舰作业时，摄像机方向正对舰载机进近着舰方向。拍摄起飞作业时，摄像机方向正对起飞站位的舰载机。

舰岛全局监视摄像机布置在舰岛左侧，带有云台，摄像机视场可以连续无遮挡跟踪全甲板的舰载机起降作业。

视频记录设备、监控设备布置在起降电视监控室。

4. 起降电视监视系统的控制

起降电视监视摄像机一般采用自动伺服控制，自动捕捉舰载机并对焦。带云台的摄像机可以通过人工控制。

19.4.5 着舰引导雷达

1. 着舰引导雷达的功能

着舰引导雷达属于精密引导雷达，是舰载机电子助降系统的核心设备，能提供高精度的飞机跟踪信息，用于对舰载机进近和着舰过程进行控制。

以着舰引导雷达为核心的航母舰载机电子助降系统经历了三个发展阶段。美国海军在20世纪60年代研制出全天候航母着舰系统（AWCLS），其核心系统为AN/SPN-10着舰引导雷达，电子部件由成百上千个真空电子管组成，其稳定性、可靠性很差。美国海军在1966年开始研制自动化航母着舰系统（ACLS），并于1968年成功地完成了作战测试，其核心系统为AN/SPN-42着舰引导雷达，该系统能够引导飞行员着舰，确保飞行员能够以最佳和最安全的方式完成进近和着舰任务，但它还不能保证舰载机实现精确降落。美国海军在1980年开始研制精确进近着舰系统（PALS），其核心系统为AN/SPN-46着舰引导雷达，最新型为AN/SPN-46A，目前装备在"尼米兹"级航母上。

2. 着舰引导雷达的组成

着舰引导雷达一般包括2部着舰引导雷达和1部测速测距雷达。

1）着舰引导雷达

每套着舰引导雷达包括天线、显控台、中央计算机、雷达/航母运动传感器子系统。

美国航母着舰引导雷达为Ka波段跟踪脉冲雷达，采用圆锥扫描天线。当飞机进入雷达捕获窗口时，该雷达装置就锁定飞机，然后就一直在距离、方位和俯仰向跟踪飞机，直至触舰，或禁降为止。工作模式分为全自动、半自动和手动等多种模式，两部着舰引导雷达可同时自动引导两架飞机进近着舰。

航母着舰引导雷达如图19-17所示。

图19-17 航母着舰引导雷达

2）测速测距雷达

美国航母 AN/SPN – 44 型测速测距雷达为脉冲多普勒雷达，用于测量着舰飞机距母舰的距离、真实速度和相对速度，着舰指挥官通过飞机距离和速度数据能准确地控制飞机进近，降低由于不适应的着舰速度造成的飞机和阻拦装置损坏的可能性。

3. 着舰引导雷达的布置

着舰引导雷达和测速测距雷达的天线一般布置在舰岛尾部高层平台，朝向舰尾舰载机的进近方向，两部错开布置，要求在全航路的跟踪过程中无遮挡。其他设备就近布置在附近舱室内。

19.4.6 仪表/微波着舰引导系统

1. 仪表/微波着舰引导系统的功能

仪表/微波着舰引导系统为舰载机飞行员提供独立的下滑道和着舰跑道中心线对准指示信号，是舰载机电子助降系统的重要辅助手段。

2. 仪表/微波着舰引导系统的组成

仪表/微波着舰引导系统包括舰载系统和机载系统两部分。舰载系统主要是两部天线，包括方位天线、仰角天线及机柜。机载系统主要是接收机，包括接收器、解码器、接收天线和波导管。

美国航母仪表/微波着舰引导舰载系统型号是 SPN – 41，最新型号是 AN/SPN – 41A，该系统采用微波定向扫描天线，发射 Ku 波段舰对空的信号，机载接收机型号为 AN/ARA – 63。

舰载系统只提供单向的舰对空脉冲信号，方位天线和仰角天线用于发射方位角和仰角信息，向船尾方向按一定规律进行电子扫描形成两个扇面，两个扇面的交线即理想下滑道。

机载接收机安装在舰载机上，接收舰上天线发射的脉冲信号，并在飞机座舱内显示飞行航线十字指示线，竖线用来指示对中方位信息，横线用来指示航线高低信息。当两条线都在中心位置上时，飞机就能按照理想下滑道沿着舰跑道中心线着舰。通常在舰载机距母舰 400m 以内时，由于精度不足，飞行员不再使用仪表/微波着舰引导系统。

3. 仪表/微波着舰引导系统的布置

方位天线安装在航母尾部的着舰跑道中心线延长线上。仰角天线既可以布置在飞行甲板尾部，也可以布置在右舷舰岛后方。舰尾安装的仪表着舰引导系统天线如图 19–18 所示。

仪表着舰引导系统天线

图 19–18 ▏舰尾安装的仪表着舰引导系统天线

19.4.7 舰载卫星着舰引导系统

1. 舰载卫星着舰引导系统的功能

舰载卫星着舰引导系统是基于卫星导航技术的新一代舰载机自动化进近着舰系统，为舰载机提供全天候、高精度、实时、连续的相对位置结果，有助于提高定位精度，降低着舰风险。

美国海军20世纪90年代末开始研制联合精确进近着舰系统（JPALS），采用全球卫星定位系统（GPS）和惯性导航技术，相对精确进近着舰系统（PALS）而言，可快速部署，能适应不同天气和地形，同时信息的传递更隐蔽，还可以支持有人机和无人机进近着舰。美国海军计划将舰载卫星着舰引导系统安装在"福特"级航母上。

2. 舰载卫星着舰引导系统的组成

卫星着舰引导系统由舰载设备、机载设备和数据传输设备组成。

舰载设备为基站，接收卫星定位系统的信息，并将母舰的位置、航速、姿态、姿态变化和差分修正数据通过高速数据链通信设备上传给舰载机的机载设备。

机载设备一方面通过卫星定位系统获取自己的位置信息，另一方面与舰载设备传来的下滑着舰轨迹信息进行比较，对数据信息进行综合处理，利用卫星定位差分增强技术校正相对误差，获得与母舰的相对下滑着舰轨迹，将数据传输至机载飞控计算机完成进近着舰引导控制。机载设备还采用捷联惯性导航技术，将陀螺仪和加速度计安装在飞机上，依靠计算机完成导航计算，与卫星定位技术结合，可以为舰载机进近着舰提供准确的位置信息。

舰载机自动着舰过程中因航母运动引起飞机航线偏差的校正计算都在飞机上进行。同时，机载设备也将舰载机的位置及姿态信息传回母舰，辅助航母着舰指挥官预测舰载机的运动。下传的信息包括舰载机的相对位置、速度、加速度和相对于理想下滑道的偏差，以及空速、攻角、侧滑角、油门的位置、控制杆的位置、重要航空电子设备的状态以及是否接通自动驾驶仪方式等。

3. 卫星着舰引导系统的布置

舰载设备的天线设备一般安装在舰岛桅杆上，机柜与天线就近布置。机载设备安装在舰载机上。

19.4.8 光电着舰引导系统

1. 光电着舰引导系统的功能

光电着舰引导系统主要依靠光电跟踪（而不是光束）引导舰载机进行着舰，能够对舰载机的飞行姿态进行精确探测，向飞行员和航母着舰指挥官提供飞机识别、飞机精确位置和相对下滑航路的趋势信息，主要用于辅助着舰指挥官评估飞机姿态、对控制命令的回复、飞机损伤状况、起落架和尾钩状况，进行舰载机着舰指挥或复飞决策。

光电着舰引导系统工作原理与着舰引导雷达类似，与着舰引导雷达相比，具有受电子干扰小的优点，但作用距离小于着舰引导雷达。光电着舰引导系统主要由法国海军于1987年研制成功，并在"福煦"号航母上安装使用，全称为甲板进近与着舰激光系统（DALAS，达拉斯）。目前，法国"戴高乐"号航母上安装使用的是1996年研制的改进型"DALAS MK2"，其系统组成如图19-19所示。

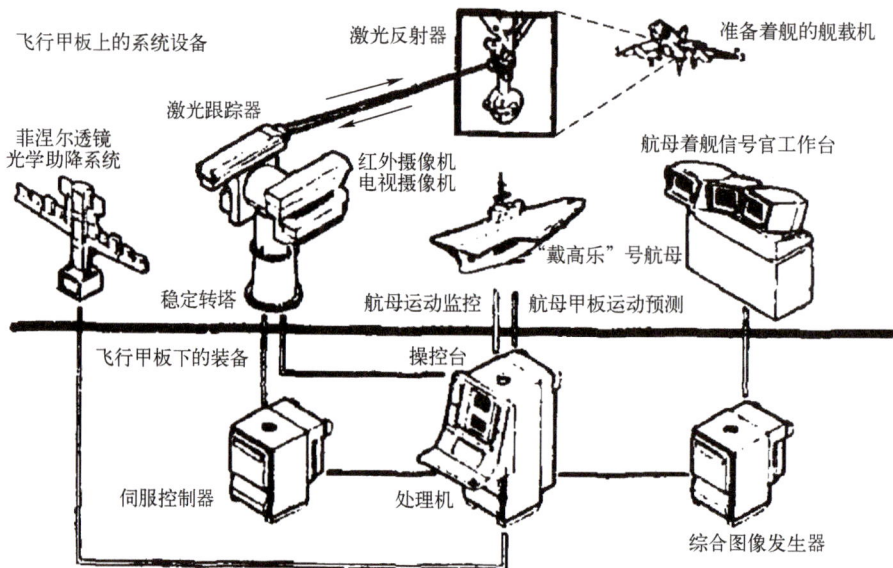

图 19-19 ▍法国"戴高乐"号航母装备的"DALAS MK2"光电着舰引导系统的组成

美国海军研制的光电着舰引导系统全称为进近与着舰可视图像系统（VISUAL），采用全天候红外电视、激光距离跟踪系统和显示系统，在舰载机进近着舰时进行成像和跟踪。

2. 光电着舰引导系统的组成

光电着舰引导系统由舰载设备和机载设备组成。

舰载设备主要由光电跟踪转塔、着舰指挥官工作台、数据处理机柜、显控台、综合图像发生器等设备组成。舰载光电跟踪转塔包括激光跟踪器、电视摄像机和红外摄像机三个传感器系统。机载设备是装在舰载机起落架上的激光发射器。

在航母舰载机实施进近着舰作业过程中，激光跟踪器能够搜索和捕获舰载机起落架上的特制激光反射器，对其进行测距和跟踪，并将测算出的舰载机高度、飞行速度和方位信息，以及电视和红外传感摄像机所捕获的飞机图像信号，传送到航母飞行甲板下方的数据处理机和操控台。此外，光电着舰引导系统还将接收航母飞行甲板运动状态、飞机姿态和方位数据以及气象信息等数据。这些数据经过综合处理后，通过操控台的综合图像发生器向航母着舰指挥官工作台和舰载机发送有关的信号、数据和图像。着舰指挥官通过视频设备可清晰地了解舰载机的下滑航道、飞机起落架状态、尾钩是否放下等相关信息，并对舰载机进近着舰进行指令控制。

3. 光电着舰引导系统的布置

光电着舰引导系统布置方式与着舰引导雷达类似，激光跟踪器一般布置在岛式上层建筑后部平台，或布置在舰左舷外伸平台上，机柜就近布置。

19.4.9 着舰引导指挥设施

航母舰载机着舰引导指挥主要由两部分组成：一部分是安装在飞行指挥塔台内的飞行指挥设备；另一部分是安装在外设着舰指挥部位的着舰指挥官工作台。

飞行指挥塔台的飞行指挥官，负责监视飞行甲板和空中的情况，对舰载机的安全起降进行把关。在美国航母上飞行指挥官（Air Boss）一般由资深的中校级飞行员担任，并配有一名少校作为助理指挥官（Mini Boss）。飞行指挥官负责全面指挥舰载机的着舰和起飞作业，助理指挥官主要负责舰载机的起飞作业指挥。

外设着舰指挥部位一般由一个资深着舰指挥官领导一个着舰引导小组，负责向飞行员发出操纵指令，引导下滑道上的舰载机安全着舰，需要根据飞机性能及飞行品质，不间断地同步监测舰载机的下滑航迹、列队、着舰迎角是否偏离理想位置；如果偏离，则引导帮助飞行员修正到正确的进近着舰位置，并且对飞行员发出着舰、复飞、逃逸等的指令。

舰载机着舰时，着舰引导小组成员都在外设着舰指挥部位各就各位，各负其责。由着舰指挥官负责监察整个小组的工作情况，小组成员主要包括负责引导舰载机着舰具体工作的着舰指挥官，负责用助降电视系统引导舰载机对准跑道中心线的助理指挥员，负责观察阻拦钩、起落架和襟翼工作情况的阻拦钩观察员，负责记录着舰成绩的阻拦钩记录员等。

美国、法国等国航母的外设着舰指挥部位采用露天方式，着舰引导指挥设施露天布置，目的是减小甲板风对着舰信号官（LSO）的影响。其后设置有挡板。航母典型外设着舰指挥部位如图 19-20 所示。俄罗斯航母的外设着舰指挥部位采用封闭式舱室，着舰引导指挥设备舱内布置，主要是为了适应严寒恶劣天气。

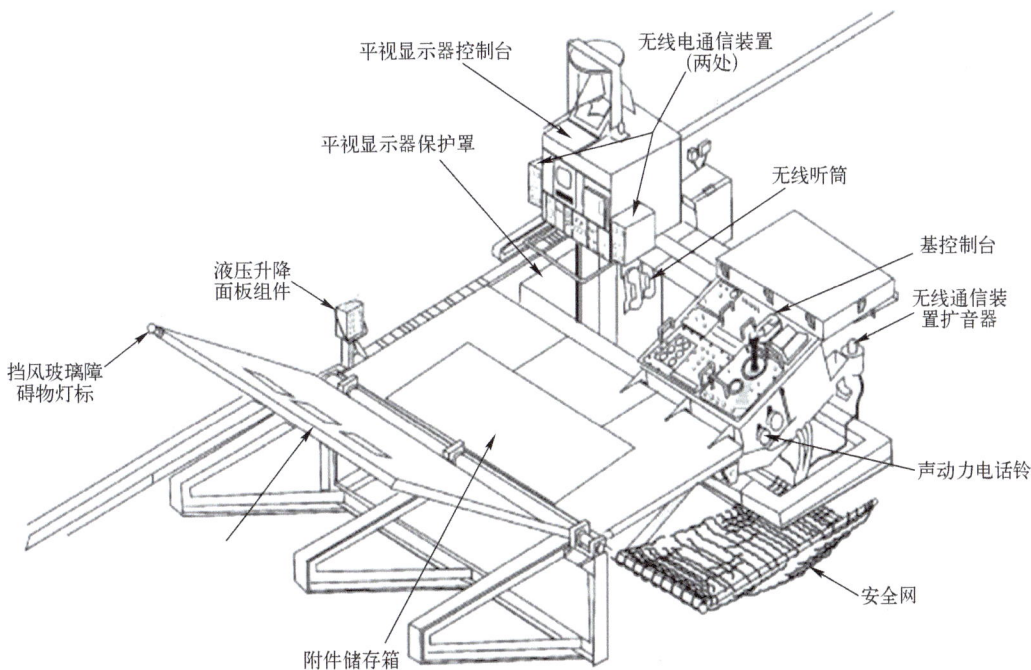

图 19-20 ┃ 航母典型外设着舰指挥部位

19.5 > 航空保障指挥管理系统

航空保障指挥管理系统是一种实时信息管理系统，通过传感器、局域网、显示与控制设备，连接航空作业相关系统，如弹射与阻拦装置、着舰引导系统等，还与航母作战系统、导航系统和气象系统相连；可实现航空作业相关数据的融合、分发和控制，集成管理航空保证作业的规划和执行。

19.5.1 航空保障指挥管理系统的功能

航空保障指挥管理系统用于管理舰载机、航空保障装备状态，确保其战备完好；管理航空物资、航空保障人员数据，确保其合理调配；为航空保障作业的规划、指挥、监视和评估提供信息保障和决策支持，保障航空保障作业持续高效运行；为系统使用人员提供训练手段。

航空保障指挥管理系统主要功能包括：

1. 计划辅助制定

为飞行指挥官提供作战任务要求、天气情况、飞行员、空域、备降场等各种信息支撑和计划辅助制定工具，辅助其完成飞行计划的制订、发布、修改、存储、浏览、打印等功能，并具有制订计划的决策支持功能，能够对飞行计划进行冲突检测并提示飞行指挥官。

根据飞行计划解析得出舰载机舰面勤务保障作业的总体规划，并整合舰载机舰面勤务保障各系统（如舰载机调运系统、机载武器保障系统，以及航空煤油、航空供气、航空供电等系统）的具体保障计划形成舰面勤务保障作业详细计划，具有基于资源管理的航空勤务保障计划冲突检测功能。

解析并显示飞行计划，提供舰载机完好状态、舰载机质控等信息；提供舰上航空保障资源数量、航空保障装备状态等信息，辅助机务大队长完成机务保障作业计划的制订。

2. 作业进程监视

接收本舰指控发送的空中目标信息和航空管制系统发送的空中舰载机状态信息，解析、处理并显示，具有特定目标跟踪功能。

接收起降系统、着舰引导系统、舰载机调运系统、机载武器保障系统、舰面保障系统等提供的相关作业视频和状态信息进行集中显示，实现舰载机保障作业的态势监视。

3. 飞行后讲评支撑

接入飞参数据，进行解析、处理并显示，并提供起降电视监视视频音频同步回放功能，辅助飞行员进行飞行技能讲评；对航空保障作业执行数据进行统计，分析作业完成情况与计划的偏差，自动生成报表，辅助航空部门长发现问题，了解作业瓶颈，提升其作业规划和指挥调度能力。

4. 航空数据管理功能

采集航空保障装备状态信息，对于无法自动采集状态的重要航空保障装备，由航空勤务质量控制管理台采集其状态信息并发布；接收、存储、显示各型机载武器的尺寸、重量、装备要求等参数信息；接收、存储、显示各油舱喷气燃料存储量、各加油站加油的过程信息；接收、存储、显示氧气、氮气和压缩空气的存储量。

5. 舰载机维修管理

基于机群内各型航母载机等航空装备状态进行机群航空维修控制管理，保证舰载机处于完好状态；负责舰上航材备件的请领、库存分配以及补给管理等，航材备件管理终端负责本库房内航材备件的信息维护、出入库及维修管理等；包括舰载机维修工具基本信息的录入、新的工具的入库以及损坏工具的报废管理等。

19.5.2 航空保障指挥管理系统的组成

航空保障指挥管理系统按设备类别一般分为显示控制设备、数据管理设备、网络保障设备等；按功能模块一般分为综合信息支持系统、舰载机及机载武器信息管理系统、航空综合图像分发系统、起降控制系统、航空作业信息管理系统等。

以美国航母部署的航空数据管理与控制系统（ADMACS）为例，主要由综合全舰信息系统（ISIS）、航空武器信息管理系统（AWIMS）、进场与着舰可视图像系统（VISUAL）、先进弹射与回收控制系统（ALRCS）和作业规划与信息系统（OPIS）等 5 个子系统构成，各子系统可独立运行。美国航母部署的航空数据管理与控制系统的功能如图 19-21 所示。

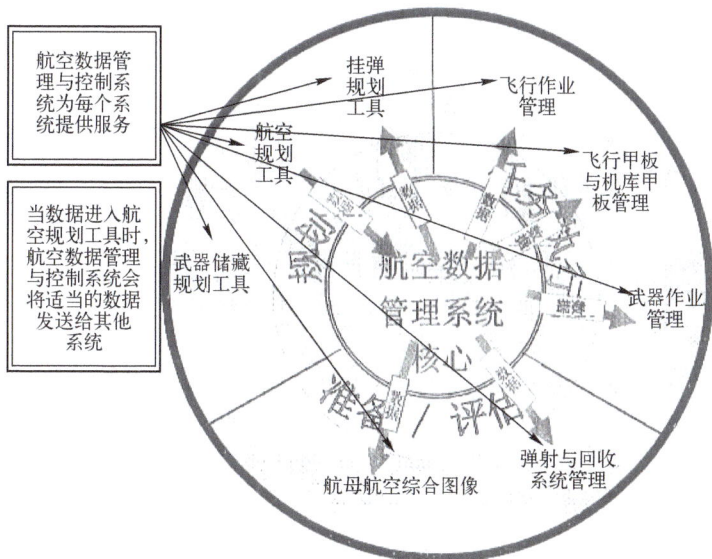

图 19-21 ┃ 美国航母部署的航空数据管理与控制系统（ADMACS）的功能

美国航母部署的航空数据管理与控制系统的典型工作场景如图 19-22 所示。

图 19-22 ┃ 美国航母部署的航空数据管理与控制系统的典型工作场景

1. 综合全舰信息系统

综合全舰信息系统（ISIS）是一种局域网信息系统，是航空数据管理与控制系统的核心。综合全舰信息系统采用信息处理技术，通过监视器和大屏幕显示器，为航母航空作业决策人员提供更及时、准确的航空作业信息。

综合全舰信息系统可进行相关航空作业数据的迅速输入、采集、处理和分发，将信息提供给航母空中交通管制中心各工作室以及舰上其他相关部门，还提供与舰上作战、导航和气象数据库的接口。该系统采用专用不间断电源，可在断电时保证关键功能的执行。该系统还采用电子文书系统，可实现表格、报文、记录和日志的标准化和自动化生成、分发和储存。

2. 航空武器信息管理系统

航空武器信息管理系统（AWIMS）为航母武器部门提供武器信息管理、控制和通信，可在高节奏作业环境下，实时提供航空武器数据的输入、储存、提取、报告和通信。

3. 进场与着舰可视图像系统

进场与着舰可视图像系统（VISUAL）采用全天候红外电视、激光距离跟踪系统和显示系统，在舰载机进场着舰时进行成像和跟踪，为着舰信号官（LSO）提供飞机识别、飞机精确位置和相对下滑航路的趋势信息，通过成像评估飞机姿态、对控制命令的回复、飞机损伤状况、起落架和尾钩状况。

进场与着舰可视图像系统为着舰信号官提供飞机回收数据和飞行甲板状况的动态信息，可提高舰载机回收效率和安全性，特别是在低能见度的天气和夜间。

4. 先进弹射与回收控制系统

先进弹射与回收控制系统（ALRCS）采用传感器与微处理器控制技术，可集成航母上所有弹射与回收设备的监视与控制功能，包括弹射器与阻拦装置控制、数据采集，基于状态的维护和嵌入式训练功能。采用该系统，可改进舰载机弹射、回收系统性能，提高可靠性和安全性，并减少维护成本。

先进弹射与回收控制系统的子系统安装在全舰几个重要航空工作站，可将弹射与回收设备的维护信息传递给弹射和回收管理人员，并可与其他舰载系统共享数据。

以前航母上的弹射器与阻拦装置监控系统，需要手工输入数据记录，并需要密集的定期预防检修，而且依赖于声力电话进行通信。而先进弹射与回收控制系统可提供基于状况的维修信息，并提供小型化用户友好型控制面板。

5. 作业规划与信息系统

作业规划与信息系统（OPIS）通过传感器、显示器、信号处理和数字数据通信系统，为航母航空部门提供现代化、高性能、高度综合的航空工作站，可提高舰载机出动架次率，同时加强航空作业安全性，并提高系统的可承受性。

19.5.3 航空保障指挥管理系统的布置

显示控制设备一般布置在飞行指挥塔台、飞行甲板控制室、机库控制室、飞行准备室、质控室等。

数据管理设备一般布置在飞行甲板控制室、机库控制室和值班室等。

网络保障设备按照航空保障舱室就近分布，并与全舰其他网络留有接口。

19.6 > 舰载机调运系统

舰载机出动回收期间，大量舰载机在航母上停放、滑行和牵引，舰载机在甲板面的调运作业是影响舰载机出动回收能力的关键环节。舰载机调运系统是用于实现各类舰载机、车辆在母舰上安全系留、调运作业保障设施的总称。

舰载机调运系统由调度指挥设施、舰载机甲板定位跟踪设施、飞机升降机、机库大门、牵引设施、系留设施等组成。

19.6.1 舰载机调度指挥设施

1. 舰载机调度指挥设施的功能

舰载机调度指挥设施的功能：制定舰载机甲板调度作业预案，生成作业计划，并能在紧急情况下辅助调运指挥员快速完成作业计划的应急调整，对舰载机调度作业进行及时管理。

2. 舰载机调度指挥设施的组成

舰载机调度指挥设施的核心设备是调度模型台。调度模型台直观反映甲板舰载机作业态势，是制定、推演、验证舰载机调度预案的重要工具。

舰载机调度指挥设施包括调度模型台、舰载机调度决策支持系统。

1）调度模型台

（1）实体调度模型台。以一定的比例将飞行甲板和机库甲板绘于上下两层台面上，并表示出各种航空保障设施的布置情况；以同样的比例，将各种飞机、车辆也做成缩比模型，以不同的颜色表示机种，以不同的数字组合代表飞机的技术状态。根据舰载机在舰上的实际停放状态，将其对应的小模板固定在飞行甲板和机库甲板模板之上，使指挥员能对舰载机的状态一目了然，非常逼真形象。使用调度模型台对调运方案进行推演、验证，提高调运效率、确保调运作业安全。

二战以后，美国航母一直使用实体调度模型台作为舰载机调运指挥的重要工具。调运作业过程中，调度模型台操作员通过视频监视和人工观察等方式，获取飞行甲板、机库舰载机、车辆、人员的活动现场信息，移动摆放舰载机模型，表示不同舰载机的实时位置、折叠/展开状态进行，并使用专用标记标示舰载机的加油、挂弹、维修等作业状态。典型的航母实体调度模型台如图19-23所示。

（2）数字化调度模型台。自2009年开始，美国海军逐步使用数字化调度模型台，通过舰载机甲板定位跟踪设施实时显示舰载机布列位置，与其他信息输入终端、传感器相连，向指挥员展现更为具体的飞行甲板态势信息，包括舰载机在甲板的位置和作业状态，主要航空保障设施（如弹射装置、阻拦装置、飞机升降机、助降灯光设备等）和舱面设备（如舱口盖、栏杆、天线等）的状态信息。

2）舰载机调度决策支持系统

舰载机调度决策支持系统利用计算机进行舰载机调度方案规划和决策支持，可以提高调度指挥自动化水平，减少人工决策的工作量。

美国自20世纪70年代开始研制计算机调度辅助决策系统，到了20世纪90年代，随着高性能计算机的出现，以及导航定位系统、信息技术的快速发展和应用，美国在航空数据管

图 19-23 ▍典型的航母实体调度模型台

理与控制系统（ADMACS）中研发的飞行甲板舰载机任务规划和飞行甲板作业管理模块，采用数字化的"舰载机状态显示模板"，工作人员利用计算机优化舰载机管理与调度，通过本地局域网和综合全舰网络系统，与其他航空作业管理系统相连，通过数据融合，共享飞行甲板、机库甲板上每一架飞机的位置、燃油量、武器种类及数量，根据舰载机作业需求和当前态势制定更好地调度方案，更好地辅助指挥决策判断，提前通知相应部门做好准备。负责原显示模板工作的人员将坐在一个计算机终端前，四处移动飞机。其显示界面如图 19-24 所示。

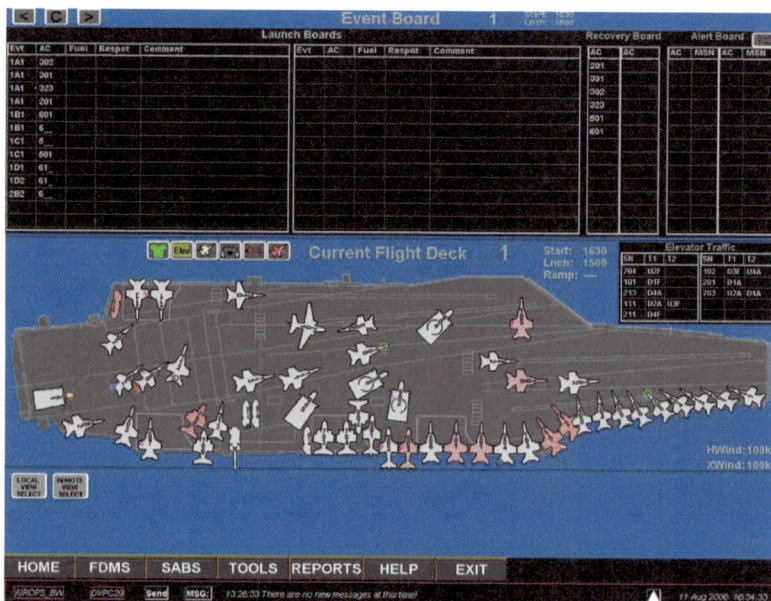

图 19-24 ▍美国电子调度模型台的显示界面

3. 舰载机调度指挥设施的布置

调运指挥设施相关设备一般布置在飞行甲板控制室。信息采集设备一般布置在现场如上层建筑等部位，信息处理设备和辅助设备一般布置在专用设备舱。为了使飞机调度军官和有关指挥员及时了解和掌握飞行甲板和机库内的舰载机停放布列及技术状态，便于对之进行指挥调度，在飞行甲板控制室设有飞行甲板和机库甲板舰载机调度模型台。

4. 舰载机调运指挥设施的设计要求

（1）舰载机调度决策算法应根据高强度循环作业时的甲板调运繁忙和复杂程度设计。

（2）舰载机状态信息应能够快速、实时地输入到计算机系统，在其他指挥部位的终端上可随时调阅、显示舰载机的当前状态。

（3）应利用活动现场信息形成舰载机在母舰甲板上的作业态势信息，辅助指挥员判断存在的碰撞趋势危险信息，存储并发布现场信息。

（4）舰上各种指挥部位和机务作业部位及时将舰载机的当前状态通报给飞行甲板控制室，有关调度人员实时地调动台面上的小飞机模型，使模型上的飞机布放与航母上实际飞机的状态保持一致。

19.6.2　舰载机甲板定位跟踪设施

1. 舰载机甲板定位跟踪设施的功能

1）舰载机实时位置定位跟踪功能

舰载机实时位置定位跟踪的功能是对航母上的舰载飞机的状态进行实时信息采集，对舰载机的停放布列和技术状态进行实时显示和监控，跟踪舰载机调运作业进程，分析作业效果的分析。

2）舰载机作业态势监视功能

舰载机作业态势监视的功能是为指挥人员提供全面的现场作业画面信息。

舰载机甲板舰载机碰撞是造成人员和财产损失的一个重要原因，美国于20世纪90年代开始针对甲板舰载机的自动实时定位和跟踪技术开展了多项研究，1998年开始研制的舰上舰载机跟踪系统（Embarked Aircraft Tracking System，EATS），利用计算机视觉定位技术，通过实时识别飞行甲板和机库图像的方式定位、识别和跟踪舰载机，力求实现全自动运行，减少低能见度和恶劣气象条件下的图像识别差错率（图19-25）。经过多年实船测试，目前已经装备在"尼米兹"级航母上。

同时美国同时开展了飞行甲板舰载机持续监控系统（Persistent Monitoring System For The Flight Deck of U. S. Navy Aircraft Carriers，PMS）的研究，探索无线电技术在舰载机定位跟踪方面的应用，包括差分GPS技术和射频标签技术（Identify Friend or Foe，IFF）等。

2. 舰载机甲板定位跟踪设施的组成

（1）视频采集系统。包括飞行甲板和机库摄像机、信息采集设备和视频存储设备等。

（2）舰载机实时定位系统。包括实时图像处理机柜、工作台等。

3. 舰载机甲板定位跟踪设施的布置

信息采集设备一般布置在现场如上层建筑等部位，信息处理设备和辅助设备一般布置在专用设备舱。为了使飞机调度军官和有关指挥员及时了解和掌握飞行甲板和机库内的舰载机停放布列及技术状态，便于对之进行指挥调度，在飞行甲板控制室设有飞行甲板和机库甲板舰载机调度模型台。

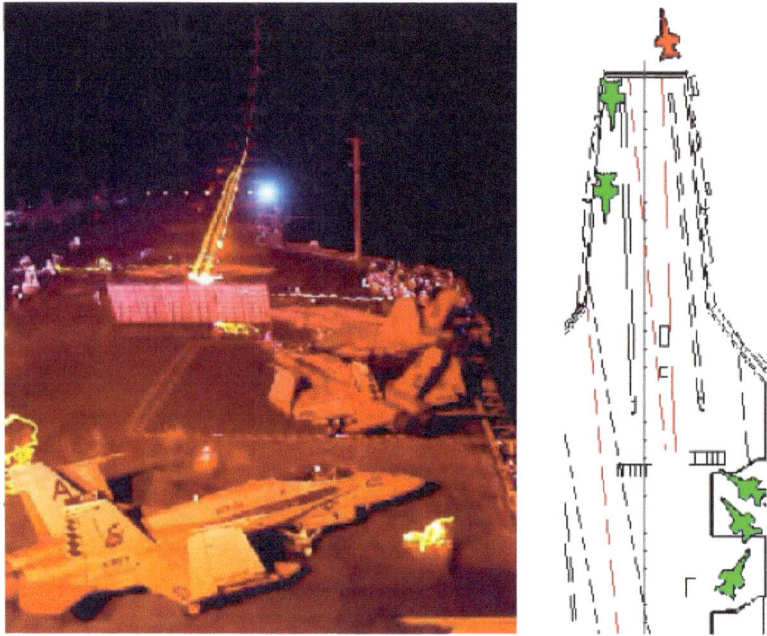

图 19-25 ▌舰载机跟踪系统（EATS）通过计算机视觉技术获取的舰载机定位信息

4. 舰载机甲板定位跟踪设施的设计要求

（1）能实时识别、定位和跟踪舰载机。

（2）利用活动现场信息形成舰载机在母舰甲板上的作业态势信息，辅助指挥员判断存在的碰撞趋势危险信息，存储并发布现场信息。

（3）能适应无线电管制、低能见度和恶劣气象条件。

（4）图像识别成功率较高，舰载机识别率应达到或接近 100%。

19.6.3 飞机升降机

1. 飞机升降机的功能

飞机升降机主要用于舰载机在飞行甲板与机库甲板之间的运输，同时也可用作航空弹药或其他物品在飞行甲板与机库甲板之间的转运。

2. 飞机升降机的组成

按飞机升降机的驱动形式，可分为液压型飞机升降机和电动型飞机升降机。

1）液压型飞机升降机

液压型飞机升降机一般由平台、液压机、驱动系统、油液控制系统、液压动力系统和电气控制系统构成。

飞机升降平台组件部分主要包括平台本体、导向机构、平台液压锁销。平台本体由钢板和 H 形钢焊接而成。导向机构包括两组导轨，每组导轨上安装一套纵向导向滚子和一套横向导向滚子。平台液压锁销由液压锁销、操作气缸组成，它们沿平台周边呈 C 形布置。液压型飞机升降机的原理如图 19-26 所示。

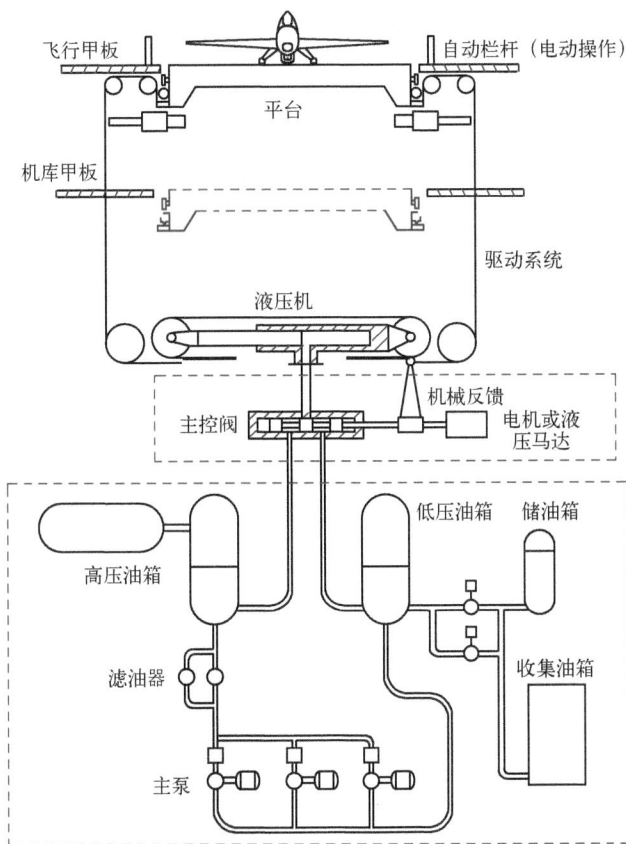

图 19-26 ▎液压型飞机升降机的原理

　　飞机升降机由液压机、机械/液压伺服控制机构、平台组件、钢索驱动系统、液压动力系统和电气控制系统等部分组成。

　　（1）液压机。液压机是一台水平安装的通过钢索提升平台单柱塞油缸驱动的设备。它通过柱塞推动动滑轮组，借助于平台每个吊点的钢索，穿绕过一系列的转向滑轮，再绕过柱塞上的动滑轮组，最终连接至液压缸的尾端，将平台与液压机系联在一起。平台对柱塞的传动比为 2∶1。

　　液压机主要包括主液压缸、动滑轮组件、动滑轮运行轨道、前/后机架、定滑轮组件和钢索防松机构等。它在飞机升降机装置中起"执行机构"的作用。

　　（2）机械/液压伺服控制机构。由马达控制齿轮箱、主控阀组件、控制阀齿轮箱、十字连杆组件、齿条护罩及滚子等组成，作用是控制液压油的进出主油缸的流量，使得平台平稳、可靠地上下运行。

　　机械/液压伺服控制机构是飞机升降机液压控制系统中的控制环节，可调节平台上行、下行的速度，在整个飞机升降机装置的运行控制单元。

　　（3）平台组件。包括平台本体、自动栏杆、液压锁销、平台导向支撑机构、导轨、索结等，是舰载机往返于机库和飞行甲板之间的直接承载体。

　　（4）钢索驱动系统。主要包括转向滑轮和驱动钢索等，负责将液压机的运动传递给平台。

　　（5）液压动力系统。由高压蓄能器组、油箱、主电机泵组、冲洗电机泵组（或补油泵组）、冷却过滤组、控制阀组、回油滤油器组和管路附件等组成，是飞机升降机装置的动力单元，为主油缸、控制马达、液压锁销油缸、自动栏杆油缸提供压力动力。

（6）电气控制系统。包括飞行甲板控制台、机库甲板控制台、机舱监控台和电机启动控制箱等组成，对飞机升降机的运行过程进行控制。

2）电动型飞机升降机

电动型飞机升降机主要是使用大型电机代替液压机，直接利用电机驱动钢丝绳运动。

3. 飞机升降机的布置

除平台组件布置在舷侧由钢索吊挂外，其他设备一般布置于机库下一层甲板。对于大功率电机驱动的电动型飞机升降机，动力系统部分设备可布置在2甲板。

飞机升降机有两个控制部位，一个在机库，另一个在飞行甲板上。控制部位的设置应便于观察运行中的升降机平台。升降机平台上下位置的信号传送到飞行甲板控制室，只显示复示信号，不对升降机进行控制。

在飞机升降机机械舱设有监控设备，用于进行液压机组（或电机）及系统的监控、检测和准备工作。

4. 飞机升降机的设计要求

对飞机升降机的基本要求为：

（1）航母上飞机升降机的数量取决于航母的排水量大小，同时也取决于舰载机的数量与舰上航空保障设施的平衡设计要求。

（2）升降机的载荷要满足升降规定数量舰载机及牵引车和调运人员的要求。

（3）升降机的平台尺寸要满足运输规定数量的折叠状态舰载机的要求。

（4）飞机升降机的结构要能承受升降平台的自重、额定载荷、风载、浪载以及由航母和升降平台运动所产生的动态载荷，还要考虑核爆炸冲击波的压力载荷。

（5）升降机按正常循环运行时在循环的任一点上，如果断电，则高压箱（或蓄能器）内的剩余压力应足以把负载平台返回到飞行甲板。尽管有正常的系统泄漏，也能在断电后规定时间内的任何时刻升起加载的升降机。

（6）升降平台设计上要求在满足承运额定负荷的基础上尽可能重量轻，同时要求变形小、具有足够的刚度，具有便于锁销组件的插入和缩回的结构并能承受上下方向的负荷。

（7）飞机升降机不同于其他的特种设备，一般不进行正样机的陆上台架试验和与飞机的匹配试验。升降机装舰后，分别进行静载荷试验和动载荷试验。试验时静载荷相当于额定负荷的1.5倍，动载荷相当于额定负荷的1.25倍。试验成功后，即可交付使用。

19.6.4 机库大门

1. 机库大门的功能

机库大门是一种航母专用的移动式、多功能大型门体，具有独立的动力系统和配套辅助功能，属航母大型设备之一。机库大门开启后，形成舰载机或物资、车辆等进出机库的通道，满足舰上所有型号舰载机进出库的要求，大门关闭时，使机库与外界隔离，满足密闭要求。

2. 机库大门的组成

按照机库大门的运行方式和结构特点分单门滑移式、多门滑移式。俄罗斯航母采用单门滑移式，美国"尼米兹"级航母机库大门采用双门滑移式机库大门。双门滑移式机库大门的工作原理如 19-27 所示。

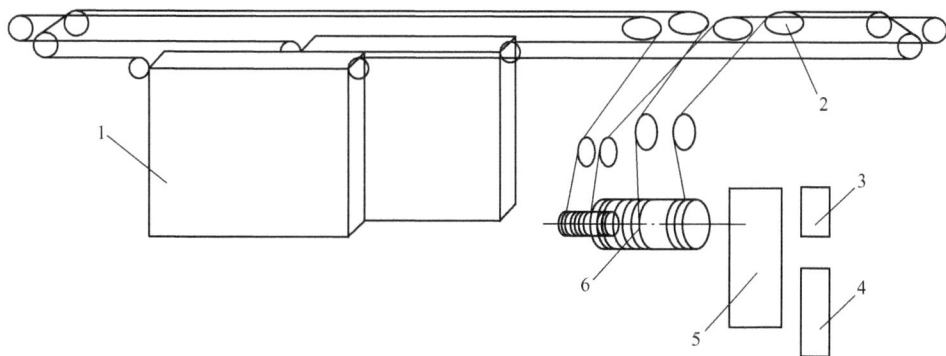

图 19-27 ┃ 双门滑移式机库大门的工作原理

1—门体组件；2—滑轮组件；3—电机；4—蜗轮减速箱；5—圆柱齿轮减速箱；6—滚筒组件。

机库大门装置一般由大门驱动系统、大门组件、钢索滑轮传动系统、电气控制系统组成。

（1）大门组件。主要由两扇门体、上行走小车、下行走小车、门体锁定机构、门体密封机构等组成。

（2）大门驱动系统。主要由主驱动电机、减速箱组件、卷筒组件、应急操作机构等组成。大门驱动系统的主要功能是提供给大门打开和关闭所需的动力。在失电情况下可用手动或气动应急操作装置，完成门体的启闭。

（3）钢索滑轮传动系统。主要由钢索、转向滑轮组、钢索张紧机构等组成。钢索滑轮传动系统功能：主要承担钢索从卷筒出绳经滑轮组导向将动力传至门体的任务，通过牵引分布让全行程门体和半行程门体运行。其中，钢索张紧机构可对（经一段时间运行后）发生松弛的牵引钢索进行有效张紧，防止门体运行过程中出现低速爬行现象。

（4）大门辅助系统。主要包括上导轨、下导轨、链式盖板等部件。大门辅助系统功能：下导轨主要用于承重和导向，导引下重载导引小车；上导轨主要用于导向，导引上行走小车并且防止侧翻。链式盖板由盖板、销轴、盖板涨紧机构组成，链式盖板用于遮盖下导轨槽，防止垃圾或异物阻碍门体运行。

（5）电气控制系统。主要由机库控制台、机舱监控台和电机启动控制箱等组成，各设备布置在动力舱室和机库甲板，对机库大门的运行过程进行电气正常控制。

3. 机库大门的布置

大门在电机的作用下，经过减速箱、卷筒、转向滑轮，靠驱动钢索的拖曳力，使大门沿预定轨道开启、关闭。除大门门体布置在机库侧壁开口外，其他设备一般布置在机库或门体周边附近舱室。

19.6.5 牵引设施

1. 牵引设施的功能

牵引设施主要实现舰载机在飞行甲板、机库以及飞机升降机平台上的水平移动。牵引设施应满足母舰搭载各型舰载机的牵引转运需求。

2. 牵引设施的组成

牵引设施一般包括飞机牵引车和牵引杆、飞机调向装置。

1）飞机牵引车和牵引杆

飞机牵引车是用于牵引或顶推飞机的专用车辆，是舰载机牵引作业中的主要工具，能将舰载机按要求拖动到指定站位。

飞机牵引车根据牵引方式的不同可分为有杆和无杆两种。有杆牵引又可分为前轮有杆牵引和后轮有杆牵引。牵引方式的分类如图19-28所示。

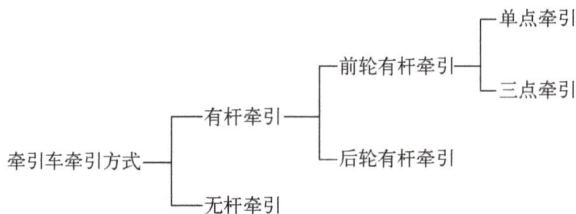

图 19-28 ▌牵引方式的分类

飞机牵引车动力形式有内燃机、电动机和混合动力三种动力形式。内燃机具有动力范围广、技术成熟、比功率和比能量高等优点，缺点主要是排放和污染问题。电力驱动因为蓄电池比功率和比能量的限制，在牵引车领域，主要用于中小功率牵引车。混合动力具备了电动形式低污染的优点，又克服了续航里程短的缺点，但是加大了牵引车的尺寸。

牵引车传动方式有纯机械、液力、液压和电力4种。纯机械传动由于换档时会引起冲击，现在牵引车使用已较少；电力传动代表未来飞机牵引车的一个发展方向；液力传动在制动扭矩和高效变矩等性能上与液压传动有差距；目前牵引车采用的多是液压传动。

典型的有杆牵引车及可调长度牵引杆分别如图19-29和图19-30所示，可以适应多型飞机的牵引。机库内采用的无杆牵引车相对有杆牵引车，省掉了牵引杆，转向灵活，其优点是主要依靠自身动力在狭小或拥挤的作业区域对舰载机实施牵引、转向和定位。典型无杆牵引车的整体结构如图19-31所示。

图 19-29 ▌有杆牵引车整体结构

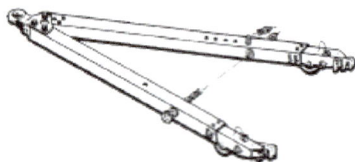

图 19-30 ▌可调长度牵引杆

2）飞机调向装置

飞机调向转盘是用于在机库较为狭小的空间辅助舰载机转向的一个大型设备。它通过一个与机库甲板面齐平的电动转盘转动，将被牵引到转盘上的舰载机调转方向，实现在空间有限的机库内调转舰载机牵引方向的功能。

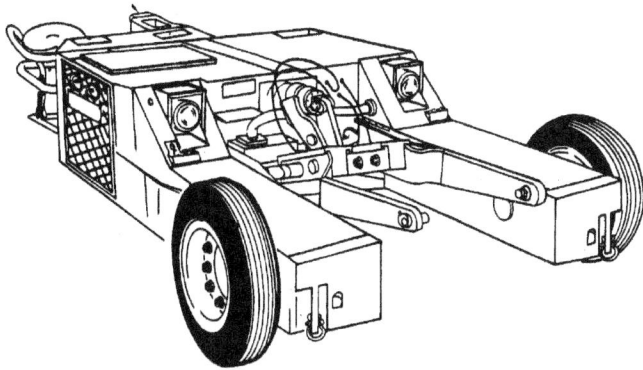

图 19-31 ┃典型无杆牵引车的整体结构

飞机调向转盘由转向盘组件、回转驱动轴装置、电动回转驱动机组、电气控制系统、转盘锁定组件组成。

（1）转向盘组件。转盘组件中的转盘盘体是安装在机库甲板凹坑内，转盘盘体上表面与甲板面相齐平。

（2）回转驱动轴装置。回转驱动装置由1套主驱动齿轮装置和1套万向传动轴装置组成。

（3）电动回转驱动机组。电动回转驱动机组是飞机调向转盘装置的驱动单元，可通过电动或手动提供驱动力。

（4）电气控制系统。电气控制系统包括机库甲板控制盒、机库甲板急停操作盒、机械舱电控箱及警灯警铃声光报警装置等，对飞机调向转盘的运行过程进行控制。

（5）转盘锁定组件。转盘锁定组件通过机械方式将转盘组件与机库甲板锁定，以满足特殊情况下在转盘上系留飞机的需求。

3. 牵引设施的布置

牵引车和牵引杆一般布置在飞行甲板和机库内。飞机调向装置一般布置在机库内对应机库大门的位置。

19.6.6 系留设施

1. 系留设施的功能

系留设施用于固定甲板上非运动状态的舰载机，防止其在舰船摇摆状态下发生移动或侧翻。

2. 系留设施的组成

系留设施由系留索具、系留座、飞机轮挡、甲板防滑限位装置组成。

1）系留索具和系留座

系留索具和系留座配合使用，用于可靠保证舰载机的停驻固定。

目前，各国各类舰载机系留索具和系留方式大同小异，轻型舰载机的系留索具分金属系留链和非金属系留带等几种形式，中、重型舰载机的系留索具全部采用金属锁链形式。系留索具与舰船的接口形式有阳十字、阴十字、摇杆式、鞋套式等几种。

系留索具主要由上接头、下接头、链条、长度粗调机构、长度微调机构组成。典型飞机系留索具的外观如图19-32所示。

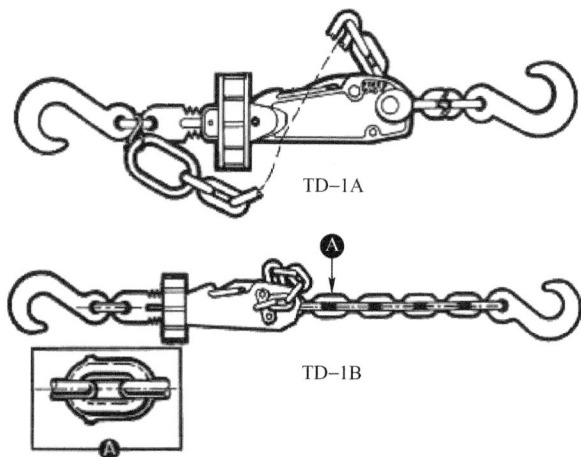

图 19-32 ▏典型飞机系留索具的外观

系留座结构分为阳十字、阴十字、星形和球头形，系留索具的下接头需与系留座相匹配。星形和十字杆形系留座如图 19-33 所示。

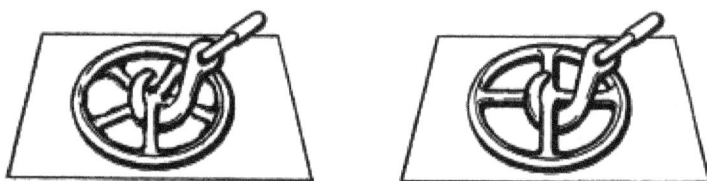

图 19-33 ▏星形和十字杆形系留座

按照舰载机在舰上的停放状态可将系留方式分为风暴系留、临时系留、转运系留。风暴系留是舰载机在飞行甲板停机区和机库内长期驻留所采用的系留方式，临时系留是舰载机在甲板各功能区机务站位开展作业期间采用的系留方式，转运系留是舰载机转运期间停留在飞机升降机和转盘时采用的系留方式。

2）飞机轮挡

飞机轮挡用于防止舰载机临时停留时在舰船摇摆状态下发生移动。飞机轮挡应具用通用性，应能满足各型飞机在风暴条件下飞行甲板和机库甲板上飞机的固定防滑要求。

飞机轮挡主要由主体框架、前后挡块、滑动套管和微调部分组成，每套由两个单个轮挡组成，如图 19-34 所示。

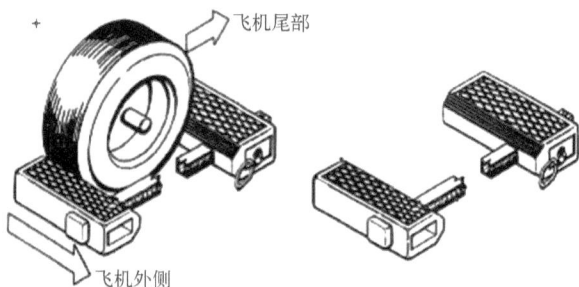

图 19-34 ▏飞机轮挡

3）甲板防滑限位装置

在飞行甲板边缘设置有一定高度的挡杆或挡板，用于防止位于飞行甲板边缘的舰载机或车辆在舰船摇摆状态下滑出甲板。

3. 系留设施的布置

系留索具使用时挂在飞机上并与系留座系固，不用时挂在飞行甲板舷边通道或机库舱壁上。系留座按照点阵式或矩阵式形式布置于飞行甲板和机库甲板。

飞机轮挡使用时放至于飞机机轮下方，不用时一般放置于舷边指定位置。

甲板防滑限位装置布置在飞行甲板边沿，起飞跑道出口、斜角甲板复飞出口、着舰跑道尾端等影响舰载机起降的部位不设置甲板防滑限位装置。

19.7 > 机载武器保障系统

机载武器保障系统是由航母上贮存、转运和向飞机装卸航空弹药、航空军械和保障器材的设施组成的有机整体。航空弹药是发挥航母舰载机作战效能的主要武器，为了完成规定的舰载航空兵作战使命和任务，航母装载了规定种类和数量的航空弹药，在舰载机的出动准备过程中，需要将航空弹药从弹药舱搬运到飞行甲板并装载到舰载机上。航空弹药在舰上的安全贮存和高效保障，是确保航母自身安全和提高舰载机作战效能的关键环节之一。

机载武器保障系统的功能是完成各种机载武器在航母上的贮存、转运、管理调度等保障。

机载武器保障系统由机载武器管理调度设施、机载武器贮存设施、机载武器转运设施、机载武器甲板保障设施组成。

19.7.1 机载武器管理调度设施

1. 机载武器管理调度设施的功能

机载武器调度设施主要用于对机载武器、人员、设备、任务进行管理和调度，保证全系统准确、高效、协调地工作。机载武器调度设施采用计算机辅助决策系统、数据库管理、网络通信、远程控制、信息采集等技术手段，对贮存装置和转运装置的任务进行分配协调，现场设备和各战位人员通过通信网络和话音电话及时将各种信息反馈给机载武器调度设施，实现设备、人员和贮运流程的监控和调度。

美国航母部署的航空武器信息管理系统（AWIMS）执行的功能包括航空武器搬运跟踪、挂载规划、弹药库存放布置、武器存放状态和数量的跟踪与报告，并配备了自动化状况显示面板。

2. 机载武器管理调度设施的组成

机载武器调度设施主要由指挥管理设备、调度监控设备、信息采集处理设备等组成。

美国航母航空武器信息管理系统软件包括计算机辅助弹药库布置规划工具（MAPA-C）。计算机辅助弹药库布置规划工具采用计算机辅助图解规划，显示弹药种类、数量和位置清单，并可优化弹药搬运和储藏方案，满足不同作战情景的需求。如在舰载机进行挂弹和卸弹时，优化弹药在飞行甲板和机库内的搬运。

3. 机载武器管理调度设施的设计原则

（1）机载武器调度设施应能完成各种机载武器在舰上的管理和调度，可实现指挥决策、管理调度、设备监控、信息管理、系统训练、日常勤务等保障功能。

（2）应能实现实现设备、人员和贮运流程的监控和调度，全面提升机载武器保障系统的安全性和贮运效率。

（3）系统应能迅速响应状况变化，为决策人员提供实时数据，并减少相关人员的工作量。

19.7.2　机载武器贮存设施

1. 机载武器贮存设施的功能

机载武器贮存舱一般分为航空弹药舱、可拆军械舱和保障器材舱。航空弹药舱用于存放机载导弹、航空火箭弹、航空炸弹、航空鱼雷、航空炮弹等；航空军械舱用于存放发射装置、挂架、挂梁、声纳浮标等；保障器材舱用于存放引信、干扰弹、抛放弹等。

机载武器贮存设施主要用于存放和固定航空弹药、可拆军械和保障器材，完成弹药装配、日常检视和维护。

2. 机载武器贮存设施的组成

机载武器贮存舱内配置规定数量的机载武器贮存设施，其组成如下：

（1）机载武器贮存设备。包括存放架、集装储具、存放笼、存放柜等，如图 19-35 所示。

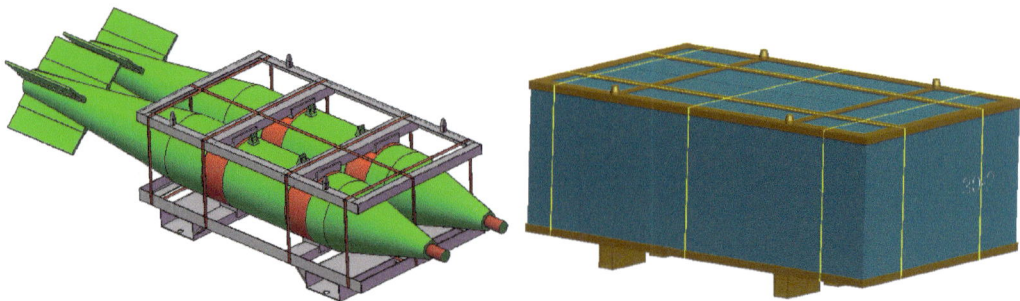

图 19-35 ▌机载武器贮存设备的整体结构

（2）通用贮存设施。包括矩阵式系留地板、系留链条、通用贮存基座等。

（3）装配维护设施。包括装配工作台、装配工具、便携式通用检测设备等。

装配工作台用于装配弹药，主要由托架、支腿和托盘组成（图 19-36），支腿固联在托架下端面，用于支撑托架。托架用于支撑托盘，其上设置滚柱，以减少托盘沿托架运动时的摩擦力。托盘用于支撑弹体，以便完成弹药的装配操作。托盘上设置多对滚柱，该滚柱用于支撑弹体，并可实现弹体围绕其轴线的旋转。托盘可在托架上滚柱的滚动下沿着托架长度方向运动。

装配工具包括装配弹翼和舵面使用的气动工具、扭力扳手、螺丝刀等。

便携式通用检测设备包括导弹检测用便携式计算机、小型导弹检测台等。

3. 机载武器贮存设施的设计原则

（1）机载武器贮存设施的种类和数量应根据舰载航空兵任务、母舰搭载的飞机机型及数量、持续作战时间、作战任务以及飞机的载弹方案综合确定。

图 19-36 ‖ 装配工作台的整体结构

（2）由于各项弹药的长度、直径和包装形式均不相同，因此，贮存设备结构设计时应考虑航空弹药和航空军械的通用性，同一型号的贮存设备应能容纳长度和直径相近的各种航空弹药。

（3）部分弹药为了提高贮存期限，采用箱装方式上舰，箱装弹药一般采用堆码后用链条系留在地板的贮存方式，裸装弹药一般采用存放架或集装储具堆码的贮存方式，因此要求在弹药舱内配置通用化的弹药贮存设备，适应箱装、裸装弹药的灵活贮存。

（4）为提高航空弹药贮存密度，在舰上一般将弹翼、舵面、引信等与弹体分开贮存。一般应设置若干个舰内弹药准备区，用于装配弹翼舵面、停放准备好的待发弹药；应在飞行甲板设置弹药准备区和待发区。引信一般在弹药挂机后装配。

（5）航空弹药定型前应通过舰用条件下的环境试验，还要通过火焰烤燃、跌落、电磁兼容等多项安全性试验。

（6）航空弹药上舰前应在基地按相应规定完成准备和检测，确认完好并已配套好之后方可上舰，在舰上贮存期间应简化舰基保障环节，舰上仅进行简单检测，不进行综合检测。

（7）弹药属于危险品，存放架或储具要保证在规定的条件下将弹药可靠地固定住，首制件要经受冲击、振动和摇摆试验。

19.7.3 机载武器转运设施

1. 机载武器转运设施的功能

机载武器转运设施的主要功能如下：

（1）立体转运功能。主要用于航母机载武器在升降阱内的垂直转运，以及在升降阱和贮存舱间的水平转运，完成机载武器在飞行甲板、机库和弹药舱之间的转运。

（2）舱内转运功能。完成机载武器在舱内的起吊和转运。

2. 机载武器转运设施的组成

机载武器转运设施按功能分类一般包括武器升降机、弹药舱内转运设备等。

1）武器升降机

武器升降机一般由驱动装置、传动装置、升降阱导轨、升降平台、舱门关闭装置、阱口关闭装置、控制装置、通信和安全防护装置等组成。

武器升降机的驱动方式包括电机驱动、电动液压（柱塞）驱动、永磁直线同步电机驱动等，传动方式包括钢丝绳传动、链条传动、液压顶升和直线电机提升等。

按驱动方式和传动方式一般将武器升降机分为电动钢丝绳升降机、电动螺旋式升降机、电动液压升降机和直线电机升降机。电动螺旋式和电动液压升降机一般只用于两层甲板之间移动的升降机。

舱门关闭装置主要用于升降机围阱与弹药舱之间的封闭。

升降机阱口一般设置盖子用于关闭阱口，一般有水密要求。

在飞行甲板、机库、弹药舱和准备区的每一层设有行程信号开关和层间上销机构，用于到位后使平台与甲板平面齐平，并支承升降平台。在武器升降机平台与甲板之间，通过专用坡道或对接平板的方式连接，可以承载叉车或弹药转运车的通过。

升降机一般沿导轨上下运动，设有断绳或断电安全机构，使得升降机不会因钢索突然断裂或失电而掉下来。

2）舱内转运设备

舱内转运设备一般包括行车或吊车、立体式仓储设备等。

行车用于弹药舱内部的弹药堆码、提升和平移，一般需配合弹药转运车进库实现弹药进出舱的转运。机载武器舱内行车的典型结构如图 19-37 所示。

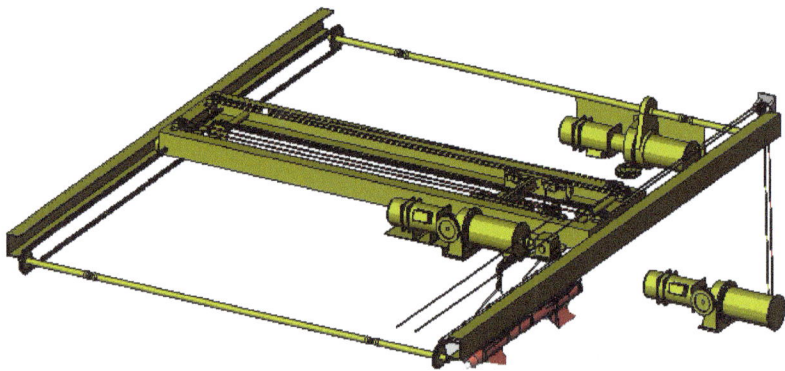

图 19-37 ▎机载武器舱内行车的典型结构

叉车用于弹药舱内部的弹药堆码、提升和平移，可以直接将弹药转运至武器升降机上，也可放至武器转运车上进行出入库转运。机载武器舱内叉车转运工作场景如图 19-38 所示。

立体式仓储设备采用立体式货架和轨道式传送装置等方式直接与武器升降机平台对接，实现弹药在舱内的机械化堆码、平移和出入库，可以实现自动化操作，减少人员的工作强度。

3. 机载武器转运设施的设计原则

（1）综合考虑机载武器对机装弹、补给入库等作业要求，合理确定机载武器转运设施的运输能力和效率。

（2）武器升降机的载重量和平台尺寸应满足舰上各种弹药的转运要求，还要考虑车辆和人员的重量。

图 19-38 机载武器舱内叉车转运工作场景

（3）武器升降机的数量和运行速度应综合考虑同时准备的弹药数量、限定的弹药输送时间、单次转运能力等因素。

（4）舰上弹药品种很多，舱内转运设备的运输能力应满足各种弹药的转运要求，还要考虑弹药带包装箱的要求。

（5）舱内转运设备要能够到达每个弹药的存放位置，并能方便地将各层弹药舱里的弹药运送至武器升降机平台。

（6）为提高弹药贮存密度和转运效率，可以采用立体式仓储设备提高自动化水平。

（7）所有的弹药转运设备，如升降机、行车等，都要进行定期检查。每年都要进行动、静态负荷检查，确保运行安全性。

19.7.4　机载武器甲板保障设施

1. 机载武器甲板保障设施的功能

机载武器甲板保障设施主要用于在甲板面水平运送弹药、对机装卸弹。

2. 机载武器甲板保障设施的组成

机载武器甲板保障设施包括运弹车、挂弹车、叉车和转运适配器。

运弹车用于弹药的水平转运（图 19-39），应能兼容裸态、箱装和装配好弹翼舵面等多种形式的弹药。

挂弹车用于辅助人员挂弹。舰载机挂弹主要有三种方式：一是人力挂弹，主要使用运弹车和绞弹机，也可用人力直接抬举挂弹；二是在运弹车上加装挂弹组件（图 19-40），利用手摇机构顶升挂弹；三是配置专门的动力挂弹车，一般采用电动方式。

叉车用于辅助弹药转运和装卸，甲板面水平转运的叉车可以与海补叉车共用。

转运适配器主要用于在转运时辅助支撑各型机载武器的各型托架。

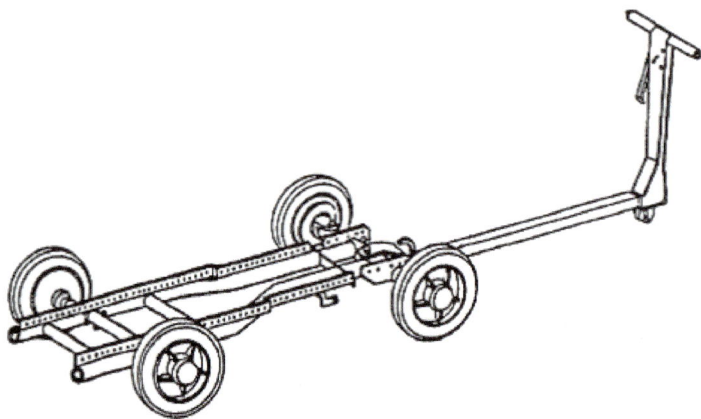

图 19-39 ▌运弹车的整体结构

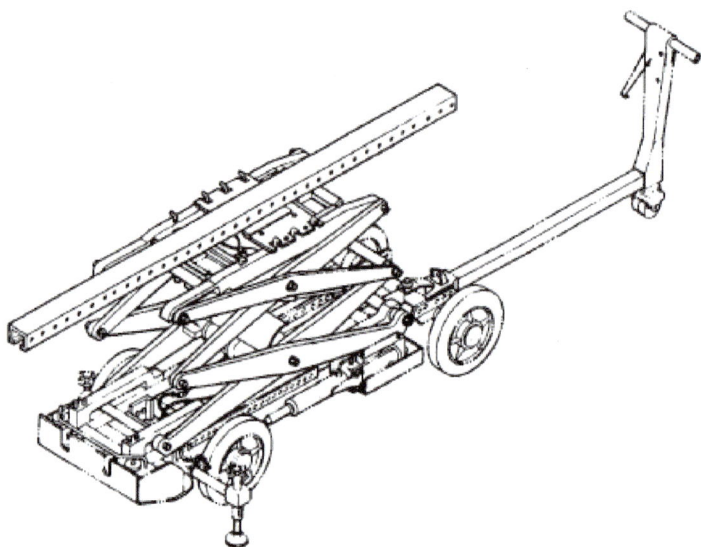

图 19-40 ▌运弹车上加装顶升挂弹组件的整体结构

3. 机载武器甲板保障设施的设计原则

（1）机载武器甲板保障设施的数量确定应综合考虑舰载机挂弹、卸弹、舱内准备的同时保障需求。

（2）机载武器甲板保障设施的载重量和外形设计应能满足最大重量和尺寸的弹药转运及挂机需求。

（3）机载武器甲板保障设施应尽量通用化、系列化，满足各型弹药的转运及挂卸需求。

（4）机载武器转运车外形尺寸、重量应尽量小型化、轻量化设计，转向应灵活，便于在舱内堆放和转向时节省空间。

19.8 > 舰面保障系统

舰面保障系统为舰载机飞行前准备、再次出动和飞行后提供油、气、水、电等保障，为航空作业安全和系统正常运行提供必要的保障，是影响舰载机出动效率的重要环节。

舰面保障系统主要提供舰载机所需的喷气燃料、航空电源、航空氧气、氮气、压缩空气、空调通风、液压等供给保障，并提供舰载机冲洗、失事飞机救援、舷边作业人员防护、甲板清洁、安全接地、库内维修吊装等辅助保障。

舰面保障系统一般由喷气燃料系统、航空电源系统、航空供气系统、舰面辅助设施等组成。舰面保障系统的所属设备构成与舰载机的保障需求有关。

19.8.1 喷气燃料系统

1. 喷气燃料系统功能

喷气燃料系统为舰载机提供合格的喷气燃料，根据使用需求大致包含如下功能：

（1）补给功能：通过补给管路接收舰外岸基或补给船补给的喷气燃料。

（2）调拨功能：通过驳油管路系统，保障除污油舱外各日用舱、储油舱之间喷气燃料的相互调拨；通过污油管路系统，保障将各日用舱、储油舱、滤器底部污油调拨至污油舱。

（3）加油功能：通过加油系统为舰载机提供压力加油或重力加油功能。

（4）排放功能：通过喷气燃料泵组可以将各油舱的余油和污油舱污油驳送到舰外。

（5）卸油功能：将舰载机内余油排放至泄油舱。

（6）过滤功能：具备对系统内喷气燃料进行过滤的功能。

（7）消静电功能：具备对系统内喷气燃料进行消静电的功能。

（8）监控功能：制订加油保障作业计划，通过甲板、加油站、集控室等对加油过程进行监控；对喷气燃料泵组和部分阀件具有远程控制功能，当出现特情时，可紧急停止加油作业；监测显示管路压力、加油流量、油舱液位、泵组运行状态并接收显示油舱压力等信息，对相关参数进行统计分析、判断和告警。

（9）其他功能：主要包括喷气燃料舱安全透气、清洗、氮气惰化和管路余油氮气吹除、油品采样及化验、样品管理等功能。

喷气燃料系统功能可根据具体船型的加油保障需求进行选择和取舍。

2. 喷气燃料系统组成

喷气燃料系统主要由动力设施、安全保障设施、系统监控设施、加油终端设施、维护保障设施等组成。

（1）动力设施。包括与加油、驳油保障需求相匹配的喷气燃料输送动力源，通常是若干类型的泵组，包括加油泵组、驳油泵组、污油清扫泵组以及用于残油清扫和油液采样的手摇泵等。

（2）安全保障设施。包括喷气燃料过滤装置、消静电装置（根据实际需要取舍）、油舱透气设施、油舱惰化设施、油品化验设施以及余油氮气吹除设施等。

（3）系统监控设施。包括监控台、液位监测装置、信号传感器、信号采集设备、泵组启停设备、自动/远程控制阀件等，实现对重要舱室、重要设备及控制元器件运行状态的实时监测。

（4）加油终端设施。包括加油软管卷盘及组件、终端控制设备等。

（5）维护保障设施。包括喷气燃料舱清洗用的洗舱设施、设备维护作业用的防爆工具等。

3. 喷气燃料系统功能舱室划分

喷气燃料系统功能舱室主要包括喷气燃料舱、喷气燃料泵舱、控制室、航空加油站、油料化验室以及燃油补给部位、隔离舱及管路围阱等。各类舱室功能简述如下：

1）喷气燃料舱

喷气燃料舱根据作业流程和舱室功能可分为喷气燃料贮存舱、日用喷气燃料舱、溢流或压载舱、污油沉淀舱、飞机泄油舱等。一般根据全船航空加油站/加油保障部位设置情况分为前、后两个舱群，每个舱群均包含上述功能舱室，前后舱群可独立运行，实现为本舱群航空加油站提供喷气燃料或接收燃油补给功能，也提供相互备份功能，应急条件下，可实现前/后舱群为艉部/艏部航空加油站提供喷气燃料的功能。喷气燃料舱一般设置在母舰独立的防火区段内，出于母舰姿态平衡考虑，喷气燃料舱应尽可能靠下设置，并提供应对外来攻击和内部安全威胁的相关防护措施。

（1）喷气燃料贮存舱。主要用于接收、存储岸基或补给船补给的喷气燃料。

（2）日用喷气燃料舱。主要用于存贮洁净的喷气燃料，可直接为舰载机进行加注。

（3）溢流或压载舱。出于安全和母舰姿态平衡考虑设计的功能舱室，用于临时存放软管清洗、贮存舱溢流管路排放的喷气燃料或压载海水。

（4）污油沉淀舱。主要用于存储清舱系统收集的油舱底部污油，喷气燃料系统还可根据其量的大小考虑是否增设污油回收系统。

（5）飞机泄油舱。主要用于接收舰载机燃油箱排放的喷气燃料并进行沉淀。

2）喷气燃料泵舱

喷气燃料泵舱主要用于布置喷气燃料输送、调驳、过滤及清舱设备以及相关控制阀件。

喷气燃料泵舱一般根据舱群划分情况和设备功能分为若干舱室，将加油、驳油、过滤、清舱及采样设备进行分区域布置，以实现各功能设备的集中操控。

喷气燃料泵舱一般位于喷气燃料舱附近，靠近日用喷气燃料舱，同时统筹考虑喷气燃料泵组自吸高度限制和人员可达性尽可能靠下布置，并提供通畅的进出通道。

3）控制室

控制室主要用于喷气燃料舱、泵组、遥控阀件、管网运行状态监控，一般根据喷气燃料舱群划分情况分开设置。

控制室内主要布置喷气燃料综合监控设施、液位监测装置、可燃气体检测装置等，可实时监测从喷气燃料舱到泵舱再到航空加油站的运行状态。

控制室有人员站位设置，需充分考虑舱室环境、可达性、泵舱应急处置措施实施的便捷性。

4）航空加油站

航空加油站主要为飞行甲板和机库甲板的舰载机提供加油/泄油保障，站内布置加油终端设备、加油/卸油软管等。

位于飞行甲板的航空加油站一般设置在飞行甲板下方或舷侧走道，沿母舰周界分散布置，保障范围兼顾飞行甲板各机务站位的加油保障需求。

位于机库的航空加油站一般设置在舰载机维修区附近，为舰载机提供压力加油/泄油功能。

5）油料化验室

油料化验室主要用于喷气燃料舱定期油品监测、舰载机加油前的油品检验，同时兼顾舰上其他类型燃油或辅油的油品检测。

油料化验室一般位于飞行甲板下方，便于加油站加油前的油样取样。

6）喷气燃料补给部位

喷气燃料补给部位主要用于岸基或补给船补给喷气燃料，布置喷气燃料接收装置。

喷气燃料补给部位一般位于海补/岸补平台，补给部位数量及总接收能力需满足相关标准规范要求。

7）隔离舱和管路围阱

隔离舱和管路围阱均是出于安全考虑为喷气燃料舱及相关管路提供的独立通道空间。

隔离舱一般位于 0 类防火区域周围，为 0 类防火区域提供安全缓冲和热源、电磁辐射源、机械振动等隔离功能，同时作为人员通行通道使用。

管路围阱用于喷气燃料管路集中布放和检修，将喷气燃料管路与其他管路、热源等隔离。

4. 喷气燃料系统总体设计要求

喷气燃料系统在总体舱室和管路设计层面需要满足以下基本要求：

（1）系统功能舱室划分应能确保系统各项功能的实现。各功能舱室在布局上应尽可能按区域集中，以减少管路及电缆的长度。

（2）加油站点设置应尽可能覆盖更多的机务站位，并优先考虑固定翼舰载机的加油保障。加油站点可采用顶盖式或舷侧通道布置方式。

（3）系统设备应尽可能集中布置，并充分考虑设备安装、使用及维护，管路放样及附件安装空间需求。

（4）管网布局设计上，应考虑采用独立的围阱对管路进行集中布置，以减少管路维护范围，提高安全性。

（5）管路走向应尽可能平直、避免出现 U 形管段，避开热、电磁辐射及振动源。管路应尽可能采用全焊接方式，管路附件应尽可能位于人员易于到达并具备泄露处置措施的场所。

5. 喷气燃料系统设计要求

喷气燃料系统在系统设计层面需要满足以下基本要求：

（1）系统应能实现接收岸基或补给船补给、油舱间调驳喷气燃料、向舰外排放喷气燃料、对舰载机进行加油/泄油、污油收集、油料化验、系统监控、喷气燃料舱安全透气及惰化保护等的部分功能。

（2）系统原理应尽可能简洁、高效，设备配置在满足系统功能实现的前提下应尽可能少并具备一定的冗余备份能力，以避免部分设备故障影响系统保障能力。

（3）系统控制原理在确保各项功能实现的前提下应尽可能减少中间环节，控制元件在满足可靠性和安全性要求的前提下，优先采用遥控方式，并具备手动控制功能。

（4）系统应能实现对重要舱室、关键设备状态的远程监控和安全监测能力。

（5）系统应优先选用可靠性和安全性高的设备，管路设计上应充分考虑介质流速限制。

（6）系统设备应尽可能小型化、集成化，操作、使用及维护应尽可能便捷。

6. 喷气燃料系统总体安全性要求

喷气燃料系统在总体安全性设计层面，需要满足以下基本要求：

（1）设备及管路应尽可能集中布置，缩小喷气燃料可能外泄的范围。

（2）喷气燃料系统相关舱室的电气设备应根据危险区域等级划分标准开展防爆设计，满足相关规范对舱室的防爆等级要求。

（3）喷气燃料舱透气口位置应划定安全作业范围，并远离进气通道、热排气口、电磁辐射区、雷达照射区域等。

（4）管路通过非防爆舱室或人员密集活动区域应采取必要的防护措施，避免管路泄露。

（5）为相关防爆舱室提供防爆通风、可燃气体监测、温度监测、消防及水灭火系统，提供可燃气体监测和应急处置措施。

7. 喷气燃料系统安全性要求

喷气燃料系统在系统安全性设计层面，需要满足以下基本要求：

（1）设备应可靠接地，设备元器件在使用过程中应避免产生静电积聚。

（2）必要条件下，管网系统应增设专门的消静电设备，消静电效果应获得用户认可。

（3）加油终端设备与舰载机对接时应实现可靠电搭接，电搭接过程中不应产生电火花等可能带来安全隐患或造成安全事故的危险源。

（4）系统应对喷气燃料舱的液位变化情况提供实时的监测和显示手段。

19.8.2 航空电源系统

1. 航空电源系统的功能

航空电源系统是为航母舰载机发动机启动、舰载机维修、舰载机通电检查、机载设备维修和应急供电等提供电源保障的一系列装置的总称。

其主要功能为：

1）中频电源保障

将380V/50Hz舰电转换为三相四线制115V/400Hz中频电源，为舰载机进行飞行前准备、发动机启动、飞行后检查维护及再次出动提供航空中频电源保障。

2）直流电源保障

将380V/50Hz舰电转换为28V或270V直流电源，为舰载飞机日常维护及检查、起飞前的机载设备的通电检查、飞机启动等提供直流电源保障。

3）检修电源保障

为舰载机检测维修舱室提供检修用特种航空电源。

4）电源监控功能

对航空电源供电设备进行监控和综合管理，保障航空电源系统的合理、高效运行。

5）蓄电池充放电功能

对航空蓄电池进行综合管理，保障航空蓄电池的充放电、监控及日常维护。

2. 航空电源系统的组成

根据航空电源设备输出电制、负载性质和用途的不同，航空电源系统主要由航空中频电源装置、航空直流电源装置、定检电源设备、电源监控装置、移动式负载模拟装置、航空蓄电池充放电设备、航空电源车（图19-41）等组成。

3. 航空电源系统的技术体制设计原则

在确定航空电源供电技术体制时，通常应从以下几个方面进行考虑：

（1）航空电源供电应具有高度的可靠性和生命力。当局部线路受到损害时，应不影响未受损伤的供电部位继续供电；当航空电源系统严重损坏时，能继续为如起飞站位等重要部位继续供电。

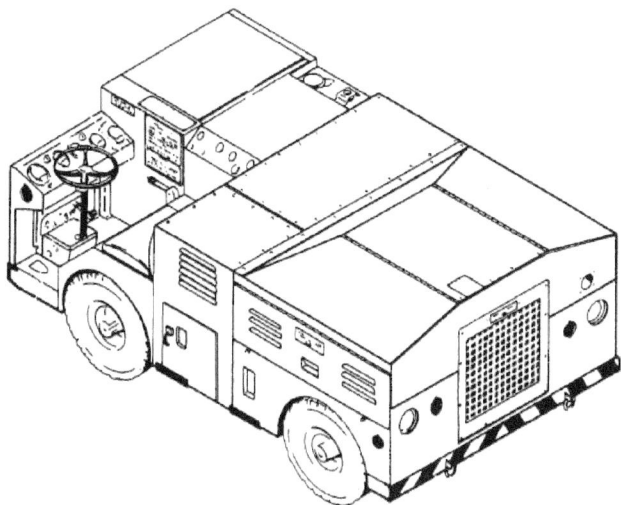

图 19-41 ‖ 航空电源车的整体结构

（2）航空电源的使用操作应灵活方便，舰载机的电源接口的应采取标准化。

（3）航空电源系统应具有良好的技术经济指标，既要考虑建造成本也应考虑运行、维护保养所需的费用，在满足战术技术指标的前提下，最大限度地做到综合性能兼优。

（4）航空电源系统必须具备良好的保护特性，具有选择性保护功能。当航空电源系统发生故障时仅切除故障回路，保证非故障回路的连续供电，并与配电系统保护装置动作协调配合相一致。

4. 航空电源技术体制

航空电源系统一般采用 4 种主要技术体制。

1）点对点加分区集中式供电方案

点对点加分区集中式的供电方案是将全舰划分为若干独立的供电区域，在供电部位集中的区域采用设置大容量中频电源，同时为本区域内所有供电部位供电，在供电部位相对独立的区域设置小容量的中频电源，为本区域的供电部位进行点对点的供电方案。

2）集中式供电方案

集中式供电方案通过全舰配置集中的中频电站，经过升压、降压、补偿等一系列配电环节将中频电能输送给舰载机。

采用集中式供电方案需要首先计算中频电源的最大保障能力，根据生命力储备系统计算每一电站的容量，然后根据中频电源的技术水平和最大的并联机组数量，确定每个电站的中频电源的数量和容量，通常单个电站的中频电源数量应不超过 2 台，若增加中频电源的数量，则会增加中频电源并联的难度。

3）一体式航空电源方案

一体式航空电源基于模块化设计思想，实现单台航空电源同时输出中频 115V、直流 28V、直流 270V 等多种电制，可满足不同型号舰载机多种用电需求。采用一体式航空电源除上述优点外，还具有可靠性高、维修保障简单、保护功能完善等优点。

4）点对点供电方案

点对点供电方案是指为每一个供电部位均设置一台航空电源，专门为该供电部位供电的方案。采用点对点供电方案设计时应主要考虑减少设备的型号和规格。

5. 航空电源系统的设计要求

（1）航空电源系统应确保末端供电品质满足舰载机的供电需求。

（2）航空电源系统设计时需优先考虑系统的可靠性和生命力，对于重要的供电部位（如起飞站位）应考虑采取冗余供电设计。

（3）确保为各型舰载机发动机启动、通电检查、辐射\雷达检查等提供相应的电制和足够容量的航空电源供电。

（4）确保在各种紧急状态下，提供满足舰载机供电使用需求的应急或备份电源。

（5）航空电源输出端电缆应选取柔软、耐磨的舰用电力软电缆，软电缆的长度必须满足本供电部位到舰载机供电插座处，并留有适当裕量。

（6）航空电源系统的供电电缆应尽量直线敷设，减少电缆长度，抑制线路压降。

（7）提高设备信息化水平，优化指挥站位，降低舰员作业强度。

（8）确保舰员或操作人员的安全，免受电气事故的危害。

（9）贯彻统一和互换原则，力求技术先进、运行可靠。

（10）航空电源设备一般应选用经鉴定、定型的舰用产品，也可选用经用户认可并装舰使用过的产品。

19.8.3 航空供气系统

1. 航空供气系统的功能

航空供气系统用于保障舰载机飞行准备、维护所需的气体，主要功能如下：

（1）航空供氧功能。保障舰载机机载氧气系统备份氧气瓶、座椅氧气瓶和发动机补氧系统氧气瓶等用氧需求。

（2）航空供氮功能。保障机载各系统氮气瓶以及发射装置用氮气瓶用氮，并可为飞机轮胎充气或为部分机载系统的气密性检查提供氮气。

（3）航空压缩空气功能。用于飞机表面、甲板面等的吹除，也可以作为轮胎充气的应急气源。

（4）航空空调通风功能。为舰载机设备舱和座舱提供符合品质要求的空调风，对舰载机的设备舱进行冷却降温或加热除湿，对座舱进行空调通风。

2. 航空供气系统的组成

航空供气系统按功能，一般分为航空供氧设施、航空供氮设施、航空压缩空气设施和航空空调设施；按设备类别，一般分为气体制备装置、增氧和气瓶组、供气终端、监控装置、移动式供气车辆等。

（1）气体制备装置。包括制氧、制氮装置、航空空调装置等，是航空供气系统的气源设备。制氧、制氮装置用于制备符合舰载机品质要求的氧气、氮气。航空空调装置一般包括设备舱航空空调装置、座舱航空空调装置。

（2）气体增压和贮存装置。包括增压机和气瓶（组）等，是航空供气系统的增压存储设备。增压机将低压气体增压至额定压力，存储在气瓶（组）中供舰载机充气使用。

（3）供气终端。包括氧气供气终端、氮气供气终端、压缩空气供气终端、航空空调送风终端等。

供气终端一般由减压阀、截止阀、止回阀、压力表、管路、接头等组成，用于将存储在气瓶（组）的高压气体减压至特定压力，以满足舰载机及其他用户的压力充填需求。

送风终端一般由电动气密阀、手动气密流量调节阀、管道过滤器、三通流量调节阀、背压阀、防火风阀、快速接头、送风软管等组成，用于将经过设备舱/座舱航空空调装置处理的洁净空气输送至空调通风部位。

（4）监控装置。包括航空空调监控台、便携式气体浓度检测仪或便携式气体泄露检测仪等。航空空调监控台用于对设备舱和座舱航空装置及对应供气部位进行远程遥控启停、运行状态显示、故障综合报警等，一般布置在便于观察飞行甲板面作业状态的上层建筑内。

（5）移动式供气车辆。包括航空供氧车、供氮车、航空空调车等（图 19-42 ~ 图 19-44）。航空供氧车、供氮车主要由车体、气瓶组、减压组件（含阀件、压力表和管路）和供气软管组成。航空空调车主要由车体、空调装置和通风软管组成。

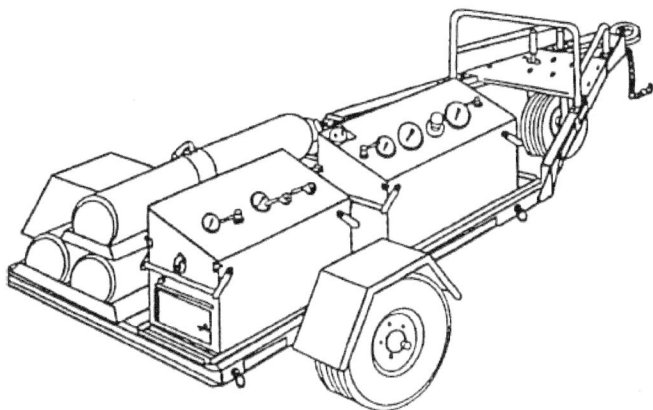

图 19-42 ▎航空供氧车的整体结构

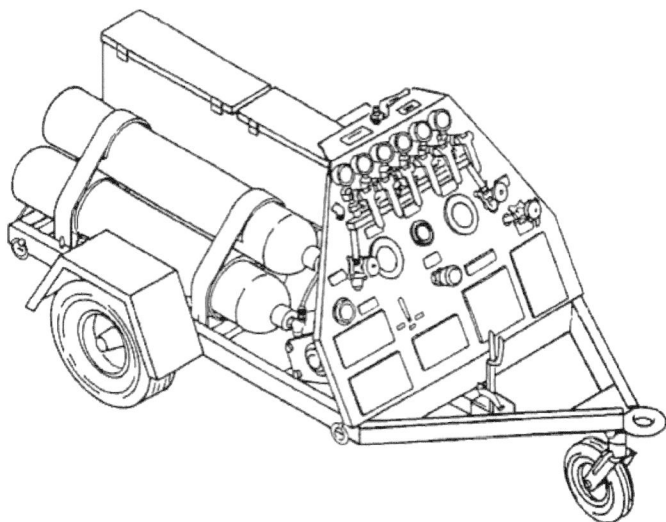

图 19-43 ▎航空供氮车的整体结构

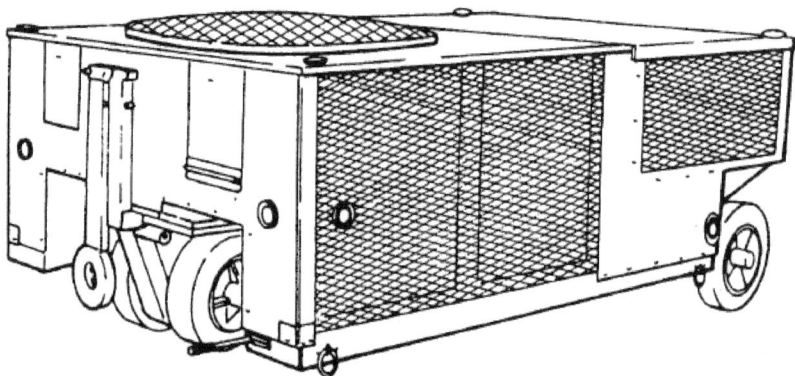

图 19-44 ┃航空空调车的整体结构

3. 航空供气系统设计原则

航空供气系统的设计原则包括：

（1）航空供气系统的产量应根据舰载机保障需求（供气部位的位置和数量，气体平均日消耗量，保障周期，舰载机日出动架次等）进行综合统筹确定。

（2）氧气、氮气制取方法可以采用膜分离法、变压吸附法或深冷法。制氧、制氮装置可以分开设计，也可以采用一体化设计。

（3）压缩空气可以与船舶保障系统共用气源，也可单独配置电动高压空压机。

（4）航空供氧、供氮设施应布置在通风状态良好的舱室内，以防止氧气、氮气聚集。

（5）航空供氧设施中纯氧相关舱室（包括制氧装置、航空氧气增压机、航空氧气瓶（组）和航空供氧车所在舱室）宜采取防爆措施。

（6）应合理确定系统设备的布置位置，气体制备设施应尽量靠近供气部位，以减少供气管路的长度。当气体制备设施与供气部位的距离过长时，应在供气部位附近设置增压机和气瓶（组），以尽量减少高压气体管路的长度。

（7）航空供氮设施管路应尽量避免经过人员住室、或人员较集中的场所，若必须经过人员住室或人员较集中的场所，该段管路应无可拆接头。

（8）航空空调装置新风进口应远离油舱、污水舱等有异味气体排放的部位。

19.8.4 舰面辅助设施

1. 舰面辅助设施的功能

舰面辅助设施主要具备以下功能：

（1）舰面保障监控功能。用于舰面勤务保障的作业计划制订，组织协同和全局监测，采集舰面保障作业流程信息并发送给相关系统。

（2）舰面辅助保障功能。为各型舰载机提供包括液压、液冷、冲洗、接地等辅助保障。液压设备用于舰载机的液压系统工作性能检查、液压系统清洗和加注液压油。液冷设备用于舰载机液冷系统加注/排出冷却液，实现冷却液过滤。飞机冲洗设备用于在飞行甲板对舰载机机身冲洗、发动机进气道和压气机的除盐清洗。机库维修吊装设备用于对机库维修区内的飞机部件或其他重物进行吊装，辅助完成舰载机维修保障工作。

（3）舰面应急救援功能。用于对飞行甲板失事舰载机的救援和甲板清障工作，保障后续舰载机的起降作业。

（4）甲板跑道清理功能。用于清楚飞行甲板跑道碎屑、油污、积水和积雪，提高飞行甲板附着力，避免舰载机发动机遭受外来物伤害，保障舰载机正常起降和舰面移动设备的作业安全。

（5）空勤人员生理心理保障功能。为空勤人员提供执行任务过程中的生理心理信息监测、自然睡眠状态下的信息监测、颈肌康复训练、生理心理调适训练等专用保障功能。

2. 舰面辅助设施的组成

舰面辅助设施一般组成如下：

（1）舰面保障监控设施。包括舰面作业监控设备、现场态势信息采集设备等。其中，舰面一般布置在航母的飞行甲板控制室，现场态势信息采集设备一般布置在供给站点或外围保障设备舱。

（2）舰面辅助保障设施。包括液压设备站或液压油车（图19-45），飞机冲洗站或冲洗车，飞机液冷站或液冷车，舰载机接地装置，机库维修行车和航空供给盖等。机库维修行车，一般由起重升降装置、纵向平移装置、横向平移装置、横向平移小车、提升装置、电气控制系统等组成。

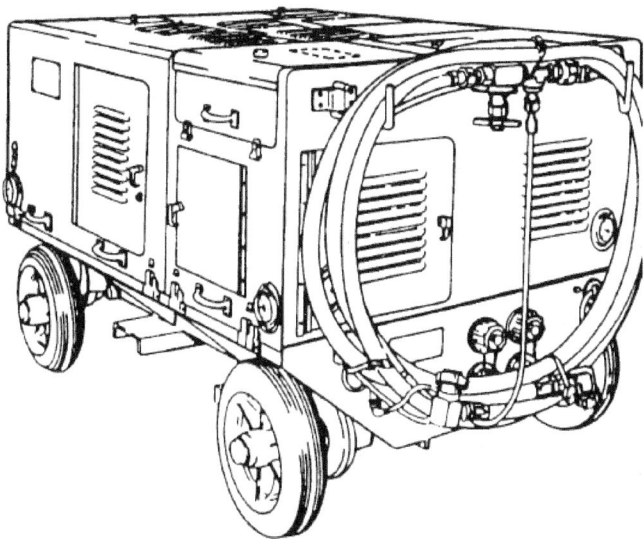

图19-45 ▎飞机液压油车的整体结构

（3）舰面应急救援设施。包括舰载机救援吊车（图19-46）、救援叉车、救援辅助装置等。救援辅助装置一般包括救援吊具、救援作业平台、应急移动平台、切割设备。救援叉车可以和海补叉车共用。

（4）甲板跑道清理设施。包括甲板清洗车（图19-47）、甲板除雪车等。

（5）空勤人员专用保障设施。包括空勤人员信息处理设备，舰载飞行腰带式生理心理信息监测装置，舰用睡眠监测装置，舰用颈肌训练与康复装置，空勤人员生理心理调适训练装置等。

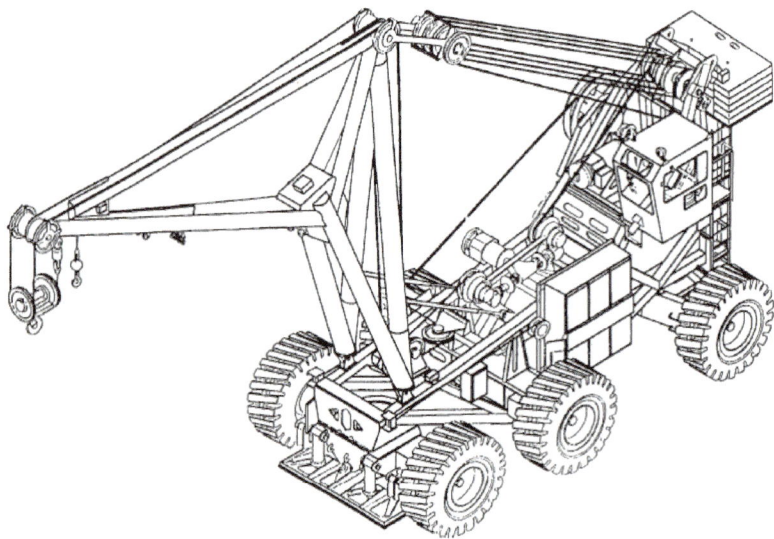

图 19-46 ┃ 飞机救援吊车的整体结构

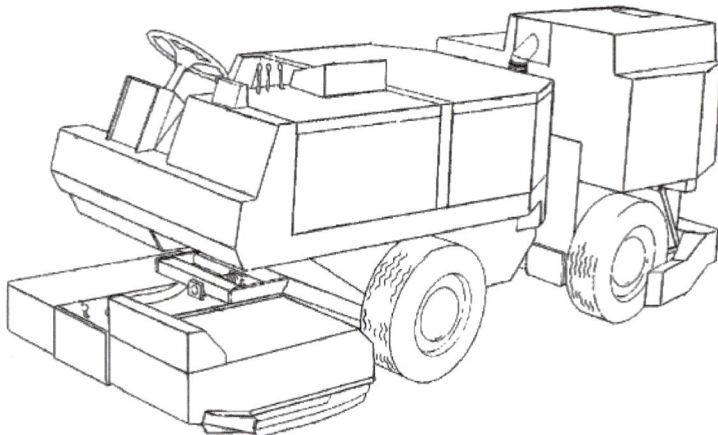

图 19-47 ┃ 飞行甲板清洗车的整体结构

3. 舰面辅助设施的设计原则

（1）按舰面勤务指挥扁平化的原则，将各供给保障站点的信息采集装置设置在"集中式舰面保障站"内或供给口盖处，实现加油、供电、供气等保障作业的甲板就近控制和状态监测等，使协同作业变得更加方便。

（2）统筹考虑各型舰载机的辅助保障需求，按照标准化、系列化、通用化的原则，在满足各型舰载机辅助保障需求的前提下尽量减少设备种类。

（3）在满足舰载机保障需求的前提下集成化、小型化设计，减少空间占用和能耗资源。

（4）合理搭配固定式保障站和移动式车辆的种类和数量，应根据舰载机的使用频率、使用范围和工作效率等因素综合确定舰面辅助保障设施的配置。

（5）航空供给盖应根据舰面保障站设计特点进行结构改进优化设计，使得管路、电缆通过供给盖时更加轻松，人员进行作业准备更加安全、便捷。

（6）由于除雪车、救援吊车、甲板清洗车等使用频率较少，航母上一般按种类各配备 1 台。除雪车不一定每次都要上舰，这与当时季节和航母所在区域的气候环境有关，如果处于盛夏季节或当地环境温度不会产生冰雪时，除雪车也可以考虑在岸基存放而不随舰出行。

（7）移动式车辆在工作过程中不能对飞行甲板防滑涂层和甲板面设备造成损伤。

19.9 > 舰载机维修及任务支援系统

舰载机战备完好率是航母重要的效能指标，舰载机维修及任务支援保障是维持和恢复舰载机战备完好率、保证舰载机持续出动的关键。

19.9.1 舰载机维修及任务支援系统的主要功能

（1）任务支援保障。接收各型舰载机的任务规划数据，分类完成任务卡的制作，加载至舰载机航电系统，包括任务加载、密钥注入等；能够卸载、读取任务卡信息，提供舰载机相关记录数据，完成飞参数据卸载和判读等。

（2）维修保障支持。对所负责的舰载机进行维修方案管理、维修工作预测、维修计划控制等管理，从而实现对飞机维护和使用的全面控制，实现对机务维护工作的标准化、流程化、责任化管理。

（3）日常维修飞行保障。提供对舰载机的机务准备（包括飞行前准备、再次飞行准备、飞行后准备）所需的机务保障工作，包括外观检查、清洁保养等工作。

（4）舰基检测维修保障。为舰载机进行日常保养和维修提供舰基维护保障设备和工具，包括对舰载机进行定检、周期性工作、故障排除等技术保养、维护和维修，使舰载机经常保持或及时恢复完好状态，符合飞行任务要求。各型舰载机的维护修理分为舰基预防性维修和修复性维修，具备故障预测与健康管理（PHM）能力的机型开展视情维修。

（5）空勤训练保障。根据不同的培训目标，综合利用现代计算机技术，建立开放式的训练体系，通过相关模拟训练设备和课件，为舰载机飞行员作战任务训练提供有效手段。

19.9.2 舰载机维修及任务支援系统的组成

1. 任务规划支持分系统

（1）软件系统，包括任务数据管理、任务规划支持、任务推演及评估系统。

（2）硬件，包括任务数据加、卸载设备、数据存储设备和任务规划设备。

2. 保障支持分系统

（1）软件系统，包括维修辅助软件、交互式电子技术手册、数据库软件以及操作系统软件。

（2）硬件，包括便携式维修辅助设备。

3. 保障设备分系统

保障设备分系统按机型分为固定翼飞机舰基保障设备和工具，直升机舰基保障设备和工具；按类别可以分为如下 10 类：

（1）支顶类设备，主要用于飞机整机或局部顶起的保障设备，包括主千斤顶、辅助千斤顶、机轮千斤顶等。

（2）托架类设备，主要用于飞机部件、机载设备以及悬挂物支撑、停放的托架类设备，包含支撑杆、夹板、发动机托架、尾梁托架、桨叶托架等。

（3）梯架类设备，主要用于接近飞机保障位置的保障设备，包括登机梯、工作梯、折叠梯、伸缩梯、工作台等。

（4）起吊类设备，主要用于起吊飞机部件、设备或悬挂物的保障设备，包括含吊车、吊挂、吊带等。

（5）拆装类设备，主要用于拆装飞机发动机、起落架、轮胎等的保障设备，包括发动机拆装托车、机轮拆装设备、起落架拆装设备、飞机悬挂物装卸车等。

（6）运输类设备，主要用于运输飞机部件、设备或悬挂物的保障设备，包括发动机运输车、悬挂物运输车等。

（7）加注/排放类设备，主要用于飞机加注、补充燃油、滑油、液压油及其他液体的保障设备，包括含加注设备、排放设备、加注软管、排放软管等。

（8）防护类设备，主要用于飞机停放期间覆盖飞机以及堵塞飞机外部孔洞等保障设备，包括蒙布、堵盖、防护垫等。

（9）测试类设备，主要用于检测飞机和机载设备的某种现象是否存在所使用的仪器、设备，包括检测设备、试验设备、测量设备、自动测试设备等。

（10）工具类设备，主要用于舰载机维护维修所配备的工具，包括扳手、各个专业的工具箱、工具柜等。

部分典型支顶类和梯架类保障设备如图19-48～图19-50所示。

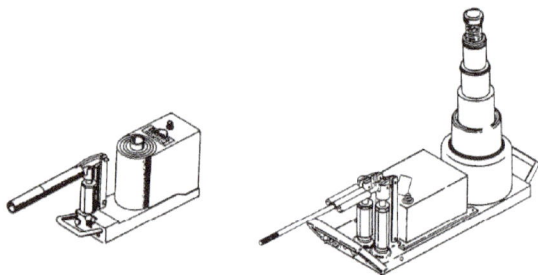

图19-48 飞机起落架千斤顶的整体结构

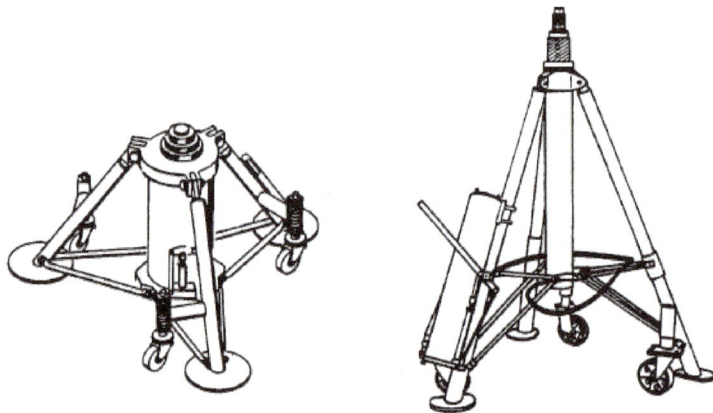

图19-49 飞机机身千斤顶的整体结构

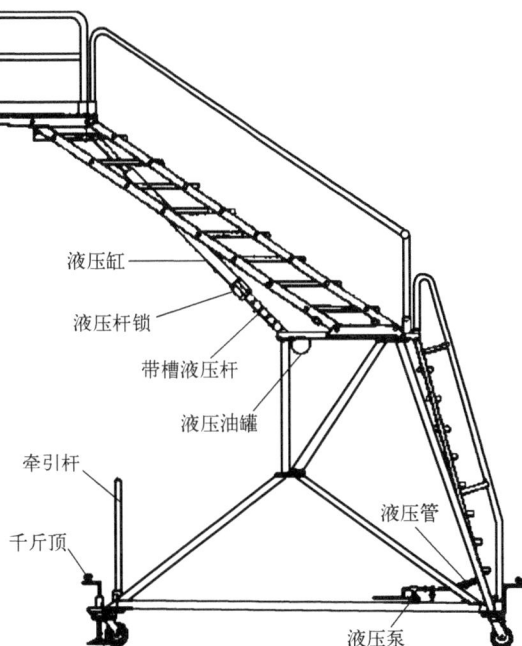

图 19-50 ┃ 维修工作梯的整体结构

4. 舰基训练设备分系统

舰基训练设备分系统包括飞行员个人辅助设备（PPA）、舰基训练模拟器和各类任务模拟器。

在执行飞行任务前，飞行员一般需要在空勤学习室内通过训练管理设施、个人辅助设备等完成视频仿真模拟训练，以达到多机配合协同作战模拟训练的目的。

飞行员在飞行间隙可在飞行模拟训练室进行飞行模拟训练，舰基训练模拟器一般包括1:1模拟座舱、视频仿真设备、信息处理设备、教练员台位等，飞行员可以通过飞行模拟设备得到接近真实的驾驶体验，保持良好的驾驶状态。

警戒机、电子战飞机等的操作军官需要进行任务模拟训练，需要配置各类任务模拟器。

5. 舰基远程维修支援分系统

舰基远程维修支援分系统包括舰面信息采集子系统和陆基远程技术支援子系统。

19.9.3 舰载机维修及任务支援的设计要求

1. 舰载机舰基维修工作内容

舰基维修一般完成舰载机的定检、周期性工作、故障排除等相关的技术保养、维护和维修，主要工作包括常见故障排除，外场可更换单元（LRU）部件更换，飞参数据加卸载及判读分析，机件的简单修复及防腐防护，飞机和发动机清洗，原位和部分部件的离位检修，探伤检查，发动机和起落架装置更换，发动机试车，检查拆装和简单油封，直升机主/尾桨叶等部分动部件的更换等。

舰基维修工作可分为预防性维修和修复性维修。

1）预防性维修

按舰载机使用维护手册的规定完成预防性维修工作，主要有机载设备维护保养，机体腐蚀防护及涂层修复，液压系统清洁，特种液体的加注、排出和气体的填充、排放，机件润滑保养，舰载机停放保养，机械日周期工作，液压系统周期工作，发动机清洗、50h（零件检查清洗）、100h等的周期工作，以及200飞行小时以下的定期检查。

2）修复性维修

对舰载机故障表征的发现、故障诊断与隔离以及维修实施，具体包括机载成品的原位检测和离位检测、维修，LRU部件监控、探伤、在线分析、离位检测、更换，故障的诊断与排除以及战场抢修。

（1）常规修复性维修。主要以原位更换故障LRU或简单原位调校、修复为主，并辅以少量离位维修和简单机件修复与防腐处理。

（2）战场抢修保障。一般为离位维修，其内容包括机体及其设备、机件的修理，部分零件的修配和制作，通过对复杂故障进行内场可更换单元（SRU）级别的定位，诊断层次能达到现场可更换模块（LRM）级别，实现部分LRU的修复以及零部件的再利用，减小后勤保障规模。

2. 舰载机维修场地设计

航母实施舰载机维修工作的场地主要是飞行甲板、机库及各个维修工作间，其中大多数维修工作是在机库内进行的。"尼米兹"级大型航母约有1/2舰载机停放在机库里，其中包括需要维修处理或暂时不需要执行任务的飞机。对需要维修的飞机，应停放在机库内专门供维修的区域。

机库内舰载机维修工作主要是完成对舰载机发动机、机身、液压系统、雷达和武器系统、弹射系统和航电设备等进行更换、维护和修理工作，还可对救生降落伞和飞行员的紧急救护设备进行维护。

国外大型航母大多将机库甲板的尾端区域作为航空发动机的试车部位，其后缘为敞开式，与外界相通，以便在进行发动机试车时喷出的气流能直接排出舰外。在俄罗斯航母的飞行甲板上，专门指定一个停机位置，用于舰载机更换发动机后进行甲板系留状态下的发动机试车。此时舰载机须采用较之平时停放系留更加坚固的系留设施。试车除检验维修后的发动机的运行工况外，还可检验发动机在舰载机上安装的正确性和可靠性。

19.10 > 航空保障系统试验及评估技术

19.10.1 试验目的

航空保障系统为复杂系统工程，需要分阶段通过仿真验证、陆上联调试验、舰机适配性试验等多种手段对系统技术状态等进行验证，确保系统保障能力的实现。

航空保障系统与舰载机的陆上适配性试验是系统研制的一个重要环节，一方面是对系统设计状态的全面验证；另一方面也为最终舰上试验奠定基础，可大大降低系统研制和试验风险，是航空保障系统和舰载机研制必须完成的任务和程序。而海上专项扩大试验则是航空保障系统功能、性能的最全面的验证试验，是系统形成战斗力的基础。

19.10.2 试验内容

航空保障系统试验主要分为陆上试验和舰上试验两大类，如表19-1所示。

表 19-1 航空保障系统试验内容

试验分类				试验名称
样机试验	不需要舰载机配合的	设备或装置样机试验	设备或装置样机突破关键技术的科研试验	设备、装置初样机科研试验
			设备或装置正样机的例行（型式）试验	环境试验；电磁兼容试验
			设备或装置正样机的功能、性能试验	设备、装置正样机的功能、性能试验
			设备或装置正样机出厂设计鉴定试验	航空保障指挥管理系统等系统主要设备陆上样机鉴定试验
		其他特种试验	"五性"试验	可靠性、维修性、测试性、保障性、安全性试验
			软件测试试验	设备及系统软件第三方测试等
		系统样机联调试验	系统仿真试验	系统仿真试验
			分系统对接及系统陆上联调试验	航空保障各级分系统正样机陆上联调试验；大系统正样机陆上联调试验
	需要舰载机配合的	需飞行（滑跑）的陆上动态适配性试验		着舰引导系统及其设备正样机适配性试验；着舰引导系统与航空管制系统的一体化试验；起降系统特种装置陆上样机试验；起降系统连续起降能力测试试验
		不需飞行的陆上静态适配性试验		舰面保障系统试验；舰载机调运系统试验；机载武器保障系统试验；舰载机维修和任务支援系统试验
装备陆上试验	装备陆上交付试验	设备、装置出厂试验		二级系统各设备出厂试验
		装舰产品（系统级）的陆上联调试验		航空保障各级分系统装舰产品出厂陆上对接联调试验；大系统装舰产品的陆上联调试验
	装舰产品（系统级）的陆上设计鉴定试验			二级系统陆上设计鉴定试验；航空保障系统陆上设计鉴定试验
	舰载机指挥保障一体化作业陆上联调试验			舰载机指挥保障一体化作业陆上联调试验
系泊航行试验	系泊试验			航空保障系统系泊试验
	航行试验			航空保障系统系泊试验
海上专项扩大试验	码头状态			航空保障系统码头专项试验
	航行状态			航空保障系统海上专项扩大试验
海上专项定型（鉴定）试验				航空保障系统专项定型（鉴定）试验

19.10.3　试验方法

航空保障系统陆上联调试验需根据作业流程和信息流程构建航空保障系统仿真验证平台，按照航空保障指挥管理、监控、终端保障等操控类设备的研制节点计划，分阶段部署到试验环境，同时邀请具有使用经验的使用人员到人机体验环境对人机界面进行评估验证，在设计阶段让使用方充分参与，确保整个航空保障系统具有良好的人机界面友好性，及时发现问题，规避技术风险。

陆上试验场的试验环境和布局应尽可能模拟实舰状态；参试设备和陪试设备的技术状态应与舰上一致；陆上试验场应提供必要的设备安装和存放空间；陆上试验场应提供设备的通

用供电，提供 380V 和 220V 电源，配属相当于舰上电源品质的稳压设备；统一提供场站飞机的日常维修保障及地勤人员；统一提供集体消防、防护、环境污染监控、日用水和其他生活保障；提供必要的配试设施和专门的测试系统，在被试设备失效或发生意外时能提供必要的备用或应急处理设施；陆上试验场应提供各试验站位间的对内、对外通信手段。

舰载机（含直升机）技术状态与舰上一致。舰载机有效起落架次应满足航空保障系统及设备的鉴定需求。舰载机试飞员须拥有驾驶舰载机与特种装置进行陆上专项适配性鉴定试验的技术素养和能力。试飞员数量根据舰载机配置情况确定，应能满足航空保障特种装置与舰载机陆上专项适配性鉴定试验次数和时间的要求。

19.10.4 效能评估

航空系统效能是预计各系统满足各自特定任务要求之程度的量度，是可用性、可信性和能力的函数。

航空保障系统试验效能评估是实现航空保障系统目标的重要而有效的决策手段，各阶段的试验和评价项目、内容、要求各有不同。理想的航空保障系统试验和评价应该在真实使用环境和条件下进行，这样的验证结果真实、可信。

航空保障系统试验一般采用试验统计法，试验统计法是在规定的现场中或精确模拟的环境中，观察系统的性能特征，收集数据，评定系统效能。其特点是依据实战、演习、试验获得大量统计资料评估效能指标，应用前提是所获统计数据的随机特性可以清楚地用模型表示并相应地加以利用。常用的统计评估方法有抽样调查、参数估计、假设检验、回归分析和相关分析等。试验统计法不但能得到效能指标的评估值，还能显示系统性能、流程规则等影响因素对效能指标的影响，从而为改进航空保障系统性能和流程规律提供了定量分析基础，其结果比较准确。

试验统计法，最重要的是数据记录，同其他航母相关试验一样，航空保障系统试验的各种试验数据，必须注明其所属试验项目名称、试验日期，并有记录人员签署，对试验中出现的各种问题、解决措施、处理结果进行记录与统计。

在综合导航信息接收试验、综合气象水文信息接收试验中，由于发送方信息包含项目较多且为广播发送，各级系统（设备）根据需要选取相应信息进行解析和显示，在试验记录时，可根据设备实际显示项目进行记录。

19.10.5 陆上联调试验

航空保障系统陆上试验分为两大类：一类是样机试验；另一类是装备陆上试验。

（1）样机试验分为两类，即需舰载机配合的陆上样机试验和不需舰载机配合的试验。不需舰载机配合的试验又分为设备或装置样机试验、样机联调试验和样机出厂定型（鉴定）试验三类试验。需舰载机配合的陆上样机试验即陆上样机适配性专项鉴定试验。需舰载机配合的陆上适配性专项鉴定试验又分为两大类，即需舰载机飞行（滑跑）的动态适配性试验和无需舰载机飞行的静态适配性试验（适用性鉴定试验）。

（2）装备陆上试验有如下几阶段：

① 航空保障系统各级分系统装舰产品出厂陆上对接联调试验。

② 航空保障系统（除起降特种装置外）系统级装舰产品的陆上联调试验。

③ 航空保障系统（除起降特种装置外）系统级装舰产品的陆上设计。

④ 舰载机指挥保障一体化作业陆上联调试验。

19.10.6　舰上试验

航空保障系统舰上试验分为三大类：一是系泊、航行试验；二是海上专项扩大试验（含码头状态和航行状态两类）；三是海上专项鉴定试验。可根据实际需要将后两类试验适当结合进行。

19.11 > 航空保障系统技术发展趋势

航母编队执行远海巡航和持续作战任务时必须配备完善的补给舰队和航空保障机制。发展先进、高效的航母航空保障能力，是航母发展过程中需要考虑的一项重要因素。

航空保障系统的未来发展趋势主要从各种新型航空保障设施电气化和多功能化、航空保障技术手段自动化和智能化、航空保障系统平台管理信息化等方面探讨。

19.11.1　保障设施电气化

现役航母的航空保障系统采用蒸汽弹射器、液压型阻拦装置、液压飞机升降机等机械液压系统，新一代航母的航空保障系统将大量使用电力。

美国"福特"级航母航空保障系统使用了电磁弹射器、涡轮电力阻拦装置等电气化系统。

目前正在研制的电磁型阻拦装置，完全依靠大型感应电机实现对舰载机阻拦动能的吸收控制，不用水力和摩擦制动等机械装置，阻拦过程控制更加精确。与涡轮电力阻拦装置相比，主要是由大型感应电机取代了水力涡轮。

先进武器升降机（AWE）是基于永磁直线同步电机的升降平台，该武器升降机与以前的电动钢丝绳升降机或电动液压升降机相比，运行速度更快，载重量更大，操作人员大幅减少，维修费用也将减少。

新研武器弹药搬运装填装置采用全电动方式，利用全向轮技术，行动更灵活，可以用于搬运武器弹药并装填舰载飞机。以前飞行甲板上依靠人力进行弹药搬运和装填，新型武器弹药搬运装置提高了飞机的安全性和出动架次，5~6级海况下，可在飞行甲板上搬运1.36t武器弹药，利用电动式机械臂为飞机装填武器弹药。目前，一部武器弹药搬运装置可取代4~5名搬运装填人员。

新研的飞机牵引车要求为电力驱动型，提高可靠性，减小维修工作量，还可消除柴油机产生的其他和噪声问题。新型牵引车还将安装近距离传感器，以确保牵引车在与舰载机及其他保障设备发生意外时。

19.11.2　保障作业自动化

舰载机调运、航空弹药转运作业耗费大量的人力，长时间的频繁作业使得人员疲劳度迅速增加。传统的喷气燃料系统阀门由人工开闭，需要很多舰员同时进行管理、维护和操作，配合稍有不慎就会影响系统的正常工作，故障率较高，未来这些人力密集型航空保障作业将逐步实现自动化保障。

未来可以使用智能搬运机器人，采用无线调度、路径规划和避碰技术，实现舰载机调运进出站位的自动化作业，减少调运人员的工作量。

英国在 CVF 航母设计中探索使用高度机械化的立体弹药转运系统，力争实现弹药从舱内到甲板的全程机械化转运，提高自动化程度，降低操作人员的作业强度和维护费用。

未来可以利用立体仓储、堆垛技术和自动控制技术构建自动化弹库，提高弹药转运的自动化程度和控制精度，适应高架次率舰载机出动所需的弹药保障效率要求。

美国拟采用仿生学原理，研发智能挂弹机器，利用机械助力方式协助挂弹人员挂弹，未来智能穿戴设备可以辅助挂弹人员完成挂弹等举重作业。

美国新研航母使用了新的喷气燃料系统，通过大量采用计算机控制的自动阀门减少了舰员的工作量，提高了使用效率，同时在管路上大量使用传感器以探测燃油是否溢出等问题，提高了系统的监控水平，降低了故障发生的概率。

19.11.3　指挥管理智能化

随着航空保障系统电气化程度的提高，指挥管理的智能化程度也得到了进一步提高。

美国在"尼米兹"级航母上实施了"智能航母"计划，利用计算机和网络技术，对航空保障系统的各部分状态进行智能监视和控制，进一步提高了效率、减少了人员。智能化技术不仅用于航空弹药和武器备件的自动管理和搬运，还涉及一些无人化装备等，将使全舰人员减少、可靠性提高、全寿期费用降低。

未来将采用更为先进的信息显示技术，将信息处理与计算方式以更为简洁、易操作的形式进行表达，从而提高指挥与作战人员的快速反应能力。

未来可采用成熟的商用"云计算"相关技术，采用"云端显示"，物理分散，逻辑集中计算等方式，实现基于用户权限的航空保障信息和决策数据的按需提供，提高指挥管理设备的可靠性和灵活性。

目前，航空保障指挥还是依赖指挥员的经验和现场决断，随着人工智能的技术大范围应用，计算机辅助指挥和决策将更加具有实用价值和实战意义。

19.11.4　新型材料的应用

为了减少喷气偏流板的腐蚀和维修成本，世界各国海军也在探索用空冷代替水冷，采用陶瓷隔热、多功能复合涂层、多功能夹层等被动增强隔热技术。

飞机升降机平台等大型设备的轻量化一直是各国海军的一向探索工作，包括结构形式优化、合金材料、新的复合材料、多功能夹层材料的应用等。

美国海军新型阻拦装置采用了一种高强度的轻质合成缆索，能够减少系统总惯性，降低结构载荷，并缩小滑轮减震器尺寸。

在飞机系留索具方面，各国海军一直在寻求轻量化新材料代替现有的金属索具，包括非金属索具在航母上的应用探索一直都在不间断进行。

新研航母的喷气燃料系统广泛使用不锈钢管道，以防止金属碎屑注入飞机的油箱，对精密的飞机发动机带来损害。

19.11.5 舰载机高效保障模式的应用

航母舰载机着舰后，需要进行加油、挂弹、维修保养等作业后才能进行再次出动。美国"尼米兹"级航母的舰载机着舰—再次起飞采用了"传统保障模式"，即舰载机着舰后，先滑行至加油区加油，然后由牵引车牵引至弹药装载区挂弹，再到弹射阵位准备下一次起飞作业，如需维修，在加油前还要先滑行至维修区。总的来看，舰载机从着舰到重新起飞需转换4~5个工作区域，占用飞行甲板空间大，还需要牵引车参与，大幅降低了作业效率，减少了舰载机出动架次。为解决上述问题，美国"福特"级航母将采用"一站式保障"设计方案。

"一站式保障"概念最初来自于全美赛车联盟。由于赛车速度达160km/h，为赢得比赛，必须在比赛途中实现快速保障。赛车在"一站式保障区"内能够同时完成加油、更换轮胎及其他例行检修等工作，保障时间大为缩短，一般仅需6~12s。

为提高舰载机保障效率，简化保障流程，美国"福特"级航母也引入了"一站式保障"概念，在飞行甲板上设置了18个"一站式保障区"。每个"一站式保障区"集中了加油、挂弹、维修等功能，可满足一架舰载机全部保障需求，着舰舰载机只需在保障区停驻即可完成所有保障作业，之后再次出动。

未来还将探索新的舰载机保障模式，提高舰载机保障过程的自动化程度，相关舰载机保障设备的集成化程度将会更高，相应的保障流程更加紧凑高效。

19.11.6 无人机和有人机集成化保障

未来航母上搭载的舰载机包括战斗机、反潜机、预警机、电子战飞机等多种机型，各国海军都在大力发展无人机。作战无人机的出现，将改变航母舰载机长久以来由有人机一统天下的局面，是航母发展史上的重大变革。为适应各种保障机型的变化，新型保障设施朝向多功能化发展，实现无人机和有人机集成化保障。

采用联合精确进近与着舰系统（JPLAS），可满足无人机的着舰引导需求。通过舰载相对卫星定位系统（SRGPS），将卫星定位接收机安装在航母上，作为基站，无人机上按照卫星定位接收机，可以以航母为参考点，对无人机的位置做差分处理，能够获得无人机相对航母的距离和方位，实现无人机在航母航空管制区作业时的导航要求。也可以使用卫星导航和捷联惯性导航系统（SINS）组合导航，捷联惯性导航系统能够不依赖任何外界信息实现自主导航，弥补卫星信号丢失带来的缺点，能够是导航精度和可靠性得到保证。

为提高效率，无人机必须和有人机一起遵守甲板引导员的手势指挥，无人机在航母上进行起降、滑行时需要采用机器视觉导航，通过预先进行路径规划、智能手势识别系统、飞机甲板定位跟踪技术等手段，可以满足无人机和有人机在舰上甲板作业的兼容性。美国麻省理工学院已经开发出能够识别二十几种指挥员手势的无人机智能手势识别系统。

参 考 文 献

［1］杨一栋，张宏军，姜义庆. 舰载机着舰引导技术译文集［M］. 北京：国防工业出版社，2003.

［2］邵开文，马运义. 舰船技术与设计概论［M］. 北京：国防工业出版社，2005.

［3］杨一栋. 自动着舰引导系统验证指南［M］. 北京：国防工业出版社，2007.

［4］杨一栋，姜平，江驹．仪表和微波着舰引导系统［M］．北京：国防工业出版社，2008．

［5］杨一栋，胡建兴，卢永锦．光学着舰助降系统［M］．北京：国防工业出版社，2008．

［6］薛海中．飞机着舰引导及监视系统技术［M］．郑州：河南科学技术出版社，2009．

［7］杜建明．美国核动力航空母舰［M］．北京：海潮出版社，2013．

［8］刘相春．国外航母与舰载机速查手册［M］．北京：海潮出版社，2013．

［9］许卫宝，钟涛．机械产品可靠性设计与试验［M］．北京：国防工业出版社，2015．

［10］姜龙光．国外航母航空保障系统［M］．北京：国防工业出版社，2016．

第**20**章
作战系统

20.1 › 概述

20.1.1 航母作战系统内涵

航母作战系统是航母平台及编队范围内传感器、武器、运载器控制、作战管理软件等互连要素的综合体,执行警戒、跟踪、目标识别、数据处理、威胁估计、辅助决策、指挥控制、作战方案计划制订等功能,指挥编队并保障舰载机、控制武器完成对敌作战任务。

航母作战系统作为航母编队的指挥中心和信息中心,是形成基于信息系统的体系化作战能力的海上核心装备。航母作战系统是体现航母信息化水平最为重要和关键的系统,最主要的任务是有效实施指挥引导和保障舰载机作战。

航母作战系统设计主要包括作战系统功能设计、性能设计、指挥关系及战位设计、组成设计、体系结构设计、信息流程设计等内容。按设计实施阶段分为立项论证、初步方案设计、方案设计、技术设计、陆上试验、施工设计、系泊航行试验以及设计定型试验等8个阶段。按集成过程又分为系统分析、系统设计、系统实现以及系统测试4个过程。

作战系统各设计阶段和集成过程间的关系可与经典 V 形集成模型对应,如图 20-1 所示,其中分析和设计过程中内嵌"分析、设计、实现、测试"微循环,"集成验证环境"是实现集成过程的辅助手段。

20.1.2 航母作战系统发展

航母作战系统作为信息化装备,更新换代比较迅速,至今已发展了三代作战系统,主要表现在体系结构、作战指挥系统、武器性能等方面。

第一代航母作战系统,以美国"小鹰"级航母为代表,采用以战术处理机/航迹处理机,总线和标准数字串口,点对点连接为主的集中式结构;装备 ACDS Block 0 型海军战术和先进作战指挥系统实施作战指挥;具备点防空能力。

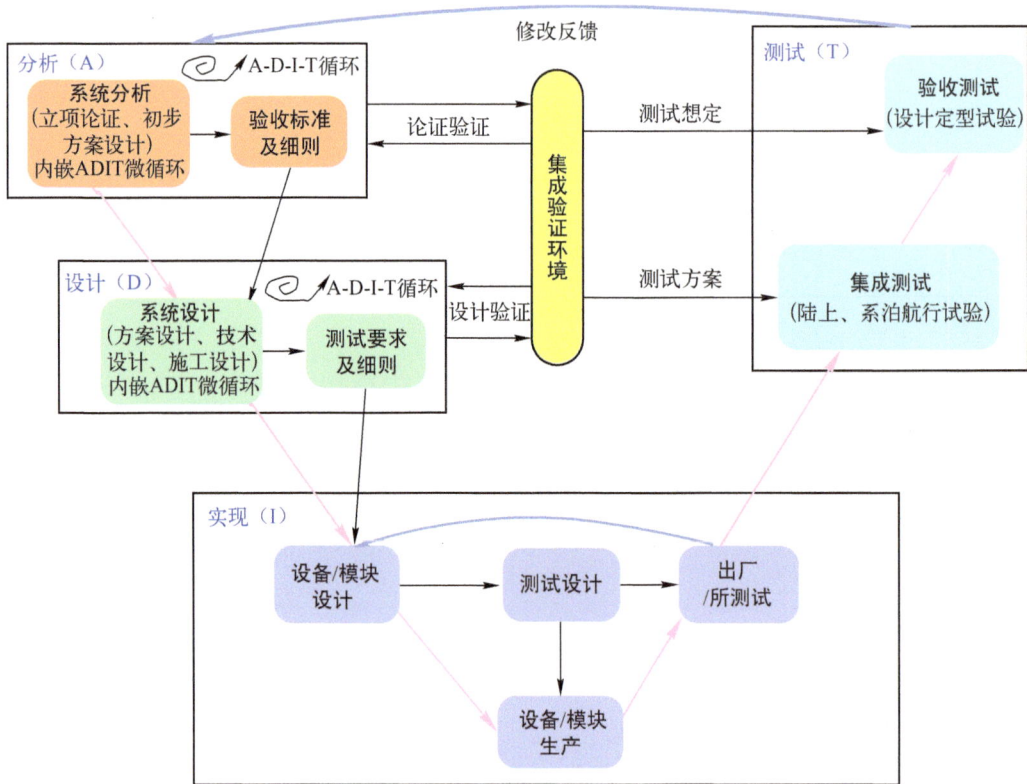

图 20-1 ┃ 作战系统 V 形集成模型示意图

第二代航母作战系统，以"尼米兹"级航母为代表，采用交换式以太网技术，以分系统为集成单元的联邦分布式体系结构，采用"集中指挥、综合控制、三级管理"的指挥关系，具备舰载机指挥引导保障和航母编队作战指挥能力。

第三代航母作战系统，以"福特"级航母为代表，采用全舰计算环境和一体化网络，具备开放式体系结构；按照合同作战指挥体制，实现集中指挥和委托指挥相结合；装备舰艇自防御系统（SSDS Mk2）、协同作战能力系统（CEC）、集成射频双波段雷达（DBR）等先进装备，全面提升作战能力。

20.2 ▷ 作战系统设计

本章主要从作战系统功能、组成、性能、作战指挥关系、战位设置、体系结构等方面介绍作战系统总体设计过程及设计思想。

20.2.1 作战系统功能设计

航母作战系统的范畴与前述定义类似，其内容可以分为三大类，即探测感知（信息源）、指挥控制和武器。航母要遂行作战任务，首先要发现目标。信息源包括雷达、声纳等探测设备、导航设备、进行信息传输的通信设备，以及航母特有的航空管制、导引设备等。指挥控制系统是航母作战系统的核心。在航母编队中，航母和少数主要护航舰艇分工协作，利用其指挥控制系统和通信系统建立起一种层级式的编队作战指挥体制，执行防空、反舰、反潜和对陆攻击等作战任务。航母是以编队的形式遂行作战使命的，广义上讲，其首要武器是舰载机，同时绝大多数航母还配置有近程防御型舰载武器。

舰载机是航母的主要武器，其性能决定航母的战斗能力，舰载机数量越多实力也相对越强，航母本身也是为了保障舰载机起降、维修以及长期作战而存在，相较于传统最大攻击距离仅有40km的舰炮武器，舰载机有着1000km以上的作战航程，还可以空中加油的方式延长航程，并能在攻击完后回到航母上装载弹药，再度起飞攻击，其作战持续性和任务多样的作战能力也是舰载机与巡航导弹在海战中所扮演角色的最大不同。

美国航母作战系统主要由三大核心功能模块组成：自防御系统，航空数据管理与控制系统，以及指挥与情报保障系统。其中，自防御系统为航母提供分层、自动化的水下、水面、空中综合防御能力。航空数据管理与控制系统为航母提供航空作业规划和执行功能，为舰载机起降提供保障。情报与指挥保障系统为航母提供强大的编队作战指挥信息保障能力。

1. 航母自防御

鉴于航母在编队中仅有的编队旗舰或指挥中心和编队空中作战力量基地，加上其本身是高价值平台，航母应具备防御现代反舰导弹能力。国外典型配备是先进的"舰艇自防御系统"（SSDS）。最新版本的自防御系统集成了"全球海上指挥与控制系统"（GCCS-M）和"协同作战能力"（CEC）系统，不仅能为航母提供出色的自防御能力，而且提供了一定的编队协同防空能力。

1）自防御能力

自防御系统能实现航母自动化的分层防御，从近程到远程分别使用近程武器系统（如"密集阵"舰炮系统）、中程舰空导弹系统（如"海麻雀""标准"-2导弹系统）、近程及远程有源/无源电子干扰等。随着时间推移，自防御系统整合的本舰传感器和武器资源越来越多，并利用全球海上指挥与控制系统、协同作战能力、数据链等内外联通手段实现对编队内资源的综合利用。总之，自防御系统在很大程度上加速了航母从发现威胁到交战这一过程，提升了航母的自卫能力。

2）编队协同防空能力

除提供自防御之外，自防御系统借助协同作战能力实现本舰和编队探测数据的合成，形成编队中所有平台一致共享的目标态势图像，并通过全球海上指挥与控制系统将全球态势信息纳入其中，扩展航母及编队防御覆盖范围，有效提升编队协同防御能力。

协同作战能力系统可与编队中每艘装备有协同作战能力的舰艇指控系统和武器进行接口，使航母编队成为一个在地理位置上分散布置、防空能力一致协同的整体。如果说协同作战能力是实现编队协同防御的必备"硬件"，那么一致的综合空情图则是必备"软件"。它能对贯穿整个航母编队防空作战过程中的实时和近实时数据进行处理，最终为航母编队所有作战平台提供完整、精确、清晰、一致的目标实时航迹。

3）水下鱼雷防御能力

实现航母水下鱼雷防御能力的典型系统是舰艇鱼雷防御系统（SSTDS），该系统为美国航母提供了对抗鱼雷手段，目前正在开发第三代系统，包括WSQ-11鱼雷防御系统和一次性声诱饵。WSQ-11又包括SLQ-25A"水精"拖曳鱼雷对抗系统，拖曳式探测/分类和定位（DCL）子系统，硬杀伤反鱼雷鱼雷（ATT）。

2. 航空数据管理与控制

航空数据管理与控制功能在航母全舰范围内实现所有航空作业相关数据的融合、分发和控制，集成航空作业规划和执行功能。典型系统为航空数据管理与控制（ADMACS），该系统集成了电子助降系统、光学助降系统、气象保障系统等，包括航母空中交通管制中心（CATCC）高度与身份数据显示系统（DAIR），"塔康"战术导航系统，自动化航母着舰系统（ACLS），联合精确进场着舰系统（JPALS），光学助降系统及显示系统。

1）电子助降系统

电子助降过程按照阶段可以分为进场阶段和着舰阶段。进场由 AN/URN – 25 "塔康"战术空中导航系统和 SPN –43C 航母进场雷达组成。其中，AN/URN – 25 为飞机提供无线电返航的方位和距离信息；SPN –43C 雷达将归航的飞机引导到距航母舰尾 7～93km 间某集合点处，安排飞机着舰优先次序，然后再将其引导至距航母 7km 处的着舰雷达捕获窗处。自动着舰系统舰上包括精确进场着舰系统（PALS）以及仪表着舰系统（ICLS）；舰载机部分包括自动化驾驶仪、数字数据通信设备、信号接收与译码组件、雷达信标、进场功率补偿装置、姿态基准指示器、离散信息指示器、报警分度器面板、进场分度器。

2）光学助降系统

光学助降系统是电子助降的必要补充，保障舰载机近距范围内的精确着舰，有效作用距离在 2.3km 以内，主要用于为固定翼飞机进场着舰提供更精确的下滑航路光学指示信息，指示飞行员从合适的攻角进场着舰。

3）气象保障系统

气象保障系统的核心是 MORIAH 数字测风系统，能对航母及编队周围气象环境进行测量与预报，为舰载机起降提供气象保障。气象保障系统主要由温压、湿风、能见度、台风等感知系统，数据处理系统，数据传输系统及产品预报与显示系统等组成。

4）舰载机专用通信与指控系统

舰载机专用通信与指控系统主要包括：舰载机起降专用导航与通信；舰载机任务规划与指挥控制。舰载机起降专用导航与通信为飞机提供无线电返航的方位和距离信息，为舰载机进场着舰提供甲板对准，数据处理与传输等功能；舰载机任务规划与指挥控制可以对飞机进行指控，提供自动指控和决策支持功能，提供飞机航路规划，进行目标威胁评估，提供精确的武器规划，同时向飞机提供装载任务数据的接口等。

3. 航母指挥与情报保障

实现航母指挥与情报保障功能的典型系统为航母情报保障系统和航母及编队指挥系统。

1）航母情报保障系统

航母情报保障系统主要由内外通信分系统和情报搜集分析系统组成。其中，内外通信分系统包括以综合舰载网络系统（ISNS）为主要架构的本舰密级分层局域网、卫星通信接口、岸基局域网；情报搜集分析系统由各种战场情报信息搜集和评估系统组成。

（1）内外通信分系统。综合舰载网络、自动数字网络、海上联合军种地区信息交换系统（CENTRIX）构成了美国航母及编队信息系统内外互联信息基础设施的基本架构。综合舰载网络为航母提供可靠、高速的机密、秘密和非密局域网，是航母本舰作战信息传输分发的基础；自动数字网络是实现航母本舰内外信息连通的关键；而海上联合军种地区信息交换系统是实现岸海互连、互通的基础。

为实现航母内外连通、支持情报信息收发，航母上共装备了 100 多部无线通信天线终端，包括海上联合战术终端、全球广播系统、通用数据链系统、联合战术无线电系统、海军多波段终端、舰上多功能信息分发系统、舰艇信号辨析设备增强 E 型、卫星通信接收机、数字模块无线电、战术多码交换机等。

（2）情报搜集分析系统。航母情报搜集分析系统主要包括海上战区损伤信息系统、气象数据接收终端、模块化自动通信系统、国防报文发送系统以及全球广播系统。其中，海上战区损伤信息计划使用与其他损伤以及前线指挥官和总司令的多媒体连接，进行接近实时的收集及评估并发布损伤信息，并在战术图像上对部队状态做出评估。气象数据接收终端能在 3min 内从卫星上接收气象数据，为海军提供安全、高分辨率的视频和红外气象图像，用于战术空中保障、反潜战及天气信息概况。模块化自动通信系统用于为多个用户提供自动电子通信服务。国防报文发送系统具有报文、索引和管理功能。全球广播系统是一种虚拟的双向网络，通过向用户进行广播，提供高速、大量的单向信息流，保障态势感知、武器目标瞄准、情报及国土防御。

2）航母及编队指挥系统

航母及编队指挥系统以全球海上指挥控制系统、战术旗舰指挥中心/联合指挥中心（TFCC/JOC）、海军战术指挥保障系统（NTCSS）等为主要支持，统筹编队、战区和联合部队层次上的作战信息，实现互操作和网络化作战指挥。航母编队联合指控可划分为战略、编队、功能任务 3 个层次。

战略层面，以全球海上指挥控制系统为核心，既作为海军战略指控系统，也作为各作战平台指控系统的一部分；平台指控系统通过全球海上指挥控制系统接收所需的战略与战役情报信息，满足决策指挥与控制需求。

编队层面，以战术旗舰指挥中心/联合指挥中心为基础，显示和处理舰艇运动和位置数据、信号情报数据，并通过全球海上指挥控制系统传输的超视雷达跟踪数据、天气信息等，协助指挥官进行作战方案编制、作战资源协调和管理等。

功能任务层面，主要以航母反潜战术支援中心（CV – TSC）、海军分布式通用地面/水面系统（DCGS – N）为典型系统，保障航母及编队反潜作战以及对陆攻击任务的执行。其中，反潜战术支援中心为航母及编队提供实时的反潜指挥、控制和通信。分布式通用对陆/对海作战指挥系统是美国航母及编队最为主要的对陆攻击指挥控制系统，为航母及编队对陆攻击提供情报、监视、侦查数据发掘和分析能力，为对陆攻击武器提供目标锁定支持能力等。

20.2.2　作战系统组成设计

为实现作战系统典型功能，作战系统一般由警戒探测、指挥控制、武器、舰载机等组成。

1. 美国"尼米兹"级航母

"尼米兹"级航母（Nimitz – class aircraft carrier）作为美国海军远洋战斗群的核心力量，搭载多种不同用途的舰载机对敌方飞机、船只、潜艇和陆地目标发动攻击，并保护美国海上舰队和海洋利益。

"尼米兹"级航母服役时间长，按照作战系统"基线"发展思路，经过了多次大修和现代化改装，注重作战系统发展的延续性和螺旋发展思想，逐步提升能力，以实现作战系统技术先进性。

通过对舰载电子武器装备的升级和现代化改装，"尼米兹"级航母服役30多年仍能保持技术领先，在作战中发挥重大作用。由于"尼米兹"级各舰的大修时间不相同，不同舷号航母的作战系统配置不完全相同，例如，CVN71，72，75仍使用ACDS – Block0系统，CVN69、76、77等航母则换装了SSDS Mk2 Mod1系统；CVN74于2005年安装了"拉姆"导弹系统，但同时也保留了"密集阵"近防系统等。

以CVN – 76"里根"号为例，该舰作战系统的主要配置组成如下：

1）警戒探测类设备

（1）SPS48E（V）对空三坐标雷达。

（2）SPS49（V）5对空搜索雷达。

（3）SPS – 67（V）对海搜索雷达。

（4）SPN – 46飞机进场控制雷达。

（5）SPN – 43C空中交通管制雷达。

（6）SPQ – 9B火控雷达。

（7）MK – 95导弹火控雷达。

（8）SPS64（V）9导航雷达。

2）指控/火控系统

（1）舰艇自防御系统（SSDS）Mk2 Mod1。

（2）北约海麻雀MK 91 Mod1武控系统。

（3）协同防空交战能力系统（CEC）。

（4）"海军火力网""时敏目标打击系统"。

（5）海军战术指挥系统（NTCS，含旗舰数据显示系统（FDDS））。

3）通信系统

（1）SATCOMS特高频舰队卫星通信系统。

（2）舰载全球指挥控制卫星系统。

（3）数据链设备（含Link4A、Link 11、Link 16等）。

（4）URN25塔康。

4）武器系统

（1）Mk29型北约海麻雀导弹点防御系统。

（2）Mk15型"密集阵"近程武器系统。

（3）MK49型"拉姆"防空导弹系统。

（4）SLQ – 32（V）4电子战系统。

（5）MK – 36型SRBOC固定诱饵发射装置。

（6）SLQ – 25"水精"声导鱼雷诱饵系统。

5）舰载机

共80余架，主要包括4个中队的F/A – 18大黄蜂战斗机、4架EA – 6B"徘徊者"电子战飞机、4架E – 2C"鹰眼"预警机、6架S – 3 B"海盗"反潜机、2架E3B"阴影"电子侦察机。

2. 俄罗斯"库兹涅佐夫"号航母

"库兹涅佐夫"元帅级航母的作战系统主要配置组成如下:

1)警戒探测类设备

（1）"天空哨兵"相控阵雷达。

（2）"顶板 B"三坐标空/海搜索雷达。

（3）"双撑面"对海搜索雷达。

（4）"飞行警察 B"空中管制雷达。

（5）SPN – 43C 空中交通管制雷达。

（6）"热闪"火控雷达。

（7）"十字剑"舰空弹制导雷达。

（8）"棕榈叶"导航雷达。

（9）"观察哨"敌我识别雷达。

2)指控／火控系统

（1）"锡人"光电指示系统。

（2）"伐木工"指挥系统。

3)通信系统

（1）"击球"卫通。

（2）"低球"卫星导航。

（3）数据链设备（含"皇冠钟"数据链、"击钟"数据链等）。

（4）"蛋糕台"塔康。

4)武器系统

（1）4 座 SA – N – 9 "克里诺克"。

（2）8 座 CADS – N – 1 "卡什坦"。

（3）"花岗岩"（SS – N – 19）远程反舰导弹。

（4）6 座 AK630。

（5）2 座 RBU1200 反潜火箭弹。

（6）"马尾"拖曳声纳。

（7）"公牛角""马颚"舰壳声纳。

（8）UDAV – 1M 鱼雷对抗系统。

（9）电子战系统。

3. 法国"戴高乐"号航母

法国"戴高乐"号航母（Charles de Gaulle）的作战系统典型配置组成如下:

1)警戒探测类设备

（1）DRBV – 26D 远程两坐标对空搜索雷达。

（2）DRBV – 15C 中程两坐标对空对海搜索雷达。

（3）DRBJ – 11B（或 D/E）远程三坐标多功能雷达。

（4）ARABEL 中程多功能相控阵雷达。

（5）2 部 DRBN – 34 导航雷达（或 2 部"台卡"122C 导航雷达）。

（6）第三代双波段模块式 DIBV10 旺皮尔（VAMPIR）MB 红外搜索和跟踪（IRST）系统。

（7）VRBP – 2A "塔康"（TACAN）战术空中导航设备。

（8）敌我识别器（IFF）。

2）指控／通信系统

（1）SENIT – 8 战术数据处理系统。

（2）Link11、Link14 和 Link16 数据链。

其中，SENIT – 8 系统是这艘核动力航母构成防空作战指挥系统的核心。按实时作战管理系统（CMS）设计的 SENIT – 8 结构，是以双冗余 Ethernet D. 103 同轴电缆网络为基础的，其中一个是战术网络，另一个是训练网络。Ethernet D. 103 网络是与法国军用 GAM（空军/海军）T. 103 传送层软件兼容的。在确定的方式中，对优先信息的等待时间极短。由于可使用两个完全冗余的网络，所以 SENIT – 8 能同时对实时战术应用和脱机训练软件进行控制。

3）武器系统

（1）4 座八联装 SAAM 垂直发射系统，发射"紫菀"（Aster）15 防空导弹。

（2）2 座六联装"萨德拉尔"（SADRAL）近程舰空导弹发射系统，用以发射"西北风"近程防空导弹。

（3）4 座 AMBLZA "萨盖"（SAGAIE）诱饵发射装置。

（4）1 座"斯莱特"（SLAT）鱼雷报警和欺骗系统。

（5）1 部 ARBB – 33 多威胁干扰机（电子对抗设备）。

（6）ARBR – 21 雷达波段和 ARBG – 2 "萨冈"（SAIGON）通信波段电子支援措施（ESM）设备。

20.2.3　作战系统性能设计

1. 作战任务

现代航母的作用大致可以分为对地攻击、舰队防空、投放与发射核武器、反潜作战、反舰作战、航空管制、空中警戒、两栖登陆支援、电子战、战地指挥等。航母在执行作战任务时一般会组成一支"航母战斗群"。

航母战斗群的组成会依照其任务、作战规模和威胁程度而有所不同，一般来说该舰队共有三层保护："外防区"（或称"纵深防御区"）、"中防区"（或称"区域防御区"）和"内防区"（或称"点防御区"）。外防区由航母舰载机承担，中防区由护卫舰艇提供保护，内防区则是由航母本身的近防武器与舰载直升机完成。

航母战斗群的任务：保护海上运输航道的使用与安全；保护两栖部队的运输与任务执行；协同陆基飞机共同形成与维持特定地区的空中优势；以武力展示的手段满足国家利益需求；进行大规模海空正面对战。

2. 航母战斗群编成方式

航母战斗群通常有 3 种不同的编队模式，分别为单航母战斗群、双航母战斗群和三航母战斗群。

1）单航母战斗群编成方式

单航母战斗群通常包括 1 艘航母，3～4 艘防空型导弹巡洋舰，3～4 艘反潜型驱逐舰和护卫舰，2 艘攻击型核潜艇，1 艘高速补给舰，用于和平时期或低威胁地区，主要是执行巡逻任务。

2）双航母战斗群

双航母战斗群包括 2 艘航母，6~8 艘防空型导弹巡洋舰和驱逐舰，3~4 艘反潜型驱逐舰和护卫舰，2~4 艘攻击型核潜艇，2~3 艘补给船，用于中等威胁地区遂行低强度作战。在双航母战斗群中，通常以航母和支援舰船为核心，距核心外 15~18.5km 处呈环形状部署 6~8 艘防空型导弹巡洋舰和驱逐舰；在编队核心前 37~46km 处呈半圆形部署 4 艘反潜型驱逐舰和护卫舰，以形成内防区反潜屏障。在编队核心的侧翼和前、后方 50~185km 处部署 2~3 艘攻击型核潜艇，担任反潜警戒或实施区域反潜，另有 1 艘攻击型核潜艇先于编队 3~4 天隐蔽出航，提前到达编队必经之要道和待机区实施侦察警戒，掌握航线和待机区的作战态势。

3）三航母战斗群

三航母战斗群通常又称为航母特混舰队，一般在高威胁区作战，其配系包括 3 艘航母，9 艘防空型导弹巡洋舰和驱逐舰，14 艘反潜型驱逐舰和护卫舰，5~6 艘攻击型核潜艇，3~4 艘补给舰。

根据平时或战时以及受威胁程度的不同，航母战斗群使用数量也不同。进行海外部署、在低威胁区巡逻或显示力量时，通常派出 1 个航母战斗群；在中等威胁区实施威慑、制止危机和参与低强度战争时，一般使用 2 个航母战斗群；在高威胁区参与局部战争或大规模常规战争时，可能投入 3 个或 3 个以上的航母战斗群。此外，为了执行海上演习任务，可以根据演习的规模，派出 1 个或多个航母战斗群。

虽然航母能投射大量的空中武力，但是舰母本身的防御能力薄弱。所以需要其他舰艇，包括水面与水下舰艇提供保护。航母战斗群的分工可以看成航母执行任务，而其他舰艇保护航母。

4）单航母战斗群的标准编制

以当前美国海军航母战斗群为例，通常一个航母战斗群的标准编制为：

1 艘"尼米兹"级核动力航母，作为舰队旗舰，是舰队打击力之核心，一般配置先进的作战系统与通信设备指挥。

2 艘导弹巡洋舰，目前由配备宙斯盾作战系统的"提康德罗加"级巡洋舰担任。这 2 艘巡洋舰作为航母战斗群的护卫中枢，提供防空、反舰与反潜等多种作战能力。舰上的战斧巡航导弹，具有远程打击地面目标的能力。

2~3 艘导弹驱逐舰，现役为"阿利·伯克"级导弹驱逐舰，同样使用宙斯盾作战系统。这些驱逐舰协助舰队当中的巡洋舰扩展防卫圈的范围，同时用于防空、反潜与反舰作战。

1 艘护卫舰，现役为"佩里"级反潜护卫舰。

1~2 艘攻击型核潜艇，现役是"洛杉矶"级潜艇，用于支持舰队对水面或者是水下目标的警戒与作战。

1 艘战斗支援舰，负责补给和运输食物、燃料、弹药。

5）航空联队

一般来说，航母会搭载数种舰载机，组成各个航空联队，以美军来说，一艘航母就有一支"航母航空联队"，配有：F/A－18F"超级大黄蜂"战斗攻击联队－1（14 架）、F/A－18E"超级大黄蜂"战斗联队－1（14 架）、F/A－18C"大黄蜂"战斗攻击联队－2（各 12 架）、EA－6B"徘徊者式"电子战攻击联队－1（4 架）、E－2C"鹰眼式"空中预警联队－

1（4架）、SH－60F与HH－60H海鹰式反潜联队－1（7架）、C－2A"灰狗式"运输联队—分队（2架）。

3. 预警侦察能力

航母战斗群的预警侦察体系主要由侦察卫星、预警机和舰载搜索雷达组成，分为远程、中程和近程3层。

远程预警主要由侦察卫星、预警机和前哨防空警戒舰的舰载搜索雷达完成，美国航母的远程预警主要由侦察卫星、舰载E－2C预警机和前哨防空警戒舰的AN/SPY－1A雷达组成，最大预警距离可达550~930km。航母战斗群在海上活动时，通常保持1~2架E－2C预警机在距离航母370~520km的编队外防区警戒线上巡逻，飞行高度7500~9150m；同时，在航母前方75km处部署1艘装备"宙斯盾"防空系统的巡洋舰作为前哨防空警戒舰担负先期警戒任务。

中程预警主要由航母及其属舰上的远程对空搜索雷达组成，美国航母中程预警主要包括AN/SPY－1D、AN/SPS－40、AN/SPS－48、AN/SPS－49系列雷达，大约可覆盖463km² 内的空域，可预警296~407km内的空中目标。

近程预警由舰载近距离对空、对海搜索雷达和目标探测雷达组成，用于探测低空来袭的反舰导弹。

4. 防空作战能力

航母战斗群的防空作战，通常采取舰机结合、远近结合和软硬结合的方式，构成以航母为核心的大纵深、多层次、阵位疏开、火力集中、立体多维和有重点的环形编队对空防御体系。航母战斗群的防空拦截体系由舰载战斗机、防空导弹、火炮和电子战武器组成，采用远、中、近3层兵力配置样式。

以美国航母战斗群为例，其防空作战体系及能力如下：

外防区　配置在距航母185~400km处，负责该防区内的兵力为F－14战斗机、F/A－18战斗机，这些飞机携载AIM－7、AIM－120中程空空导弹及近程AIM－9系列自卫格斗导弹。

中防区　设在距航母50~185km处，位于该防区内的兵力也是F－14或F/A－18战斗机，以空中待战或甲板待战方式随时准备拦截突破外防区的敌机，甚至是反舰巡航导弹。该防区内另一种主要对空防御手段是"宙斯盾"舰携载的、射程达150km的"标准－2"（SM－2）BlockIV远程防空导弹。

内防区　设在距航母50km以内，防空兵力包括中、近程防空导弹和近程武器系统以及电子战武器，包括"标准"中程舰空导弹、"海麻雀"舰空导弹、"拉姆"近程舰空导弹和"密集阵"近程防御系统，以及各舰配置的电子战武器。目前，这3个防区的作战高度基本上均在25000m以下。

5. 电子战作战能力

航母战斗群电子战作战能力主要包括反鱼雷作战和反导作战。其中，反导作战主要是对抗敌方潜艇发射反舰导弹和突破航母战斗群远程及中程防御屏障的反舰导弹；反鱼雷作战主要是对抗敌方潜艇发射的鱼雷。

1）反鱼雷作战

以美国航母战斗群为例，用于对抗鱼雷攻击的主要系统包括：AN/WLR－17水声侦察接收机，主要用于监听、识别敌方主动声纳和声自导鱼雷信号，对鱼雷攻击进行威胁告警；AN/WLY－1 水声对抗系统，自动侦测和诱偏敌方发射的声自导鱼雷，使潜艇免遭攻击；AN/WLR－12 水声侦察接收机，监测敌方主动声纳和主动声自导鱼雷，进行目标识别和威胁告警；MK2 型鱼雷水声诱饵；AN/WLR－9A 水声侦察接收机，对鱼雷攻击进行报警。

2）反导作战

以美国航母战斗群为例，主要装备是 AN/SLQ－32 电子战系统、AN/SLQ－29 组合式电子战系统和 MK36（SRBOC）型舰载箔条/红外干扰弹发射系统。其他系统还有 AN/SLQ－36 型鱼雷防御系统、AN/SLQ－26 型电子战系统、TMK－6 拖曳式水声诱饵、AN/WLR－1 型电子战系统等。

其中，AN/SLQ－32 电子战系统的主要功能是监视、警戒和对抗综合性多导弹目标，主要用来执行舰载监视、攻击与对抗反舰巡航导弹等任务，最大雷达干扰功率为 1MW，工作频段为 1～18kMHz。

AN/SLQ－29 型组合式电子战系统主要功能是信号截获、威胁分析、欺骗式干扰。该系统由 AN/WLR－8 型接收机和 AN/SLQ－17 型干扰机组成：AN/WLR－8 频率覆盖 0.05～18kMHz，主要用于威胁分析和早期预警；AN/SLQ－17 是一种欺骗性干扰机，主要干扰目标是敌人 J 波段的自导导弹，使导弹寻的器的定位系统产生角度误差，偏离目标。

MK36（SRBOC）型箔条/红外干扰弹发射系统的主要功能是发射箔条和红外干扰弹，对抗雷达、红外或组合制导的反舰导弹。该系统干扰频段为 2～20kMHz（射频），3～5μm（红外）；反应时间为 8.5s（箔条）、6s（红外）；留空时间大于 8.5s；发射距离为 2.5km。

6. 反潜作战能力

航母编队具有很强的反潜作战能力，战时通常把反潜区划分为远程反潜区、近程反潜区和直接反潜区。

以美国航母战斗群为例，其反潜作战体系及能力如下：

远程反潜区　位于距航母 93～370km 的扇形区域，是航母编队最外层的防御区域。担负远程反潜任务的有 P－3C 岸基反潜巡逻机、S－3B 舰载反潜巡逻机、"洛杉矶"级和"海狼"级攻击型核潜艇。其中，岸基反潜巡逻机主要负责 185～370km 范围的防御，舰载反潜巡逻机和核动力攻击潜艇主要负责 93～185km 范围的防御。

近程反潜区　位于距航母 18.5～74km 的扇形区域，近程反潜作战任务主要由舰载反潜系统和 SH－3H "海王"或 SH－60 "F 大洋鹰"反潜直升机承担。

直接反潜区　位于距航母 18.5km 以内的扇形区域，当敌方潜艇进入此区域时，利用航母和护航舰艇上的反潜装备对其实施直接打击。

20.2.4　作战指挥关系及战位设置设计

按照航母战斗群的作战任务和编成方式，航母作战指挥关系一般分为方面指挥、兵种指挥以及两者相结合的指挥方式，相应根据作战指挥需要设置战位。

下面以美国航母战斗群指挥关系和战位设置为例，详细说明方面指挥关系设计思想。

美国海军航母编队作战上受所在编队舰队司令的指挥与控制，其自身的指挥与控制采用海军的标准的合同作战指挥体制，合同作战指挥体制核心思想是"否决式指挥"（必要时进行否决的方式实施指挥），即以授权（委托）方式的实施作战指挥。

1. 航母编队指挥体制

1）航母编队合同作战指挥体制及组织实施

根据海军合同作战指挥体制，在美航母上，航母编队指挥官为"战术指挥官"，下设"合同战指挥官"。战术指挥官对编队负全责，保留编队的核心指挥权，主要负责编队任务规划、作战行动的筹划；合同战指挥官，只负责指挥航母编队的安全作战行动。

在单航母编队中，可不设独立的合同战指挥官，战术指挥官与合同战指挥官通常合二为一；在多航母编队中，通常设置独立的合同战指挥官，分担战术指挥官的防护任务，负责指挥编队的安全防护作战行动。

在实施合同作战指挥时，采用"任务控制"的方式：上级指挥官分配任务并说明意图，下级指挥官们自由地选择完成任务的方法与方式，每一个指挥官在自己的范围内完整地行使自己的权力。具体的实施方式是：

（1）航母编队实施"否决式指挥"方式时。编队指挥官（战术指挥官/合同战指挥官）将"执行权"委托给下级指挥官（方面指挥官），下级指挥官相对独立的负责执行分配给其的战术任务，有权在不必取得战术指挥官/合同战指挥官许可的情况下采取战术行动，但战术指挥官/合同战指挥官有权在认为必要时否定他们的指挥。

（2）航母本舰实施"否决式指挥"方式时。航母舰长把交战指挥权授权给位于作战指挥中心的战术执行官，相对独立的负责执行作战行动的战术控制。

2）合同战指挥官的指挥体系

在合同作战指挥体制中，合同战指挥官下设方面指挥官与协调官。其基本组成：3个方面指挥官，即对空战指挥官、水面战指挥官、反潜战指挥官；3个协调官，即潜艇分队协调官、空中飞机分队协调官、电子战协调官，协调官由参谋人员担任。

（1）3个指挥官的基本职责：战术信息的收集、评估与分发；根据授权，对作战行动及作战资源实施战术控制。

（2）3个协调官的基本职责：管理与协调、策略执行。具体负责辅助制定计划、作战准备、通过综合作战信息制定决策、执行控制等。

3）航母编队中主要指挥官的组成

根据合同作战指挥体制，当航母编队组成时，除上述3个基本指挥官和3个协调官外，战术指挥官/合同战指挥官根据作战任务、战术态势、部队规模和可用资源性能，还可以指派若干任务指挥官，负责相应方面（区域）的指挥。但战术指挥官/合同战指挥官可能会直接负责一个或者多个作战方面（区域）的控制。

在一个航母编队中，战术指挥官/合同战指挥官指派的指挥官与协调官主要有：

（1）水面作战指挥官。水面作战指挥官通常由航母舰长担任，预备水面作战指挥官通常由装备战斧导弹舰船的舰长担任。

（2）反潜作战指挥官。反潜作战指挥官通常由战术驱逐舰中队指挥官担任，通常身兼直升机分队协调官和护航协调官。预备反潜作战指挥官通常是编队里执行主要水下作战任务的老资格驱逐舰或护卫舰舰长。

（3）对空作战指挥官。巡洋舰的舰长通常被指派为对空作战指挥官，最好是配备"宙斯盾"武器系统的"提康德罗加"级导弹巡洋舰的舰长。

编队内另一艘巡洋舰的舰长担任预备空中作战指挥官，以便每12h轮换一次。

（4）信息战指挥官。信息战指挥官位于航母上，担任合同战指挥官的首席顾问，为编队使用电磁波频谱和干扰敌方电磁频谱提供指导，负责发布实施电磁管制，监视制式和非制式情报，监视传感器，并在适当的时候进行作战行动欺骗和反瞄准计划。

（5）打击作战指挥官。航母舰载机联队长通常被指派为打击作战指挥官。

打击作战指挥官提出总打击方案和策略，并调用有人驾驶飞机和战术导弹。作战运用时，根据空中任务指令，打击作战指挥官安排包括航母打击力量和"战斧"对陆攻击导弹在内的打击行动。

（6）空中飞机分队协调官。航母的打击作战军官通常兼任这个职能。

空中飞机分队协调官按照合成作战指挥官和方面作战指挥官的任务分派，提供编队所属的航母空中资源。空中飞机分队协调官向合成作战指挥官和其他作战指挥官发布可用飞机的最新信息，并发布航母舰载机获取的信息或结果（如轰炸效果判定）。

（7）直升机分队协调官。直升机分队协调官发布非后勤直升机的航空计划。

（8）潜艇分队协调官。潜艇分队协调官担任反潜作战指挥官潜艇事务的首席顾问，为核潜艇部署计划提供建议，直接向战术指挥官/合成作战指挥官报告潜艇安全事务，并协助水下作战分队进行潜艇作战任务准备。

（9）超视距跟踪协调官。超视距跟踪协调官管理和比较所有来源的联络信息，并指定与编队相关的关键联络。

（10）护航协调官。护航协调官为编队中的舰船提供战术指导，构成防御圈内层水下作战防护。

2. 航母上的指挥机构设置

设置在航母上的指挥机构一般包括战术旗舰指挥中心（TFCC）、作战指挥中心（CDC）、编队指挥官作战控制中心（FLAG PLOT，旗舰标绘室）、航母战术支援中心（CV－TSC）、舰长战术作战指挥控制中心（COTP，舰长标绘室）、航母情报中心（CVIC）。

战术旗舰指挥中心主要装备全球海上指挥控制系统（GCCS－M），约有10个战位。当设备受损，或根据编队指挥官的优先需要，也可以在作战指挥中心中部署（具有战术旗舰指挥中心备份功能）。

战术旗舰指挥中心负责制定计划、确定执行任务的原则和交战规则、总体任务评估以及与岸上指挥机构的联络。作战指挥中心按照武器使用原则执行由战术旗舰指挥中心发起并监控的作战行动，负责评估战术形势，按照武器使用原则使用本舰武器。作战指挥中心处理后的战术数据是本舰和编队制定与实施战术决策的基础。

1）战术旗舰指挥中心

战术旗舰指挥中心是航母编队指挥官（战术指挥官/合成作战指挥官）及其领导的参谋人员的指挥场所，是航母编队战术信息与战术通信的中心，其主要功能是为他（们）及其值班参谋人员进行作战规划和资源管理提供支持。但旗舰简令与分析室、旗舰情报办公室、旗舰作战办公室等舱室也是编队的指挥场所，编队指挥人员也会在这些舱室进行作战准备、任务规划、开会协商等指挥活动。

战术指挥官/合成作战指挥官下属的方面指挥官的战位不在战术旗舰指挥中心，他们如果登上航母，则可能在作战指挥中心、航母战术支援中心等指挥场所。

（1）战术旗舰指挥中心舱室位置。战术旗舰指挥中心和旗舰简令与分析室、旗舰情报办公室、旗舰作战办公室等舱室共同为编队指挥机构提供了场所。

在这几个舱室中，最重要的是战术旗舰指挥中心和旗舰简令与分析舱。战术指挥官/合成作战指挥官通常在战术旗舰指挥中心进行编队作战的指挥决策；旗舰简令与分析舱是编队的作战会议室，装备大量的音频/视频设备，战术指挥官可以在这里与美国中央司令部和白宫进行电话会议。

（2）美航母编队指挥机构人员组成。美航母编队指挥机构（编队司令部）的指挥人员由航母编队指挥官（编队司令）率领一个25人左右的参谋团队组成。通常由巡洋驱逐舰群等指挥官担任航母编队指挥官，也就是战术指挥官。

在航母编队指挥机构中，参谋人员的主要职责是协助战术指挥官/合成作战指挥官实施作战指挥：

① 根据上级指示要求，明确编队的具体任务。

② 计划阶段一般要花费数周时间制定作战命令、作战计划、作战任务、作战行动要求，这期间需要与编队内的众多指挥官进行商议与协调。

③ 收集与评估有关当前态势各阶段的详细及准确的信息，内容涵盖战略、战术和后勤各个方面。

④ 根据这些信息或遵照上级命令制定计划、日程、命令和报告。

⑤ 将战术指挥官/合成作战指挥官的决定转化为命令，向下属指挥员下达命令与分发信息，并将信息和报告快速、准确、完整地提交给上级。

⑥ 监督与评估下属指挥官执行命令的情况。

（3）战术旗舰指挥中心战位设置。战术旗舰指挥中心是战术指挥官/合成作战指挥官与其领导的值班参谋人员的指挥场所。

在战术旗舰指挥中心中，参谋人员实行值班制。其中有2个岗位最重要：

① 作战值班长/总值班，其值班岗位通常位于战术旗舰指挥中心，也可能会在旗舰简令与分析室，主要职责是从多个来源获取新消息，时刻掌握整体作战行动态势，从而为编队指挥官提供当前作战信息。

② 编队战术行动官，由几个具有资质的航母战术执行官轮流担任，主要负责编队的战术执行，根据态势发布命令，协助编队指挥官实施"否决式指挥"，当战术旗舰指挥中心的人员全体就位时，编队战术行动官一般在战术旗舰指挥中心值更，但有时也会在作战指挥中心。

2）作战指挥中心

作战指挥中心主要有两类功能：一是收集信息、形成作战态势（本舰传感器信息、情报数据与来自其他舰船飞机的信息），由探测区与跟踪功能区负责空中雷达目标，水面战模块负责水面目标，航母战术支援中心负责水下目标，电子战功能区负责电子战目标；二是指挥战术行动，在显示与决策区，由战术执行官总负责，在他周围的编队对空战指挥官战位负责编队的对空作战指挥，编队对潜/对海战协调员战位负责与编队对潜战指挥官、水面战指挥官的协调，空战控制官负责对空战飞机的控制引导、打击控制员负责对飞机的控制（舰载机的敌我识别检查、无线电频率/频道、分配控制员、完成任务返回航母后报到），本舰对空防御指挥官与点防御武器协调员负责本舰对空防御作战的指挥控制。

（1）作战指挥中心功能区划分。美国航母上作战指挥中心功能区域划分一般为显示与决策区、空战区、水面战区/模块、探测与跟踪区、电子战区。

① 显示与决策区。显示与决策区位于作战指挥中心核心，显示和传送有关信息，保障作战指挥战术决策。战术执行官在这个区域启动、协调战术决策过程。

在战术执行官的战位周围，有若干个指挥官或协调员，以支持战术执行官完成各种作战任务，以及控制、协调航母点防御武器。

显示与决策区实时显示战场态势信息和情报数据，包括先进作战指挥系统或舰艇自防系统的空中、水面和水下数据，以及航母战术支援中心的水下数据和反潜战信息。

② 空战功能区。空战功能区负责飞机战术控制，包括空中战斗巡逻机的空中拦截控制，对飞机进行控制、协调和飞行跟踪管理，或者根据需要引导其他类型的飞机。

③ 水面战模块。水面战模块进行与（编队内警戒幕）舰船控制和航行相关的水面监视，并探测和跟踪可能带有敌意的水面舰艇。在水面战模块的水面值更官直接向航母舰值日报告。水面战模块不是用于指挥对海作战的，而是负责监视舰艇航行的控制与导航。

④ 探测与跟踪功能区。探测与跟踪功能区负责探测、跟踪和识别雷达空中目标。

⑤ 电子战功能区。搜集可能带有敌意目标的踪迹和意图方面的电子信息；通过发射控制，削弱敌方设备的战斗力，降低敌方利用电磁辐射的战术效果；使用主动电子干扰措施保护舰只免受袭击。

⑥ 航母战术支援中心。航母战术支援中心以前称为反潜战模块，负责分析和显示支持航母反潜战和反水面舰艇战能力的战术及环境数据。在舱室布局上，航母战术支援中心相对独立于作战指挥中心。

当反潜战中心设置在航母上时，它可以作为编队的反潜战指挥中心（ASWC 的指挥所）。

（2）作战指挥中心指挥官组成。在作战指挥中心中的指挥官主要有编队战术执行官、航母战术执行官、编队对空战指挥官、编队对潜/对海战协调员、空战控制官、打击控制员、本舰对空防御指挥官、点防御武器协调员、水面监视协调员、水面探测与跟踪员、空战监视员、空中截击控制官、电子战监视员、空中探测跟踪员及各种雷达控制员等。

3）编队指挥官作战控制中心（旗舰标绘室）

编队指挥官作战控制中心位于旗舰舰桥附近，为战术指挥官提供连续的战术图，是反潜战指挥官在航母上的指挥战位备份。

编队指挥官作战控制中心中的设备不是标准化设备，如果编队反潜战指挥官在航母上，并使用作战控制中心/舰桥，那么通常会安装额外的指挥与控制设备。

4）航母战术支援中心

航母战术支援中心由水下战分析功能区与海战功能区组成。

航母战术支援中心是作战指挥中心的一个组成部分，装备的 AN/SQQ – 34B（V）是航母先进作战指挥系统或舰艇自卫系统的一个辅助单元，主要任务是为战术指挥官/合成作战指挥官及他的方面战指挥官、航母舰长、航母编队所属反潜战平台，提供反潜战的计划、实时的指挥、控制和通信支援、任务评估信息。

具体功能是：

（1）反潜任务计划，包括战术使命准备、数据搜集、简报准备，并通报给反潜战的全体机组人员。

（2）实时任务规划，包括通过先进作战指挥系统、常规话音、数据链及录音通信线路、搜集、显示和评估反潜战及相关战术信息。

（3）任务评估，包括听取飞行员执行任务报告和评估 SH-60F 舰载机执行任务所记录的数据，帮助制定未来的任务计划、提供实时支援、生成信息以及评估和重新规划行动。

5）舰长战术作战指挥控制中心/舰长标绘室

舰长战术作战控制中心又称为战术作战控制中心，邻近航海舰桥，为舰长和舰值日官进行安全航行提供辅助。

舰长战术作战指挥控制中心可用作作战指挥中心的水面战模块备份，或作为航行信息的主要来源，在进出港时可以用于雷达导航。如果舰长战术作战指挥控制中心的控制台出现问题，可由作战指挥中心的水面战模块同时实现雷达导航和航行功能。

6）航母情报中心

航母情报中心主要保障编队使用舰载机、"战斧"对陆打击的情报、计划；具有对陆打击任务规划、计划制订的功能，是打击战计划中心、信息管理中心与联合作战中心综合体。其中，打击战计划中心主要是制定舰载机和"战斧"打击计划；信息管理中心主要是通过多种观测进行持续的数据积累，融合多源数据，分析评估情报，优化 ISR 平台与传感器使用，提供全周期的作战情报支持功能；联合作战中心主要具备支持联合部队指挥官、协同作战指挥官组织以及航空联队的能力。

航母情报中心不是将战术旗舰指挥中心、作战指挥中心的信息处理功能的归并，在开设航母情报中心的情况下，战术旗舰指挥中心仍然通过全球海上指挥控制系统，作战指挥中心通过航母先进作战指挥系统或舰艇自卫系统负责收集、处理、分发、显示信息的功能（舰内外探测信息）。

20.2.5　体系结构设计

作战系统体系结构的发展与计算机技术发展密切相关。随着分布式计算和网络技术的发展变化，作战系统体系结构演变经历了独立式、集中式、分布式等阶段。

其中，美国海军作战系统体系结构经历了单机系统、联邦体制集成、多子网体制集成和全舰计算环境 4 个发展阶段。例如，在 CVN-78 等新一代舰船以及"尼米兹"级航母等现役舰船改装升级中，均无一例外地采用了 TSCE 设计思想或相关技术。

1. 集中式

集中式系统是指由一台或一组计算机统一接收或处理各种原始数据，集中实现作战指挥和武器控制功能。该计算机通常由处理能力强大的小型机来承担。

海军战术数据系统采用集中式体系结构，主要由一个数据处理系统、一个显示器系统和数据传送设备等构成。海军战术数据系统的组成如图 20-2 所示。

海军战术数据系统的主要功能包括：

（1）通过各种探测器、预警飞机、巡逻机等采集空中、海上、水下乃至陆上的动态、静态信息，并对此进行快速精确的信息处理和显示，为各级指挥人员提供战术决策依据。

（2）指挥和控制舰载飞机的起、降，并引导舰载飞机在半径 50n mile 空域内拦截空中、海上来袭目标，以及引导反潜直升飞机对水下敌方潜艇等进行搜索和攻击。

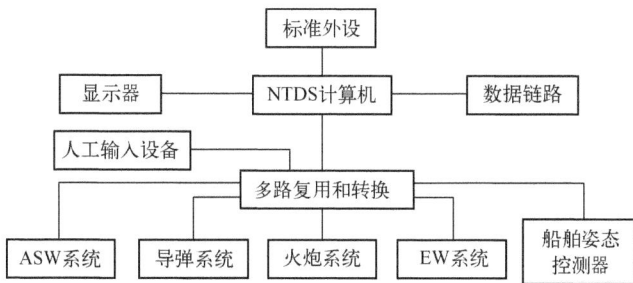

图 20-2 ▎海军战术数据系统的组成

（3）组织和协调对战斗群的电子战设备、导弹等软硬武器进行对作战区域内目标指示和目标分配。

（4）为舰上指挥人员和参谋人员提供实时指挥控制手段。

海军战术数据系统的技术特点：采用集中式体系结构；采用标准化显控台；重视软件的改进升级；重视数据传输链。

2. 分布式

分布式系统是一个信息处理系统，包含一组独立的计算机，相互之间通过网络协作完成特定目标。因此，分布式作战系统通过数据总线和先进的网络技术把航母各战位的本地资源变成系统的全局资源，实现信息共享、分散处理，完成作战指挥和武器控制等功能。

舰艇自防御系统是美军目前舰艇新型综合防御系统的典型代表，是美国海军首个基于开放体系结构计算机环境开发的系统及最大的优先发展项目，体现了一体化信息基础设施和军事综合电子信息系统建设的思想。

广义的舰艇自防御系统包含传感器系统、指控系统、武器系统（软杀伤武器、硬杀伤武器）等。装备形态的舰艇自防御系统是新型的指挥控制系统，包括控制模块、识别模块、跟踪模块和决策模块，由软件和商用成品硬件组成，具有快速反应交战能力。图 20-3 所示为舰艇自防御系统的结构。

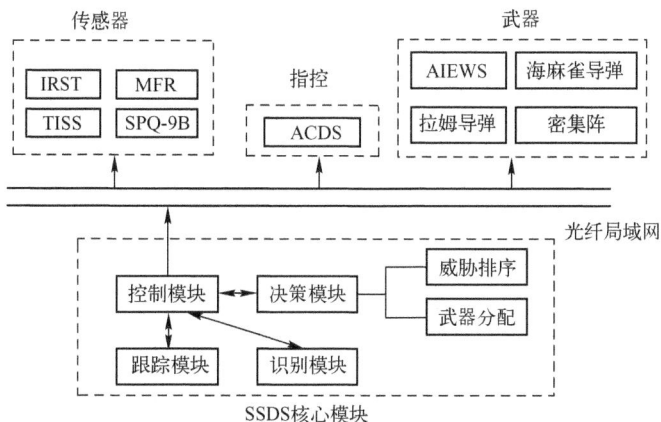

图 20-3 ▎舰艇自防御系统（SSDS）的结构

舰艇自防御系统具备以下特点：

（1）提供一体化的从探测到交战的能力，并通过集成现有的舰载资源增强了全舰的防御能力，缩短了反应时间。

（2）采用基于商用成熟技术产品的显示系统、光纤局域网技术和冗余分布式结构，在易用性、容错性、可扩展性、系统反应时间及成本方面表现较好。

（3）符合开放体系结构的计算机环境要求，自身的软件也是由 C、C++ 和 Ada 的分布式软件模块组成，操作系统是基于 X86 架构的 LynxOS 系统。

（4）采用多传感器集成算法综合多个不同传感器的输入信息，建立目标航迹。

（5）采用转换规则和贝叶斯置信网络作为武器调度的战术决策引擎。

3. 全舰计算环境

作为美海军新型多任务驱逐舰 DDG-1000 的十大关键技术之一，全舰计算环境（Total Ship Computing Environment，TSCE）是美海军正在发展中的最先进舰载系统集成模式，是海军舰艇装备信息化建设的发展趋势。它是一个包括 C⁴ISR、作战系统、船机电、岸基保障的全舰系统。福特级航母使用全舰计算环境作为任务系统集成的重要基础。通过全舰计算环境对指控情报、平台控制、动力系统、武器系统等系统的软件开发进行了规范和统一，采用大量商用计算机、服务器以及分布式中间件等商用成熟技术对系统进行集成，发挥系统整体资源优势，最终形成一个统一的"网络中心战"节点，如图 20-4 所示。

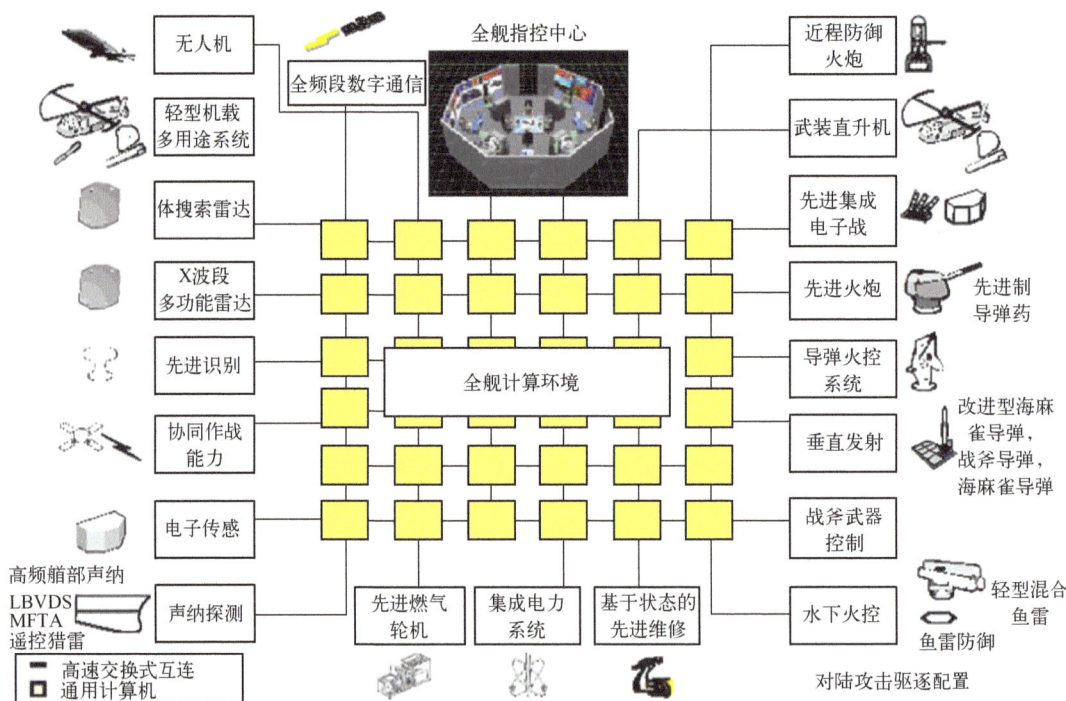

图 20-4 全舰计算环境

全舰计算环境基于开放式体系结构，通过软、硬件模块化以及构件化和服务化，解决了各分系统独立运行、互操作困难、资源无法共享等问题，最终实现跨平台、跨领域协同作战。在全舰计算环境中，处理机柜和显控台等设施根据作战系统、机械、电气、通信等专业的不同进行了分类标准化和通用化，硬件主要选用商用现货产品。全舰计算环境的基础设施形成一个开放的、虚拟的计算环境，所有计算资源统一调度管理，可为其他领域的应用提供服务，所有应用软件均分布在这个虚拟的计算环境中。所有传感器、受动器、激励器和武器均通过适配器与全舰计算环境连接。

美军认为，采用全舰计算环境后，系统可获得免维护部署能力、更强的可生存能力、更高的自动化能力、更少的人员配置需求、可升级、可重构等特性。

4. 开放式体系结构

以全舰计算环境为基础，基于全舰计算环境基础设施所提供的平台化计算支持，能够更好地解决各系统集成时的"烟囱"问题，为舰船提供可升级、自组织、可配置、可高水平完成系统集成和自动化操作的平台，提升了装备的快速交付能力。

根据美国防部开放式系统联合任务组的定义，开放式体系结构是指采用开放标准作为一个系统的重要接口的体系结构。开放式体系结构首先是一个技术架构，强调基于开放的标准规范，采用主流的商用现货产品建立计算环境。OA 也是一个功能架构，通过技术参考模型明确了软件功能域的划分以及接口关系。开放式体系结构还提供了标准和设计指南。开放式体系结构的原则与模块化的开放系统方法兼容，包括使用模块化设计、允许渐进的设计、技术嵌入及有竞争力的创新。

20.3 > 所属系统设计

本章主要介绍作战系统所属系统（设备）设计情况，重点从满足作战系统总体需求、典型系统的组成和功能、国外航母配置的典型设备等方面予以介绍，以体现设备服从系统的思想。

20.3.1 警戒探测系统

1. 警戒探测功能需求

为了确保航母完成作战任务，警戒探测系统应提供以下主要功能：

1）远程对空警戒

对空中各类目标进行警戒探测、跟踪，为母舰和编队提供空中预警信息。

2）母舰引导的各类飞机进行跟踪

需要在态势中显示舰载机的航迹；在舰载机有对抗目标时，为引导己方战斗机占据空中有利战位、保证空战拦截任务胜利完成，需要提供敌我双方空中目标态势。

对于非合作目标，雷达能够完成对飞机的跟踪，获取敌我空中目标的距离、方位、仰角等信息；对于合作目标，还可以通过二次询问，如军用敌我识别询问、民用航管询问等手段，获得除目标位置信息以外的目标敌我属性、航班号、大地高等信息。

3）对空中和水下目标探测跟踪

为确保航母自身的安全，预防突破航母编队防御区的潜艇、飞机发射鱼雷、导弹打击航母，以及拦截远程平台发射的反舰导弹，航母都会配置自防御武器来对抗来袭导弹和鱼雷。

为给航母自防御武器提供信息保障，一般需要配置中低空搜索跟踪雷达，对来袭导弹进行告警、跟踪，目标信息可用于目标指示；配置电子侦察设备，对目标信号进行截获、测量、分选、分析和识别处理，引导实施有源/无源电子对抗；配置主/被动声纳，对来袭鱼雷进行告警、跟踪，目标信息可用于目标指示。

4）对水面目标探测跟踪

为保障航母的安全航行，使母舰无论在单舰航行还是编队作战的情况下均可全方位观测本舰四周的水面目标并测定相对船位，实现导航避碰，需要对母舰周围的水面目标进行探测跟踪。一般配置专用的、两部或多部导航雷达完成上述功能，以满足战时和平时的需要。

对空雷达在作战使用中，也可兼顾对水面目标的探测跟踪。

5）目标识别

为确认编队内包括舰载机在内的各兵力，航母作战系统一般通过只有"自己人"能够理解的询问—应答机制主动识别目标的敌我属性；航母也能应答其他兵力的询问，以便对方将航母识别为我方。

对于舰载机，也会搭载民用航空的应答机，在航母发起民用航空识别询问时给予应答。这样，母舰也可以获得舰载机的位置、大地高等信息。这种方式对于平时的训练很有意义。

6）战场态势的形成

作战系统通过配置的各类传感器，对目标不同物理特征信号的探测，获取交战海域的目标信息。同时应配置类似美国航母作战情报中心（CIC）功能的情报信息综合处理系统，将侦察、探测设备传递来的情报信息迅速进行分类、变换、识别，测定目标坐标和跟踪数据、计算目标航向航速，完成威胁判断等，最终形成清晰的战场综合态势，建立战场态势，供指挥员决策。

从广义上来讲，航母警戒探测系统包括雷达、电子侦察、红外、声纳、目标识别等设备；舰载机执行探测任务时，也属于航母作战系统的警戒探测设备；警戒探测系统加上情报信息综合处理设备，构成了航母作战系统信息保障体系。

2. 雷达

1）远程对空警戒雷达

远程警戒雷达用于探测中高空远距离目标，测定空中目标的方位和距离坐标，平时作为值班雷达并与中远程雷达形成空战双覆盖，必要时作为舰载武器系统雷达提供目标指示。

如美国航母上装备的 SPS49（Ⅴ）5 雷达，它是一部两坐标远程对空搜索雷达。它可以用于雷达截面小的威胁目标的远距离探测；具有自动目标检测功能，对所有威胁目标能快速作出目标指示；能在复杂的电子环境中有效地工作，具有良好的抗有源干扰和抗无源干扰能力。

2）中远程对空雷达

中远程对空雷达主要承担跟踪被引导舰载机的任务，该功能是航母警戒探测设备最重要功能，关系到舰载机作战效能的发挥。目前航母上装备最多的是频扫体制的三坐标雷达（如美国的 SPS48、SPS52，独联体的"顶帆""顶板"），其次是相扫体制三坐标雷达（如法国的 DRBJ-11），并向相控阵雷达发展。这些雷达能根据目标态势引导我方战斗机占据空中有利地位，保证空战拦截任务的完成并引导舰载机归航。

除此之外，对于采用相控阵体制的多功能雷达，还要求这种雷达兼顾对制导雷达和炮瞄雷达的三坐标目标指示、对水面目标探测跟踪等。

3）中近程对空雷达

中近程对空雷达主要担负探测跟踪来袭导弹的任务，为对空自防御武器提供目标指示信息。中近程对空雷达可兼顾中程对空雷达的功能或兼顾对水面目标的探测跟踪。

如美国航母上 MK23 系统包含的雷达就具备该功能，它可在各种气象杂波干扰和电子干扰环境中探测、跟踪低空和垂直俯冲的飞机和导弹，并按轻重缓急次序向点防御武器系统指示目标。中近程对空雷达应达到的战技指标应与反导武器的信息保障要求相匹配。

4）导航雷达

导航雷达一般独立配置，在航母作战、航行时负责全方位观测航母四周的水面目标，测定相对船位，提供导航避碰所需的相关信息等，以保障航母航行的安全。航母体积巨大，一般需要配置 2～3 部导航雷达以实现航母周边无盲区 360°覆盖。

3. 红外警戒设备

为了弥补舰载雷达在受到强干扰情况下探测掠海导弹和低空飞机的不足，需应用红外警戒探测设备进行海空监测。红外警戒设备完成对低空和超低空，尤其是对掠海反舰导弹的警戒和搜索，实时提供报警信号和目标信息。

由于红外警戒设备探测的目标数据没有距离量，因此一般不用来直接给武器做目标指示，主要用于与雷达信息融合。

4. 声纳

为防止鱼雷等水下高速目标对航母的突然袭击，并有效实施水声对抗和鱼雷规避，需为航母装备功能完善和性能更优良的对潜警戒、反鱼雷告警、水声对抗综合声纳体系。鱼雷告警声纳负责探测、跟踪水下目标，对来袭鱼雷进行告警，为水声对抗提供目标的方位参数。

世界航母上的典型声纳配置："库兹涅佐夫"航母上装载的"马尾"拖曳声纳；"戴高乐"号核动力航母上装载的拖曳式被动鱼雷报警声纳"信天翁"；"尼米兹"航母上装载的 SLR–24 鱼雷报警声纳。

5. 电子侦察

电子侦察设备一般可以分为雷达电子侦察设备、通信侦察设备和激光告警设备。

（1）雷达电子侦察设备在密集电磁信号环境中对雷达信号进行截获、分析、处理和精确测量，提供信号参数、平台类型、威胁等级等信息，从而引导电子对抗武器实施有源、无源对抗，如美国的 SLQ–32（V）4、法国的 ARBR21 雷达侦察机。

（2）通信侦察设备主要对敌语音数据通信、指挥控制通信、战术数据链、敌我识别、塔康等辐射源信息进行搜索、截获、测向、分析识别。

（3）激光告警设备侦收敌激光主动、半主动制导的反舰导弹和炸弹，激光测距武器。例如，战斧 block4、IRAR 组合式导引头、Firepool 组合式导引头等均是激光主动制导的导弹。

激光告警信息也可以引导电子对抗设备施放烟幕弹进行无源干扰，从而实现软对抗。

6. 舰载机警戒探测

主要利用预警机、警戒直升机、反潜直升机、电子战飞机前出完成目标探测、跟踪并传输回母舰，以增加航母作战系统感知范围。

7. 目标识别

目标识别指在舰载机引导、目标打击过程中，对目标敌我属性的识别。航母作战系统对目标的识别方式主要有：

1）军用识别

采用询问—应答机制，由航母的敌我识别询问机发起，对配装应答机的空中、海上作战平台进行询问，应答正确的为我方目标，否则目标的敌我属性为"不明"。

另外，航母还应配置敌我识别应答设备：接收我方其他武器装备平台的询问信号，并及时给予相关应答；协助询问方完成对本舰的敌我属性识别，以确保本舰不被我方攻击武器误伤。

2）航空管制识别

对于航母作战飞机，出于保密考虑，一般会配装二次航管应答机，在平时训练等场合，采用航母的二次航管询问机询问，机载二次航管应答机应答的方式，识别出合作目标。

3）民用识别

主要有 ADS – B 和 AIS 等，其中 ADS 方式主要依靠配装 ADS – B 发射机的民用客机、运输机、直升机及其他民用小飞机通过广播发送飞机的航班号、位置、大地高、状态等信息；AIS 方式主要依靠配装 AIS 发射机的民船，通过广播发送船舶的编号、位置、状态等信息。

航母作战系统通过接收上述民用识别信息，辅助对目标的识别。

4）水下目标属性识别

水下目标属性识别由通信声纳完成。通信声纳的基阵部分布置在首部导流罩内，主要用于确保密码电话、电报通信，识别目标和测量通信对象的距离；其显示设备布置在航行指挥所和总指挥所内。

8. 情报信息处理

航母作战系统的情报信息处理需要通过配置一个专用功能的"情报中心"来实现。"情报中心"主要为指挥员提供尽可能多的、全面的情报信息以及统一的（编队）战场态势。不仅要完成各类（有源探测、无源探测）、多源（舰载、舰外）传感器信息，情报的综合处理，目标属性的综合识别，威胁等级判断等，而且直接为本舰武器使用、舰载机作战指挥提供信息保障。主要完成以下任务：

（1）集中收集、处理和显示战术情报信息。

（2）给出舰载武器和电子对抗作战使用的建议。

（3）作出目标分配计划并传送对空和对水下武器目标指示的命令。

（4）接收电子对抗目标分配计划。

（5）将对空武器目标分配计划送入电子对抗系统，修正电子战目标分配计划并做出传送包括舰载机在内的有关指挥编队兵力的计算机建议。

（6）组织编队舰艇的编队防御。

（7）做出舰载机单独战斗使用及与编队舰艇协同战斗使用的计算机建议。

（8）给舰载歼击机分配目标。

（9）说明并传送为确保飞行安全解决冲突情况的建议。

（10）使用通信系统频道与雷达巡逻直升机交换信息。

（11）收集和处理关于舰载机状态和位置的信息。

（12）接收水文气象信息。

（13）收集和处理关于舰上航空技术设备和航空武器状态的信息。

典型配置主要是美国航母作战情报中心（CIC），其主要功能包括处理、显示、任务编制、图像处理，为实现这些功能，航母情报中心拥有大量支持设备与系统。

20.3.2　通信导航气象系统

1. 通信系统

航母通信系统主要用于保障航母与岸基指挥所、岸基协同兵力及海上友邻编队之间，与编队内水面舰艇、潜艇之间，与岸基/母舰起飞的作战飞机之间的指挥、协同、报知通信及相关战术信息的传输；保障各类舰载机归航、着舰和空中交通管制时的指挥、引导通信；保障对甲板飞机转运时的指挥调度通信；在紧急情况下所需的应急通信、遇险救生通信和国际海事通用通信；保障本舰内部指挥通信、勤务通信、广播报警、生活通信、闭路电视；保障对本舰重要战位、部位及周围海面的视频监视等任务。

航母通信系统从总体上按功能可分为内部通信功能和外部通信功能。

其中，内部通信主要实现舰内各主要战位间的指挥电话、声力电话、广播/警铃等话音通信以及视频传输等，通常设置有内部指挥电话系统、闭路电视系统、声力电话系统、广播报警系统、公务电话系统等子系统。

外部通信则主要用于保障编队诸兵力（含舰载机）间的战术通信，以及与岸基指挥所、海上其他航母编队之间的远距离通信。按航母作战任务需要，通常设置有指挥通信网、协同情报通信网、航空保障通信网、应急遇险和救生通信网等无线通信网络。

1）指挥通信

指挥通信主要包括舰岸通信、舰空通信、舰舰通信和舰潜通信。

舰岸通信主要用于保障岸基上级指挥所对航母的指挥话音、指挥文电通信，保障岸基上级指挥所与航母编队指挥所间的战术/战略数据信息传输和情况通报，以及接收岸基报文。

舰空通信主要的通信业务包括数据和话音。话音业务主要通过短波天波和对空超短波实现。数据通信主要通过舰空数据链实现。典型产品是美军航母 Link 4、Link 16 链等。

航母舰舰间指挥通信，主要用于保障航母与护航驱护舰艇间的数据和话音通信。其中，舰舰间话音业务主要通过短波地波实现。数据业务传输则分别涉及短波/超短波两个频段，其应用如美军航母上装备的特混舰队高频网和 Link 11 号链。

舰潜指挥通信主要用于母舰与其编队所属的攻击型核潜艇间的指挥信息联络，通常采用 HF/VHF/UHF 无线链路和 UHF/SHF/EHF 卫星链路，具体选择取决于潜艇通信形式。

2）协同情报通信

协同情报通信主要利用"协同作战能力"CEC 实现，其可在复杂电磁环境下，完成对空探测、控制和交战功能，主要由协同作战处理器（CEP）、数据分发系统（DDS），以及协同作战处理器与舰艇武器系统的接口三部分组成。其中，用于大容量协同情报数据传输的主要设备就是数据分发系统。目前，美国海军的"肯尼迪"（CVN-67）号、"艾森豪威尔"（CVN-69）号航母上均装备有 CEC 系统。

此外，近期发展的通用数据链（Common Data Link，CDL）是一种传输速率极高的数据链系统，主要用于舰载机/无人机向水面舰艇实时传送由机载光电、红外、合成孔径雷达等传感器获取的高保真图像信息和情报数据，支持舰机协同侦察、搜索及监视。

3）航空保障通信

航空保障通信主要为保障舰载机作战，提供气象信息传输、进近/着舰引导以及舰载机舰面调运通信等服务。

（1）航空气象通信。航空气象通信为了支撑航母指挥引导舰载机作战，而通过通信手段获取航母外部提供的气象信息支持。例如，美空军主要通过卫星通信系统实时获取的卫星雷达图像、数值预报产品等各种气象情报，实现了气象信息的快速传递和资源共享。

（2）舰空引导通信。舰空引导通信包括归航舰载机在进入管制区后的的二次航管引导、微波引导和着舰引导通信。

舰载机在飞行过程中，需要通过无线电设备进行航母联络（特殊情况除外），如短波、超短波电台等。飞行员需经常向航母航管中心报告舰载机的位置及航行诸元，使航管中心及时掌握舰载机的飞行情况。因此，航母通常会为航空管制部门配置短波和超短波电台，当舰载机在管制范围外时，舰载机通常归属航空兵指挥机构或预警机指挥，航管中心主要是坚持无线电守听；当舰载机在管制范围内时，则由航管中心在通信系统保障下，实时掌握舰载机飞行动态。

（3）舰面调度通信。舰面调度通信主要满足舰载机舰面、机库作业所需的高噪声环境下的指挥调度移动通信需求，无线指挥调度话音通信可覆盖飞行甲板、机库及航空保障各作业舱室等区域。

目前，美国、法国的航母飞行甲板通信系统大多采用 TDMA 集群通信体制，其最大特点是集中和分级管理并举，系统可供多个单位同时使用。

4）应急遇险和救生通信

应急与遇险救生通信主要提供母舰在主电源故障情况下的应急通信能力，母舰在恶劣电磁环境下的最基本通信能力，以及遇险舰艇、飞机、人员所需的遇险救生通信能力。

2. 导航系统

导航系统主要是保证航母安全航行、确保飞机安全起降、对准舰载飞机惯性导航系统，并作为舰载情报信息系统与武器系统的基准信息源。目前，各国海军水面主战舰艇导航系统仍以惯性导航系统为主，同时配置了由卫星/无线电导航系统（GPS）、多普勒计程仪、回声测深仪、电磁计程仪等辅助导航系统形成的组合式导航系统。

1）惯性导航系统

惯性导航系统能够自动和持续地计算出本舰对地的位置、姿态、航向和航速，在执行导航任务时，能测量出运动（惯性）、重力和地球转动等数据。

此外，惯性导航系统还能接收由 GPS 提供的外部更新数据和本舰在水中的航行速度。标准的舰载配置由两个相互完全独立的自备式惯性导航系统机柜组成，两套系统提供了完全的冗余，提高了生命力。

2）舰机对准

舰载机惯性导航系统的对准主要利用惯性导航系统的数据，一般采用硬连接系统，舰船惯性导航系统的数据经舰载机惯性系统对准控制台，到甲板出口箱，再经转换箱到相对速度计算机箱，最后到飞机惯性导航系统。目前，美军航母已实现了数字化的舰机惯导对准，通过获得的 GPS 数据，利用 Link－4A 数据链方便地实现与舰载机的对准，可同时向 100 架飞机发送对准信息。

3）航海作业

航海作业主要是综合各导航设备提供的导航信息，辅助指挥人员在电子海图与信息系统支持下进行航线规划。目前美军航母航海作业主要是由 AN/SSN－6 导航传感器系统接口

（NAVSSI）系统实现，该系统是一种能够自动接收、处理和分发来自各种不同舰载导航源的导航和时间信息的集成式舰载系统。

4）卫星/无线电导航

目前，航母常用的卫星/无线电导航装备主要包括：

（1）卫星导航。卫星导航设备可为舰艇导航与作战系统提供精确的位置信息。如美国的 AN/WRN-6，能够同时跟踪 5 颗卫星，并接收及处理 L1 码、L2 P/（Y）码及 L1 C/A 码信息，可以实施选择可用性（SA）政策和反电子欺骗（AS）措施。

（2）多普勒声纳计程仪。多普勒声纳计程仪是利用超声波在水中传播的多普勒效应来测量舰船航速和累计舰船航程的计程仪。它测速线性好，精度高，不仅可以测量舰船纵向的前进和后退速度，而且还可以测量舰船的横向速度，确保舰船操纵安全，为整个导航系统提供速度基准。

（3）回声测深仪。回声测深仪是指主要利用测量超声波信号自发射经水底反射至接收的时间间隔，用以确定水深的一种水声仪器。回声测深仪的功能：舰船在情况不明的海域或狭水道航行时，用测量水深确保舰船航行安全；在能见度不良或其他导航仪器失效时，用测量水深来辨认船位；对海域水深进行精密测量，提供确保舰船安全航行的水深资料。

（4）电磁计程仪。电磁计程仪是应用电磁感应原理来测量船舶航速和累计船舶航程的计程仪。计程仪的优点是电磁传感器所拾取的感应电势与航速成线性关系，不仅测速灵敏度高，而且具有很宽的航速测量范围，还可测量船舶后退航速，不受水域的水文条件如密度、温度、盐度、压力和导电率等的影响，感应电动势是瞬时产生的，能反映船舶瞬时航速变化，测速精度较高。典型装备有美军航母的 MK4 MOD2 电磁计程仪。

3. 气象水文系统

航母气象水文系统主要功能：为舰载机作战、训练飞行提供气象保障；为舰船编队航行提供气象水文保障；为舰载武器系统提供大气水文环境参数。

航母气象水文系统通常由气象水文观测设备、气象水文监测及预报设备和气象水文保障设备组成。

1）气象水文观测设备

主要实现对航母周围气象水文信息探测，典型装备包括 AN/SMQ-11 舰载接收终端、海洋浮标、舰载海面环境传感器、舰载雷达、小型测风系统、战术气象观测系统、手持式常规气象观测（风场、温度等）设备、深海温度测量系统以及以水声技术为主要手段的水下探测系统等。

2）气象水文监测及预报设备

航母的气象预报能力一般分为短期、中期、长期天气预报。

短期天气预报的内容：各层云的云量、云状、云底高，地面水平能见度，天气现象，地面风向、风速等。

中期天气预报一般制作周（旬）逐日航站或区域天气预报，内容通常包括天气过程概况、云、降水、风（风力≥6 级）等。

长期天气预报一般制作月（汛期）航站或区域天气预报。内容通常包括降水量、平均气温、天气过程等。汛期预报还应包括降水集中期，旱涝程度，主要雨带位置，出入梅时间，台风影响及登陆的个数，登陆和影响的地区等。

3）气象水文保障设备

气象水文保障设备主要是综合气象水文观测设备、气象水文监测及预报设备获取的各种气象、水文信息，天气预报信息，发布危险天气警报，保障飞行和航行安全，为遂行作战、训练任务提供气象保障服务。

20.3.3　指挥控制系统

指挥控制系统主要用于将输入的各类情报和信息快速地进行综合处理，为指挥人员进行决策判断提供可靠的信息；辅助指挥人员拟制作战方案并通过模拟推演和分析判断，得出结果数据，为指挥人员定下决心、下达命令提供准确依据；根据作战命令提供各种兵力、兵器的指挥控制和引导数据，通过各种通信手段传递给执行系统（有关兵力和武器系统），实施指挥和控制。

1. 指挥控制功能需求

航母指挥控制系统应具有三项基本功能：一是信息综合保障；二是指挥航母编队舰机潜诸兵力协同作战，指挥舰载机实施归航、进场、进近、着舰以及转场；三是指挥本舰防御作战。

航母指挥控制系统既要承担航母自身的情报与指挥控制，又要担负整个编队的情报与指挥控制；既要组织本舰和编队武器系统的对敌攻击，又要组织本舰和编队受敌攻击时的自身防御；此外，还要实时处理、有效调度、运用航母编队中的众多传感器和武器资源。为此，指控系统的主要功能应包括：

（1）对空中、海面、水下整个战区环境中各种情报信息实时搜集、存储和处理。

（2）实时综合显示整个战区敌我态势详尽电子图，分别显示各战位选择的有关图像。

（3）识别整个战区目标的敌我属性，作出威胁判断，进行战术辅助决策。

（4）根据敌我态势，利用战术数据库及专家系统，拟制作战方案。

（5）与武器系统配合，实现快速反应和综合指挥。

（6）负责反潜飞机数据处理。

（7）负责预警飞机的引导及数据处理。

（8）引导舰载飞机拦截空、海目标以及归航着舰。

（9）组织和选择航母编队中各舰只的传感器及武器，实施协同作战指挥。

（10）通过卫星通信、数据链，实现本舰编队间及其与岸基的通讯协调能力。

2. 主要组成

典型的航母作战指挥控制系统主要由硬件和软件组成。

1）硬件

航母指挥控制系统主要由指挥桌、显控台、显示设备、电子机柜等类型硬件组成。

2）软件

航母指挥控制系统主要由系统软件、支持软件、应用软件等类型软件组成。其中，系统软件是实现系统自身功能的程序集合，为用户提供方便和有力的使用工具；支持软件是保证系统软件和应用软件运行的基础软件集合，主要包括操作系统、驱动程序、中间件等，操作系统是软件资源中最基本的部分，对设计人员来说，选取的操作系统应能保证一个良好的程序运行环境；应用软件是在系统提供的基本功能基础上开发应用的软件集合，一般分为功能性应用软件和作战应用软件两大类，后者是指与作战紧密相关的一些应用软件，前者是指作战应用软件之外的一些应用软件。

3. 基本功能要求

航母指挥控制系统的基本功能如下：

1）情报处理功能

实时地收集，能对敌、我、友目标信息并对其分析处理，完成敌军、我军、战斗行动等情报的收集、存储、传输、显示等，并以统一清晰的形式为各级指挥员提供战场的态势信息。

2）决策计算功能

依据战场态势、我方兵力的作战能力，人机相辅地进行一系列的计算，帮助指挥员定下决心并作出科学的决策，如确定我方兵力兵器的战斗能力，根据敌方的作战能力和我方可能采取的行动确定兵力、兵器的运用等。

3）方案制订功能

拟制各种决策方案，准备定下决心所用的数据，判断决心效果和战斗行动效果。

4）作战指挥功能

将指挥员的决心、命令、指示等迅速、准确地传达到部队，并能监督执行情况，根据选定的作战方案或计划，将有关指令和信息按照适当方式下达给作战兵力或武器控制系统，对战斗行动实施指挥引导、进程监视、趋势预测，必要时调整作战方案或行动计划，实时指导各战斗诸元协同行动，达到预定的作战目的。

5）武器控制功能

根据目标的性质、威胁程度以及我方武器的性能、状态，拟定作战方案，进行火力分配，求取射击诸元，并给指定的武器送出目标指示参数和交战控制命令，控制武器发射或射击。

按照航母指挥控制系统承担的业务类型，可将系统的功能进行划分：

（1）航母编队指挥功能。组织航母编队所辖兵力对作战区域进行监视，收集和处理情报，全面、及时、准确地掌握战场态势情况，为编队指挥员提供编队作战信息保障；辅助战术决策支持，保障编队首长及时正确地定下作战决心和圆满实现决心；提供作战规划和资源管理支持，辅助制订和下达作战计划；协助指挥官规划、指挥和监视作战活动，指挥编队舰艇航行，指挥编队作战行动，保障编队以舰载航空兵作战指挥为核心的兵力指挥和控制等任务，控制和协调武器系统与传感器系统组织并形成编队的攻防体系。典型装备如美国部署在TFCC中的全球海上指挥控制系统（GCCS – M）。

（2）本舰作战指挥指控功能。对航母各种探测设备搜索和发现的目标信息进行处理和评估，对作战态势进行分析；全舰武器使用和控制；对辅助指挥员作出正确判断和决策；监视航母的运行状态；制订舰载机飞行计划、空域使用计划；实施对编队所辖空域飞行器的飞行活动进行飞行监视，监督舰载机按计划飞行，维护飞行秩序，调配舰载机飞行冲突，实施进/离场和进近管制指挥，保障舰载机起飞/回收安全和效率；实施舰载机起降、放飞、回收等保障作业，对舰载机提供情报、通信、气象信息支援；航母的战斗航行指挥。典型装备主要是部署在作战指挥中心（CDC）中的相关装备。

（3）航空兵作战指挥功能。制订舰载机的作战计划；实施舰载机战斗准备；担负保障航空兵作战指挥人员及指挥机构全面、及时、准确地掌握战场实时情况，控制作战进程，辅助实施对舰载机的作战指挥。

4. 指挥控制系统主要特征及典型配置

航母指挥控制系统具有以下方面的特征：

（1）遵循体系规律研制和演进，采用增量和迭代开发。

（2）采用开放式结构，利用商用现成技术，系统易于升级改装，易于集成新的系统。

（3）保持通用性，可装备不同平台。

国外典型航母指挥控制系统主要配置如表20-1所示。

表 20-1　典型航母指挥控制系统

典型航母	指挥控制系统	相关功能说明
美国海军"尼米兹"级核动力航母	ACDS - Block0/1，先进作战指挥系统	装备于所有航母和两栖攻击舰等大甲板舰，将陆续被 SSDS MK2 取代
	SSDS MK2，舰艇自防御系统	已装备于 CVN 68、69、76，将改装到其他舰，最终将替代 ACDS 系统
	CEC，协同作战能力系统	网络中心作战系统。已装备"尼米兹"号、"艾森豪威尔"号和"罗纳德·里根"号
	NFN，海军火力网	网络中心作战系统。"林肯"号装备了完整的 NFN，RTC 已装备"斯坦尼斯"号，并将装备"尼米兹"号等
	TFCC，战术旗舰指挥中心	编队级作战管理系统。为战术军官/合成指挥官提供规划和资源管理，同时也支持执行阶段的作战管理
	GCCS - M，全球海上指挥控制系统	通过卫星通信系统，向航母及战区内的各作战单元传输和交换情报与支持信息。2005 年开始在"尼米兹"级航母上安装 GCCS - M 4. X
	TAMPS，战术飞机任务规划系统	可根据敌对目标情况进行自动化飞机任务规划与优化。广泛用于载机舰和海军陆战队航空部队
	FDDS，战术旗舰显示系统	航母上装备的战术数据信息交换系统/战术指挥官信息交换系统。装备在战术旗舰指挥中心（TFCC）中，作为该中心的战术数据处理系统，处理和显示战术指挥官管理战术环境所需的超视距战术数据
	JDISS，联合部署的情报支援系统	其基线系统是国防部情报信息系统客户—服务器环境。可在所有情报团体与用户间提供真正的战略—战术互操作能力，部署的指挥官可利用该系统与国家、战区和专门的岸基情报搜集分析中心查询和传递信息。该系统正逐步融入 GCCS - M 中
	JSIPS - N，联合部队图像处理系统	用于支持如下一些职能：打击和任务规划，目标导向和武器分配，海军水面火力支援，战场搜索和监视，指示和告警，任务预演，打击过后的战损评估，两栖攻击规划与执行，作战搜索和救援，特种作战部队任务规划等。与侦察型 F/A - 18D 飞机等相联系。国家图像部门的相关情报也将汇集到此处
	SRQ - 6（V）（BGPHES - ST），战斗群被动视距扩展系统水面终端	一种自动化舰载信号采集系统，通过在机载平台上使用远程接收机扩展战斗群的视距。用于截获从本舰截获距离之外的敌方或潜在敌方部队发出的电磁辐射信号。它还有满足战斗群特定信息需求所必要的信号处理、接收机控制和自动报告功能。此外，还可进行作战监视、指示和告警
	PIES，图像图形编辑系统	获取、存储、集成高清晰度数字图像图形情报的系统
	APPS，图像测绘分析与定位系统 GALE	可使分析人员快速准确地在地球立体图上定位。特别是为航空部队获取目标定位信息和进行打击所需的各种战术信息。此外，支持进行巡航导弹准确路径导航规划

典型航母	指挥控制系统	相关功能说明
美国海军"尼米兹"级核动力航母	LITE，电子侦察情报分析系统	基于 UNIX/X Windows，装备于计算机工作站。为电子侦察情报分析员提供多任务分析能力，拥有海量存储能力，将接敌报告存盘形成历史性存储记录以供分析利用
	dbMaster，综合数据库系统	包含或与以下数据库连接：发射机参数数据库，情报数据库，重大变更备忘录以及简氏数据库，国防情报局数据库等。可提供各种情报与参考资料的快速在线存取和查询
	CV – TSC，航母战术支援中心	用于对直升机的指挥控制，以及相关情报的处理分发
英国海军"无敌"级航母	ADIMP	主要用于作战管理和编队指挥控制，也用于本舰指挥进行近程自防御。可自动收集、处理和显示空中、水面和水下目标的战术数据，编辑战术态势图像，进行相应的威胁判断，为武器分配和指示目标
	ADAWS 20，作战数据自动处理系统	主要用于辅助完成作战管理，进行威胁评估、机动辅助和武器分配功能的指挥支持
	JMCIS，联合海上指挥信息系统	通过卫星通信系统，向航母传输和交换情报与支持信息，并与美国海军及其他北约海军进行情报交换与支援
	PFSS，旗舰支持系统	主要用于辅助长期作战计划而不是紧急执行战斗的指挥支持系统
	FOSP，舰队海洋监视设备	可对航迹相关和舰上数据库信息进行动态更新，将从战术数据链得来的海上舰艇编队图像与舰队通信接收的信息相结合，经图像编辑和选定重新发送给编队内的舰艇
法国海军"戴高乐"核动力航母	AIDCOMER，编队级指挥支持系统	用于帮助编队司令进行态势评估、决策判定和在作战舰队一级对其他舰船和飞机进行管理
	MCCIS，海上指挥控制信息系统	用于处理来自多种信息源的数据，并将其显示在各种不同的指控制应用中，提供海上通用指挥与控制支援服务
	SENIT – 8，海军战术信息系统	将舰上各传感器和数据通信设备获取的各种信息进行融合、处理和显示，对各种武器和电子对抗装备进行管理

20.3.4　自防御武器系统

航母自防御包括对空自防御和对水下自防御两方面。

1. 对空自防御武器

1）对空自防御需求

航母编队硬杀伤防空一般分为外层防空、区域防空和点防御（包括末端防御）3 层。

（1）编队外层防空。航母编队内的外层防空主要由预警机和战斗机进行，通过预警机进行预警探测（有时也可通过其他预警系统获得预警信息），并指挥拦截机或战斗机，摧毁敌方试图发射导弹的飞机，以减少导弹袭击。

（2）编队区域防空。航母编队第二层防空是区域防空，主要由编队属舰舰载舰空导弹负责。该层防空的目的是拦截绝大多数反舰导弹，减轻点防御的压力。

（3）编队点防御。最后一层防空力量，主要由近程舰空导弹系统和舰炮系统担负，用于各舰的近程防御。

2）典型对空自防御系统

为了具备快速、自动、有效的多目标综合近程防空作战能力，世界各国正在积极研制对空自防御系统，典型代表是美国研制的舰艇自防御系统（SSDS）。2008 年 7 月，雷声公司向美国海军交付了首套采用开放式体系结构以及全舰计算环境体系结构的舰艇自防御系统（SSDS MK2），安装在了美国海军 CVN68"尼米兹"级航母上。该系统将不同的传感器和先进的综合电子战系统，以及不同武器等集成起来，形成了对空自防御通道。

舰艇自防御系统能够将雷达、光电、红外、电子侦察、声纳、敌我识别等传感器数据进行融合，基于人工智能辅助决策技术，自动调用条令库中的作战条令，对目标进行实时跟踪、识别，并对武器进行引导，实现自动化的交战控制。

舰艇自防御系统主要硬件包括自防御数据处理机柜（4 个）、计算机显控台（3 个战位）、Z－微系统战术高性能工作站模型（配有键盘和跟踪球）、20 寸的平板显示器等硬件设备。

其中，舰艇自防御系统采用的 UYQ－70 多功能显控台不但具有普通显控台的模块化、通用化水平，而且从软、硬件平台、人机接口、系统接口等方面均具有全分布式作战系统要求的功能。在接入全分布式系统后，无需换硬、软件模块和硬件连接，仅用软件命令，即可使该控制台在系统中实现备用和完成其他控制台的任务，实现传感器、控制台、武器的动态重组。

如图 20-5 所示，传感器监控员显控台、战术作战军官（TAO）显控台和武器监控员显控台共同控制舰艇自防御系统中的所有传感器和武器设备。

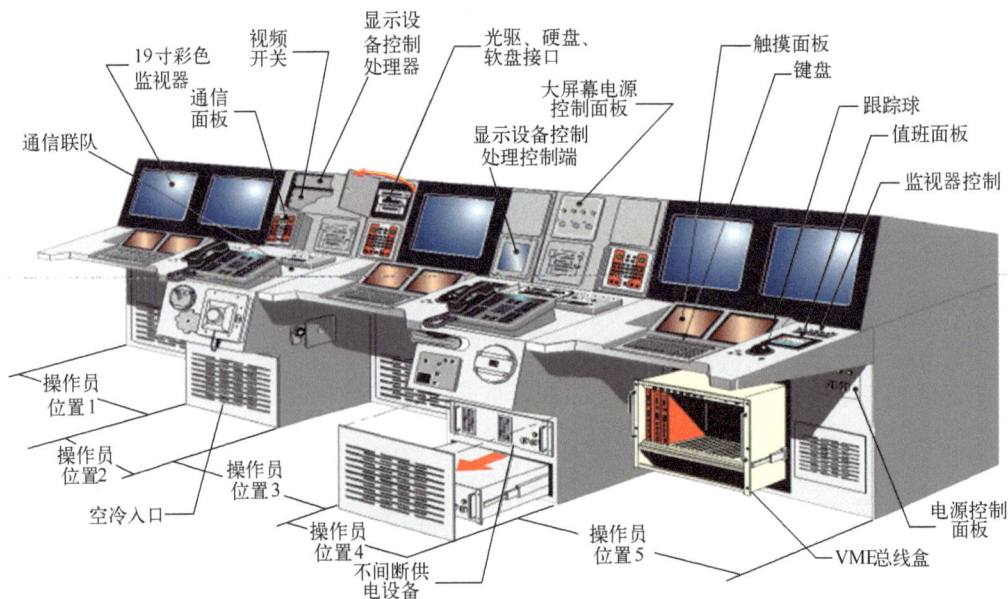

图 20-5 ┃ SSDS 指挥控制台

（1）传感器监控员显控台（操作员位置 1、2）显示复合跟踪信息和地理态势，监控员可以操作、控制并协调自动化标准，根据自然环境和战术态势指挥传感器的运行。

（2）战术作战军官显控台（操作员位置 3、4）显示战术计划和系统状态控制，TAO 管理、识别并制定战术准则，在探测、控制、交战的序列中使用战术准则。

（3）武器监控员显控台（操作员位置 5）使操作员能连续观察武器状态，控制所有电子干扰、导弹和舰炮，在 TAO 的指挥下，输入控制威胁选择和交战决策过程的准则。

3）国外航母对空自防御武器典型配置

美国"尼米兹"级、法国"戴高乐"号、俄罗斯"库兹涅佐夫"号等国外在役航母的近程对空防御武器配置如表 20-2 所示。

表 20-2 国外航母对空防御武器配置

美国"尼米兹"级	俄罗斯"库兹涅佐夫"号	法国"戴高乐"号
3 套北约"海麻雀"近程导弹系统； 3 套"密集阵"近程武器系统； 2 座 RAM 导弹发射装置； SLQ-32（V）4 电子战系统； MK-36 型 SRBOC 诱饵	4 座六联装 SA-N-9 舰对空导弹垂直发射装置； 备弹 192 枚； SADS-N-1 弹炮合一近程武器系统，由双管 30mm 舰炮和 SA-N-11 舰空导弹发射装置组成； 6 座 AK63030mm 六管舰炮	4 座 8 联装 SAAM 舰空反导系统； 2 座六联装"萨德拉尔"近程舰空导弹系统； "萨盖"箔条红外干扰系统

2. 水下自防御武器
1）对水下自防御需求

航母编队以航母为核心，对水下作战一般由舰载机、护航舰艇、航母自防御装备等形成内、中、外三层作战区域。即：距航母纵深作战区域，主要担负编队预警、航空反潜等作战任务；距航母中程防御区域，主要担负区域反潜作战任务；距航母近程防御区域，主要担负防鱼雷作战任务。具体为：

（1）编队外层。在外层敌潜艇威胁区域或航母编队前方部署 1~2 艘攻击核潜艇，当攻击核潜艇数量和航母编队对攻击核潜艇的指挥控制能力容许时，根据作战需要可增加配置 1 艘攻击核潜艇于编队后方。

（2）编队中层。在中层部署 1~2 艘防空作战能力较强的舰艇在敌飞机主要来袭方向上；部署 1~2 艘反潜作战能力较强的舰艇在敌潜艇主要威胁区域；如舰艇数量容许可部署更多的舰艇，以增大防空拦截宽度或扩大反潜作战区域；防空舰艇也可以兼顾区域反潜作战任务。

（3）编队内层及末端。在内层部署 5 艘防空、反潜综合作战能力较强的驱逐舰，呈圆形部署；如驱逐舰数量允许，编配数量可适当增加，一般不超过 8 艘。

对于突破编队防御圈的来袭鱼雷，主要依靠航母自身配置的自防御装备进行拦截或诱骗。

航母面临突破编队水下防御圈的来袭鱼雷目标的主要特点如下：

（1）高速：通常在 40~55kn，反应时间短。

（2）先进的线导技术：对目标数据实时更新与识别，使传统鱼雷防御手段的效能大大降低。

（3）先进的声自导方式：对目标发现距离远，精确跟踪能力提高；有效对抗具有"软杀伤"能力的声抗器材；（先进声自导能进行多目标处理、声纳频谱的最佳使用、目标识别、储存的环境数据、目标航速、航向估计等）。

（4）灵活的弹道选择：有效提高鱼雷的打击能力。

（5）远航程、再攻击能力：软对抗措施有效性降低。

由于来袭鱼雷的种类和战术可选择性多，且状态未知，所以战术方法多种多样，造成航母自防御的困难和威胁都很大，来袭鱼雷战术方面具有如下特点：

（1）现代智能自导鱼雷实时下载更新处理算法和反对抗措施：软对抗器材失效。

（2）近距离来袭鱼雷突然攻击：本舰机动逃离无效。

（3）来袭鱼雷弹道战术上深度变化：深弹及拦截深弹不能发挥效能。

（4）攻击方可选择发射不同形式的鱼雷：本舰无法判别来袭鱼雷种类（直航、线导、声自导、尾流等），造成采用的对抗方式难以选择。

目前，航母对鱼雷的防御主要采用非杀伤的本舰机动逃离，软杀伤的声学诱饵和干扰器，硬杀伤火箭深弹等手段。研究表明，只有在远距离发现来袭鱼雷的情况下，本舰通过机动方式有可能实现逃离；在中近距离采用声对抗措施防御来袭鱼雷；在近距离采用深水炸弹方式。

2）典型水下自防御体系

水下自防御体系主要包括鱼雷报警声纳、鱼雷目标运动分析系统、水声对抗干扰器材、硬杀伤系统、指挥决策与设备发控系统。各型装备发挥着不同的作用，并相辅相成，构成了一个完整的综合鱼雷防御体系。

鱼雷报警声纳完成对来袭鱼雷的报警和方位、距离等参数的测量；目标运动分析完成鱼雷运动要素的分析与解算；指挥与设备发控系统完成对抗策略的选择与设备的发射控制；水声对抗器材在中远距离通过声对抗敌声纳和来袭鱼雷，使本舰尽快逃离；深水拦截炸弹在中近程拦截鱼雷并毁伤；反鱼雷鱼雷在中近程主动拦截并毁伤来袭鱼雷。这些系统在同一复杂战场环境中共同完成鱼雷防御的任务。

国外鱼雷防御体系主要划分为三个防御层次：外层、中层和近层。

外层：在距舰艇3km以外的范围。此时来袭鱼雷一般处于线导导引阶段。本舰声纳对来袭鱼雷进行报警后，主要采用火箭投放低频噪声干扰器材进行防御，干扰敌方导引声纳，使来袭的线导导引鱼雷丧失目标指示，同时本舰机动逃逸。

中层：在距舰艇1~3km的范围内。此时来袭鱼雷的自导装置已开始工作，处于自动搜索目标阶段，对其的防御主要以火箭助飞声诱饵和宽带干扰器干扰鱼雷自导，同时可以采取反鱼雷鱼雷硬杀伤手段，并配合本舰机动。

近层：在距舰艇1km以内的范围。属于鱼雷防御的最内层，来袭鱼雷的自导已锁定跟踪本舰，仅靠本舰机动无法摆脱鱼雷追踪，因此防御主要以拖曳式声诱饵诱骗和近程拦截硬杀伤为主，其硬杀伤手段主要为反鱼雷鱼雷和火箭深弹。但目前世界上的先进鱼雷一般可识别拖曳式声诱饵，并再次攻击本舰，所以使用拖曳式声诱饵不可能彻底躲避攻击。火箭深弹拦截效能低。使用反鱼雷鱼雷拦截效能高，是鱼雷防御的最后手段，也是最有效的硬杀伤手段。

3）国外航母对水下自防御武器典型配置

对水下自防御装备主要由舰载鱼雷报警声纳、水声对抗装备、鱼雷防御装备组成，实施对突破中远程反潜防御区的鱼雷目标实施自防御作战。

（1）美国航母。目前，美国航母上只装有AN/SLQ－25B"水精"拖曳式声诱饵，正在加紧有关技术的研制，其中主要包括反鱼雷鱼雷（ATT）技术、超空泡射弹反鱼雷技术和电动液压效应发射器产生的聚能压力波—液电效应（FPW－EHE）技术等。

"尼米兹"级航母配置了AN/SLQ－25（V）"水精"声导鱼雷诱饵系统，通过发出假回波模拟大尺度目标，对突防鱼雷实施近程水下诱骗防御。AN/SLQ－25（V）系统配备尾流制导鱼雷干扰器和磁干扰器，与 MK – 36 SRBOC 装置共架发射高频悬浮式声诱饵，射程 3km。

（2）法国航母。法国航母自身配置有限水声对抗武器对突防鱼雷实施近程水下诱骗防御。法国"戴高乐"航母上配置有 SLAT 鱼雷防御系统，对突防鱼雷实施近程水下诱骗防御。

该系统的主要特点是有一台专用于鱼雷报警的被动式拖曳短阵声纳和一套通过火箭助飞技术将对抗器材发射到离本舰 3km 以外的装置。这一系统能够在 10 ~ 15km 距离上早期发现鱼雷，并能对鱼雷进行多层次的对抗，包括噪声干扰器和主动声诱饵在不同距离上实施的对抗。

（3）俄罗斯航母。俄罗斯航母配置深弹对突防鱼雷实施近程水下摧毁，没有配置水声对抗器材。"库兹涅佐夫"号航母配置"公牛角""马颚"舰壳声纳联合起来对 20km 范围内的来袭鱼雷进行被动三角法探测和定位。当鱼雷进入到离本舰约 3km 时，利用"马尾"拖曳声纳对鱼雷进行精确定位，引导深弹拦截鱼雷。

"库兹涅佐夫"号航母水下防御武器主要配置：2 座 10 联装 RBU1200 反潜深弹发射装置，用它既可以反潜，又可以拦截来袭鱼雷；1 套"蟒蛇 – 1M"反鱼雷系统，该系统主要对直航鱼雷和声自导鱼雷进行拦截。

20. 3. 5　任务支持系统

作战系统是一个复杂的巨系统，其体系结构、接口形式、信息种类等越来越复杂，除了直接面向作战应用的系统设备外，还需要在使用训练、维护保障、基础运行、安全管理等方面的功能需求，这些功能具有辅助性，不直接决定某个或某类武器的威力，它服务于全作战系统，支撑作战系统运行顺畅，辅助提高作战系统效能。

由于各国海军技术路线和发展水平不同，对作战任务支持系统的定义不一致，一般来讲包含以下部分：

（1）基础服务设施，完成公共服务功能，包括计算、存储、信息传输、时间同步等功能。

（2）兼容与安全管理设备，完成括电磁兼容、火力兼容协调与安全管理等功能。

（3）作战训练设备，负责海上及锚泊时的训练组织实施。

（4）战备状态管控设备，负责作战系统状态的监视与测试，为系统维护维修提供支持。

1. 基础服务设施

1）作战计算设备

作战计算设备主要提供开放、通用、标准的作战应用运行环境，完成数据计算与信息处理功能，实现作战系统任务资源的动态组织和灵活集成，提高多威胁条件下的并发防御与攻击等综合作战能力和系统抗毁生存能力。

2）传输设备

信息传输设备为作战系统提供安全可靠、高速的信息交换和传输网络，承载相关数据报文交互、视频、话音等业务的接入与传输。舰载作战系统传输方式主要以太网、1553B、异步串口等，其中以太网技术成为现代舰载作战系统信息传输的主流。

（1）以太网。以太网使用的是带有冲突检测的载波侦听多路访问（Carrier Sense Multiple Access/Collision Detection，CSMA/CD）的访问控制方法。可以使用粗同轴电缆、细同轴电缆、非屏蔽双绞线、屏蔽双绞线和光纤等多种传输介质进行连接。

以太网传输的核心是交换机，从传输速度上可分为以太网交换机、快速以太网交换机、千兆以太网交换机。传输模式有全双工、半双工、全双工/半双工自适应。交换机拥有一条很高带宽的背部总线和内部交换矩阵。交换机的所有的端口都挂接在这条背部总线上，控制电路收到数据包以后，处理端口会查找内存中的地址对照表以确定目的 MAC（网卡的硬件地址）的网卡挂接在哪个端口上，通过内部交换矩阵迅速将数据包传送到目的端口，目的MAC 若不存在才广播到所有的端口，接收端口回应后交换机会"学习"新的地址，并把它添加入内部 MAC 地址表中。通过对照 MAC 地址表，交换机只允许必要的网络流量通过交换机。通过交换机的过滤和转发，可以有效隔离广播风暴，减少误包和错包的出现，避免共享冲突。

（2）光纤通道。光纤通道（Fibre Channel，FC）是由美国国家标准委员会（ANSI）的 X3T11 小组制定的一种高速串行传输网络协议簇。光纤通道可实现低误码率（小于或等于12）、低延迟（微秒级）、高带宽（大于或等于 8Gb/s），这些技术特点完全满足了舰载作战系统信息传输的要求。

FC 协议定义了 5 层结构，分别为 FC-0、FC-1、FC-2、FC-3、FC-4，如图 20-6 所示。

图 20-6 ‖ 光纤通道（FC）协议层次

FC-0 层是协议的物理层，规定了接口规范、传输的物理介质和传输速率。FC-1 层是协议的链路层，规定了 8B/10B 的编解码方案，定义了有序集（Ordered Sets）的功能。FC-2 层是协议的传输层，规定了数据通信的相关的传输机制，主要包括节点、端口及通信模型，服务类型，传输层次、帧格式、交换管理等功能。FC-3 层是协议的通用服务层，该层定义了相关的服务机制，为同节点多端口的通信提供服务。该服务包括多条传送、搜索组以及多点传送。FC-4 层为协议的上层协议层，规定了上层映射协议，将各种主要通道、外设接口和网络协议等映射到 FC 上。目前，FC-4 提供 IPI-3 协议、SCSI 协议、LLC 协议、IP 协议，以及 FC-AE-ASM、FC-AE-1553、FC-AE-RDMA、ARINC818 等。

3）时统设备

为保证舰载作战系统所有设备的时间高精度同步，并能与编队内、战区内的其他作战平台的时间同步，作战系统一般设置时统设备，为全舰各系统、设备提供标准时间和标准频率。

美国海军作战系统的时统设备包含系统时钟管理机和主、副两个系统时统，同步、维护和校准作战系统的共同时间基准。系统时钟向各个计算机（雷达、指控、显示、武控）提供基准时间信号，使各分系统在数字时间上同步。

2. 兼容与安全管理设施

兼容管理分系统主要为作战系统提供火力兼容控制、电磁兼容控制服务。一般包括火力兼容控制设备和电磁兼容管理设备。

1）电磁兼容管理设备

由于航母上电子装备的数量越来越多，射频信号引起的电子装备之间及电子、武器装备的电磁干扰问题越来越严重，致使部分电子设备性能下降，甚至一些电子设备不能同时使用，严重影响作战系统的效能。

由于电子武器众多，空间有限，仅通过总体布局优化，难以完全解决这些电磁兼容，还需进行全舰的电磁兼容管理控制：针对各电子、武器装备的功能特性，合理调度使用时机、使用方法，对产生全舰安全问题和强干扰问题的设备的工作频率、发射功率、发射时机和发射方向进行优化决策、统一管理，有效防止和降低电子设备射频信号引起的射频信号干扰，以达到充分发挥舰艇作战系统的作战效能。

电磁兼容设备主要采用以下两条措施来解决全舰雷达电子设备间的电磁兼容问题：

（1）采用了对雷达发射脉冲"匿影"的技术措施，解决雷达电子设备相互之间脉冲干扰。即用与雷达发射脉冲相同步的"匿影"脉冲，瞬时关闭受干扰设备的接收机，消除来源于本舰雷达发射脉冲的干扰。

（2）利用火控雷达的目标跟踪距离选通波门同步瞬时控制关断有源干扰，使有源干扰在火控雷达对目标跟踪时不发射有源干扰，从而不干扰本舰火控雷达对目标的跟踪。

2）火力兼容控制设备

现代舰载作战系统必须同时具备应对空中、海面、水下和电子战目标的能力，在这种多目标作战背景下，舰上武器存在交叉射击影响武器效能，甚至危及本舰安全的事故。为了避免舰上武器交叉射击时存在的危险，需要有专门的设备协调主炮系统、副炮系统、防空导弹、反舰导弹等武器交叉设计时的火力兼容问题。

火力兼容设备主要通过以下三种途径来实现对全舰武器的火力兼容控制：

（1）避免其他武器、直升机和舰体结构因受到发射导弹的火焰和火炮装置射击冲击波作用而受到破坏，当这类情况可能发生时，则要对武器系统的发射/射击进行控制。

（2）避免发射出去的导弹还处于舰外危险近区内，因穿过其他武器射击平面被摧毁。若两个武器射击平面相交，且其中一个武器系统已经发出了"射击（发射、齐射）"信号，火力兼容设备则对另一个武器系统的发射进行控制。

（3）按照确定的武器系统射击优先权对武器系统发射/射击进行控制。

3. 模拟训练设施

模拟训练设备主要是用于海上及锚泊时的训练组织实施，提供满足舰艇作战系统实装训练、科目训练和课题训练要求的模拟训练环境条件，评判训练结果，管理训练档案，实现作战系统以作战指挥和战术应用为核心的战术和技术训练。

模拟训练设备的主要功能：

（1）训练环境及态势的模拟和控制：生成模拟战场态势，模拟探测目标的特征信息、探测效果，模拟数据链、敌我识别等信息。

（2）模拟武器使用效果。

4. 战备状态控制系统

战备状态管控系统通过对作战系统各相关信息的采集、测试与诊断，能够提供作战系统的状态监视、状态评价、维护引导功能。当系统局部发生故障时，可以将问题的部分隔离，防止影响其他部分的操作，并为作战系统的重构提供支持，使许多故障不必在作战过程中修复或能够得到快速地修复，从而极大地提高作战系统的使用可用性。

为了获得舰船作战系统稳定、持久地保持作战性能的能力，美国海军装备了战备状态检测系统（Operational Readiness Test System，ORTS）。战备状态检测系统与作战系统各主要子系统相连，完成对作战系统的监视、自动故障检测和维护。局部发生故障时，可以将出问题的部分隔离，防止影响其他部分的操作，并立即提供维修记录供故障排除参考，支持进行硬件重组、同时进行计算机程序的远程装载以便系统有效运用。

战备状态检测系统主要由小型机和显控台组成，包括计算机、扩展适配器、打印机、显控台 、磁带存储器。

20.4 > 作战系统仿真试验与评估

为了验证作战系统设计结果，通常采用作战系统仿真试验和作战系统效能评估方法。

作战系统仿真试验主要是在作战系统设计阶段，针对关键技术、新装备、系统体系结构等内容，依托开发的模拟器和相关模拟仿真设备，开展的验证性试验。例如，在方案设计阶段，主要针对作战系统设计拟采用的关键技术开展技术应用可行性试验，以确定作战系统整体架构，试验主要以功能仿真、架构仿真、多方案对比试验、性能摸底试验为主；在技术设计阶段，主要针对系统设计过程中具体问题，开展相关技术实现可行性试验、关键技术应用的性能测试试验、系统（设备）关键技术应用试验与测试，该阶段试验主要解决如何应用、以及关键技术应用实现性问题。

作战系统效能评估主要是评估作战系统装备满足一组特定任务要求程度的能力（度量）；或者说是系统在规定条件下达到规定使用目标的能力，常常在系统设计后期，采用作战系统效能评估方法，对作战系统装备能达到的能力进行综合评估。

20.4.1 作战系统仿真试验

仿真模拟技术已成为了作战系统和新型武器装备系统研制、操作训练、作战仿真等方面不可或缺的研究工具。随着计算机技术、网络技术、软件开发技术、传感器技术、人与系统界面交互技术等飞速发展，联网共用的趋势越来越明显，发展成了分布式交互仿真模拟环境，为复杂作战系统构成综合仿真环境成为可能。在新的架构、方法及先进技术的基础上建立高性能、一体化的作战系统模拟与仿真环境，通过人对系统的灵活控制，使得设计人员可以利用这个综合环境研究、分析并检验作战系统设计。

1. 作战系统仿真建模
1）仿真建模的意义

作战系统设计是一个复杂巨系统工程，主要表现在：一是系统间的信息关系更加复杂、流程设计难度增加，采用人工的分析手段，难以覆盖所有的设计；二是在新研装备多的情况下，作战系统在接口、流程、系统集成等方面的技术状态一时难以明确，导致作战系统设计中相关接口及信息流程设计随技术状态变化而发生变更，人工作业模式难以适应需求变更的步伐；三是作战系统设计完成后，设计结果难以得到充分的验证。因此，需要借助于系统仿真建模的方法论（如模型驱动的体系结构）和相应的软件工具，对系统进行需求分析、功能分解与分配，细化各个组成部分的功能、流程和接口，通过建模软件工具进行建模设计，形成小粒度的、可执行的功能模型。通过应用各种仿真建模工具，以更好的方法和软件工具来辅助系统的分析和设计；利用软件工具提供的验证手段，将设计的验证工作尽量提前，在设计阶段尽可能详尽地对作战系统接口、流程的开展验证，以降低系统研制风险和减轻试验阶段的压力。

2）仿真建模的内容

作战系统仿真建模几乎涵盖了作战系统设计研制的全过程，并起到重要的作用。作战系统立项阶段，采用建模仿真技术和手段可为用户提供作战系统在武器装备体系中的能力描述和可视化展现。作战系统方案设计阶段，采用仿真建模技术可为用户和研制单位提供作战能力的详细描述、作战系统的架构设计、各组成系统之间的相互作用关系。同时，通过仿真试验确定总体架构中的关键技术的应用可行性。作战系统技术设计阶段，采用仿真建模技术可为研制单位提供协议设计、关键技术验证与实施办法、试验测试等手段和方法。作战系统系统实现与测试阶段，采用仿真建模技术可为全系统提供战场态势驱动、故障模拟、试验数据分析、试验评估等手段和工具。

3）仿真建模的分级

目前，一般把作战系统建模分为战略级建模、任务级建模、平台级建模、工程级建模。其中，战略级建模是对整体体系进行建模；任务级建模是在多个平台组合与大量威胁对抗条件下，对全系统进行建模；平台级建模是对参与对抗的某个系统进行建模；工程级建模是对某个系统中的设备/功能进行建模。

2. 面向能力的作战系统建模

能力是系统通过综合应用各种途径和方法在特定的条件下执行一组活动，取得期望结果的本领。作战系统能力是指舰艇作战系统在对空、对海、反潜和（或）对岸等具体作战任务下，以及在规定的时间内，完成作战任务的能力。

从军事战略目标出发，进行使命分析，通过"战略—使命—任务—能力"的分析，建立与武器装备发展战略联系起来的体系能力需求定义，形成以"使命任务"表示的能力需求结构。能力分配还没有比较正规的定义，可理解为系统为完成某项任务对其组成部分"本领"的分配，或各组成部分应具备的潜力，其实质就是在系统设计时如何将顶层设计指标向下最优分配的问题。

面向能力的作战系统仿真建模本质上是对作战使命任务，系统组成和功能，以及作战能力需求到作战活动的映射。将完成任务需要执行的作战活动映射到能力指标，以图形映射方式或矩阵映射形式描述系统能力与作战活动间的对应关系，表示出作战需要满足的能力指标与支持这些能力的行动之间的映射关系。采用体系结构建模方法是描述面向能力作战系统仿真建模的重要手段。建立体系结构模型可以理解系统作战概念、作战任务、活动序列、功能结构，分析系统逻辑数据动态交互，分析系统作战性能以及影响系统性能的诸因素间的相互关系。所建立的体系结构模型可以转换为可执行模型，通过可执行模型的仿真对系统作战能力以及影响作战能力的各个因素进行分析。分析系统的作战活动流程、互操作行为、事件活动对系统目标的影响关系，确认体系结构设计方案能否达到预期的作战能力，从而可以验证优化的任务剖面。

以作战概念为依据，进行使命任务功能的分解，建立功能体系结构，展示功能数据流、执行这些功能的条件以及执行这些指定功能所要选择的实体，构建其物理体系结构；同时需要根据作战概念研究体系结构动态特性表示的动态模型。在系统综合阶段则由功能体系结构、物理体系结构和动态模型得到体系结构的可执行模型。在评估阶段则根据对可执行模型的仿真数据进行分析，校验系统的逻辑和动态行为，实现系统体系结构性能和效能的度量。

3. 作战系统仿真试验环境

作战系统仿真试验环境是为作战系统全系统试验提供"态势驱动→（受试系统/设备＋配试模拟器）→态势驱动"闭环控制的试验环境，实现对受试系统/设备与配试模拟器的"人在回路"控制。

仿真试验环境由仿真驱动设备、模拟部分装备的配试模拟器、模拟共用信息的模拟器、数据录取设备、视景生成及显示设备组成。仿真驱动设备由态势驱动软件模块、航迹转发软件模块、导航模拟器等模拟器组成，是驱动受试设备运行的信息驱动源。视景生成一般采用商用主流软件开发，通过实时接收态势驱动的数据，结合态势驱动中的装备模型、环境模型、以及传感器探测视景模型、武器打击模型、目标机动动力学模型、毁伤效果模型，实时显示二维和三维的视景图像。

例如，美国海军在作战系统研制过程中，采用 Flames 构建作战态势、控制作战想定的启动/停止时间、仿真步长、仿真引擎、仿真日志，并通过网关将作战态势发送到受试系统（设备）。

采用模拟设备或模拟器先行，待装备研制完成后，用实际装备替换原先的模拟设备或模拟器，逐步扩大真实装备的测试范围，最终达到全部采用真实装备进行统一集成试验的目的。

20.4.2　作战系统效能评估

作战系统效能是满足一组特定任务要求程度的能力（度量）；或者说是系统在规定条件下达到规定使用目标的能力。"规定的条件"指的是环境条件、时间、人员、使用方法等因素；"规定使用目标"指的是所要达到的目的。

常用的作战系统效能指标有单项效能、系统效能、作战效能。单项效能是指运用装备系统时，达到单一使用目标的程度。系统效能是指在一定环境下，系统完成规定任务的程度。作战效能有时称为兵力效能，指在规定的作战环境条件下，运用武器装备系统及其相应的兵力执行规定的作战任务时，所能达到的预期目标的程度。

作战效能指标是衡量系统及其所在的军队执行任务的情况的。作战效能指标也被称为系统效能指标，或全局效能指标。

1. 作战效能评估方法

作战效能评估的方法多种多样。有经典的 WSEIAC 方法和近年来提出的层次分析法、聚类分析法、判别分析法、模糊分析法、灰色模糊分析法等。

（1）WSEIAC 方法是指严格地从作战系统效能的定义出发，建立基本评估模型。模型能鲜明地反映作战系统武器装备的系统效能物理本质。其运算给出的系统效能评估值及其诸多中间的综合品质指标值，与作战系统的实际作战效果及过程之间，具有显著的物理拟合性。该方法及其基本模型在工业应用上又很简便、灵活，既可单独用于作战系统效能评估，又可以该方法为主，辅以近年提出的一些方法，用于缺乏部分定量技战术指标的作战系统效能评估。

（2）层次分析法是将作战系统所包含的全体因素（包括诸多技战术指标等）划分为不同的层次（如目标层、准则层、指标层），并用框图形式表示各层次的递阶结构与各因素的从属关系。再由专家确定同一层次中诸多因素对上层某一因素的重要性次序，并综合专家判定，统一确定该层次所有因素对上层某一因素的重要性排序权值。如此，由最低层次向最高层次逐层进行，最终得到作战系统效能评估值。

（3）判别分析法是基于数理统计分析的一种分类方法，主要是根据已知分类结果的某些样本数据来建立判别模型，再根据判别模型确定所研究系统样本的归类问题。用判别分析法可以研究建立作战系统系统效能与诸多技战术指标之间的近似函数关系，也可分析参数的灵敏度。使用该方法研究作战系统效能时，需要有大量的现场数据资料作支持，否则得到的判别函数就不能保证其准确性。

（4）聚类分析法、模糊分析法及灰色模糊分析法都是基于模糊数学、灰色数学而提出来的，是分析研究作战系统内部存在模糊关系问题的有效方法。

2. 作战系统效能评估指标选取原则

指标体系实际上是一套能够反映或描述系统属性/特性的指标集合，是进行系统性能与效能评估的前提。建立作战系统指标体系的目的是将作战系统的属性描述建立在一致统一的基础上，使得对不同作战系统可基于相同的标准进行评价和比较。设计指标体系应当在明确的评估目的的指导下，尽可能全面、深入地刻画被评估对象的各个方面，同时在不失全面性的前提下，尽量减少体系中指标个数，即尽量减少指标之间的冗余度。

指标体系的选取分为定性和定量两种。定性选取的方法主要有专家咨询法、频度统计法和理论分析法，它所能遵循的准则很多，基本上应该考虑指标的目的性、正确性、可行性、完整性、必要性以及稳定性。

1）指标体系构建准则

为了使构造的指标体系能够公正、客观、全面地反映被评价对象的价值构成，做到科学、合理且便于操作运算，应遵循以下准则：

（1）目的性原则。整个指标体系必须紧紧围绕评价目的展开，选取能客观反映评价对象关于评价目标的指标集，使评价结论能正确的反映评价意图。

（2）可操作性原则。可操作性是指标的获取，即指标可通过数学公式、测试仪器或者实验统计的方法获得。所选取的指标本身应便于实际使用，指标含义明确，并具有可靠的可收集渠道。

（3）客观性原则。不同的评价任务和目的决定了不同的评价原则。评价指标应该与评价对象的任务密切相关，应能客观、准确地反映评价对象的主要特征。各项评价指标数据和信息的获取应尽可能使用公开、公正的方法，不能主观臆断，同时保证各项指标含义明确。

（4）科学性原则。构成整个指标体系的元素以及指标体系结构必须科学、合理、准确。同时每个指标的计算内容和计算方法也应该是科学、合理、准确的。科学性要求指标能充分反映评价对象的变化，并且各项指标之间不存在信息重叠，各指标相互独立。

2）指标确定原则

在遵循上面准则的前提下确定指标时，还需要特别注意以下几点：

（1）在选取指标时，应以实际系统为基础，把相关的指标尽可能的都包含进来，以免漏掉有用信息，再用统计方法从中选取主要指标。

（2）当用数学统计方法选取的指标跟定性分析选取的指标不一致时，应认真分析，查明原因，尽量使两者取得一致结果。

（3）定量选取方法应该与定性分析相结合。因为用数学统计方法选取指标有时有一定的局限性，当计算步骤无法进行时，此时就要从定性上来分析、比较加以解决。

（4）指标的确定还与评价对象的特性以及评定的目的、任务、功用等有着密切的联系，最终指标的选取应视具体情况而定。在建立对空防御作战系统评价指标体系时，将从系统功能分解开始，采用分析法获得初步的指标体系。

20.5 > 作战系统技术发展趋势

为适应未来网络中心战、电磁作战、无人作战等新作战样式，研发的新概念武器、高超声速反舰导弹、五代机/六代机、无人飞机、空天飞机等新装备不断涌现，无人潜航器技术、无人水面舰艇技术、纳米技术、战术云技术、反鱼雷鱼雷技术、智能计算等新技术逐渐成熟，因此在能力、功能、性能、集成方式以及新技术应用等方面对作战系统提出了新的要求。

为应对五代机/六代机、隐身潜艇、高超声速反舰导弹、新概念武器威胁，未来航母作战系统发展方向主要包括如下几个方面。

（1）构建远海战场环境下航母信息保障体系。作战系统信息保障，通过卫星通信和构建空中高速通信网，实现卫星信息、预警机、无人机侦察信息/综合电子信息系统信息接收、处理、应用，构建远海战场环境下航母信息保障体系等。

（2）实现指挥控制由综合化向智能化的转变。为了应对高隐身/超高速/大机动反舰导弹、远程/高速鱼雷等新型武器的威胁，实现对远程无人机/舰载机、中程区域防御舰艇、近程防御舰艇以及母舰梯次自防御武器的多层指挥控制能力，实现自防御组织由目前的综合化向智能化的转变。

（3）形成对未来高威胁目标的自防御能力。突破编队协同防御背景下航母综合自防御信息保障、低空无人机探测/拦截高速掠海反舰导弹技术、激光武器拦截高超声速反舰导弹技术、水下无人平台探测/对抗高速鱼雷技术、航母综合自防御多通道智能化组织技术、航母综合自防御多武器并行控制策略等。

（4）构建面向大数据的一体化服务体系。随着大数据时代来临，未来航母作战系统将采用面向数据的作战系统体系结构，构建基于"数据中心"的作战系统，采用商业成熟技术，运用标准和规范，集成作战系统先进装备，适应新装备和新技术不断应用，以保持系统技术先进性。

参 考 文 献

[1] 戴自立，谢荣铭，虞汉民. 现代舰艇作战系统［M］. 北京：国防工业出版社，1999.

[2] 邵开文，马运义．舰船技术与设计概论 ［M］．北京：国防工业出版社，2005．

[3] 潘镜芙．国外航母的发展和展望 ［J］．自然杂志，2008，29 （6）：315 - 321．

[4] 石剑琛．美国海军航母作战系统发展与展望 ［J］．舰船科学技术，2012，34 （4）：8 - 12．

[5] 李明．国外航母作战系统发展研究 ［J］．舰船电子工程，2013，33 （5）：6 - 9，29．

[6] 詹广平，黄玉清．舰艇自防御系统浅析 ［J］．舰船电子工程，2010，30 （7）：4 - 7．

[7] 陈振邦．跨世纪的法国"戴高乐"号航母 ［J］．雷达与对抗，1994，（4）：5 - 12．

[8] 李烨．美海军舰艇作战系统发展趋势分析 ［J］．舰船电子工程，2013，33 （8）：11 - 14．

[9] 周长仁．美军航空母舰战斗群防御作战能力探析 ［J］．国防，2007，2：65 - 67．

[10] 董晓明，石朝明，黄坤，等．美海军 DDG - 1000 全舰计算环境体系结构探析 ［J］．中国舰船研究，2012，7 （6）：7 - 15．

[11] 谢红胜．国外航母及编队警戒雷达配置比较分析 ［J］．舰船科学技术，2013，05：17 - 20．

[12] 张同宣，盛景泰．浅谈国外航母发展现状及探测手段 ［J］．硅谷，2011，08：25 - 26．

[13] 刘永辉．国外航母作战指挥 ［M］．北京：军事科学出版社，2007．

[14] 沈如松．导弹武器系统概论 ［M］．北京：国防工业出版社，2010．

[15] 赵磊．基于 PON 结构的命令响应传输协议研究 ［D］．电子科技大学硕士论文，2011．

[16] 杰科伯·G·巴伯．宙斯盾武器系统战备状态测试系统 （ORTS）升级计划 ［J］．赵红艳，译．情报指挥控制系统与仿真技术，1998，10：19 - 25．

[17] 徐瑞恩．武器装备效能模型和方法概论 ［J］，装备指挥技术学院学报，2002，13 （1）：1 - 5．

[18] 黄炎焱．武器装备作战效能稳健评估方法及其支撑技术研究 ［D］．国防科技大学，2006．

[19] 吴晓峰，钱东．用于系统效能分析的 WSEIAC 模型及其扩展 ［J］．系统工程理论与实践，2000，20 （8）：1 - 6．

[20] 丁炜．电子工程师手册：第9篇 通信、雷达、导航与电子对抗 ［M］．北京：机械工业出版社，1995．

[21] 宿勇，郭隆华．美国海军航母及编队导航系统分析 ［J］．舰船科学技术，2012，34 （8）：131 - 136．

[22] 周玺，高东华，马玉林．无人水面艇在信息战中的应用 ［J］．电子对抗，2006 （04）：45 - 49．

[23] 海天．未来海战的杀手锏——新概念武器之无人水面艇 ［J］．舰载武器，2006 （03）：77 - 83．

[24] 孙建中，等．舰载武器 ［M］．北京：航空工业出版社，2010．

第21章
舰 载 机

21.1 > 概述

　　舰载机是由航母搭载和使用的飞机，其主要作战使命：空中拦截，攻击海上和陆地目标，夺取战区制空权和制海权，为己方舰艇编队护航，执行反潜、电子战、空中预警、侦查巡逻等多种任务。

　　舰载机按用途分类主要包括舰载战斗/攻击机、舰载反潜机、舰载预警机、舰载专用电子战飞机、舰载侦察机、舰载加油机和舰载运输机等。其中舰载战斗/攻击机是航母舰载航空联队的核心组成部分。

　　舰载机是航母编队的主要作战力量，只有实现舰机有机结合，才能充分发挥航母编队的海上威慑力。在航母作战体系中，舰载战斗/攻击机可打击距航母数百千米以外的空中、海上和陆上目标，舰载预警、侦察、电子战飞机是航母编队控制海上信息优势的关键装备，舰载反潜飞机和反潜直升机是航母编队实施反潜作战的主要兵力。在航母编队强大的海上大纵深、多层次攻防体系中，舰载机占据着十分重要的地位。

21.1.1 舰载机的发展

　　飞机问世后，很快被用于军事用途。海军最早将其作为空中侦察工具，由于当时还没有雷达等探测手段，飞机能够在空中发现远方的舰队，无疑对战争有非常重要的意义。舰载机最早可以追溯到1910年11月14日，美国飞行员E·B·伊利从"伯明翰"号巡洋舰上首次驾机起飞；1911年1月18日，又完成在"宾夕法尼亚"号重型巡洋舰上着舰试验。这两次试验的成功，激发了西方强国将飞机用于海战的兴趣，美国、英国、日本等国对原有舰船进行改装，以便搭载飞机。不过当时的飞机性能较差，只是用于作战的支援保障，执行海上侦察、巡逻和火炮打击校准等任务。第一次世界大战结束后，英国建成了第一艘可起降飞机的航母，当时所搭载的舰载机是由陆基飞机改装的。

　　舰载机得到快速发展是在二战前和二战期间，无论是舰载机的技术还是数量，都有很大的进步和提高。舰载机在袭击珍珠港、珊瑚海海战、中途岛海战等著名战役中都发挥了重要作用，并且导致海战样式发生了重大变化，空中轰炸和空投鱼雷逐步替代了传统的舰炮互射，确立了舰载机在海军装备中的地位。这时的舰载机均为活塞发动机螺旋桨飞机。

二战后，英国海军发明了斜角甲板、弹射器、助降装置等一系列具有标志性的航空保障设备，使喷气式飞机上舰成为可能，舰载机的升级也使航母跨入了一个新时代。舰载机也在发展过程中，逐步细化任务分工，衍生出舰载预警机、电子战飞机、反潜机、加油机等机种。其后，随着制导武器、雷达和信息系统在舰载机上的应用，其作战能力再次有了飞跃发展，成为大国海军装备体系中不可或缺的组成部分，也是现代战争的重要突击力量。

21.1.2 舰载机的分类

舰载机有多种分类方法，下面按不同分类方法分别介绍。

1. 按升力原理分类

按升力原理可以分为固定翼舰载机和旋转翼舰载机。

2. 按起降方式分类

固定翼舰载机按起降方式还可以分为：

（1）弹射起飞/阻拦着舰。指以弹射起飞、阻拦着舰方式起降的飞机，如美国航母搭载的固定翼飞机 F/A–18C、E–2C、F–35C 等均为常规起降飞机。

（2）垂直/短距起降。指借助飞机自身的动力实现垂直/短距起飞和垂直着舰的固定翼舰载机，也可通过短距离滑跑或由滑跃甲板提供的初始起飞迎角实现起飞，如俄罗斯的雅克–38，英国的"海鹞"、美国的 AV–8B。

（3）滑跃起飞/阻拦着舰。指通过短距离滑跑并借助滑跃甲板提供的初始起飞角实现起飞、借助阻拦装置实现着舰的舰载机，如俄罗斯的"苏–33""米格–29k"等。

（4）自由滑跑起飞/阻拦着舰。指飞行速度低、起降时滑跑距离短、可直接在航母飞行甲板上滑跑起飞的早期螺旋桨舰载机，借助阻拦索回收着舰。

3. 按作战任务分类

舰载机按作战任务可以分为以下 8 类：

（1）战斗机。主要用以空战，消灭敌方作战飞机和其他飞航式空袭兵器，夺取制空权。其主要任务是与敌方战斗机进行空战，夺取空中优势；其次是拦截敌方轰炸机、强击机和巡航导弹，还可携带一定数量的对面攻击武器，执行对面攻击任务。

（2）攻击机。主要用于攻击敌方舰船，夺取制海权，同时也可用于对陆攻击。攻击机是国外航母最重要的舰载机机种，配置的数量也比较多。

（3）预警机。主要用于从空中为航母编队提供对敌方空、海目标的远程预警，为航母作战飞机赢得必要的作战准备时间；同时，预警机还作为己方机群的空中指挥所。大型航母一般搭载一个中队的固定翼预警机（4~5 架）。

（4）反潜机。主要用于搜索、攻击敌方潜艇，保护己方舰艇免遭来自水下的攻击。现国外航母舰载反潜机主要就是美国 S–3B"北欧海盗"。

（5）电子战飞机。主要用于对敌方舰船、飞机实施电子侦察和电子干扰。电子战飞机只要求在飞机上装上电子装备，对飞机没有很特殊的要求。美国的 EA–6B"徘徊者"、EA–18G 就是舰载电子战飞机的典型代表。

（6）侦察机。主要用于侦察航母编队作战海域内敌方兵力态势和动向，以供编队指挥员制定作战方案和适时进行作战指挥之需。美国 RA-5C 就是舰载侦察机的典型代表。

（7）加油机。用于为己方飞机实施空中加油，以增大舰载机的作战空域范围和留空时间。加油机通常由攻击机改装而成。

（8）运输机。用于陆基和舰基之间的联络、物资和人员运输等任务，可临时搭载。

（9）勤务机。用于救援落水人员、通勤等勤务任务，装备数量不多，但不可或缺。

4. 按驾驶方式

按驾驶方式可以分为有人驾驶舰载机和无人机。

21.1.3 航空联队的构成

航母航空联队（CVW）通常是由战斗机、攻击机、预警机、电子战飞机、反潜机、侦察机、运输机以及直升机等舰载机混编而成的作战力量。在现代海战中，航空联队主要是担负防空、反舰、对陆打击、反潜、电子战、预警侦察和空中指挥等多种作战任务。作为一种特殊的作战单位，航母航空联队平时驻扎在岸上的海军航空站，并受航母舰队航空兵司令部领导；当随航母执行海上作战任务时，则由航母舰长或编队司令部统一指挥。

各国现代航母上组成航空联队的舰载机种类因航母吨位的大小及各国国情的不同而有很大的差异。

搭载垂直/短距起降战斗/攻击机、反潜直升机的一般为轻型或中型航母，轻型航母的载机量通常为 20~30 架，吨位小的可能不足 20 架。英"无敌"级航母经历马岛海战后增配了预警直升机。

常规动力中型航母搭载有战斗机、攻击机、反潜机、直升机等，核动力中型航母除战斗机、攻击机外，还搭载有预警机和反潜直升机。航母载机量约为 40 架。

大型航母搭载的舰载机配备最为齐全，包括战斗机、攻击机、预警机、反潜机、侦察机、电子战机、反潜直升机、搜救直升机、航母运输机等，视需要还可搭载空中加油机。航母载机量通常为 70~86 架。

美海军每艘在航航母搭载 1 个航空联队（不是固定搭配），形成航母的主要打击力量。每个航空联队由 8~10 个中队组成，所配备舰载机的种类、型号、架数不尽相同，而且每个航空联队的舰载机构成也不是固定不变的。表 21-1 列出了不同时期美国典型航空联队的构成情况。

表 21-1 美国典型航空联队的构成

舰载机机型	2005 年 某航空联队编成	2010 年 某航空联队编成
F-14D "熊猫" 战斗机	1 个中队共 10 架	—
F/A-18C "大黄蜂" 战斗/攻击机	2 个中队共 20 架	2 个中队共 20 架
F/A-18E "超级大黄蜂" 战斗/攻击机	1 个中队共 12 架	1 个中队共 12 架
F/A-18F "超级大黄蜂" 战斗/攻击机	—	1 个中队共 12 架
EA-6B "徘徊者" 电子战机	1 个中队共 4 架	—
EA-18G "咆哮者" 电子战机	—	1 个中队共 5 架
S-3B "北欧海盗" 反潜机	1 个中队共 8 架	—

舰载机机型	2005 年 某航空联队编成		2010 年 某航空联队编成	
E−2C "鹰眼" 预警机	1 个中队共 4 架		1 个中队共 4 架	
SH−60F "大洋鹰" 反潜直升机	1 个中队	共 6 架	1 个中队	共 6 架
HH−60H "海鹰" 搜救直升机		共 3 架		—
MH−60S "海鹰" 多功能直升机		共 2 架		共 6 架
C−2A 航母运输机	1 个中队共 2 架		1 个中队共 2 架	
总计	9 个中队共 71 架		8 个中队共 67 架	

根据《美国海军航空兵 2020 构想》的构想，到 2020 年，"福特"级航母舰载机联队的飞机类型和数量为：44 架攻击机（包括 F−18E/F "超级大黄蜂"战斗/攻击机和 F−35C 联合攻击机）；4 ~ 12 架联合作战无人机（J−UCAS）；5 架 EA−18G "咆哮者"电子战飞机；5 架 E−2D "先进鹰眼"预警机；约 14 架 MH−60R/S 直升机；2 架舰载运输机。

根据英国公布的 CVF 未来航母研制计划，该级航母将搭载一支具有较强打击能力的联合部队航空编队（JFAG），主要包括：30 架 F−35B "闪电 II"联合攻击机；4 架海上侦查与控制（MASC）飞机；4 架 "默林"直升机，而且必要时可将 F−35B 战机数量增加到 36 架。

21.2 > 舰载机的技术特点

在一般人看来，舰载机与陆基飞机同样都是飞机，没有什么区别，其实不然，由于使用环境和条件的限制，舰载机在设计、制造上比陆基飞机更复杂。例如，由于舰载机的起降和飞行条件比陆上飞机恶劣，因此舰载机应具有良好的起飞性能、较低的着舰速度、良好的低速操纵性；由于海上盐雾较大，普通陆基飞机使用的材料很快就会被腐蚀；由于飞行甲板和机库狭小，对机身和机翼设计有特殊要求等，常规起降飞机由于要弹射起飞阻拦着舰，对机身强度有更高的要求。

21.2.1 舰载机的使用环境

在随航母出航执行任务期间，舰载机大部分时间都在航母上驻留、维护、保障、调运、起降等一系列作业，作战区域大多是在海洋和沿海区域。舰载机的使用要与其所在的环境相适应，本节介绍舰载机不同于陆基飞机的使用环境。

1. 远离大陆的战场部署限制

航母的出现使得飞机可以部署在远离大陆的海域，并长期在远海进行作战任务。远离大陆的战场部署给舰载机的作战带来了很多限制因素：

（1）陆基飞机可以选择在多个机场进行起降，但一个舰载机联队每次执行任务时，一般选择某一艘航母，整个任务期间内，舰载机都在该航母上进行作业；陆基飞机发生故障可以就近选择机场降落，但舰载机一般只能返回原航母，这对舰载机的可靠性提出了很高的要求。

（2）舰载机在远海作战，相对更加孤立，对舰载机作战半径、架次出动能力以及指挥控制能力有很大影响。

（3）舰载机随航母在远海部署，对舰载机的后勤维修保障及备品备件的补给方式产生很大影响，因此舰载机后勤维修保障需要向两级维修推进，减小后勤补给链过长带来的不利影响。

2. 狭小的作业空间

舰载机主要是在航母的飞行甲板和机库内进行相关作业，通过飞机升降机在飞行甲板和机库之间调运。相对于陆地机场，航母给舰载机提供的作业空间和起降跑道要小很多。狭小的作业空间对于舰载机的起飞、着舰、调度以及其他甲板作业都非常困难。

从舰载机的角度考虑，希望航母拥有更大的飞行甲板、机库，使舰载机拥有尽可能大的作业空间，保证舰载机在航母上的作业更加顺畅。然而航母的设计经过近百年的发展变化，由于物理规律的约束，在可预见的将来，航母平台本身不太可能会发生巨大的变化。

表21-2统计了美国4艘"福莱斯特"级、4艘"小鹰"级、1艘"企业"级、10艘"尼米兹"级以及CVN-78的飞行甲板、机库和升降机等关键场地、设施的大小。

表 21-2 美国航母飞行甲板、机库及升降机尺寸　　　　　　　　　（m）

飞行甲板	长	310～332.8
	宽	72.5～77.8
斜角甲板	长	220.8～239.6
	宽	36.6
机库	长	208.5～262
	宽	30.8～33
	高	7.62～8.08
升降机	长	15.8
	宽	19.2～25.9

3. 非常短的起降跑道

相对于陆地军用机场，航母飞行甲板为舰载机提供的起降跑道显得非常短，这是舰载机使用环境的一个非常明显的特点。舰载机改为喷气式之后，在飞行速度大幅提高的同时，也增加了回收的难度。因此，如何在相对很短的跑道上完成舰载机的起降，对于飞行员来说是一个巨大的挑战。

目前在役的航母，飞行甲板长度一般约300m，用于放飞舰载机跑道的仅100m左右，用于回收舰载机的降落跑道约200m，无法满足大部分舰载飞机对起降滑跑距离的要求，所以舰载机采用与陆基飞机截然不同的起降方式。目前，最常见的固定翼舰载机起飞方式是弹射起飞和滑跃起飞，主流的着舰方式是阻拦降落。

4. 六自由度运动的载机平台

与陆地机场不同，航母在出航时一直处在运动状态，在海况恶劣条件下，航母平台的运动更为剧烈，这对舰载机的驻留、调运、保障以及起降作业带来非常不利的影响。

航母舰体在自身动力和风、浪、流的作用下，实际形成一个六自由度的运动平台，产生横荡、纵荡、艏摇、横摇、纵摇、垂荡等运动，如图21-1所示。

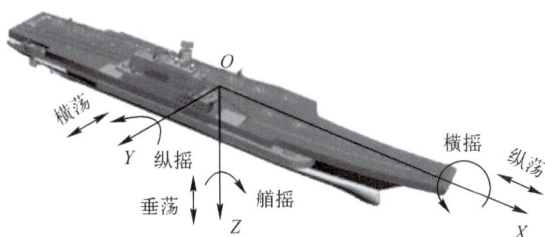

图 21-1 ▍航母平台六自由度运动

考虑到航母平台是一个六自由度平台，在舰载机着舰瞬间，受横荡、纵荡、艏摇、横摇、纵摇、垂荡等运动的影响，实际着舰点与理想着舰点会有一定偏差，该偏差可能造成舰载机撞舰或尾钩脱挂，大大降低了舰载机着舰的安全性。

美国海军规定，舰载机着舰时，航母纵摇不得超过 2°，横摇不得超过 7°，舰尾下沉不得超过 1.5m，否则舰载机着舰非常不安全。

5. 复杂的气流场

回收舰载机几乎是航母上最难的科目，即使海况较好，舰载机的降落也非常困难，因为航母的高速行驶会引起非常复杂的气流场，给舰载机的回收带来困难。

舰载机降落时所要经受的不利气流要比陆基飞机恶劣得多。陆基飞机要考虑大气湍流、突风和风切变等不利气流；对于舰载机而言，除上述气流外，由于航母高速航行下的六自由度运动，会使飞行甲板和舰艉的气流场更加恶劣，大大增加了着舰的难度。

舰艉气流和着舰区湍流是对舰载机着舰影响最大的两种不利气流。

舰艉气流是多种气流场在舰艉合成的，气流场形状如"公鸡尾"。航母甲板高出海面许多，航母行驶时，经过舰面的气流会在船艉后方突然向海面下沉，然后再上升，形状像公鸡尾，舰艉流的周期性分量是由航母纵摇产生的风力。舰艉扰动气流主要由舰艉流稳态分量、随机分量、周期分量和自由大气紊流四部分构成，主要作用于航母后方约 800m 范围内。

着舰区湍流是飞行甲板上来自舰艏方向的气流遇到舰岛后会产生湍流，并流向舰艉的着舰区。

除了舰艉气流和着舰区湍流，舰载机降落时还受到侧风的影响，这是由于舰载机着舰时的方向和航母的航向有一定的夹角。

6. 潮湿、盐雾、霉菌的气候环境

潮湿、盐雾和霉菌是海上的典型气候环境，舰载机在这样的恶劣环境下停放、飞行，面临的腐蚀问题比陆基军机严重得多，腐蚀现象可给舰载机机身、发动机和机载设备带来严重的危害。

舰载机的腐蚀形式有多种，主要有以下几种：

（1）应力腐蚀产生于腐蚀环境与应力相互作用情况下，与热处理状态、晶粒取向、材料性质等关系紧密。这类腐蚀的出现一般会造成灾难性后果。

（2）电偶腐蚀是在电解质溶液条件下或两种不同电位金属之间产生的一种腐蚀。

（3）热腐蚀主要发生在发动机结构中，是在一定温度、时间条件下，因盐雾和燃料中含有硫引起的。

（4）海上湿度大，当相对湿度大于 65% 时就会有腐蚀产生。

（5）由于湿度大，霉菌易于生长，容易对燃油系统产生腐蚀。

21.2.2 舰载机的上舰要求

正如 21.2.1 节所述，舰载机与陆基飞机的使用环境有很大的不同，为了确保其能够安全、高效地遂行作战任务，舰载机需满足一系列上舰要求。

1. 安全起降及结构强度需求

舰载机上舰最重要的当属在飞行甲板安全起降。由于飞行甲板无法满足大部分舰载飞机对起降滑跑距离的要求，所以舰载机采用与陆基飞机截然不同的起降方式。目前，大多数固定翼舰载机采用的起飞方式是弹射起飞和滑跃起飞，着舰方式一般采用阻拦降落。

为了适应弹射起飞，舰载机前轮安装了与弹射器拖梭相连的弹射杆，弹射器拖梭对飞机前轮作用力与飞机运动方向一致，弹射峰值纵向过载可达 $5g$ 左右，因此机身和前起落架和前轮需进行承受纵向应力的加强。当采用前轮拖曳弹射起飞技术时，对前起落架必须作进一步的加强处理，而且要采用能与这种弹射技术相配合的双轮式前起落架。

采用滑跃起飞的舰载机前轮将承受很大的垂向作用力，因此前轮和前半部机身的结构需要进行垂向加强。

采用阻拦着舰方式的固定翼舰载机应安装尾钩，并加强主起落架，这是因为舰载机采用的无拉平的着舰方式，会导致飞机在着舰时以更高的垂直分速度接触甲板，对飞机后轮造成更大的冲击，因此需对飞机的后轮进行结构加强。此外，舰载机在几十米以内借助尾钩和阻拦装置迅速制动，机身需要承受 $4g \sim 5g$ 的过载。因此，机身及起落架设计必须能够承受弹射起飞、阻拦着舰时产生的巨大力量，保证结构不被损坏。

此外，当偏流板刚放下时，下一架舰载机就要通过偏流板滑向起飞位，因此，舰载机轮胎要能承受偏流板面余温的作用，如果是弹射起飞，轮胎还要承受弹射装置机体槽盖板温度。舰载机轮胎的耐温性，也是舰载机安全起飞要考虑的问题。

2. 良好的低速性能需求

航母飞行甲板的面积是无法与陆地上的机场相比的。虽然有起飞弹射装置和着舰阻拦装置的帮助，但为了在航母上安全起降，仍需要降低起飞离舰速度和着舰进场速度，同时尽可能地改善舰载机的低速操纵性和稳定性。因此，与陆基飞机相比，舰载飞机需采用更大的展弦比。此外，增加机翼面积也是舰载飞机增加升力的措施之一。除了提高整个机翼的升力以外，舰载飞机还可采用比陆基飞机更有效的增升装置。

3. 灵活的布列和调运需求

飞行甲板和机库面积相对于陆地机场而言非常狭小，为了使航母飞行甲板和机库的有限空间能容纳尽可能多的飞机，固定翼舰载机机翼、尾翼、机头直杆形空速管和尾锥等应可折叠，舰载直升机主旋翼桨叶、尾梁等应可折叠，以保证其在舰上布置时占用更小的停机面积。此外，为了能够在机库内存放、维修，舰载机折叠前及折叠后的机身高度需要与机库大门开口尺寸及机库高度相匹配。

由于飞行甲板停放数十架舰载机，调运空间狭小，因此舰载机需具有良好的转向性能，以提高舰载机自行滑行和牵引时的灵活性。

飞行甲板上舰载机布置的较为密集，根据调运作业模式，飞行员在甲板上滑行时需听从调运引导员的指挥，并不断观察飞机周边情况，为了提高飞行员在甲板上滑行时的安全性，并考虑到飞行员目视着舰时的需求，舰载飞机的座舱一般比较高，以改善飞行员的视界。

为了在舰上安全的停放，舰载机应设置系留接口，并利用系留索具将其与舰上系留座连接。机身上系留环的结构尺寸和结构形式应与系留索具的接口匹配，并能与系留索具方便的挂接和解脱；同时，在系留状态下应不影响对飞机的保障作业和维护操作。

最后，为满足舰载机救援需求，需在机身设置吊点，并具备整体起吊能力，吊点数量、能力需与救援吊车性能指标、整体起吊索具方案相匹配。

4. 航空发动机的上舰要求

舰载飞机对发动机的要求与陆基飞机相比，除了一般的对航空发动机的通用要求之外，更加强调可靠性和维护性，以适应海上飞行和舰上起落的特点，即使在性能上有所牺牲也在所不惜。如 F/A-18A 的发动机 F404，在由空军型改为海军型后，即按海军的要求把作战适用性、可靠性和维护性放在首位。不追求高性能，采用经过验证的比较成熟的新技术，注意保证发动机的结构简单，安全可靠。在气动特性上，高压压气机采用高达 25% 的喘振容度，结果使 F404 发动机成为一种抗畸变容度和燃气吞咽能力较大、油门操纵杆没有限制、空中起动可靠、加力点火稳定的能经受剧烈操纵和错误操纵的发动机。同期，美国空军为 F-15 和 F-16 战斗机发展的 F100 发动机，则把高性能放在首位，其推重比 F404 稍大一些，但可靠性要求比后者低。同时，海上复杂的作业环境要求舰载机多采用双发，以保证单发失效时，飞行员可依靠另一个发动机尝试着舰，或飞到附近的机场迫降，从而提高飞行员的生还概率。

此外，对舰载飞机发动机的其他要求还有：加速性能好，以便着舰挂钩失败后能够逃逸复飞；抗腐蚀能力强，以适应常年海上飞行和停放的需要；高温环境工作特性好，以适合在热带和亚热带地区作战等；发动机进气道位置要高，以减少舰载机弹射起飞时吸入的高温蒸汽，并提高发动机的抗喘振性能。

5. 舰载机作战性能需求

由于一个航母战斗群的飞机数量有限，为了提高作战能力，需要舰载机具有卓越的作战性能。

1）武器系统

在武器系统方面，搜索发现距离要大，瞄准精度要高，攻击命中概率要大，自身保护、机动规避能力要强。例如，美国的舰载战斗机 F-14A 和 F/A-18A 与同期发展的陆基战斗机 F-15、F-16 相比，所装雷达火控系统搜索和截获距离大，导弹数量和威力也大，下视下射和超视距作战能力强，并且都可进行多目标扫瞄和跟踪。

2）机载电子设备

为了适应舰载飞机在海上各种复杂恶劣的气象条件下作战和在航母上安全起降，舰载飞机的自动化程度比陆基飞机要好，对通信、导航、飞行控制等多种机载设备的要求比陆基飞机高。

为了减轻舰载飞机驾驶员的工作负荷，多数现代舰载飞机都装有自动着舰系统，并且对显示仪表以及控制系统的一体化要求也更为迫切。在美国，长期大力支持综合仪表技术的正是海军。F/A-18 首次采用综合多功能显示器，利用平视仪和 3 个下视电子显示器，实现资源共享、互为裕度，共同组成综合航空电于显示系统。

3）作战半径

航母战斗群远离大陆部署，在远海作战，相对更加孤立，为了能控制更大的海域，需要尽可能提高舰载机的作战半径。

6. 高强度出动架次需求

由于一个航母战斗群的飞机数量有限，为了提高整体的作战能力，除了要提高单机综合作战性能以外，还要求舰载机具有更强的架次出动能力。为了满足高强度出动架次需求，主要从以下几个方面考虑。

1）缩短再次出动准备时间

提高舰载机供给保障效率、缩短再次出动准备时间是提升母舰舰载机架次出动能力的主要途径。为提高舰载机保障效率和作业安全性，需对舰载机保障需求、接口形式和布置位置等提出要求。

首先，舰载机加油、供电、空调通风、供氧、供氮及液压保障等需求的流量、功率、品质、接口形式等要根据母舰统一要求进行通用化、标准化设计，实现母舰对舰载机的兼容保障，减少母舰配置资源的数量和种类，提高舰载机保障效率。

其次，舰载机保障接口布置位置需尽量统一设置，以减少飞机机身接口与舰上保障设备间电缆或软管的长度，减轻舰面作业人员的作业强度，且保障接口位置不应布置的太靠艉部，以避免舰载机尾部伸出舷外时，舰上人员无法顺利开展保障作业。

2）提高舰载机的可用度

为了提高舰载机的可用度，保证有更多的飞机可用，需要提高舰载机的可靠性、维修性、保障性。

（1）可靠性：较高的可靠性需要舰载机的平均故障间隔时间要长。

（2）维修性：机库内或飞行甲板上的维护空间狭小，舰载机必须有良好的维护开敞性，很多舰载机的机头也可以折叠。

（3）保障性：航母战斗群在远海部署，补给线拉长，需要充分考虑舰载机的备品备件供给。

7. 防腐蚀需求

由于舰载机长时间露天存放在飞行甲板上，所以舰载机都需要有防潮湿、防盐雾、防霉菌的能力，在选材、密封、成件选择、维护程度的设计等方面都要考虑这一点，例如英国在把空军型"鹞"改成海军型"海鹞"时，为了防止海水腐蚀，就换掉了机体上的7个镁合金部件和发动机上的2个较大的镁合金部件。

21.2.3 舰载机的设计特点

舰载机特殊的使用环境和条件使其使用需求不同于陆基飞机，不同的使用需求又进一步影响了舰载机的设计特点。本机主要从机身机构、起落架、机翼气动特性、发动机、作战性能指标以及防腐蚀等主要方面介绍舰载机的一般设计特点。

1. 机身结构强度设计

常规起降飞机要长期经受弹射和阻拦的考验，没有坚固的机身是不可想象的。舰载机在设计时必须充分考虑其耐久性、损伤容限，要满足在特殊环境中的使用对机身结构等方面的要求。舰载机弹射起飞时，要在几秒内从静止加速到300km/h左右的起飞速度，峰值纵向过载达5g左右；着舰时，为使舰载机在几十米以内迅速制动，需要借助尾钩和阻拦装置，机身也要承受4g~5g的过载。因此，机身设计必须能够承受弹射起飞、阻拦着舰时产生的巨大力量，保障结构不被损坏。

采用弹射阻拦起降的舰载战斗机对机身强度有较高的要求。舰载机在设计上需要解决增重问题，由于起降方式的特殊要求，仅起落架通常就要增加约 1000kg，但舰载机对起飞重量又有严格要求，所以为了平衡重量的增加，现代舰载机多采取增加复合材料和钛合金的用来减轻重量，加固机身强度。

2. 起落架设计

1）强度设计

影响起落架强度设计的时舰载机起降过程中所承受的过载和冲击。舰载机起飞和着舰时要承受比陆基飞机更大的过载和冲击，就机体结构强度而言，受影响最大的是舰载机的起落装置。

舰载机着舰时的下沉速度是起落架强度设计中必需考虑的关键因素。舰载机在航母上降落时，着舰下滑角度比在陆地机场上要大，同时需考虑航母六自由度运动，所以舰载机降落时产生的冲击力要大于陆基飞机。

为使起落架能承受降落时产生的冲击，需要对舰载机起落架结构进行加强，这样就增加了质量。F/A-18A 型舰载机的起落装置与其原型机 YF-17 相比有更高的强度，表 21-3 给出了两种机型起落装置的质量对比。

表 21-3　舰载机与陆基飞机起落装置质量　　　　　　　　　（kg）

	YF-17	F/A-18A
主起落架	276	620.6
前起落架	58.6	283.8
阻拦钩	/	70.4
总计	334.6	974.7

2）前起落架突伸结构设计

对于采用弹射起飞的舰载机，舰载机前起落架采用突伸结构，有助于舰载机离舰后迅速爬升。

舰载机滑行至弹射器就位后连接到弹射器挂钩，前起落架被压缩，使舰载机机头稍降低。在弹射器冲程的末端，舰载机与弹射器脱离，受压缩的前起落架立即突伸，舰载机迎角迅速变大，有利于离舰后爬升。

3. 机翼气动特性设计

提高升力是舰载机机翼气动特性设计的核心，良好的低速性能是舰载机的重要特点，是其适合舰载化的关键特征。飞机要达到一定的航速才能得到足够的升力，舰载机要想在低速条件下获得想要的升力，并维持低速飞行，其气动特性的设计与陆基飞机有很大区别。除了低速性能要求外，舰载机的任务需求对其巡航、机动和高速性能也有一定要求。所以舰载机的机翼气动特性设计必须综合平衡巡航和机动、高速和低速性能的要求。通过增加机翼面积，使用变迎角机翼或变后掠角机翼，增加增升装置等措施，可提高舰载机的气动特性。

1）机翼面积

实践证明，机翼面积大小对舰载机的气动性能有重要影响。舰载机机翼面积的大小是由起降需求决定的，增加机翼面积往往单独或联合其他因素一起，作为改善舰载机进场性能的一种手段。

从各国飞机机翼的统计数据来看，舰载机的翼展及机翼面积普遍大于陆基飞机。使用增加机翼面积的方式是因为这种方式风险低，而且能改进飞机的机动性能。其缺点是增加了质量、费用，加速时间，降低了超声速性能。洛克希德·马丁公司设计的 JSF 舰载机的对翼梢作了很大改动，将机翼从翼梢向外延伸出一段，并在延伸段增加了副翼。"苏－33"舰载机机翼相对"苏－27"的改动也比较大，同样增加了机翼面职。

2）变迎角机翼

迎角与升力成正比，因此增大飞机的迎角可以增加升力。从理论上讲，相对于改变机身姿态而言，采用变迎角机翼来提高升力更为简单，但具体实施依旧是有挑战性的。采用变迎角机翼，会对载荷、质量和维修带来不利影响，所以变迎角机翼很少使用。F－8 采用变迎角机翼是为了避免机头触地或尾喷管触地的需要。

3）变后掠角机翼

变后掠角翼主要用于超声速战斗轰炸机，低速航行时转向小后掠角、大展舷比，其升力及升阻比明显增加，有利于起降和低速航行；超声速时增强气动特性，高速飞行时，转向大后掠角、小展舷比，可减小波阻比，超声速性能好。

变后掠角机翼在整个飞行包线内为飞机提供了稳定的气动性能，变化的几何结构可以很好地调整气动特征，以适合不同的飞行模式，尽管对终极、复杂性、维修性和雷达截面积带来了不利影响，但其在气动性能方面的收益更大。美国 F－111 和 F－14 舰载机采用可变后掠角翼。

4）增升装置

增升装置用于协调舰载机的上升性能和低速性能，改善起降性能。相关措施包括边缘襟翼（单个或多个）、缝翼、下垂副翼及边界层控制。"苏－33"和其原型机"苏－27"相比，将后缘半翼展的整体式襟副翼改为机翼内侧 2 块双开缝增升襟翼，提高了"苏－33"的升力。

5）减速板

许多舰载机在着舰时展开减速板，可以带来以下好处：一是减速板产生的阻力使得进场速度更加靠近所需功率曲线的前端，改善了飞行航迹的稳定性；二是减速板带来的阻力需要更高的平均功率设置，使得舰载机可以获得更快、更线性的推力响应；三是增大阻力需要较高的平均功率，当需要复飞时，发动机可以更快达到全功率。

4. 发动机设计

舰载机在起飞、着舰、作战使用环境、贮存、维修保养等方面与陆基飞机存在较大差异，所以对发动机的要求存在一定的特殊性：

1）防喘振

舰载机在利用蒸汽弹射装置弹射起飞时，发动机会吸入一定数量的蒸汽，进口平均温度会上升致使压气机转速下降，会导致喘振。舰载机着舰时，舰尾气流、舰岛后湍流以及来自右舷的侧风将造成进气压力畸变，也会导致喘振。

2）更大的推力

因舰载机的一些特殊要求，如因机身结构和起落架强度等增重问题，要求发动机的推力比同级陆基飞机的大 12% ~ 19%，并且要具有良好的加速性，因为在复飞时，发动机要有在 3s 内由慢车加速到最大推力。这样，舰载机才能成功飞离母舰。海上恶劣的使用环境，对发动机同样有较高的要求。

按照战斗机的划代标准，一代机的发动机推力为 5~6t，二代机是 8~9t，三代机是 11~12t，四代机是 15~18t。

3）推力响应快

推力响应快是指发动机推力随油门杆变化的响应速度快，这是因为复飞时，一般要求发动机能在 3s 内由慢车加速到最大推力。

4）巡航耗油率低

巡航耗油率低有利于提高舰载机航程，从而提升海上活动半径。

5）多采用双发双垂尾

美国海军的 F-14、F/A-18（图 21-2）采用双发双垂尾，从表 21-4 可以看出采用双发动机的舰载机占大多数。

图 21-2 ▎F/A-18 采用双发双垂尾

表 21-4 国外舰载机及其发动机对比表

机型	用途	国家	服役时间/年	发动机型号（数量）	单台最大推力/N	最大起飞质量/kg
A-6E	攻击机	美国	1963	J52-P-8A（2）	4140	27400
A-7E	攻击机	美国	1966	TF41-A-2（1）	6670	19050
F-4	战斗机	美国	1961	J70-GE-17（2）	7960	28030
F-14	战斗机	美国	1974	TF30-P-412（2）	9300	33724
F/A-18C/D	战斗机攻击机	美国	1980	F404-GE-402（2）	7830	25402
F/A-18E/F	战斗机攻击机	美国		F414-GE-400（2）	9790	23541
F-35C	战斗机	美国	/	F135-PW-100/400F136（1）	19135 18000	30322
AV-8B"鹞"Ⅱ	近距支援/攻击机	美/英	1984	飞马Ⅱ-21（1）	9580	14515
超军旗	攻击机	法国	1979	阿塔 8K50（1）	4903	12000

机型	用　途	国家	服役时间/年	发动机型号（数量）	单台最大推力/N	最大起飞质量/kg
"阵风" M	战斗机	法国	2000	M88－2（2）	8700	24500
Mig－29K	战斗机	俄罗斯	1993	RD－33MK（2）	8140	22400
SU－33	战斗机	俄罗斯	1992	AL－31F3（2）	7700	33000

理论上讲，双发比单发的安全性更高，对于在海上作战的航母舰载机而言，这一点还是比较重要的。它远离航母作战，在海上没有迫降的地方，一旦一个发动机出现故障，靠另一个还能勉强返航，即便是在航母附近迫降、跳伞，飞行员保住性命的可能性也较大。采用双发的机身较宽，也便于机腹挂点的布置。双发的缺点是机身表面积较大，因而飞行阻力也相对较大；结构相对复杂，大量隔框联接部分会导致质量增加等。

双垂尾在气动上，比单尾更有优势。虽然单尾结构简单，容易设计，质量轻，适于轻型飞机，但双尾可有效提升垂尾的气动效率，特别是在大迎角的状态下，双尾还能发挥舵面力。俄罗斯的"苏－27"战斗机直升机能完成"眼镜蛇"动作，离不开它的双垂尾设计。

由于在设计中存在太多的增重因素，也有人认为舰载机采用单发布局更具有重要的现实意义，因为对于采用弹射起飞/阻拦着舰的舰载机来说，由于单/双发机身隔框结构上的差异，双发设计因弹射/阻拦及起落架加强要增加更多的结构质量。

5. 易于甲板操作的设计

狭小的作业空间给舰载机的甲板操作带来很大的困难，所以在舰载机的研制过程中，易于甲板操作是必须要考虑的内容。

1）减小布列因子

航母作业空间狭小，所以考虑到舰载机在航母的布列、调度等作业，对舰载机的占地面积有一定要求。布列因子是确定航母飞行甲板或机库甲板上舰载机的布列和占地属性的度量单位，是研究舰机适配性的重要内容。

根据定义，参考机型的布列因子为1，航母停放被参考机型数量与参考机型数量之比即为该被参考机型的布列因子。以"尼米兹"号航母为例，其飞行甲板安全停机区全部用于停放同一型号舰载机，可紧密停放80架 F/A－18 或60架 F－14。以 F/A－18 为参考机型，其布列因子为1，则 F－14 的布列因子约为1.3。

很多舰载机，如 F/A－18，"苏－33"都采用折叠翼来减少布列因子。F－14 采用了可变后掠角机翼，在飞行甲板和机库停放时，都采用大后掠角形式。图21-3 所示为"尼米兹"级航母飞行甲板上停放的舰载机机翼的状态，F－14 采用大后掠角形式，形状像一个三角形；F/A－18（舰首区）和 E－2C（舰岛两端）的机翼都处于折叠状态。

2）减小转弯半径

为了提高舰载机的调度效率，舰载机的转弯半径正在逐渐减小，能在很小的空间内完成调度。在滑行状态下，F－35 的前轮转向角可达70°，能以一个后轮为圆心转圈，大大降低了调度舰载机所需的空间，提高了调度效率。

6. 作战性能设计

1）燃油载量多，作战半径大

海军舰载机对航程和作战半径一般都有较高的要求，通过表21-5 可以看出，在 F－35

的 3 个机型中，舰载常规起降型 F-35C 的作战半径最大，超过 1000km。舰载机很难像空军飞机那样部署在离战区较近的地方，随着岸基反舰导弹的发展，航母可部署的地方离海岸线越来越远，要完成对内陆约 1000km 目标的打击任务，最好的办法就是增加作战半径。担负空中巡逻任务的舰载机要有较长的留空时间，所以对搭载的燃油量也有要求。在执行空战任务时，航程越大的飞机可以维持较长的作战时间。如果舰载机的滞空时间较短，就需要不停地进行起飞降落。

表 21-5 F-35 战斗机主要技术性能对照表

关 键 指 标	F-35A	F-35B	F-35C
机长/m	15.67	15.58	15.67
翼展/m	10.67	10.67	13.11
机翼面积/m	42.74	42.74	62.06
空重/kg	13171	14588	14548
最大起飞质量/kg	29710	28803	30322
机内载油量/kg	8383	6352	9111
最大武器载荷/kg	6800	6800	6800
最大飞行速度/Ma	1.6	1.6	1.6
作战半径/km	1093	833	1111

为了增加作战半径，一是在允许的范围内增加机翼内燃油储量，二是尽可能挂载更大的副油箱。舰载机返航时对余油的要求比较高，一般要求不能剩下过多的燃油，否则在着舰前要泄放部分燃油。另外，考虑复飞问题，也不可能将燃油用尽，在降落前还要视情对准备着舰的飞机实施空中加油。

2）机翼面积大，武器挂点多

机翼面积大小直接关系到舰载机的升力，增大机翼面积有利于改善舰载机的进场着舰性能。翼展增大的不利影响是占用更多的甲板面积，为此，舰载机通常采用可折叠机翼，在飞行甲板和机库内停放是将机翼折起。除了增大基于面积以外，舰载机一般还装有增升装置，用于改进上升性能、低速性能和着舰性能等，如增加边缘襟翼，过去有的飞机还曾使用过机翼吹气装置。

武器挂点的多少是影响舰载机作战能力的关键因素之一，这也是舰载机具备执行多种任务的必备条件。限制的舰载机越来越强调多用途，要求舰载机不仅要能执行多种作战任务，而且一个架次要完成多项任务，例如，在执行攻击时，要挂载侦察吊舱、完成目标侦察、为打击效果评估收集信息等，因此要求舰载机有较多的武器挂点，具备一次打击多个目标的能力，这对加快作战进程、减少战争成本的作用是不可低估的。

舰载机要实现挂载更多的武器，对飞机的要求：一是机翼不能过小，否则翼下挂点布置的比较拥挤，影响挂弹作业；二是翼尖弦长不能太短，否则翼尖处不能设置挂点；三是海军的舰载机通常是双发动机，其中一个原因是可以增加机身宽度，便于机身下的挂点布置；四是弹药直径不能过大。

3）出动能力强，可靠性高

由于信息能力和装备性能的提高，现代战争越来越强调快节奏，舰载机的性能是保障航母编队适应这种快节奏作战的关键。维持高强度出动，除了航母需要具备足够的航空保障能力、指挥控制能力外，对于舰载机本身而言，必须具有较高的可靠性、战备完好性，平均故障间隔时间要长；而且还要具备较高的可维修性。

7. "三防"设计

舰载机"三防"设计是指舰载机的防湿热、盐雾的大气环境及抗霉菌生长的能力的设计。当前舰载机三防设计正向系统工程方向发展，从产品寿命周期的角度来进行进行综合设计。

1）结构设计

舰载机优先采用密封性设计，将各单元作为一个整体进行密封处理，最后进行组装。

2）选材

选择耐腐抗菌材料，能从根本上提高机体的三防水平，在材料不足以满足防护要求时，须对材料进行处理或有效涂覆。

3）工艺设计

对于材料表面涂层的涂覆工艺，应通过抗湿热、盐雾和霉菌实验的能力来决定，并根据污染物来确定清洗剂，对凹陷部位或空隙部分的腐蚀问题需重点关注。

21.3 > 舰载机的研制过程

目前，除美国、俄罗斯、英国、中国和印度拥有研制和生产舰载机的能力外，其他国家受各种因素（如经济实力、科技和工业水平、需求量、军费额度等）的制约，均选择从他国直接引进舰载机。

与常规飞机相比，舰载机研制难度大、周期长、单机成本较高，需要考虑航母对于舰载机的诸多限制条件和要求。从美国、俄罗斯、法国、英国舰载机的发展历程来看，舰载机的主要研制途径有三种：专用型舰载机、岸改舰型舰载机、海空联合研制舰载机。

21.3.1 军用飞行器研制过程

根据相关资料，各国军用飞行器研制过程大体相似，可以分为 5 个主要阶段，即论证阶段、方案设计阶段、工程研制阶段、设计定型阶段和试生产（生产定型）阶段。

1. 论证阶段

论证阶段指的是航空科研机构根据军方提出的型号需求和技术要求，或科研系统自主研究军方潜在需求后，对产品的可行性和战术技术指标要求进行必要的研究论证。该阶段主要是按军方的使用需求和任务目标，按照假定的作战对抗目标性能和期望的作战任务需求，由专门的军方机构提出新型飞机的初步作战使用需求。论证阶段的作战使用需求既包括飞机的战术技术指标，雷达、武器等机载系统的性能和功能，也包括飞机的维护保障与寿命等相关因素，而且应按照军用标准将这些要求具体化、标准化。

论证阶段的核心是确定飞机研制的条件和性能指标，初步确定项目目标范围的投资概算、研制进度等。科研单位根据自身技术实力与军方协商战术技术指标，明确预期可以实现的指标，需要调整的指标，暂时还不能实现的指标。经过反复论证后，将科研方案提交军方，进行方案论证审查或采取招投标竞争择优等方式，最终确定合理的方案和需要保证的技术性能指标。

2. 方案设计阶段

论证阶段只是确定飞机概括性的项目方案总体要求，获批后就将直接进入方案设计阶段。方案设计是针对飞机的性能指标、气动布局、动力、结构、雷达、火控等进行论证，根据相关专业科研机构的意见和数据作为依据，确定新型飞机科研的总体规范设计要求、新工艺和新材料的类型，排出研制所需科研和试验的项目与进度。

设计部门在对设计方案进行详细而具体的设计与试验，并确定新型飞机的气动布局和结构设计原则后，依据设计结果、成品的构成、机载设备、试验用的飞行模拟设备，按照设计说明书和图纸生产电子三维模型和全尺寸样机。样机的生产制造是对设计方案的检验，也是对样机装备的检验修正以及设计不足的弥补，并根据最终的技术要求修改补充再设计。样机在外形上和大部分实际结构与真机已比较接近，但最终的设计方案仍会有较大调整。

3. 工程研制阶段

工程研制阶段是按照设计说明书、方案、图纸、试验和样机制造所取得的成果，对方案进一步完善后进入详细设计阶段，并开展生产制造、工艺装备工装，发出设计图后按照标准、要求等制造出可供飞行试飞的原型机。

工程研制阶段主要目的是将经过设计验证的方案转换成经过实践检验的产品的过程。该阶段需制造多架技术状态相同的原型机，这些原型机包括静力试验机。静力试验机需在原型机首次试飞前完成静强度试验，证明结构设计达到技术要求后才能进行首次试飞。原型机一般按先易后难的方式推动，原型机需按试验需要分为若干个阶段，验证结构、气动、飞控的效果。该阶段的成果代表就是原型机首次试飞。

原型机在结构、机载设备等方面与最终设计状态存在一定差异，如为测试设备所提供空间；平衡缓装机载设备的配重，为基础研究进行的替用。原型机的机体结构与正式机型也存在一定差异，如内部布置和质量分配，电传操作控制系统为飞行安全调整重心位置，以及飞机可运动部分在材料和结构上所采取的替代措施。无论国内还是国外，在全新研制的飞机上面，首飞的原型机一般不会安装正式产品设备。这样除了能为测试所需设备腾出空间，也能降低因设备可靠性不足导致的风险。原型机在技术上属于电子样机、模拟台和生产样机之间的中间状态，这个状态主要是为了降低新机研制的技术风险，通过将总体简化到最小状态来提高技术成熟度，并根据试验和样机试制逐步提高飞机的技术成熟度。

4. 设计定型阶段

设计定型阶段的定型机与最终正式装备的飞机差异较小，主要试飞与作战有关的战术性能和技术指标，这种试飞称为鉴定或定型试飞。定型试飞目的是全面验证设计是否达到指标要求，样机将按照试飞大纲的规划的步骤，分阶段验证飞机、发动机、机载设备的性能，并将试验飞行取得的数据与技术指标进行对比。

5. 试生产阶段

全状态样机在试验项目完成后将进入小批量试生产阶段，小批量试生产的飞机将最终交付用户使用。用户将根据需求对试生产样机进行全面的鉴定考核，鉴定考核除检验生产型能否达到试飞指标外，还需根据飞机性能研究相关战术和作战方案，并研究训练与作战相关的方式方法，编制相关使用手册。

21.3.2 舰载机的研制途径

从国外舰载机发展的历程看，舰载机研制途径主要有三条：一是研制专用舰载机；二是陆基飞机改装为舰载机；三是海空军联合研制通用舰载机。美国航母数量众多，多为大型航母，舰载机需求量也相应较大，所以美国海军一直独立发展舰载机，其他国家装备的航母数量相对美国较少，搭载的舰载机数量也比较少，如果单独研制，费用较高，技术风险也较大，因此一般采用外购或陆基飞机改装的方式发展。

1. 专用舰载机

历史上，美国海军一直独立发展舰载机，很少使用空军飞机改装，这样的好处是研制的舰载机更适合在航母上使用。美国海军先后发展、装备的专用舰载机有 F‑4、F‑14 战斗机，F/A‑18 战斗攻击机，A‑4、A‑6 攻击机，E‑2C 预警机，S‑3 反潜机。F/A‑18 的原型机是空军研制的 YF‑17，但 YF‑17 并未装备空军。

2. 陆基飞机改舰载机

一战结束后，英国建成了第一艘可起降飞机的航母，当时所搭载的舰载机就是由岸基陆基飞机改装的。

考虑到舰载机的特点，由陆基飞机改舰载机至少要完成以下几项工作：

（1）气动外形要重新设计。苏联为了使"苏‑33"（"苏‑27"的衍生型号）能从航母上滑跃起飞，对其气动外形进行了重新设计，主要采取了增加机翼面积、提高发动机推力、加大平尾等措施，并加装了能提高升力的前翼。

（2）需要对机身和起落架重新设计。陆基飞机的起落架和机身不具航母上起飞和阻拦着舰所需的强度。增加机身和起落架的强度会引起质量增加，所以如何削减增重问题也是必须要考虑的。

（3）舰载机在起飞质量、外挂点布置、航电设备和载弹量等方面有一定的限制，陆基飞机改装成舰载机要安装大量的海上专用辅助设备。

（4）为减少停机面积，陆基飞机改舰基时，舰载机的机翼要改为折叠翼形式。

（5）舰载机需要更多耐腐蚀的结构材料，以适应海上湿热、盐雾和霉菌的侵袭。

3. 联合研制岸舰通用型飞机

提高通用性的目的不是为了陆基飞机能在航母上使用，而是通过在研制阶段尽可能采用通用结构和设备，以达到减少舰载机研制费用和全寿期的维修保障费用。

虽然历史上美国海军一直独立研发舰载机，但美国海军和空军联合研制通用型的飞机是目前的新趋势，这样做的原因有：

（1）三军联合作战概念的推动。美国国防部统一掌握采办大权，各军种在装备发展方面的话语权被削弱。

（2）研制费用提高，而军费预算被缩减，导致研制风险提高。

（3）海军和空军对作战飞机任务使命需求的趋同。目前美国海军舰载机的总体发展思路是在加强综合运用的基础上减少集中实现多用途化。

（4）联合研制有助于提高机型的通用性，可减少舰载机的维修保障、降低航母的全寿期费用等。

第五代战机 F-35 是联合研制的典型，是美国海军、空军及海军陆战队联合研制的，该项目的前身是"联合先进攻击技术"（JAST）计划，目的是为美国海军、空军、海军陆战队及其盟国研制下一代多用途战斗机。

21.3.3 舰载机研制与航母研制的关系

舰载机研制和航母研制工作是一项综合性技术，内容涵盖顶层规划、设计、试验和管理等多方面。航母并不单纯是加装了大量用于航空特种设备或保障资源的水面舰船，更重要的是一个反映了母舰平台及系统、设备与舰载机之间总兼容性、适配性的综合技术集成平台。

作为世界上拥有航母最多、使用经验最丰富的国家，美国的航母与舰载机研制工作体系也是最为成熟的，主要有以下特点：

1. 舰机一体化研制理念

美国海军航母和舰载机研制全过程中是将航母和舰载机作为一个整体来考虑。由美国国防部对航母舰载机和母舰的研制进行统一要求，编制了联合保障规范指南 JSSG-2011 "航母舰机适配标准指南"，融合了海、空军的各项标准或相关技术文件，用以指导航母舰载机一体化的设计、评审、检验和验收工作。

2. 统一的标准规范用于指导航母和舰载机研制工作

在美国航母与舰载机协调性和兼容性要求是开展航母与舰载机研制工作的技术基础，包括采办过程中对标准规范选用的统一指导，对航母与舰载机研制各阶段舰机适配设计的统一要求和验证管理，对航母与舰载机检验验收中舰机适配的综合考虑和专项研究，对航母使用维护过程中舰机适配的统一调度和监测控制。

3. 全寿命周期思想是航母与舰载机研制工作的出发点

美国海军航母与舰载机研制的有关工作，并不限于设计的各个阶段，而且对于研制过程中的验证、试验验收都提出了相应的要求。同时将舰机适配的要求贯彻到航母及其舰载机使用维护的各个方面，例如针对航母舰载机及其备件的保存和使用要求，训练与退役的管理要求等，从而形成了较完善、系统的航母舰机适配设计验证指标参数体系，充分体现了航母全寿命周期研制的思想。

21.4 > 舰载机的发展趋势

舰载机的总体发展思路是一机多型，即在加强综合运用的基础上，减少机种，实现多用途化。实现从"大而全、多而广"到"少而精、少而强"的转变，通过增加飞机的多用途性来拓展任务领域，使编制更精干，能力更强，飞机整体数量更少。飞行中队数量和种类的减少使作战能力越来越强。舰载机是一个独立的作战平台，也将是信息化基础上的作战平台和作战网络中的一个节点。此外，无人机系统作为有效保存有生力量的重要手段，也是舰载机发展的一个热点。

21.4.1　一机多型的研制策略

现代的舰载机价格高昂、研制周期长，而现代海战的复杂性又需要多种不同类型舰载机相互配合才能完成，但针对不同的任务研制不同的舰载机，会增加舰载机的设计难度和研制经费，因此一机多型的研制途径成为各国海军舰载机的普遍发展策略。

美国海军装备的 F/A-18 系列即采用了一机多型的研制途径，同时还以 F/A-18 为基础研制了其他型号和用途的舰载机。

F-35 是由美国洛克希德·马丁公司设计及生产的单座单发动机多用途战机，此机型主要用于近接支援、目标轰炸、防空截击等多种任务，并发展出 3 种主要的衍生版本，对于海军、空军以及海军陆战队均可适用，实现了岸舰通用。F-35 系列飞机将是美国和其盟国在 21 世纪的空战主力，意大利、荷兰、澳大利亚、加拿大、挪威、丹麦、土耳其、以色列和日本均参与研发并可能装备。

21.4.2　强化制信息权

随着信息化装备在战争中的作用的日益增强，制信息权成为制海权、制空权之后又一个不可忽视的影响战争胜负的方面。未来的舰载机研制需要考虑纳入网络中心战，强化制信息权。

作为美国海军迈入网络中心站的重要一步，E-2D 将通过数据链将各平台的雷达跟踪测量数据实时融合为一幅高质量战术图像，实时发送到军舰和飞机的信息网络中，在未来的海战中能增强为航母战斗群提供远距离预警的能力，并承担整个战场指挥与控制任务角色。

21.4.3　提高维护性、保障性

良好的维护性和保障性是提高飞机可靠性的重要方面，而可靠性是影响飞机作战性能的重要因素。对于舰载机而言，受远离大陆的战场部署限制，良好的维护性和保障性尤其重要，海军在研制新型舰载机时总是想方设法提高舰载机的可靠性和维护性。

E-2D 在研制之初，海军对其可靠性的要求要高于 E-2C。相对于其他舰载机，E-2D 的电子设备比例更高，E-2D 采用开放式的电子体系结构，能够快速更换设备，提高了维护性和保障性。

F/A-18 系列舰载机采用了一机多型的研制途径，同时还以 F/A-18 为基础研制了其他型号和用途的舰载机，一机多型还有利于备品备件的通用性设计，减轻海军后勤保障的负担，这也提高了舰载机的维护性和保障性。

21.4.4　无人机

随着舰载无人机战场空间感知能力、高风险区域突防能力、通信导航支援能力、电子战

能力、攻击能力和生存能力的提高，必将对未来海上作战产生重大影响。并且舰载无人机具有成本低、体积小、作战使用灵活、费效比高、可避免人员伤亡等优势。可以预见，无人机将成为未来舰载武器系统中不可替代的重要组成部分。

X-47B是航母舰载机发展史上第一架固定翼舰载无人机。相比于现役的无人攻击机，X-47B无人机更具有里程碑的意义——它将是未来航母上的隐形杀手，如图21-4所示。

(a) X-47B首次陆基弹射起飞

(b) X-47B海上测试

(c) X-47B首次从航母弹射起飞

(d) X-47B首次在航母阻拦着舰

图21-4 ▌ X-47B舰载无人系统

在美国海军大力发展舰载固定翼无人机的同时，其他国家海军也加大了这一领域的研究力度。俄罗斯米格公司研制出了"鳐鱼"舰载固定翼无人机，图21-5展示了该机型验证机的六视图。

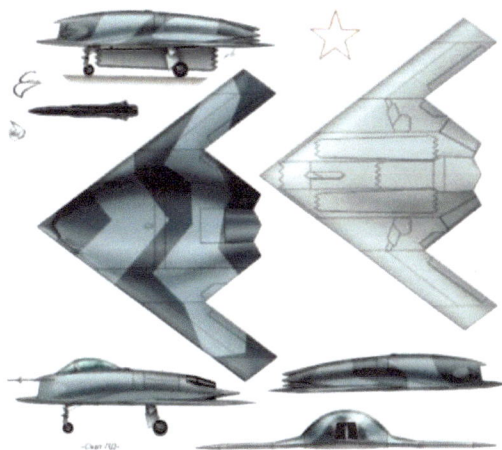

图21-5 ▌ "鳐鱼"无人机（验证机）的六视图

参 考 文 献

［1］邵开文，马运义. 舰船技术与设计概论［M］. 北京：国防工业出版社，2009.

［2］刘湘春. 国外航母与舰载机速查手册［M］. 北京：海潮出版社，2013.

［3］F/A－18"大黄蜂"——先进舰载战斗攻击机［M］. 熊峻江，黄俊，凌云霞，译. 北京：国防工业出版社，2002.

［4］海军装备部飞机办公室，中国航空工业发展研究中心. 国外舰载机发展回顾（2005～2006）［M］. 北京：航空工业出版社，2008.

［5］段萍萍，聂宏，魏小辉. 航母运动对飞机着舰拦阻性能的影响分析［J］. 南昌航空大学学报，2012，26（1）：53－60.

［6］沈强，黄再兴. 舰载机起落架突伸性能参数敏感性分析［J］. 航空学报，2010，31（3）：532－537.

［7］马会宁. 舰载发动机起飞增推技术和附件环境适应性研究［J］. 航空发动机，2011，37（4）：40－42.

第22章

设计技术管理

22.1 > 概述

　　航母研制工作的顺利推进，技术管理是不可或缺的部分。先进和有效的技术管理，能获得优质的产品，又使其成本最低。

　　在航母设计阶段的技术管理中具有如下几方面的特点：

　　（1）航母工程具有技术体系庞大、研制周期长的特点，需要开展针对性的计划管理工作，以确保各项工作的协调推进。

　　（2）航母工程既具有舰船研制管理的共性特点，也具有技术复杂、投入巨大的独有特点，更需要严格按照军工产品质量管理法规开展质量管控工作。

　　（3）航母工程具有探索性和创新性的特点，存在高难度的风险，需要开展风险管理的相关工作。

　　（4）先进的数字化设计技术和管理手段是提高航母设计水平、设计效率、设计质量和管理效能的重要支撑和保障。

　　针对本书的主题，本章重点论述航母设计阶段的技术管理工作内容、流程和主要方法，包括计划管理、质量管理、标准化管理、风险管理和数字化设计管理等方面。

22.2 > 计划管理

　　计划管理是贯穿整个航母研制过程的关键工作之一。航母研制工程的实施，需要整体的规划、配套和控制。研制工程总目标的实现，必须依靠计划管理来统筹、组织、协调、跟踪、检查和调整。一个工程既要有全过程、全系统、全方位的工程总计划（包含阶段计划、年度计划、月度计划等），更要有许多分类计划、专项计划支撑。计划要素须协调一致并同步更新优化。有了科学、有效的计划管理，才能保证航母研制工程有序、规范地实施，确保航母研制工程总目标的实现。

22.2.1 计划管理的策划

工程研制总计划为航母研制工程的实施工作依据。根据工程总计划，各级计划管理部门分别制订阶段工作计划，并确定阶段工作目标。为了确保研制工程总计划和各阶段计划的稳步实现，还应根据各自逻辑关系编制更为细化的年度工作计划和分类计划，并落实到月度工作计划，将每一项工作按照工序排列，每一道工序都应落实到人并明确完成时间，从而将航母研制工程总目标分解为一系列具体工作目标，并通过计划协调来控制实现。具体工作目标的实现是保证航母工程研制总计划实施和总目标顺利实现的必由之路。

1. 总策划

根据下达的航母研制技术要求和进度要求，结合承制方具备的技术条件，明确各设计阶段周期及应达到的目标，做好总策划，是保质量按周期完成航母研制的关键。总策划重点包括研制工作总体思路、任务分工并落实责任、工程组织管理形式、研制一级网络计划等内容。这些内容的形成并非通过一个文件表征，通常由不同的单位编制形成，往往通过第一次研制工作会予以明确并固化。其中，研制一级网络计划为研制工作会最重要的成果之一，它以时间为主线，有效地反映了航母工程研制过程中的任务主线、里程碑节点及各项工作的交互关系，对整个研制进程起到关键的指引作用。

航母研制是一项复杂的系统工程，由多个系统和数以万计的设备组成，每个设备的技术状态不一样，有些设备属于新研，有其自身的研究周期，对系统的设计周期有一定的影响，从而制约总体设计周期。在总策划时，重要设备的设计周期必须满足系统设计要求，系统设计周期必须满足总体设计要求。制订研制一级网络计划时，需考虑多重因素，理清工作项目及其先后次序。网络图的特点是有序性、不可逆性、对应性、连续性、唯一性、不重复性。研制一级网络计划横坐标为研制周期和节点，纵坐标分别为总体设计、总装建造、主要系统和重大设备（含舰载机）研制试验等主线和分线项目。

2. 阶段策划

研制一级网络计划明确了总体设计各阶段的周期及应达到的目标，军方明确了设计应达到的指标及要求，依据《舰船设计阶段图样和技术文件成套性要求》能明确各阶段应完成的图纸文件清单。为完成各设计阶段的图纸文件，要做好各阶段策划。

在进行总体设计各阶段策划过程中，首先应明确阶段工作目标，并针对目标细化工作计划、资源配备、人员职责、协调机制、特性设计、风险识别及控制、质量控制等。在制订工作计划的过程中，需要明确设计输入、阶段细化及工作内容、各工作节点要求、设计工作重点及难点、关键问题清理、科研/试验需求及安排、文件图纸计划等内容。在协调资源配置的过程中，重点策划人力配备需求、科研/试验保障条件、软硬件配备等方面问题。

22.2.2 组织管理

航母研制工程是一项跨行业、跨部门、跨地区、技术复杂的重大工程，因此，必须强化系统工程管理，明确技术责任，提高研制工作管理效能，以缩短周期、节约经费、保证质量。航母研制工程的组织管理由行政管理体系和技术管理体系同步开展。

行政管理体系由承担航母研制工程的工业部门组建，通过行政渠道进行研制任务的明确、下达、分解和落实，并负责工程研制所必需的人力、场地设施及经费等各种保障资源的组织和筹措。因此，应专设日常办事机构以保证行政管理体系的高效运转。

技术管理体系由总设计师领导、依托设计师系统组建，负责技术问题的研究协调和决策。作为专设机构，总设计师办公室负责制定、发布和监督执行技术状态管控的各项制度，包括定期会议制度、顶层设计要求、技术状态确定和变更程序、技术风险管理制度等。

为有效实施航母研制工程的组织管理，行政管理体系与技术管理体系必须紧密协同行动，并与军方项目管理机构保持密切的沟通。

22.2.3　舰机协调

航母的主要设计目标是最大限度地发挥舰载机的作战效能，这一设计目标的实现取决于母舰与舰载机在航空保障相关各方面的匹配程度。因此，航母研制过程中必须高度重视舰机协调工作，对其进行专项管理。应建立有效的舰机协调机制，在母舰研制部门和舰载机研制部门间实现紧密的技术协调和工程协作。

建立的舰机协调组织机构，是完成舰机协调工作的基本保障。舰机协调组织机构负责组织提出舰机协调顶层规划和舰机协调工作安排建议，负责组织制订舰机协调工作计划并实施，检查协调结果的落实；按程序受理舰机协调工作申请并组织提出处理意见；负责舰机协调信息的收集、整理、发布等相关工作，建立信息沟通、反馈机制，全面掌握舰机协调工作进度和技术状态。

舰机协调工作程序主要为如下几个方面：

（1）提出申请：各有关单位梳理有需协调的技术问题，向舰机协调组织机构提出申请。

（2）项目分交：参加舰机协调的各部门提交协调项目后，由舰机协调组织机构对舰机协调项目进行工作分解，并根据责任划分将协调项目分交给相关技术责任单位。

（3）项目回复：参加舰机协调的各部门收到舰机协调组织机构分交的协调项目后，应按照要求与协调提出方及相关方进行初步沟通，并对协调项目进行认真回复，回复意见应及时、准确。

（4）正式协调：根据各单位的提交项目和回复情况，舰机协调组织机构召开舰机协调会议，正式协调各方问题和回复意见，结果形成协调卡，由参与协调的各方签署。协调的结果由舰机协调组织机构或技术责任单位分别负责组织有关单位实施。

22.2.4　计划管理实施

实施航母研制系统工程的总目标是以最短的时间周期、最少的人力投入、最经济的费用实现研制要求，即以最佳费效比完成研制。要达到这个目标，就必须在计划管理过程中，以计划网络为依据进行实时控制，即进行内容和进度的双重管理。

1. 计划制订

计划管理过程中研制工作计划的制订以分解任务内容和梳理时间节点为目标。其工作输入来自多个方面，主要包括策划书、研制工作会纪要、行政指令等。围绕需要完成的工作内容，进行详细的工作分解，细化到每一个可以独立完成的工作包上，形成一个庞大的研制任务树状结构，在此基础上，再结合时间管理的相关要求，对工作包进行时间次序、人力资源、软硬件条件、外力借用等方面的平衡，形成一个可持续推进的工作计划。

2. 计划分解与落实

设计阶段工作计划通过 PDM（产品数据管理）的形式下发至各个设计部门，各部门应明确完成的图纸文件，每份图纸文件完成的时间节点及所需的输入条件节点，并将每份文件落实到人。根据完成相应图纸文件所需的条件输入，明确需要各相关单位提供相应资料的时间及要求，协调确定资料纳期，纳期资料是完成阶段任务的直接设计输入。

计划进度要根据实际工作情况及时调整。在宏观计划不变的前提下，对工作目标进行实时跟踪、监督，对目标体系中各具体工作任务进行微调，改变工作方法，使关键路径上的任务开始或结束得更早。为了缩短关键路径工作时间，应调整关键路径和非关键路径的周期，适当调配人力、物力等资源，合理采取并行作业、交叉作业、集中作业等措施，统筹部署优化工作计划。

3. 计划实施与控制

计划分解落实到各部门后，做好过程记录，随时监控计划执行情况。计划进行调整时需留下记录，注明原因，根据实际情况落实解决措施，并明确新的计划完成时间节点和要求。当计划的调整影响到计划网络节点或合同进度要求时，应将计划调整情况书面报告至合同甲方，经认可后方可进行调整。

22.3 > 质量管理

质量管理是航母研制工程管理中一项重要工作，从设计工作开始，包括设计和开发策划、质量计划、设计输入确定、设计和开发评审、设计和开发验证、设计和开发确认、设计更改工作等多个环节，贯穿于航母研制的全过程，为航母研制质量提供重要保障。

22.3.1 设计和开发策划

设计和开发过程是舰船产品实现过程的关键环节，决定产品的特性或规范，为产品实现的其他活动和过程提供依据，是确保设计过程达到预期目标的基础。

舰船产品设计初期，产品设计方应开展舰船设计和开发策划工作，并形成文件，通常是设计和开发策划书，主要内容一般有：

（1）任务依据。

（2）产品概况。

（3）阶段的划分及设计和开发计划。

（4）各阶段的评审、验证和确认活动安排。

（5）资源配备。

（6）有关部门和人员的职责和权限。

（7）质量特性设计要求。

（8）技术协调要求。

（9）关键技术和风险预计。

（10）设计和开发质量控制措施等。

航母产品的设计和开发因其周期长、复杂程度高，可采取分阶段策划的方式，即根据产品的设计阶段划分，在方案设计阶段、深化方案设计阶段、技术设计阶段及施工设计阶段分别开展设计和开发策划工作。航母产品的设计和开发工作技术难度大、风险高、接口关系复杂，往往需要开展大量关键技术攻关工作以支撑设计和开发，因此，技术协调要求，关键技术和风险预计等应作为各研制阶段的重点内容予以详细策划。

22.3.2　质量计划编制

产品实现策划和开发是保证产品达到质量目标和要求的重要手段，质量计划是产品实现策划输出的形式之一。产品设计和开发初期，应编制产品质量计划。航母作为大型复杂的舰船产品，其质量计划是针对特定型号产品的质量保证文件，由设计方在方案设计阶段初期编制。

航母质量计划应根据航母产品的特点编写，并征得军方同意。航母质量计划的重点内容：产品质量目标和质量要求、接收准则、产品研制组织与技术接口、参与产品研制的有关人员的质量职责、标准化要求、产品技术状态管理、产品研制各阶段的质量控制措施、产品"质量特性"（六性）工作计划、产品风险管理及质量评价和改进等。对于其中的标准化要求和"质量特性"（六性）工作计划，在航母型号研制过程中通常会编制专项计划或大纲。

航母质量计划编制完成后，需在方案设计阶段提交军方确认。

22.3.3　设计输入确定

产品的设计和开发输入是实施设计和开发活动的依据和基础。设计和开发输入应包括：

（1）产品的功能和性能要求。

（2）适用的法律法规要求。

（3）适用时，提供以前与该产品相类似的产品设计信息。

（4）所必需的其他要求。

（5）工艺要求。

对于航母研制工程而言，由于备受军方关注，因此，军方对产品质量的需求和期望是重要的设计输入。当航母型号研制以母型船为参考时，母型船的部分设计信息经确认后也应作为重要的设计输入。此外，部分航母型号研制过程中，编制了型号设计准则，这些设计准则作为型号专用标准，为设计师提供了设计依据。

22.3.4　设计和开发评审

设计评审是控制产品设计和开发过程质量的重要手段和方法。通过全面、系统地评审设计输出图样和技术文件，可以评价设计和开发结果满足要求的能力，识别出可能导致设计和开发的结果不满足要求的所有问题，提出必要的措施并加以解决，提高设计质量，降低研制风险。

由于航母研制周期长、设计程序相对复杂，因此设计评审需相应地分阶段进行，在方案设计、深化方案设计、技术设计阶段和定型阶段分别设置评审节点。针对总体技术设计文件多、技术状态控制难度大的特点，可采取分批多次评审的方式，在部分系统、设备状态未定，设计输入尚未完全明确的情况下，也可增设预审节点。对于重要的图样和技术文件也可单独进行评审，如试验大纲评审、原则工艺评审、施工设计重要图纸评审等。

设计评审一般采用会议方式进行，组成专家评审组，有关部门和人员参加。对评审中发现的问题以及采取必要的措施进行跟踪管理，并做好记录和保存。

22.3.5　设计和开发验证

设计和开发验证也是保证产品设计质量的重要措施，其目的是证实设计和开发的输出满足设计和开发输入的要求。根据舰船产品的特点，舰船产品设计和开发验证方法主要有设计评审、设计复查、变换计算方法、数值仿真、模型试验、系统（设备）陆上联调试验、舰船系泊试验等。

航母产品的施工设计阶段图纸量巨大、技术状态复杂，开展白图质量检查、蓝图质量复查、配建现场质量检查等多种形式的设计复查工作，是控制此阶段设计质量的有效手段。

陆上联调试验和系泊试验是检验航母总体和系统设计是否满足研制要求的重要手段，也是化解工程研制风险的有效途径。在航母产品研制过程中，较重要的验证项目主要包括：

（1）舰总体试验，如系泊试验、舰机适配性试验、总体电磁兼容陆上试验等。

（2）重要系统联调试验，如动力系统、电力系统、作战系统、航空保障系统、操舵系统、燃油监控系统、消磁系统、损管监控系统、平台网络管理系统等系统陆上联调试验。

（3）重要材料、设备（装置）试验，如飞行甲板防滑涂料、飞行甲板消防设施、舵轴密封装置等材料、装置的陆上试验。

随着三维设计技术在航母产品研制中的广泛应用，三维放样、虚拟现实、计算机仿真等技术也逐渐成为重要的航母产品设计和开发验证手段。

22.3.6　设计和开发确认

设计和开发确认的目的是证实产品满足规定的使用要求或已知的预期用途。设计和开发确认应该在设计和开发验证取得成功之后进行。只要可行，应在产品交付之前完成，通常针对最终产品，在实际的使用条件下进行。

根据航母产品的特点，其设计和开发确认方法主要有技术设计审查、定型（鉴定）试验、航行试验及设计定型等。技术设计审查是航母产品设计确认的主要形式，通过技术设计审查，航母产品设计技术状态得以固化。航母产品如需要定型，按照海军产品定型（鉴定）的要求，开展定型（鉴定）前的准备工作，并进行定型（鉴定）试验，定型（鉴定）是航母设计和开发确认的最终形式。

22.3.7　设计和开发更改的控制

设计和开发更改是指产品设计和开发的输出经批准后对有关设计和开发结果所进行的变更，为了保证产品质量，设计更改必须受到严格控制。

产品研制阶段形成的并经审查批准的图样和技术文件，其技术状态应固化，并应严格控制技术状态更改。按更改对舰船产品功能、性能（包括结构、强度、互换性、通用性、安全性等）、外部接口等质量要素的影响程度，将设计和开发更改分为以下几类：

（1）重大更改，涉及产品主要性能、作战（或使用）能力、生命力、可靠性和安全性等更改。

（2）一般性更改，不涉及产品主要性能、作战（或使用）能力、生命力、可靠性和安全性等的更改和其他局部性的更改。

（3）勘误性更改，编辑性错误、笔误等不影响产品质量要素、不引起技术状态变更的修改。

对于不同的更改类别，相应的更改控制程序有所区别。重大技术状态更改由设计方提出申请，经过评审，并由军方批准后实施。一般性更改和勘误性更改由相应层级的设计师批准后实施。

22.4 > 标准化管理

航母标准化管理的主要工作为正确选用标准，制定型号标准文件，构建航母标准化文件体系；贯彻实施标准及标准化要求，并对实施情况进行及时检查监督；开展各层次、各阶段的产品通用化、系列化、组合化设计。

设计人员通过长期的实践逐步认识到，标准化是提高型号产品质量和装备效能、缩短研制生产周期、降低成本的重要保证，在研制过程中有其不可代替的作用和地位。

标准化工作应在分管标准化工作的设计师领导下，提出型号标准化工作计划、经费预算和其他保障条件的建议，并完成以下标准化工作任务：

（1）编制型号标准化文件，建立型号标准化文件系统。

（2）组织并落实型号研制有关标准的实施。

（3）组织研究和解决型号研制中共性的标准化问题。

（4）监督标准实施，组织标准化评审和图样及技术文件的标准化检查。

（5）协调一级系统、二级系统及设备之间的标准化工作。

（6）组织开展产品及各级系统的"三化"工作。

（7）提出研制过程中所需标准制修订建议。

22.4.1 方案设计阶段标准化

方案设计阶段包括方案设计、深化方案设计，这个阶段标准化工作根据军方提出的贯彻标准和保证新产品总体性能要求，包括可靠性、维修性、保障性、安全性、环境适应性等方面的标准化要求（含通用化、系列化、组合化要求），进行标准化目标分析，明确应达到的具体目标及标准化程度，从我国研制的实际情况出发，对我国已制定的标准进行剪裁，编制产品的《标准化大纲》。标准化大纲的内容包括：

（1）明确型号产品标准化工作目标及范围。

（2）提出标准贯彻落实的要求。

（3）提出型号标准化文件体系要求。

（4）明确产品三化（通用化、系列化、组合化）要求和接口互换性要求。

（5）提出图样和技术文件完整性、正确性、统一性要求。

（6）明确系统、分系统、设备等单位间标准化工作协调的原则、办法和程序。

（7）明确各设计阶段应完成的主要任务、工作项目。

标准化大纲需要通过军方的审查认可。产品标准化大纲中既有开展型号标准化工作的原则和基本要求又有实施标准方面的具体要求，既有技术方面的规定又有管理方面的规定，是对标准化工作全面的规划。因此，认真编制并实施标准化大纲能提高型号标准化工作的系统性和条理性，具有统一规划的优点。

标准化大纲应紧密结合型号研制要求，型号研制对标准化的要求就是编制标准化大纲的依据，标准化大纲的编制和实施须满足该型号产品研制的要求和解决存在的问题，提高标准化工作的针对性。

标准化大纲要求分层次进行编制，即总体、系统、分系统或设备研制单位分层次编制标准化大纲。上一层次产品提出的标准化要求是下一层次编制的依据之一，这样逐级落实分解，才能提高全系统标准化要求和工作的协调性，保证武器装备产品质量的一致性。

22.4.2　工程研制阶段标准化

工程研制阶段的标准化工作内容如下：

（1）分析有关产品的标准及资料需求，完成贯彻标准的准备工作。

（2）根据产品特点，开展通用化、系列化、组合化设计。

（3）对标准和标准化要求的实施情况进行监督检查并协调解决有关问题。

（4）对产品图样和技术文件进行标准化检查。

22.4.3　设计定型（鉴定）阶段标准化

设计定型（鉴定）阶段的标准化工作的基本任务是对产品设计标准化工作进行全面审查，确认其是否已达到规定的目标和要求。具体工作内容为：

（1）审查贯彻有关标准和标准化要求的情况。

（2）解决工程研制阶段遗留的标准化问题。

（3）审查标准化工作系统组建及工作情况。

（4）审查标准贯彻实施、产品"三化"设计与实现情况。

（5）对产品标准化程度进行评估。

22.5 ▷ 风险管理

航母研制风险可能由多种因素引起，既包括计划安排、工作流程等因素，又包括经费不到位和资源保障因素，还有产品要求变化、潜在技术薄弱环节等各种因素。为了有效识别和管控风险，有必要进行风险分类，航母研制风险一般可分为技术风险、费用风险和进度风险。针对不同类别的风险，应开展相应的风险管理工作。

22.5.1　技术风险管理

航母作为一种特殊的水面舰船，其装备系统组成、结构形式复杂，功能、性能等要求高，研制进度等约束条件严格，因此，其研制风险相对于常规舰船要大得多。为了及早发现航母产品研制过程中潜在的可能影响工程研制目标实现的技术风险，设计方需以舰载机、舰总体，以及一、二级系统和设备为对象，深入识别工程研制技术风险，分阶段持续监控风险，制定并实施有效的风险处理措施，及时化解技术风险，把工程技术风险控制在可接受的范围内，确保研制工作一次成功。

航母技术风险分析和评估工作主要包括风险识别、风险分析、风险处理和风险监控。其中，风险识别是通过理解系统的使命任务、使用要求及性能指标等要求，将系统分解为若干单元，辨识风险事件及其可能发生的阶段。对于已识别出的风险事件，找出风险事件的原因、重点分析对系统的影响，定性或定量地评价风险事件发生的概率、后果，明确风险等级，以此为依据对风险事件汇总排序。在此基础上，提出应采取的风险处理措施，制定实施计划并组织实施。后期，有计划地跟踪和评价风险处理措施实施情况，考察风险事件的变化情况，并持续开展风险事件的重新识别、分析和处理。

1. 风险识别

风险识别是对航母研制的各个方面，特别是关键技术过程进行考察研究，从而识别和记录风险事件（风险源）及其可能发生阶段的过程，即确定风险事件的过程。识别风险事件是风险分析工作的基础，识别风险事件的途径是通过对产品的考察，进行类推比较，吸取以往类似产品的经验和教训，收集有关信息，进行判断评价，找出引起研制风险的因素及相应的风险事件。

1）风险识别程序

风险识别程序包括：

（1）理解系统的使命任务、使用要求及性能指标等要求。

（2）按照系统划分进行系统工作分解，将系统划分为若干单元。

（3）依据系统技术要求，逐个单元逐个阶段进行考察，辨识风险事件及其可能发生的阶段。

2）风险识别方法

风险识别应参考相似产品的研制经验，发挥专家和集体智慧。风险识别可采用如下方法：

（1）信息表法：根据经验和可获得的信息，将研制可能的风险事件列在信息表上，检查产品研制是否存在信息表中所列出的或类似的风险事件并统计汇总。

（2）流程图法：给出产品研制的工作流程、各个阶段的相互关系，通过对研制流程的分析，发现和识别存在风险的环节。

（3）头脑风暴法：采用会议的方式，与会者提出自己的意见，充分交流、互相启迪，总结归纳形成结论。

（4）反复函询法：将风险识别有关的问题征求专家意见，并将返回意见经过整理、归纳，将结果反馈给专家，再次征求意见，如此反复直到专家的意见稳定。

3）风险识别成果

风险事件清单是风险识别的输出，为风险发生的可能性及后果严重性分析提供信息输入，该清单主要信息包括风险事件名称、风险事件编号、风险发生的原因及风险可能导致的后果等项目。

2. 风险分析

风险分析是对已识别出的风险事件进行进一步分析，找出风险事件的原因，重点分析对系统产生的影响，并定性或定量地评价风险事件发生的概率、后果，明确风险等级，以此为依据对风险事件汇总排序。

常用的风险分析方法：故障树分析；故障模式影响及危害性分析（FMECA）；可靠性预计；建模与仿真；危险性分析；风险评价指数法等。

3. 风险排序

风险排序是对风险发生可能性及后果严重性的综合量化结果进行排序，找出关键和重要的风险。除考虑综合影响外，对于发生可能性大或后果影响严重的风险应给予特别关注。风险排序清单是风险处理的依据。

风险排序的方法主要包括专家多次投票法、专家会签法、两两比较法、风险评价指数排序法。在航母研制工程中，如果缺乏基础数据，可采用风险评价指数法作为风险分析方法，相应地，可采取风险评价指数排序法作为风险排序的方法。

4. 风险处理

风险处理是在风险识别和风险分析的基础上，制定并实施风险应对措施的过程，其目的在于消除风险，或者缓解风险。

风险处理的方法有风险规避、风险控制、风险接受和风险转移。

1）风险规避

为规避风险，应取消那些不确定的要求和风险高（发生概率或后果严重程度）的要求，风险规避包括权衡性能风险或其他能力风险，了解各种要求和限制条件之间的先后次序。

2）风险控制

风险控制是指有意识地将设计过程的风险降低到可接受的水平，风险控制技术一般包括：

（1）多方案并行设计，提供一个以上的设计解决途径。

（2）备选方案的低风险设计，将风险降到最低程度。

（3）渐进设计，使设计与能单独进行研制的高风险组成部分相分离。

（4）采用成熟技术。

（5）测试、分析和调整，为得出较低风险的设计更改创造条件。

（6）健壮设计，使设计具有足够的安全系数。

3）风险接受

风险接受是指风险发生概率或产生后果的严重性相当低，被合理地接受而不会对研制工作产生影响，有准备地承担风险。风险接受的关键是对计划外活动、持续评估的预算和日程安排要求足够的余量，以保证被接受风险始终处于可接受水平。

4）风险转移

风险转移是指将一个设计范围内的风险转移到另一个设计解决方案上无风险的设计范围而降低风险。

5. 风险监控

风险监控是对风险处理措施实施情况有计划地实施跟踪和评价的过程，考察风险事件在质和量上有无变化，并对变化的风险事件进行重新识别、分析和处理。

风险监控应在工程研制的各个阶段分阶段开展，其工作程序主要包括：

（1）检查上一阶段风险处理措施的执行情况，判断风险事件是否消除，风险等级是否降低，风险处理措施是否有效，根据情况制定新的风险处理措施。

（2）根据监控结果，结合新增的风险事件信息，形成风险事件监控记录，为后续风险监控工作提供基础。

22.5.2 费用风险管理

费用风险主要是指装备实际需要的采购费用超出论证给出的费用预算的风险。航母研制阶段费用风险管理的目标是提高航母装备费用效益和控制装备采购费用。为实现这一目标，需要在对航母装备费用分析的基础上，运用费用控制的技术与方法，实现装备采购费及装备效能最佳。本节内容仅限于航母研制阶段的费用风险管理。

航母从论证到研制阶段结束需确定的费用包括论证费用、研制费用和购置费用。具体费用组成如图 22-1 所示。

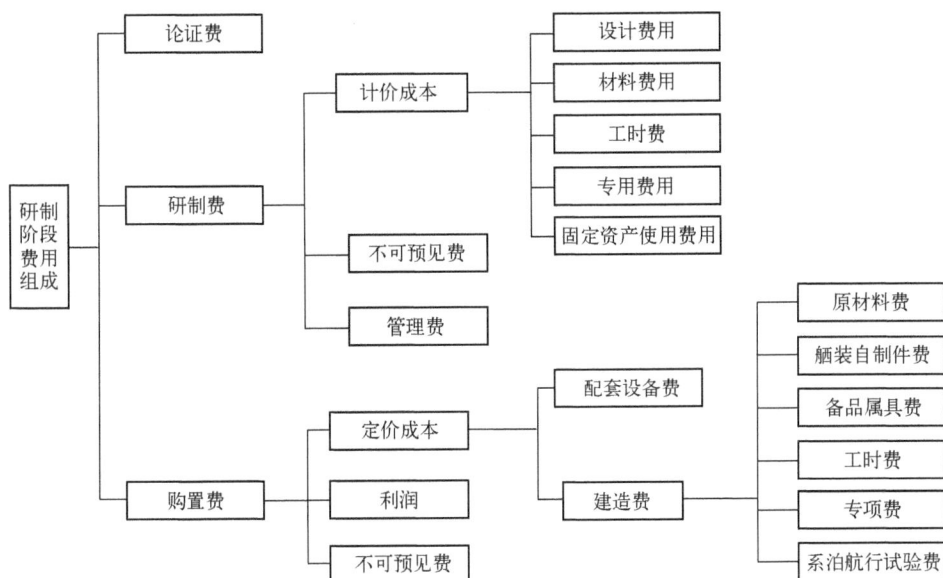

图 22-1 ｜研制阶段费用组成

1. 研制阶段的费用分析

航母的各系统研制都是分阶段决策的，论证阶段、方案设计阶段、技术设计阶段、施工设计阶段等都需要进行重大决策活动，在这些决策中，费用控制是一项重要的工作，具体流程如图 22-2 图所示。

对航母而言，研制各阶段的费用分析工作内容和要求分别为：

1）论证阶段

论证阶段是通过对性能、费用、进度的多种方案论证比较，选定一个最佳的总体研制方案进入工程研制阶段，在满足战术技术要求前提下，研究提出可接受的研制经费概算。论证阶段费用分析的主要任务：

（1）估算装备的首制件和批量产品的成本和价格。

（2）对所研制装备的设计方案的先进性、现实性、风险性和经济性进行权衡分析。

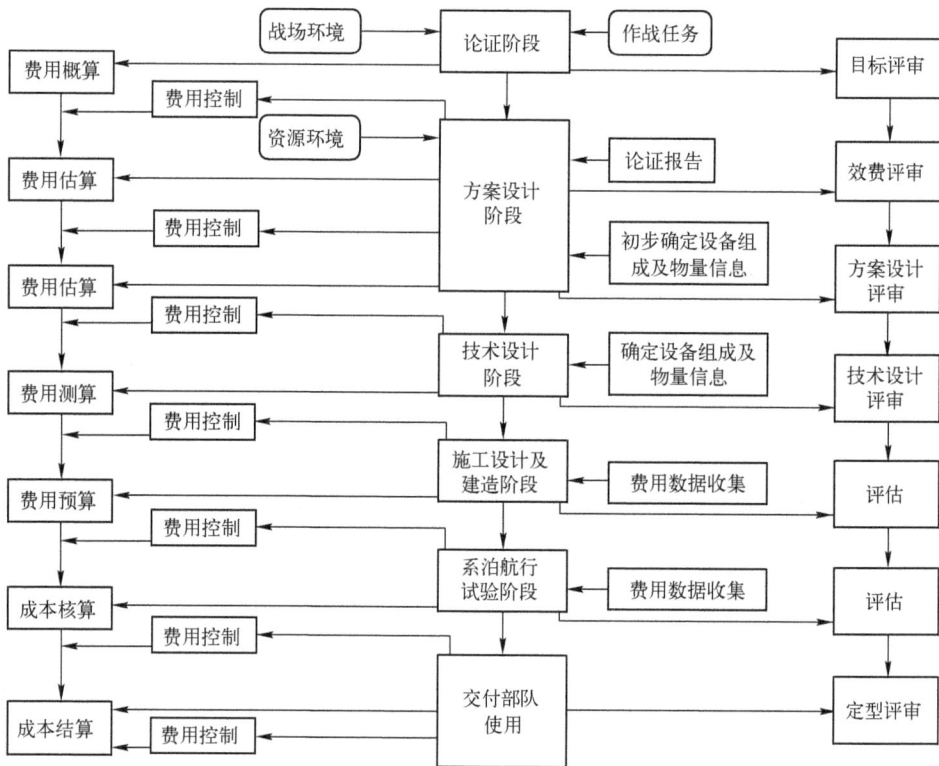

图 22-2 ▎研制阶段费用分析流程

（3）研制方案的效费分析。

（4）投资强度研究。

（5）开展价值工程研究。

2）方案设计阶段

方案设计阶段的费用分析任务依据论证阶段的要求进行，总体设计单位应制订费用分析指南，指导系统、设备单位开展初步的费用分析。对于研制费用需求较大的系统、设备予以重点控制，必要时权衡性能指标要求，使其效能最佳。

3）技术设计阶段

技术设计阶段应进行航母经济性分析，并权衡性能指标，固化技术状态，把费用控制在合理范围内。

4）施工设计及建造阶段

在首制航母施工设计和建造期间，承制单位应开展价值工程研究，力求节约和控制成本，并将有关重大节约和突破成本情况及时向有关部门反映。

5）系泊航行试验阶段

在建造结束和正式交付部队前，要进行系统装备及全舰的系泊航行试验。由于各系统设备试验需求条件不同，在确定系泊航行试验具体项目的同时应对每次试验进行策划，对每次试验的项目、可能产生的费用数据进行预算，如燃油、人力、物资等。在保证尽可能完成试验的同时对每次试验进行有效的成本控制。

2. 研制阶段费用风险点

在研制阶段的不同时期均存在一定的研制风险，但随着研制工作的进展，风险会逐渐减小，直至建造、试验及交付阶段逐步趋向零。各阶段的风险曲线示意如图 22-3 所示。

研制阶段费用风险点主要有以下几个方面：

1）研制费用的波动风险

对于装备费用的投入，由于前期费用论证的不充分性和对物价上涨因素的预见不足，通常会在以后各

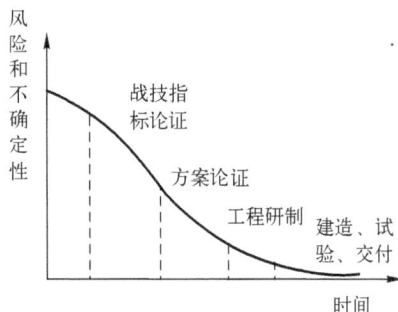

图 22-3 ▎各阶段的风险曲线

阶段中表现出费用超出计划范围，这在长周期装备研制历史中是常见的。因此，对项目超支程度（比例）必须制定一定的标准，并且与投入费用的大小有密切关系。对于投入较小的项目，由于其基数较小，比例相对增加一点不会导致费用绝对值有太大的变化。而对于直接投入比较大的项目，虽然超支比例增加了很少，但是由于其本身的基数过大，也会致使投入费用的大幅度增加。

2）技术风险引起的费用风险

任何新投入的研制项目，在技术性能上必定有一定的进步，否则该项目就成为重复生产，难以适应军事需求的提升。由于技术进步而带来的风险对研制阶段费用投入影响显著。技术风险大的项目在研制过程中可能会出现意想不到的技术难题，解决这些技术难题通常意味着费用需求的剧增。

新技术的采用不仅可以提高航母装备性能，拓展航母装备的功能，甚至研制出新概念航母装备，还可以降低航母装备的全寿期费用。如先进材料的选用，一方面可以提高可加工性，如可焊性等，从而降低建造成本；另一方面，先进材料的耐腐、耐污、耐冲击、耐核辐射以及良好的机械性能等，延长了材料的使用期和装备的寿命并有利于节约装备的使用维修费。然而从全寿命费用来看，有时候新技术的使用会使装备的全寿命周期费用明显增加从而导致效费比的下降。

3）研制进度引起的费用风险

有些新研制的项目，由于论证中的不充分性，战术技术指标定得过高，使研制工作潜伏着许多技术难点，在研制过程中必须进行更多的科研，不断地修正设计方案，从而延长进度。进度的拖延意味着增加工作量，还必然使人员工资、管理费、固定资产折旧费等增加，从而使总研制费增加。

3. 研制阶段费用风险控制措施

在装备研制阶段初期主要是进行需求论证、可行性论证和方案论证，这一时期对装备全寿命费用的影响最为明显，但是又由于此阶段处于研制初期，不确定的因素太多，导致研制过程中费用控制有相当的难度。控制风险的措施主要有论证充分，加强试验与鉴定，先进的风险分析技术和加强科学管理等。

根据上面分析的研制阶段的费用风险点，需采取以下必要的控制措施：

1）对研制费波动范围的控制

在控制研制费用的过程中，对高投入项目应严格控制其超资比例，做到实时监测、实时控制，而对于有较大风险和不确定性的低投入项目则可以适当放宽其超资比例，如图 22-4

所示。对于具体的可接受超资比例数值，应根据不同的项目具体决定。

2）技术费用风险控制

应加强对技术风险较高项目的风险控制。一般应首先确立一个控制点 A，即明确当技术风险增长到某一程度时就采取措施严格加以控制，对于具体控制点的确定应根据具体项目而有所不同，如图 22-5 所示。

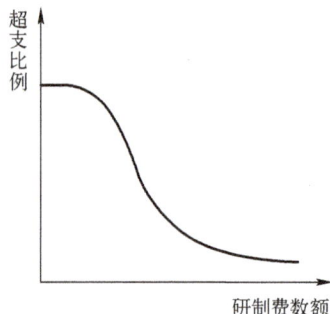

图 22-4 ▌经费超支曲线　　　　图 22-5 ▌研制费与风险的关系

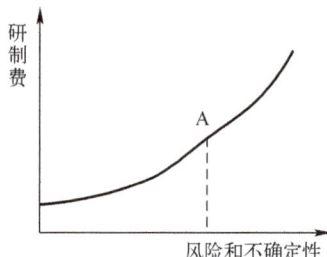

3）研制进度控制

采用节点控制法把控研制进度的基本原理：在航母研制阶段设置里程碑决策点，在里程碑决策点对关键费用风险的变化进行及时跟踪，判断费用偏差，并对费用执行状况进行评价。如果费用执行状况良好，可以批准进入下一阶段；如果费用偏差严重，或存在较大风险，就要及时采取风险处理措施，并根据风险处理状况决定是否满足进入下一阶段的进入标准。

22.5.3　进度风险管理

进度风险是航母研制工程中最主要的风险之一。由于航母研制工程规模庞大、工艺技术复杂、建设周期长及相关单位众多，工程管理人员根据以往经验和资源配置情况等编制出来的进度计划往往受到各种干扰因素和风险因素的困扰，使得实际工程进度与原计划偏离。工程进度一旦失控，势必造成物力、人力的浪费，同时工程的质量和安全也容易受到影响。因此，进行有效的进度风险管理，是航母研制工程顺利进行的有力保障。航母研制工程进度风险管理，包括风险识别、风险评价和风险预警及管控四个方面。

1. 进度风险特征

航母研制工程的进度风险特征，按照研制工程进度的时序特征及项目接口特点，主要有以下几点：

（1）层次性：航母研制工程项目进度风险会在工程各层次节点之间进行传递。例如某一新研设备的关键件未到位，造成新研设备无法按期鉴定，从而影响船总体技术状态的固化。

（2）传播性与相互制约性：航母研制工程作为特大型复杂项目，包含巨量的相对独立的子项目，项目进度风险具有传播性。例如舰载飞机无法按期交付，舰上着舰阻拦装置试验就无法进行，从而影响阻拦装置的技术状态确认。

（3）隐藏性：进度风险信息往往隐藏在研制工程相关利益方的头脑、行动中，风险信息相对独立流动于各个子项目中，各子项目在利益上相对独立，都不大关心其他子项目的进度风险信息，因此整体进度风险不能得到系统控制。例如某型设备的某个关键部件可靠性不高，但该设备研制单位未向外透露该消息，就会导致后续系统运行的故障率超高，从而影响整个工程的研制进度。

2. 进度风险识别

进度风险识别应通过分析项目群外部、项目自身内部及项目之间的相互关系来进行综合进度风险识别，识别项目进度风险特别应对子项目间相互影响而产生的风险进行辨识。航母研制工程项目的进度风险因素从工程各进度阶段主要可以归纳为以下几点：

（1）方案设计阶段：总体技战术指标无法按节点确定，总体方案不兜底，影响方案设计进度。

（2）技术设计阶段：主要设备及分系统研制进度滞后、技术状态不能及时确定，从而影响总体技术设计进度。

（3）施工设计阶段：技术设计和施工设计阶段重叠，部分技术状态未定，造成施工设计修改工作量大，影响施工设计进度。

（4）建造阶段：船厂建造施工工艺不成熟，造成施工建造阶段返工，浪费工时，建造总时间延长，影响后续试验阶段进度。

进度风险评价是在风险识别的基础上，建立综合考虑风险概率与风险后果的工程风险评价模型，计算确定系统总体风险的数值大小；然后根据相关风险接受准则和评价标准，对系统风险进行综合分析与评价，判断和检验系统风险是否可以接受，评价系统风险的等级水平，为风险预警与决策提供科学依据。

3. 进度风险评价

进度风险评价一般有两种方法：一种是历史资料法量化风险因素概率和损失；另一种是专家模糊估计法量化风险概率和损失。由于航母研制工程的复杂性和特殊性，参考过去的驱逐舰等其他种类舰船研制的工程项目风险数据和信息资料估计出的风险概率和损失无法反映当前工程项目风险状况。因此，可结合采用专家模糊估计法量化进度风险因素评价。

4. 进度风险预警

进度风险预警是通过科学的方法来引导项目按照正常的施工计划实施，这对项目的按时完工非常重要。进度风险预警可以有效地解决工期是否延误的预判问题，同时能有效地提高管理水平，减少进度风险管理的盲目性。

5. 进度风险管控

在进度风险评价和风险预警的基础上，可以采取风险防范策略，实现对进度风险有效管控和决策，来转移、规避和自留风险。常见的风险防范策略包含风险自留、风险转移、风险规避、风险控制，如表 22-1 所示。

表 22-1　进度风险应对措施

风 险 策 略	风险应对措施
风险自留	限制其影响范围、制定施救措施
风险转移	在研制合同中设置保护性条款、工程合同的履约担保等
风险规避	通过严格的项目策划、招标程序、合理的工程分包等
风险控制	降低风险发生概率、降低其扩散速度、实施替代方案

就航母研制工程而言，可以采取的风险防范措施包括：

（1）针对总体技战术指标无法及时确定，采取多方案并行研究，通过指标综合评估分析最终确定优选方案。

（2）针对关键设备及系统研制进度滞后，可采取成熟设备和技术部分替换久攻不克的新技术，在不降低总体性能指标的情况下保障研制进度。

（3）针对设计阶段重叠，部分技术状态未定，可采取先易后难，逐步逼近的方法，先完成技术状态确定的部分工作，然后集智攻关，最终保障总研制节点顺利完成。

（4）针对建造过程中的返工现象，在加强设计师与建造现场的沟通协调之外，可提前针对后续应开展的相关试验进行合理性进度压缩，在保障试验效果的情况下，提高效率，从而为建造阶段争取更多时间。

22.6 > 数字化设计管理

22.6.1 概述

所谓数字化设计是指在相关数字化技术的支持下，对产品设计过程进行数字化描述，并在建立起的数字空间中完成产品设计的过程。它以设计过程的知识及信息融合为基础，以数字化建模仿真与优化为特征，强调对产品研制过程的集成管理，以面向产品全生命周期为目标，追求产品设计体系的整体优化，从产品研制一开始就在数字化产品研制平台上进行新产品的设计，利用可视化的计算机仿真和虚拟现实技术，对产品的功能、性能指标进行设计、分析与评估，进行可制造性、可加工性和可维修性的数字化的模拟测试；以全数字化的"数字样机"为基础，以企业数据库（包括企业的资源数据库、产品数据库）为共享平台，对现实研制过程的计划、资源、组织进行分析和系统优化，从而更好地指导实际的产品研制。

从数字化设计的定义来看，数字化设计分为两个层面：一个层面是以产生数据、应用数据、验证数据为主的产品研制数字化；另一个层面是以优化设计流程、有序组织和管理数据为主的产品管理信息化。对于舰船数字化设计来说，舰船产品研制数字化和舰船产品管理信息化作为现代舰船工程数字化的组成，两者应该同步发展，相辅相成，任何一个层面的缺失都会影响舰船工程数字化的成果，形成新的瓶颈。

现阶段随着 CAD/CAE 技术的飞速发展，以三维设计为核心的舰船产品研制数字化技术得到了广泛的应用，技术应用日趋成熟和完善。从技术层面来看，无论是一般舰船还是大型复杂舰船的设计，在产品研制数字化技术方面的应用方面具有较大的通用性。而舰船数字化设计的另外一个方面，即以数据管理为核心的舰船产品管理信息化，在以往被重视的程度普遍较低。这些年来，随着大型复杂船舶的研制，特别是航母的研制，船舶行业数据量大，生命周期长的特点益发显著，对于海量数据全生命周期的管理正在成为研制的关键。在这种背景下，以数据管理为核心的 PLM（产品生命周期管理）在船舶领域正逐步成为船舶研制数字化的核心。

22.6.2 PLM 的内容与应用

1. PLM 的内容

PLM 包含以下方面的内容：基础技术和标准（如 XML、可视化、协同和企业应用集成）；信息创建和分析的工具（如机械 CAD、CAE、CAM，计算机辅助软件工程 CASE，信息发布工具等）；核心功能（如数据仓库、文档和内容管理、工作流和任务管理等）；应用功能（如配置管理、标准、规范等）；面向业务的解决方案和咨询服务（如汽车和高科技行业）。

PLM 主要包含三部分，即 CAX 软件（产品创新的工具类软件）、cPDM 软件（产品创新的管理类软件，包括 PDM 和在网上共享产品模型信息的协同软件等）和相关的咨询服务。实质上，PLM 与我国提出的 C4P（CAD/CAPP/CAM/CAE/PDM），或者技术信息化基本上指的是同样的领域，即与产品创新有关的信息技术的总称。

从某种意义上来说，PLM 是一种管理概念，它管理一个产品"建立—使用—维修—报废"整个生命周期的产品数据信息。在 PLM 概念产生之前，PDM 主要针对产品研发过程中的数据进行管理，然而，在 PLM 的理念下，PDM 的概念得到延伸，成为 cPDM，即基于协同设计的 PDM，可以实现企业研发部门、企业职能部门对产品设计数据的协同应用。

软件厂商推出的 PLM 软件是 PLM 的另外一个概念。这些软件部分地覆盖了 cPDM 所包含的功能，PLM 不仅仅针对研发过程中的设计数据进行管理，同时还包括产品设计数据在生产、采购、服务、维修等环节的应用。因此，实质上 PLM 有三个层面的概念，即 PLM 领域、PLM 理念、PLM 软件产品，然而 PLM 软件的功能是 PDM 软件的扩展和延伸，PLM 软件的核心是 PDM 软件的数据管理。

2. 在线模型数据库在 PLM 中的应用

PLM 是一个概念上的规划，而不是一个独立的解决方案。PLM 的实施过程需要由多个解决方案组成，它包括 CAD、CAE、PDM、零部件管理以及在产品设计和产品生产过程中使用的其他应用软件。

基于 PLM 系统的零部件选型流程，可以为零部件的使用者提供更多的便利。在信息化飞速发展的背景下，一颗螺丝钉在 PLM 系统中就是一条新的物料信息，它的管理成本往往远高于它的本身价值，它的维护成本有时会达数万元。在 PLM 与 ERP 的集成环境下，管理好零部件的基本物料信息，减少一物多码现象，可以使得 ERP 及其他应用系统能够在企业发挥重要价值。

随着 PLM 系统的深入发展，基于互联网的零部件数据资源平台已经进入了快速发展时期。在德国，有一种面向三维 CAD 终端使用者的网络化零部件数据资源平台，基于互联网的 PLM 零部件数据资源平台——PARTcommunity（简称 PCOM）似以云之力构建了庞大而丰富的三维模型。因此，在国外，这种网络服务有时候被称为"零部件库"或"资源库"。经过数年的发展，其年使用量已经接近 8000 万，在欧美和日本的 PLM 用户中，PCOM 的知名度远高于我们所熟知的 BLOG 和 SNS 这样的网络平台。

PCOM 的优点在于其可为注册用户提供数以百万计的三维零件模型、二维零部件 CAD 数据供选型，并可直接下载指定格式的模型到本地用于产品装配，这个功能对于设计者是非常方便的。

3. PLM 的应用范围

PLM 的应用是一个或多个 PLM 核心功能的集合体，提供一套可满足产品生命周期具体需求的功能，它代表了 PLM 解决方案的某一视图。随着 PLM 在企业的推广应用，许多不同的 PLM 扩展功能被开发出来，如配置管理、序列产品管理、审图意见管理等，现在都已成为 PLM 的标配功能，这些扩展功能缩短了 PLM 的实施时间，并将许多成功的实施经验融合在这些功能中。典型的 PLM 应用有：

1）变更管理（Change/Revision Management）

使数据的修订过程可以被跟踪和管理，它建立在 PLM 核心功能之上，提供一个打包的方案来管理变更请求、变更通知、变更策略、变更的执行和跟踪等一整套方案。

2）配置管理（Configuration Management）

建立在产品结构管理功能之上，它使产品配置信息可以被创建、记录和修改，允许产品按照特殊要求被建造，记录某个变形被使用来形成产品的结构，同时也为产品周期中不同领域提供不同的产品结构表示。

3）工作台（Console/Dashboard）

将完成特定任务必须的所有功能和工具集成到一个界面下，使最终用户可以在一个统一的环境中完成诸如设计协同、数据样机、设计评阅和仿真等工作。

4）文档管理（Document Management）

提供图档、文档、实体模型安全存取、版本发布、自动迁移、归档、签审过程中的格式转换、浏览、圈阅和标注，以及全文检索、打印、邮戳管理、网络发布等一套完整的管理方案，并提供多语言和多媒体的支持。

5）项目管理（Project Management）

管理项目的计划、执行和控制等活动，以及与这些活动相关的资源，将它们与产品的设计数据和设计流程关联在一起，最终达到项目的进度管理、成本管理和质量管理。

6）产品协同

它提供了一些基于 Internet 的软件和服务，不论在任何时候，在任何地点，它都能够让产品价值链上每个环节的每个相关人员针对产品的设计、制造进行协同设计。

7）产品结构

产品结构管理是应对系列化产品设计和生产的有效方法，通过结构管理能够避免因产品发生局部修改导致重新构造产品 BOM 表和设计数据的重复任务。

8）产品研发管理（Product Development）

通常 PLM 会被用于生产研发，所以研发管理是十分关键的，贯穿于整个研发部门和环节。当然，研发不见得只有研发部门用，通常会牵扯到多个部门，如包装部、配方研发部等。

9）合规（Regulatory Compliance）

合规通常会用于食品饮料、化工、日化、电子领域的产品研发，因为这些行业需要去匹配大量的标准，以保证自己的产品不违反相关部门的规定，如食品不能违反食品添加剂法规，化工不能违反 EHS 法规等。

22.6.3　PLM 中的项目管理

项目管理作为 PLM 系统中的一个重要功能，与专业的项目管理软件相比，有其自身的一些优势，它不仅能对项目文档进行管理，而且能够执行进度计划管理、任务跟踪和资源调配。PLM 系统中有产品 BOM 管理模块、用户管理模块、工作流与过程管理模块、协同工作平台和变更管理模块，可以用来支持 PLM 系统进行项目管理，然后把这几个模块的功能集成起来构建项目管理模型。

（1）产品 BOM 管理。PLM 系统一般采用视图控制法，来对某个产品结构的各种不同划分方法进行管理和描述，产品 BOM 视图可以按照项目任务的具体需求来定义。也可以反映项目里程碑对产品 BOM 信息的要求。

（2）用户管理。PLM 系统对系统用户的个人信息进行管理，项目负责人利用这些信息，即可针对一个既定的项目，组织一个完整的集成产品研发团队。

（3）工作流与过程管理。PLM 系统的工作流与过程管理提供一个控制并行工作流程的计算机环境。利用 PLM 图示化的工作流编辑器，可以在 PLM 系统中建立符合各企业习惯的并行的工作流程。根据项目任务的结构特点，可以利用工作流与过程管理模块为任务数据对象建立相关的串行或并行流程。当任务中的数据对象被赋予流程后，流程用于控制该数据对象的流转过程，工作流与过程控制根据各环节的操作，自动将文档推到下一环节。如果任务有相关数据对象被赋予了流程，只有当所有被赋予流程的数据对象走完相应的流程后，该任务才能提交，继续下一步的项目任务节点。

（4）协同工作平台。PLM 系统提供协作笔记本、团队数据库、团队论坛和即时消息等支持协同工作的工具。在项目立项之后的整个管理阶段中，用户会需要与项目中其他分配有任务的人员交流项目信息，这时可以利用 PLM 的协同工作工具，进行多用户的即时通信。

（5）变更管理。PLM 系统的变更管理，是建立在工作流与过程管理基础上的，通过工程变更流程控制整个变更过程。项目任务在执行过程中，如果发生延期或资源冲突，可以通过变更管理对任务进行重新编排。

22.6.4　PLM 的建立方法

只有 PLM 可以最大限度地实现跨越时空、地域和供应链的信息集成，在产品全生命周期内，充分利用分布在 ERP、CRM、SCM 等系统中的产品数据和企业智力资产。因此，PLM 系统的价值取决于在企业内能否与 ERP、SCM、CRM 集成使用，组成 PLM 生态系统。由于企业各自的特点和问题不同，在实施 PLM 系统时也不必要求 4 个系统齐上马，合理的方式是针对企业具体需求而为其提供系统组合的入门方案，"统一规划，按需建设，重点受益"。

1. 以企业资源规划为出发点组成 PLM 系统

1）物料需求规划与产品数据管理（MRPPDM）

这是广为使用的 PLM 应用思路之一。例如在规定的时间内制造某种设备，MRP 系统从 PDM 系统中提取材料清单（BOM），决定什么样的装配必须自行创建，什么样的材料必须外购，比较好地解决了工程 BOM 和制造 BOM 的沟通问题。

2）人力资源与项目管理（HR Project Management）

项目管理系统在做日常工作的协调与管理时，需要调用企业内可用的资源（如人员和时效性等）数据。

3）采购与项目管理（Purchasing Project Management）

企业建造某种设备时，项目团队通常需要购买原材料，需要生成采购订单的能力。这个订单可以与财务预算联系起来。

4）财务与项目管理（Financials Program Management）

项目管理是监测预算并实现跨项目预测的一种软件工具。它提取每一个项目的财务信息并检查：当前成本是否与预期的成本相符，时间表是否与所有的项目进度相符。

5）生产管理与工程（Production Management Engineering）

为了有效地沟通从工程研发到车间工作面的工程变更指令（ECO），产品数据需要在制造和 PMD 系统（经由 CAD 系统）之间流动起来。这将有助于减少不合格的零件的生产。

2. 以供应链管理为出发点组成 PLM 系统

1）供应链规划与产品数据管理（Supply Chain Planning PDM）

在企业对企业的工程变更指令管理中，主要的目标是揭示在供应链上隐藏的成本，制造商把它的 PDM 系统与供应链规划系统连接起来，以便沟通某个 ECO 的细节，由此可以更好地预见 ECO 对下游的影响。一个 ECO 的实际成本来自对存货、制造、供应链规划和客户服务的不连贯，通过连接 SCP 和 PDM，制造商可以生成一些列设定方案，由此来决定引入 ECO 的最佳时间。

2）生产规划与项目管理（Production Planning Program Management）

在企业已经规划的各式各样的项目中，企业可以从项目管理系统中提取数据，并运行仿真软件来在实际的瓶颈发生之前确定其位置。这将帮助制造商合理地组织资源，并基于总体的成本，决定在哪里生产产品更好。

3）资源获取与产品数据管理（Sourcing PDM）

当原设备制造商（OEM）打算准备一个建议需求时（RFP），它应该尽可能详细地制定出产品定义。而通常这个信息通过 SCM 或供应商关系管理（SRM）系统是无法获得的。所以把资源获取与 PDM 集成在一起成为了解决问题的关键。

4）资源获取与协同产品设计（Sourcing Collaborative Product Design）

由于在资源获取的过程中可以提供完整的产品定义信息，那么协同的 B2B 产品设计就成为了切实可行的事情。当一个外协供应商被邀请来参与一个项目时，就可以把它的标准件资源信息与它的 PDM 系统集成起来，它不仅可以投标于标准的零部件，还可以结合自己所拥有的独特技术和客户的性能指标要求，把自己独有的制造能力结合到产品的设计中。厂商在产品设计期间也共享了外协供应商的资源，并且还能从中受益。

5）需求预测与产品组合管理（Demand Forecasting Portfolio Management）

当一个新产品上市的时候，将会发生一定数量的产品零部件的调拨或拆分，这些分析数据就被企业输入到需求预测中，用来获得有关各种产品的更准确的市场评估。

3. 以客户关系管理为出发点组成 PLM 系统

1）市场分析与产品组合管理（Marketing Analytics Portfolio Management）

当制造商计划启动一个新产品上市时，市场分析软件要调用来自产品组合管理系统的所有的本公司产品信息以决定新产品如何与现有的产品相适应，以及是否要调拨使用其他的零部件。

2）客户服务与产品数据管理（Customer Service PDM）

对于制造商来说，把产品服务历史与产品数据管理系统集成起来是十分重要的，甚至某些来自客户服务的信息可以直接结合到产品设计中去。大多数产品制造企业都觉得在它们的服务部门里，有许许多多关于产品设计的有用信息，但是这些信息往往并不被工程设计部门的设计师所知。

3）销售预测与项目管理（Sales Forecasting Program Management）

来自项目管理的预测数据可以与销售和市场环节连接起来，以实现"可行承诺"式的生产制造。在按销售单设计的环境中，过多地向客户进行承诺对于企业可能会是毁灭性的。事实上，企业预测的准确性依赖于正在执行的项目信息。

4）客户关系管理与客户需求管理（CRM Customer Needs Management）

客户需求管理是提取销售数据并把它们集成到开发过程中的软件，所以与 CRM 的集成是至关重要的。以下的例子都用到了销售数据：

（1）按单设计的制造商把关于顾客的需求信息反馈到工程开发环境中，实现客户化设计。

（2）按单配制的制造商使用销售数据来生成销售指南，让客户可以按预先设定的配制购买产品。

（3）在批处理（如消费品）中，销售数据被用于价格敏感模型和效用分析。

5）知识管理与产品组合管理（Knowledge Management Portfolio Management）

产品组合管理是负责分析产品如何在市场上存在的软件，它需要使用诸如专利、规则需求、测试以及各种知识产权等信息。因此，产品组合管理可以看作企业智力成果的集散中心。

22.6.5 PLM 的选择与实施

1. PLM 的选择

目前市场上比较成熟的 PLM 产品有 PTC 公司的 Windchill、西门子公司的 Teamcenter、达索公司的 Smarteam、Oracle 公司的 Agile 等。国内研究咨询机构 2010 年发布的《中国 PLM 应用现状与趋势白皮书》指出，PLM 选型并不能在盲目跟从的状态下进行，企业评估团队需从 PLM 产品的优越性（技术领先程度）、适用性（兼容、集成能力）、可扩展性、易用性及可靠性等各方面做出综合评估，才能最大限度地保障 PLM 的稳定实施。

1）产品的功能

在 PLM 实施以前，企业 PLM 各功能模块的需求已经基本形成。那么，在选择 PLM 系统时，客户可根据需求分析的结果选择功能，按照所需功能模块的优先级进行排序，以此确定软件的必备功能和可选功能。

2）系统的开放性

事实上，根据 PLM 系统的发展历史可以看出，一个好的 PLM 系统，应该具备良好的顶层体系架构，以满足异构系统的集成需求。

3）系统集成性

成熟的 PLM 解决方案应该具备如下的与企业现有应用集成的能力，即企业资源计划（ERP）、供应链管理（SCM）、计算机辅助设计（CAD）、目录管理、电子商务（EC）、研发（PD）、合规（RC）以及普通的办公自动化产品、组件和电子邮件等。

4）系统的可扩充性

PLM 系统供应商应该进行软件产品进行不断的改进，并同时推出新的扩展功能模块。随着制造企业的业务增加，它们往往希望评估并尽快使用这些新的功能模块。因此，PLM 系统供应商应构建其 PLM 系统架构，以扩展软件系统的基本数据包和产品 BOM 管理的功能，使其包含选项与配置管理、产品相关分析管理、产品信息发布管理等功能模块。PLM 软件系统应可以轻松的进行功能扩展，以满足不断增加的功能需求。

5）系统的安全性

在当前全球经济形势下，各企业都要与分散于庞大供应链中的员工、合作伙伴、供应商和客户打交道。因此，各个企业都既需要具备高效协作的能力，同时又要能保护自己的知识产权，有时甚至还要就某些特定项目与竞争对手展开合作。因此，为了保证系统的集成功能需求，同时保障系统的安全性，必须充分熟悉 PLM 解决方案所能提供的安全功能。

2. PLM 的实施

1）确定生命周期

PLM 的实施包括 PLM 系统的规划、软件产品的选择、系统的部署和试运行、软件系统评估、PLM 的全面实施、软件系统的维护等阶段。因此，完整的 PLM 实施方案必须能涵盖实施的每一个阶段，指导企业分析了解自身的需求和实施目标，合理安排每一个实施阶段，同时还要进行实施的经费控制。

2）质量控制

PLM 实施的周期较长，而且各个阶段的工作是互相关联的，因此，必须保证各阶段的实施质量，以免影响整个项目实施的进度和质量。PLM 合理的实施方法应提供完整的技术方案，同时，在关键环节必须设置质量控制评审节点，避免在未通过质量检测时就进行下一阶段实施工作。这种质量控制方案将有利于减少影响整个实施工作进度和质量的问题，降低实施费用，提升项目的实施质量。

3）符合需求

优秀的 PLM 实施方法应该帮助客户确立良好的观念，组建优秀的实施队伍，包括用户、供应商及代理，相关咨询公司，确保实施方案符合用户需求，实施的关键环节必须由用户确认。最后，用户接受和使用 PLM 系统，是 PLM 项目实施成功的基本要素，也是 PLM 项目实施的基本指导原则。

4）与 PLM 供应商合作

与 PLM 供应商的合作是成功实施 PLM 的重要条件。由于 PLM 供应商非常了解 PLM 产品本身，所以，供应商能够针对客户需求和 PLM 软件的特点提供最佳解决方案。同时，在较长的项目实施周期中，他们能够提供最新的技术资料、及时的技术咨询服务，并且能够为客户进行培训，包括 PLM 基础知识、基本使用技巧、高级开发指南、系统实施方案等。

参 考 文 献

[1] 孙美菊，丁奉，余放. 大型水面舰艇研制技术风险管理分析 [J]. 舰船科学技术，2011（6）：170－172.

[2] 邵开文，马运义. 舰船技术与设计概论 [M]. 北京：国防工业出版社，2005.

[3] 张怀强，魏汝祥，梁新，等. 装备经济性分析 [M]. 北京：国防工业出版社，2007.

第23章

航母技术发展

23.1 > 未来航母发展趋势

通过二战，世界海军强国普遍认识到航母对于夺取制空权、制海权的重要作用。特别是二战后，各大国针对世界格局变化和出于对海洋权益的争夺，都致力于航母装备建设，并根据不同时期国家的战略需要，不断调整航母装备发展策略。目前世界上共有 8 个国家的 20 艘航母在役。美国拥有 10 艘"尼米兹"级和 1 艘"福特"级核动力航母，排水量 10 万吨级，舰载机采用弹射起飞、阻拦着舰。法国拥有 1 艘"戴高乐"号中型核动力航母，排水量 4.2 万吨，舰载机采用弹射起飞、阻拦着舰。俄罗斯拥有 1 艘蒸汽动力航母，排水量 5.9 万吨，舰载机采用滑跃起飞、阻拦着舰。印度拥有 2 艘蒸汽动力航母，"维拉特"号排水量 2.9 万吨，舰载机采用短距起飞/垂直着舰，"维克拉玛蒂亚"号排水量为 4.6 万吨，舰载机采用滑跃起飞、阻拦着舰。意大利拥有 2 艘燃气动力航母，"加富尔"号排水量 2.7 万吨，"加里博迪"号排水量 1.4 万吨，舰载机均采用短距起飞/垂直着舰。巴西拥有 1 艘常规蒸汽动力航母"圣保罗"号，排水量 3.4 万吨，舰载机采用弹射起飞、阻拦着舰。泰国拥有 1 艘"查克里王朝"号航母，排水量 1.1 万吨，采用柴燃联合动力，舰载机采用短距起飞/垂直着舰。中国拥有 1 艘蒸汽动力航母，舰载机采用滑跃起飞、阻拦着舰。

进入 21 世纪，航母又掀起新一轮的发展高潮。

美国新一代航母"福特"级首舰（CVN78）2013 年 11 月 9 日下水，2017 年 7 月 22 日入役，该级舰规划在 2058 年前建造 10 艘，首批计划建造 3 艘，目前第 2 艘（CVN79）已经开始建造。

英国"伊丽莎白女王"级（CVF）首舰 2014 年 7 月 4 日下水，预计 2017 年交付英国海军，该级舰共建 2 艘。2 号舰"威尔士亲王"号航母 2012 年 2 月开始建造，目前建造工程进入尾声，预计 2022 年完成海试。

印度国产"维克拉特"号航母 2009 年 2 月开始建造，有望在 2018～2019 年服役。

俄罗斯预计 2020 年后建造核动力航母，据相关报道，目前已开始研发用于航母的电磁弹射装置。

综合国外新一代航母发展情况，未来航母发展将主要呈现以下趋势。

23.1.1　航母仍将长期是海军装备建设的核心

从航母在世界主要海军强国舰船装装备发展中的地位来看，在二战后的近50多年里，美、英、法等强国都将航母作为海军优先发展装备，美国甚至通过立法来规定航母规模、人才培养和使用等以确保航母作战力量的稳定、持续发展；从历次作战使用来看，航母作战力量始终是强国应对和干预突发事件的快速反应力量，在历次的对外军事干预行动中，航母编队往往是美国总统最先想到快速反应力量；从未来战争样式对装备需求来看，航母由于装备各型舰载机和完善的进攻和防御体系，将是适应和支撑未来网络中心战最重要的节点。因此，在未来很长的一段时间内，重点发展航母作战力量仍将是海军强国打造远海作战力量的核心。

23.1.2　大中型航母是未来航母的主要发展方向

各国新研制的航母因任务需求的增加，排水量均有不同程度的提高，大型化趋势明显。由于大中型航母较轻型航母能够装备弹射装置、固定翼预警机并携带数量更多的舰载机，使得预警探测、防御和进攻作战能力较轻型航母得到了质的飞跃；美国海军通过对战略作用、作战效能、全寿命周期费用等因素进行综合分析，也得出了"大型航母成本较中型航母增加约8%，作战效能则增加约13%"的结论。可见，未来发展 $6 \sim 10t$ 级的大中型航母仍将是航母的主要发展方向。

23.1.3　核动力、燃气动力将是未来航母动力发展的重要方向

随着航母大型化和功能系统体系结构的不断完善和发展，对航母动力和电力的需求也日益增长，以核反应堆和大功率燃气轮机为代表的高能动力装备将是未来航母机电装备的主要选择。美国航母全部采用核动力技术，最新"福特"级航母装备2座单堆功率约625MW的新一代压水堆（A1B），英国最新"伊丽莎白女王（CVF）"航母采用综合电力系统，主动力源采用2台单机功率达36MW的 MT－30 燃气轮机。

23.1.4　广泛采用新技术和新装备

美国"福特"号航母装备电磁弹射装置、涡轮电力阻拦装置、新一代核动力装置、大容量电力系统，高能武器也将逐步应用，多项高新技术和装备将推动新一代航母作战能力迈上新的台阶。

23.1.5　舰载机配置体系更趋完善

美国、英国新一代航母将搭载舰载四代战斗机，舰载机作战能力大幅提升。X－47B 固定翼无人机已在美国"布什"号和"罗斯福"号航母上进行了起降试验，并将于2022—2023 年实现在"尼米兹"级和"福特"号上部署，进一步拓展航母编队信息感知范围和打击半径。舰载机的配置和运用向有人/无人协同发展的步伐明显加快。

23.1.6　舰载机出动架次进一步提高

在优化飞行甲板总布置以提高舰面保障效率的同时，国外新一代航母还通过采用电磁弹

射、涡轮电力阻拦、"一站式保障"等先进技术，大幅提升舰载机出动回收能力，如美国"福特"级航母的舰载机高强度出动能力指标较"尼米兹"级航母提高25%以上。

23.1.7　信息化程度大幅提升

全新的电子信息装备在各国航母上广泛应用，通过采用开放式体系结构，以无线通信为纽带，实现编队警戒探测系统、指挥控制系统、武器系统等装备的有机整合，进一步提高了信息攻防作战能力。

23.1.8　拓展民用先进技术应用的广度和深度

随着以信息化、网络化为主导的新一轮技术革命全面展开，以"云计算""网络通信""虚拟现实"等为代表的先进民用技术也日趋成熟，正逐渐被航母、舰载机等为代表的核心军事装备采用，美国在正在航母、驱逐舰等舰艇装备上大力推广的"全舰计算环境（TSCE）""多平台协同作战（MCE）"技术正是凭借大量成熟的商用技术和硬件，在节省研发费用的同时不断促进航母及其编队作战效能的提升，可以预见航母装备将是军民融合发展的重要受益者和推动者。

23.2 ＞ 未来航母装备技术发展趋势

和其他大多数装备一样，航母的发展离不开其运用的作战模式和环境以及潜在的战场威胁，这将是未来航母命运和引导未来航母装备技术发展方向的决定因素。

23.2.1　未来海战模式对航母装备技术发展的需求

目前，世界各国国防建设正处在新军事变革的大环境下，新军事变革的主要内容是加速发展军事高技术，不断更新武器装备，超前创新军事理论，调整部队体制编制，大力培养军事人才等。而信息化是这次新军事变革的本质与核心，其对战争和国防最直接的影响将是战争形态由机械化转变为信息化，以及工业时代的机械化军队转变为信息化军队。

在此背景下，未来的海战场已由三维向多维发展，逐步演变成为由水面、水下、空中、太空和电磁等多维立体作战空间。海战场内的主要作战形势将更趋多样化和复杂化，逐步演变成由防空反导、反舰、反潜、电子战和对陆打击相结合的立体化多层次、软杀伤和硬摧毁并举的新样式。下面以航母为视角，展望在新时期典型海战作战模式对航母装备技术发展的牵引。

1. 一体化联合海空作战

一体化联合作战不仅是陆海空三军的联合，而且是在地面、空中、海洋、太空、信息、认知等六维空间内实施的一体化同步联合。作战力量之间不存在固定的主从关系，但在一体化联合作战背景下的海战中，航母是不可缺少的主要作战力量，由航母所特有的指挥网络中心、制空、制海和对陆打击将是最重要的作战手段和基础，将为其他作战行动提供最重要的支撑，航母符合未来海空一体、海空天结合的装备体系发展的需要。发展多物理场态势感知、信息融合、高强度火力打击等航母装备和技术仍将是未来一体化海空作战模式对航母装备最直接的需求。

2. 电子对抗战

在信息化体系对抗中，电子战已经成为一个至关重要的作战方式，未来海战不论其规模大小，电子战将贯穿于战斗、战役和战争的全过程。太空和大气空间是实施电子对抗战的最主要领域，美军已研制的电子战设备有70%装备在飞机平台上，空中预警机、电子战飞机（图23-1）、战斗机等空中电子作战力量的结合，成为未来海战战场中电子战的中坚。航母除了为空中电子作战力量提供航空保障，也会加强自身对电子战的防御能力，不断增强舰载和机载电子作战装备的干扰和反干扰效能仍将是未来航母作战装备发展的重要趋势。

图23-1 │"布什"号核动力航母上的EA-18G"咆哮者"电子战飞机

3. 舰机一体化作战

从航母诞生至今，空中力量在海战中的作用一直在加强，在未来海战中的地位将更加突出，水面舰队将会更加依赖舰载机的支援与保障，航母、驱逐舰的"舰机一体化"在技术上已经成熟，未来的海上综合作战系统将由有人/无人舰载机、水面舰艇、潜艇共同组成，不但用于本航母编队的作战行动，还能通过与其他作战力量一起达成联合作战力量，从而大大拓展海军的力量范围和快速反应能力。发展高效能的有人/无人舰载机、提高航母对舰载机的出动回收保障能力仍将是未来航母在未来舰机一体化作战中的重要使命。

4. 有人/无人协同作战

随着电子设备集成度和信号远距传输技术的提高，近年来无人机在多次局部战争中都证明了自身实力，已经能够执行除了格斗外的所有空中作战任务。美国率先于2013年在"布什"号核动力航母（CVN 77）上完成新一代舰载无人机X-47B的弹射起飞和着舰试验（图23-2），计划于2020年正式装备美国新一代"福特"级核动力航母。在未来很长一段时期内，有人/无人舰载机的协同化作战模式将成为航母舰载机作战方式的主流，形成一个互相辅助的作战整体，无人机承担高风险使命，有人舰载机承担更加复杂的作战任务。提高有人/无人舰载机协同作战模式下的母舰远程信息支援和信息保障能力将是未来航母装备和技术发展的重要方向。

5. 海军隐身装备对抗战

21世纪各类隐身兵器将成为战场主角，使侦查与反侦察斗争更加激烈，战争的突然性

图 23-2 | 2013 年美国 X-47B 无人机在"布什"号核动力航母上完成阻拦着舰试验

大大增加。隐身技术将在海军装备领域大放光彩，隐身性能将会主导海军主战装备的新一轮革新，对未来隐身飞机、隐身战略巡航导弹的防御将成为海军攻防战中的主要课题。从美国"福特"级航母、DDG-1000 驱逐舰，英国 45 型驱逐舰等装备可以看到，隐身性设计已经在海军装备领域全面铺开，未来航母在一定程度上也会适当加强该方面的性能，以提高在未来战场的生存力。

23.2.2 应对未来新型武器威胁

从军事历史发展的规律上来看，任何一种在当代武器中称王的装备终究会有退出历史舞台的一天，就像火药的出现终结了冷兵器时代，航母的出现终结了战列舰的命运；21 世纪，伴随着科技的飞速发展，军事装备与技术也在酝酿新一轮的巨大变革。在未来航母的发展之路上，伴随着这样一些有可能颠覆传统作战理论和样式的新兴军事技术和装备，不得不引起我们对未来航母技术发展的思考。

1. 反舰弹道导弹

反舰弹道导弹实际上是普通弹道导弹的"改进版"，普通弹道导弹射程远，可达数千千米，但由于最后阶段速度快（可达声速的 10 倍以上），难以控制，故只能打击固定目标。针对普通弹道导弹的该种缺陷，苏联在 20 世纪曾研制过具有末端制导能力、可打击移动目标的弹道导弹。由于此类弹道导弹主要针对在大洋中机动航行的航母战斗群，故称为"反舰弹道导弹"，也称为"航母杀手"。反舰弹道导弹打击航母必须克服三个技术关键：一是弹道导弹必须能够突破导弹防御系统（如"宙斯盾"拦截系统）；二是该系统必须具备跟踪目标，并在导弹末制导段击中移动目标的能力；三是需要提供准确无误的、实时目标定位的信息。只有解决这三个方面的问题，才能使反舰弹道导弹真正成为"区域拒止"作战体系的绝招。

为有效对抗这种反舰弹道导弹武器的威胁，未来的航母编队应进一步强化反弹道导弹作战能力，限于现有航母编队的护卫舰艇携带的预警制导雷达难以有效探测和跟踪这种射程远、速度快、突防能力强的新型武器，未来的航母编队将可能会配属专用的反导作战舰艇，配备大功率、高精度的预警、探测雷达和反导导弹，实现对反舰弹道导弹的远距离发现和中、末段拦截。

2. 高超声速武器

"21世纪的美国军事霸权，将不再依靠隐身技术，而是高超声速武器技术，前者是建立在'敌人不知道你在哪里，就无法阻止你'的逻辑上，而后者则是非常直白的'速度威慑'，对手即便发现你，也因追不上、定位难而无从防御。"该言论是美国空军前首席科学家马克·路易斯提出的，在美国国内引起了广泛的认同。美国《国家利益》杂志曾列出改变未来战争模式的五大"革命性武器"，高超声速武器赫然在列，"它能在数小时乃至1小时内对全球任意目标实施远距离精确打击"。

速度高过声速的速度称超声速，而高超声速则指其飞行速度大于5倍声速。近年来，由于在技术上的重大突破，高超声速武器和技术已经从概念和原理探索阶段进入以高超声速导弹和空天飞机等实物为载体的先期技术开发阶段。美国近年来推出几款"高超声速"飞行器，其中X—37B空天飞机、X—51A巡航导弹和HTV—2"猎鹰"飞行器被视为拉动美国高超声速技术领域的"三驾马车"，是未来美国为实施"全球快速打击"战略而量身定做的核心武器系统。特别是X—51A巡航导弹，它已经实现了5~6倍声速的飞行，是迄今技术最成熟的高超声速武器项目，已经接近工程应用阶段。

高超声速武器对航母构成的威胁是大大缩短航母编队的自卫反应时间和提高了武器拦截难度，为有效应对该类高超声速武器对航母的威胁，未来航母编队需在进一步强化其防空反导武器作战反应灵敏度的基础上，大力发展高精度跟踪雷达电子武备和高能激光防空武器，实现对该种高超声速武器的快速定位和高效毁伤。

3. 高能武器

近年来，国内外媒体对激光炮、电磁炮等的科研试验频频曝光，高能武器呈现出快速发展的趋势，颠覆了几百年来使用火药发射弹丸的作用机理，被称为是自"冷"兵器过渡到"热"兵器之后的又一次武器革命，已成为先进国家抢占军事科技领域制高点的标志性技术之一，也是近期美国国防部提出的改变"游戏规则"的五大颠覆性技术之一。从目前的技术发展来看，电磁轨道炮和高能激光武器将是未来高能武器发展的主要趋势，也将会对未来航母装备发展带来深远影响。

1）激光武器

目前，激光武器研发由发展化学激光器逐渐转向发展固体激光器和自由电子激光器，其工程化应用沿两条路线进行发展：一条是以固体激光器为基础进行激光炮武器系统集成，开展相关试验工作，为下一步装备部队做好准备；另一条是以自由电子激光器为重点进行高功率激光炮武器的研制。从目前技术发展来看，航母及其编队对激光武器还不具备有效的防御手段，相关的防御技术也还未见诸报道，未来，航母可能要从降低己方被发现的概率、提高自身先敌发现能力以及发展激光干扰措施着手，提高应对高能激光武器的主动和被动防护能力。

2）电磁轨道炮

电磁轨道炮是依靠电磁力发射炮弹的新型武器，具有射程远、反应迅速等优点，美国海军在电磁轨道跑研发方面走在世界前列，目前正在开展炮口动能为32MJ的电磁轨道炮原理样机和工程化样机的研制工作，计划于2020—2025年间形成实用化武器装备。从现有电磁轨道技术跑发展来看，其未来主要是用于对陆火力支援的作战任务，但是基于小功率的防空型电磁轨道炮可能会对未来的航母舰载机构成新的威胁。

4. 电磁脉冲武器

高能电磁脉冲能瞬间大范围毁伤相关的电力电子设备，并由此催生了被称为"第三代原子弹"的电磁脉冲武器。与传统武器相对低下的毁伤效能相比，电磁脉冲武器具有很大的杀伤范围大，不仅能大面积毁伤电力电子类武器装备甚至是人员，而且还能轻易将敌方耗资巨大、建设周期长、战略战术地位十分重要的通信、卫星导航、侦察、航母编队武器装备信息系统毁于一旦。

基于电磁脉冲武器强大的作战效能，世界主要军事强国都争相开展电磁脉冲武器的研究，电磁脉冲武器对现代武器装备的威胁也日益深远。针对电磁脉冲武器发展对航母编队构成的威胁，未来航母的发展应开展强电磁脉冲防护相关的技术研究，为航母编队所属的作战指挥控制设备打造防护电磁脉冲武器的坚固盾牌。

23.2.3　未来航母装备技术发展趋势

从目前航母发展趋势和上述分析来看，未来航母装备的主要技术发展方向为：

（1）进一步提升航母航空保障的智能化和自动化水平，提高舰载机高强度持续作战能力。

未来航母除了进一步对航空保障作业流程及相关区域布局方面做进一步优化外，还重点从以下两个方面着手提升舰载机出动能力：一是提升航空保障指挥管理决策的智能化水平，通过将人的经验和强大的决策规划算法相结合，来对舰载机（包括无人机）、保障车辆和保障人员的甲板作业进行规划，提高在强动态环境中航空保障指挥管理决策的鲁棒性、科学性，并提升作业效率；二是继续提升航空保障设备的电气化、自动化水平，通过装备电磁弹射装置、涡轮电力阻拦装置，进一步提升舰载机起降作业效率并增强设备的可维护性，并采用全向弹药转运车、助力挂弹车、一站式保障装备及技术，大幅降低舰员工作强度以及对舰员的人力需求。

（2）发展高功率密度、大容量机电装备及技术。

为了进一步满足平台大型化、上舰装备新型化的需要，主要航母装备强国普遍在型号立项前就开始开展高功率密度动力装备和大容量、智能化电力装备的研制。在高功率密度动力装备方面，发展高可靠、高安全性的新一代核反应堆和燃气轮机等高功率动力装备将是未来航母动力装备技术发展的主要方向。在大容量电力系统方面，随着大功率负载上舰，电力系统装机容量向百兆瓦级发展，更加注重电力系统的安全性、可靠性及供电连续性，广泛应用新型区域配电、系统综合保护等新技术，以提高供电可靠性和生命力。

（3）加速推进舰载无人机项目研发并探索其作战使用模式。

发展航母舰载无人机装备及技术也成为主要航母装备国家完善舰载作战力量体系的主要途径。考虑航母有限的空间资源，目前航母舰载无人机主要以中、小型无人机为主，且在现有技术条件下，舰载无人机的作战用途还主要是承担战役、战术侦查及对面（对海、对地）攻击任务，但由于单一的无人作战平台载荷能力所限，作用单一且易被敌命中摧毁，未来发展多类型、多数量组成的无人系统集群作战技术正越来越成为航母舰载机发展应用的重要方向。

（4）加强航母编队在强电磁脉冲攻击下的防护能力。

承担远海作战任务的航母，作为编队指挥核心和舰载机起降平台，是主要的敌方攻击对象。一旦遭受强电磁脉冲攻击，舰载射频设备将遭受干扰级、损伤级甚至损毁级等不同程度的危害，影响攻击航母平台的编队指挥、舰载机引导、自防御等作战性能，严重时可造成编队丧失协同作战能力、舰载机无法正常出动回收、自防御拦导失效。因此，需要针对航母特有的结构特点和作战任务，加强母舰强电磁脉冲威胁分析评估、强电磁脉冲损坏效应预测、电磁脉冲防护等级划分、全舰强电磁脉冲防护指标设定、电磁脉冲防护措施设计等关键技术的研究，以增强航母在复杂电磁环境下安全性和对抗战力。

参 考 文 献

［1］刘相春. 美国"福特"级航母"一站式保障"技术特征和关键技术分析［J］. 中国舰船研究，2013，8（6）：1－5.

［2］刘相春，卢晶，黄祥钊. 国外航母舰载机出动回收能留指标体系分析［J］. 中国舰船研究，2011，6（4）：1－7.

［3］刘相春. 国外航母与舰载机速查手册［M］. 北京：海潮出版社，2013.

［4］Smith A J，Guiver E J. The manual for vessel－based aircraft to land on aircraft carrier［J］. 航空母舰及其舰载机研究文集. 1997：2－7.

［5］吴始栋. 美国海军电磁弹射器现状［J］. 船电技术，2005，5（3）：5－9.

［6］乔木. 意大利海军的新型多用途航空母舰［J］. 现代兵器，1998（12）：7－9.

［7］徐辉. 从"铁女人"到国王——西班牙航母发展史［J］. 舰载武器，2008（11）：13－15.

［8］潘镜芙. 国外航空母舰的发展和展望［J］. 自然杂志，2007（6）：20－22.

［9］杨凯. 周家波. 刍议国外航空母舰技术［J］. 国防科技，2006（11）：14－17.

［10］Bedi Rahul. India gegins work on project 71 aircraft carrier［J］. Jane's Navy International，2006（11）：14－19.

［11］Ireland B. Aircraft carrier of the world［M］. UK：Southwater Publishing，2008.

［12］银河. 从俄法航母看中国未来航母之路［J］. 舰载武器，2006（3）：1－9.

［13］Mc White. CVNX－Expanded capability baseline aircraft carrier design study［J］. Naval Engineers Journal. 2000（3）：69－75.

［14］石艳，徐惠明. 21世纪综合全电力推进的航舰［J］. 船电技术，2005（2）：15－19.

［15］徐起. 未来作战需求推动航母设计理念创新［J］. 军事博览，2005（7）：12－15.

［16］谢立. 改变海战场的新技术［J］. 现代舰船，2009（10）：7－13.

［17］杨修水. 2010，世界大洋里的新生代——航空母舰篇［J］. 当代海军，2004（5）：11－14.

［18］邓秭珞，胡文静. 国外航母编队及其装备发展研究［M］. 中国舰船研究设计中心舰船情报研究室，2013.

［19］熊治国，胡玉龙. 美国舰船概念方案设计方法发展综述［J］. 中国舰船研究，2015，10（4）：1－5.